浙江省“十四五”普通高等教育本科规划教材

新编21世纪经济学系列教材

资源与环境经济学

主　编　石敏俊
副主编　张　炳　邵　帅　谭　荣
　　　　孙才志　陈　帅

第二版

Resource and Environmental Economics

中国人民大学出版社
·北京·

内容简介

党的二十大报告指出，中国式现代化是人与自然和谐共生的现代化，要站在人与自然和谐共生的高度来谋划发展。党的二十届三中全会通过的《中共中央关于进一步全面深化改革 推进中国式现代化的决定》强调，必须完善生态文明制度体系，协同推进降碳、减污、扩绿、增长，积极应对气候变化，加快完善落实绿水青山就是金山银山理念的体制机制。可以看出，应对资源环境挑战、走人与自然和谐共生的中国式现代化道路已成为当代中国的时代诉求。资源与环境经济学是一门契合经济社会发展需求的学科，拥有旺盛的实践需求和宽广的应用前景。

本书是资源与环境经济学领域一批优秀的中青年学者合作编写的本科生教材。本书围绕人与自然和谐发展这一主线，强调从经济学视角认识资源环境问题，把资源环境问题放在市场失灵的背景下进行考察，探讨纠正市场失灵的公共政策设计。本书基于可持续发展理论，强调资源与环境是全球共同面临的挑战，人类社会必须携手应对，走人与自然和谐共生的发展道路。在具体的可持续发展道路选择上，本书兼顾弱可持续性理念和强可持续性理念，强调人类社会既要利用好资源与环境这一自然资本，将自然资本转化为服务于提高人类福利的经济价值，也要高度重视保护自然资本，特别是要保证关键自然资本的存量不减少、功能不减弱。

本书在内容安排上与时俱进，加强了资源与环境经济学研究领域新知识点的介绍，包括生态足迹、人类世和行星边界、生态系统服务、生态产品价值实现、环境治理与公共政策、海洋资源经济与海洋环境治理、应对气候变化和全球环境治理等领域的研究进展。

作者简介

石敏俊 浙江大学公共管理学院求是特聘教授，浙江大学城市发展与低碳战略研究中心主任，入选中国科学院“百人计划”引进国外杰出人才。研究领域为城市与区域发展、绿色经济与低碳转型、公共政策分析。兼任中国环境与资源经济学家协会会长，中国区域科学协会监事长，中国自然资源学会资源经济研究专业委员会主任，中国环境科学学会环境经济学分会副主任委员，《环境经济研究》《资源与产业》副主编，《自然资源学报》《资源科学》《中国环境管理》编委。历任中国人民大学经济学院教授，中国人民大学首都发展与战略研究院副院长，中国科学院虚拟经济与数据科学研究中心副主任，中国科学院大学资源与环境学院常务副院长，日本筑波大学长聘副教授。主持国家自然科学基金重点项目“温室气体减排、空气污染治理的健康效益与协同政策设计”、国家社会科学基金重大项目“中国经济绿色发展的理论内涵、实现路径与政策创新”。在国内外学术期刊上发表论文100篇，主持或参与编写学术著作15部。代表性著作有《中国经济绿色发展：理念、路径与政策》(中国人民大学出版社)、《中国经济绿色转型的轨迹——2005—2010年经济增长的资源环境成本》(科学出版社)、《东部经济地理》(经济管理出版社)、《区域发展政策模拟》(中国人民大学出版社)等。

张　炳 南京大学环境学院教授，南京财经大学副校长，国家杰出青年科学基金获得者。主要从事能源环境管理与政策、气候变化政策、环境经济学等的教学和研究。兼任中国环境科学学会环境经济学分会副主任委员，中国优选法统筹法与经济数学研究会能源经济与管理研究分会副理事长，*Environmental & Resource Economics*和*Environmental Management*副主编，*Journal of Environmental Management*编委。论文发表在*American Economic Review*，*The Quarterly Journal of Economics*，*PNAS*，*Nature Sustainability*，*American Journal of Political Science*，*Journal of Public Economics*，*Journal of Development Economics*，*Journal of Policy Analysis and Management*等国内外重要期刊上。参与了我国排污许可证、排污交易、环境信息公开等政策的制定，研究成果获得环境保护科学技术奖一等奖、二等奖以及张培刚发展经济学优秀成果奖等。

作者简介

邵　帅　华东理工大学特聘教授、商学院副院长、能源经济与环境管理研究中心副主任，国家社会科学基金重大项目首席专家，国家优秀青年科学基金获得者，国家高层次青年人才，连续多年入选科睿唯安全球“高被引科学家”、爱思唯尔“中国高被引学者”、全球前2%顶尖科学家（斯坦福大学团队发布）。主要研究领域为能源与环境经济、区域可持续发展。兼任*World Development*以及《环境经济研究》等多个国内外学术期刊的主编、副主编及编委，中国自然资源学会资源经济研究专业委员会副主任委员，中国生态学学会生态健康与人类生态专业委员会副主任委员，中国优选法统筹法与经济数学研究会能源经济与管理研究分会副秘书长、常务理事，中国经济学年会资源与环境经济专业委员会委员等。在*Nature*子刊和*Journal of Economic Behavior & Organization*，*World Development*，*Energy Journal*以及《经济研究》《管理世界》等期刊上发表论文200余篇，30余篇论文入选ESI热点及高被引论文。资政报告获省部级以上肯定性批示和被采纳20余次，并获高等学校科学研究优秀成果奖（人文社会科学）二等奖、青年成果奖，以及张培刚发展经济学青年学者奖、刘诗白经济学奖、上海市哲学社会科学优秀成果一等奖等奖励。

谭　荣　浙江大学求是特聘教授、博士生导师，浙江大学公共管理学院副院长、土地与国家发展研究院副院长、城市发展与低碳战略研究中心副主任，入选国家高层次人才特殊支持计划“哲学社会科学领军人才”、自然资源部高层次科技创新人才工程第二梯队等。研究领域为土地和自然资源治理。兼任教育部高等学校公共管理类专业教学指导委员会副秘书长、中国自然资源学会资源经济研究专业委员会副主任委员兼秘书长、中国土地学会对外联络工作委员会副主任委员、中国国土经济学会青年工作委员会主任委员。主持国家社会科学基金重大项目、教育部哲学社会科学研究重大课题攻关项目、国家重点研发计划重点专项项目、国家自然科学基金项目等各类研究课题40余项，在国内外重要期刊上发表论文80余篇，出版专著10余部。获国家级教学成果奖1项，教育部、自然资源部以及浙江省、江苏省等省部级优秀成果奖10余项。

作者简介

孙才志 辽宁师范大学教授，教育部人文社会科学重点研究基地——辽宁师范大学海洋可持续发展研究院党支部书记，辽宁省委、省政府决策咨询委员会委员，辽宁省首批新型智库“海洋经济与可持续发展研究中心”（现为海洋可持续发展研究院）首席专家，先后入选教育部新世纪优秀人才、辽宁省特聘教授、辽宁省“兴辽英才计划”哲学社会科学领军人才，获国务院政府特殊津贴。主要从事地理学、经济学、资源学与生态学的多学科交叉综合研究，侧重于区域海洋经济与水资源经济领域。兼任辽宁省地理学会理事长、中国区域科学协会常务理事、中国自然资源学会资源经济研究专业委员会委员。在国内外重要期刊上发表学术论文400余篇，出版学术专著15部，获得省部级奖励一等奖1项、二等奖6项。

陈　帅 浙江大学长聘教授、博士生导师，任教于浙江大学中国农村发展研究院、浙江大学公共管理学院农经系，担任浙江大学农业与农村经济发展研究所副所长、农经系副系主任。研究领域为农业经济学、资源与环境经济学和发展经济学，聚焦气候变化与中国农业、空气污染的社会经济影响等议题。主持国家社会科学基金重大项目、浙江省杰出青年科学基金项目、教育部人文社会科学重点研究基地重大项目和国家自然科学基金项目等科研项目多项。研究成果发表在*AEA Papers and Proceedings*，*Journal of Development Economics*，*Journal of the Association of Environmental and Resource Economists*，*Journal of Environmental Economics and Management*，*Journal of Economic Geography*和《经济学（季刊）》等国内外知名期刊上。获教育部“长江学者奖励计划”青年学者、浙江大学“仲英青年学者”和“中国青年农业经济学家年度学者”等奖励。

前言

资源与环境是人类文明发展的基础，关系到我们共同的未来。1962 年蕾切尔·卡森（Rachel Carson）的科普读物《寂静的春天》（*Silent Spring*）描绘了农药和化肥过度使用导致的环境污染、生态破坏，警示人类要重视环境保护。1972 年梅多斯等人（Meadows et al.）的《增长的极限》（*Limits to Growth*）一书指出，经济增长导致的自然资源消耗呈指数增长，人类经济与人口增长在百年内或更短时间将达到极限，警示人们应将增长限制在地球可以承载的限度之内。1987 年世界环境与发展委员会（World Commission on Environment and Development）发布的报告《我们共同的未来》（Our Common Future）指出，地球的资源和能源远不能满足人类发展的需要，提出了可持续发展的概念。1992 年联合国环境与发展大会（United Nations Conference on Environment and Development）达成了《21 世纪议程》（Agenda 21），标志着可持续发展开始成为人类的共同行动纲领。2016 年联合国启动了《改变我们的世界——2030 年可持续发展议程》（Transforming Our World: The 2030 Agenda for Sustainable Development），确定了 17 项可持续发展目标，旨在在 2015—2030 年间以综合方式彻底解决社会、经济和环境三个维度的发展问题，走向可持续发展。这一发展脉络提示我们，资源与环境是全球共同面临的挑战，人类社会必须携手应对，走人与自然和谐共生的发展道路。

改革开放以来，中国经济发展走上了快车道。随着工业化、城市化的快速推进，资源环境问题相伴而来。中国经济增长付出了资源环境代价，当前仍然面临严峻的资源环境挑战。生态文明建设是人与自然和谐共生的必然选择。党的十八大报告把生态文明建设纳入“五位一体”总体布局，提出了建设美丽中国的战略目标。党的十八届五中全会提出了新发展理念，绿色发展成为五大新发展理念之一。党的十九大报告明确指出，建设生态文明是中华民族永续发展的千年大计。党的二十大报告指出，中国式现代化是人与自然和谐共生的现代化，要站在人与自然和谐共生的高度来谋划发展。党的二十届三中全会通过的《中共中央关于进一步全面深化改革 推进中国式现代化的决定》强调，必须完善生态文明制度体系，协同推进降碳、减污、扩绿、增长，积极应对气候变化，加快完善落实绿水青山就是金山银山理念的体制机制。可以看出，应对资源环境挑战、走人与自然和谐共生的发展道路也是当代中国的时代诉求，资源与环境经济学是一门契合经济社会发展需求的学科，拥有旺盛的实践需求和宽广的应用前景。

与经济学的其他分支学科不同，资源与环境经济学的研究对象是自然资源利用和环境保护。由于资源和环境往往属于公共资源或公共产品，其价值又不容易通过市场交易体现，还存在外部性以及信息不对称等问题，市场机制会出现失灵现象。关注市场失灵以及纠正市场失灵的公共政策设计，成为资源与环境经济学有别于经济学其他分支学科的重要特点。但资源与环境经济学并不排斥市场，相反，资源环境领域的公共政策设计在纠正市场失灵的同时，更要有效利用市场机制，充分发挥市场机制的作用。

随着资源环境问题得到越来越多的关注，资源与环境经济学研究也在不断推进和深化。过去二十多年来，学术界推出了不少环境经济学与资源经济学领域的教材，但仍不能满足形势发展的需要。为了适应新形势下资源与环境经济学学科的教学需求，中国自然资源学会资源经济研究专业委员会组织一批优秀的国内学者，编写了这本《资源与环境经济学》教材。在编写过程中，编写组坚持理论与实践相结合、国际化与中国国情相结合等原则，使得这本教材具有以下几点特色。第一，始终围绕人与自然和谐发展这一主线。资源和环境是人类生存与发展的物质基础，是一种自然资本。一方面，人类社会要利用好自然资本，使人造资本、人力资本和自然资本有机结合，将自然资本转化为服务于提高人类福利的经济价值；另一方面，人类社会要高度重视保护自然资本，特别是对于关键自然资本，要保证其存量不减少、功能不减弱。本书在内容安排上，兼顾弱可持续发展理论和强可持续发展理论，并基于两者的理念展开相关分析和阐述。第二，重视运用经济学的分析框架。本书强调从经济学视角去认识资源环境问题，把资源环境问题放在市场失灵的背景下进行考察，探讨纠正市场失灵的公共政策设计。本书在认识资源与环境时，突出介绍其价值属性、公共资源和公共产品的特性；在讨论资源环境领域公共政策设计时，强调要处理好个体行为和社会协调的关系、效率与公平的关系、政府与市场的关系。本书第六章专门开辟内容，探讨环境治理与公共政策的关系。第三，注重介绍新领域和新知识点。随着时代的发展，资源与环境经济学的研究领域和研究内容也在不断拓展和深化。本书在内容安排上，注意与时俱进，加强了新领域、新知识的介绍。譬如，第二章介绍了生态足迹、人类世和行星边界、生态系统服务、生态服务价值等新知识点，第六章环境治理与公共政策吸纳了企业行为响应的最新研究进展，第九章介绍了海洋资源利用与海洋环境保护的相关内容，第十五章介绍了应对气候变化和全球环境治理的研究进展。

本书的内容大体分为五个板块。第一板块为生态文明建设的总体观，主要包括第二章和第三章。第二章为可持续发展理论，第三章为环境价值与环境经济核算。第二板块为资源环境与经济发展的关系，包括第四章到第六章。第四章探讨自然资源对于经济发展的作用，第五章探讨经济发展与生态环境的关系，第六章为环境治理与公共政策。第三板块为自然资源合理利用，包括第七章到第十章。第七章为可耗竭资源利用与管理，第八章为可更新资源利用与管理，第九章为海洋资源经济与海洋环境治理，第十章为自然资源治理与空间规划。第四板块为环境污染控制，包括第十一章到第十三章。第十一章为环境规制与污染控制，第十二章为面源污染控制与农村环境治理，第十三章为循环经济与资源综合利用。第五板块为环境伦理和全球环境治理，包括第十四章和第十五章。第十四章从环境伦理的视角探讨环境与贸易、就业、收入分配的关系，第十五章为应对气候变化和全球环境治理。本书每一章末尾都列出了思考题，以方便教学，也供读者参考。

本书编写组聚集了资源与环境经济学领域的一批优秀中青年学者。编写组成员由来自 7 家高校的 14 名教师组成。参与编写人员的名单如下：浙江大学公共管理学院石敏俊、谭荣、陈帅、李莹珠；南京大学环境学院张炳、刘蓓蓓、夏凡；华东理工大学商学院邵帅；辽宁师范大学海洋可持续发展研究院孙才志、彭飞、李博；上海财经大学城市与区域科学学院范美婷；浙江工业大学经济学院田志华；湖北经济学院新财经交叉学科研究院陈洋。其中，南京大学张炳为国家杰出青年科学基金获得者，华东理工大学邵帅为国家优秀青年科学基金获得者，浙江大学谭荣入选国家高层次人才特殊支持计划“哲学社会科学领军人才”，浙江大学陈帅和南京大学刘蓓蓓入选教育部“长江学者奖励计划”青年学者，辽宁师范大学孙才志入选教育部新世纪优秀人才。

各章的编写执笔分工如下。第一章：石敏俊；第二章：石敏俊；第三章：张炳、刘蓓蓓；第四章：邵帅、范美婷；第五章：邵帅、田志华；第六章：石敏俊（第一、二、三节）、张炳（第四节）；第七章：邵帅、陈洋；第八章：谭荣；第九章：孙才志（第三、四节）、彭飞（第一节）、李博（第二节）；第十章：谭荣；第十一章：张炳、夏凡；第十二章：陈帅；第十三章：孙才志；第十四章：陈帅；第十五章：石敏俊（第一、二、四节）、李莹珠（第三节）。全书由石敏俊负责统稿，浙江大学公共管理学院博士生陈岭楠参与了统稿过程的文献整理、格式调整等工作。在本书编写过程中，部分博士生参与了资料收集和整理工作。中国科学院大学经济与管理学院博士生逄瑞参与了第六章的资料收集和整理工作；浙江大学公共管理学院博士生季静文、陈宇超、叶海建、孟臻铮、林颖超分别参与了第八章、第十章、第十二章、第十四章、第十五章的资料收集和整理工作；辽宁师范大学博士生宋强敏参与了第九章的资料收集和整理工作。

本书引用了大量同行的研究成果，也有部分出自作者的研究团队。作者向这些同行和同事致以崇高的敬意和衷心的感谢！如果文献引用过程中存在偏误，文责由作者自负。

在教材编写过程中，不可避免地会夹带作者自身的认识，使得本书部分内容带有作者的烙印。这些认识有的是正确的，有的可能存在偏颇和局限，有的仍处于探索之中。作者尽量避免将偏误带给学生，对于存在分歧的学说和观点，作者尽量秉持客观的态度全面如实介绍。即便如此，作者仍然希望教师讲授教材和学生学习教材的过程中能够对此加以注意。

石敏俊

目录

第一章

经济学如何认识资源与环境

第一节　为什么要学习资源与环境经济学

一、现实的挑战

经济增长带来的资源消耗、环境污染、生态破坏等问题困扰着现代社会。石敏俊等（2014）的研究表明，2010 年中国经济增长带来的资源环境成本达 49 471.26 亿元（2010 年价格），相当于当年 GDP 的 12.3%，比 2005 年的 13.5%下降了 1.2 个百分点。其中，资源消耗损失占 GDP 的比例在 2005—2010 年间稳定在 9.1%；环境污染损失占 GDP 的比例 2010 年为 2.1%，比 2005 年的 2.5%略有下降；生态退化损失占 GDP 的比例 2010 年为 1.2%，比 2005 年的 1.8%有明显下降。2005—2010 年，资源环境成本增加了 16 807 亿元（2010 年价格），年均增速为 8.7%，占同期 GDP 增量的 10%。经济增长对资源环境的依赖难以减轻，是中国经济可持续发展和绿色转型面临的严峻挑战。

资源环境问题不仅是中国经济面临的严峻挑战，同时也是全球各国共同面临的严峻挑战。工业革命以来，人类利用化石能源的规模急速扩大，化石能源燃烧产生的二氧化碳排放导致大气中温室气体浓度大幅提高，温室效应增强，从而引起全球气候变暖。1981—1990 年全球平均气温比 100 年前上升了 0.48℃。根据中国国家气候中心发布的数据，2023 年全球地表平均气温较工业化前的水平高出约 1.42℃，比 1991—2020 年（气候基准期）平均值偏高 0.53℃，是全球有气象记录以来的最暖年份。应对气候变化已经成为全球环境治理的重大挑战。

为了应对经济增长的资源环境挑战，我们需要认识资源环境问题发生的原因和经济学机制，探寻应对资源环境挑战的对策。资源与环境经济学就是分析和解释资源环境问题发生的原因及经济学机制，为制定应对资源环境问题的公共政策提供学理支撑的经济学理论。

二、市场的失灵

从经济学的视角看，资源环境问题发生的根源在于市场失灵。市场经济成立的条件归纳起来主要有三点：一是产权明晰，作为交易对象的产品或服务可以特定为某人或某个集团所有；二是信息透明，参与市场交易产品的属性、交易价格等信息是公开透明的，第三方也可以了解；三是公正交易，参加交易的各个经济主体均被平等地赋予依据自己的意愿自由平等地进行交涉的经济能力。在现实中，以上三点不一定都能得到保障，因而会出现市场失灵。

第一，存在产权不清晰的问题。譬如，空气、公共池塘等公共产品无法界定所有权，存在使用上的不可排他性，往往是共享共用的，容易造成过度使用以致环境质量退化的问题。

第二，存在信息的不完全性和不对称性。有关环境污染的信息，譬如环境污染程度、损害程度、污染和损害的因果关系链等，本身是不完全的，并且在污染者与受害者之间信息是不对称的；信息不对称还会带来举证困难，即个体很难获取环境污染信息，难以对企业进行举证。

第三，存在外部不经济。外部不经济是指企业或个体因其他企业和个体的经济活动而受到不利影响，但无法从造成影响的企业和个体那里得到补偿的经济现象。外部性是导致市场失灵的重要因素，也是环境问题发生的重要原因。

第四，环境价值是非显性的。环境价值非显性，导致环境价值不容易被货币化评价，难以进入市场交易，加剧了市场信息的不完全性，也是产生外部不经济的原因之一。

第五，存在资源产品价格扭曲。由于各种原因，资源产品价格机制被人为地扭曲，资源产品价格不能反映真实的市场供求关系，导致资源产品市场的价格信号失真，不能对资源产品市场供求起到调节作用。

由于市场失灵，市场价格信号不能有效抑制导致资源环境问题的经济行为，这正是资源过度消耗、环境污染、生态退化等资源环境问题发生的根源。从经济人个体的角度看，这些行为决策可能是合理的或者在一定时期内是合理的，但资源过度消耗、环境污染加剧等资源环境问题最终可能会影响到个体经济人的福利，为了抑制资源过度消耗、环境污染加剧而采取的社会协调政策措施也有可能会影响到个体经济人的福利，因此从长远的视角看，或者从社会整体的视角看，导致资源过度消耗、环境污染加剧的经济行为又是非理性的。经济学理论基于有限理性来分析与解释许多经济现象。在资源环境领域，同样也基于有限理性进行分析。

三、时代的诉求

从现实看，中国经济面临保障资源安全、强化环境治理的时代诉求。资源安全关系国家安全，没有资源安全就没有真正意义上的国家安全。当前，我国面临的能源安全形势非常严峻，能源安全保障难度越来越大。2023年，中国的石油表观消费量达到7.5亿吨，石油对外依存度超过70%，天然气对外依存度超过40%。有人甚至把能源安全形容为悬在中国经济头上的达摩克利斯之剑。因此，保障资源安全，是经济社会可持续发展的物质基础。

我国经济社会发展与生态环境保护的矛盾仍然突出，资源环境承载能力已经达到或接近上限；新老环境问题交织，区域性、布局性、结构性环境风险凸显，重污染天气、黑臭水体、垃圾围城、生态破坏等问题时有发生。中国式现代化是人与自然和谐共生的现代化。持续深入打好污染防治攻坚战，坚持精准治污、科学治污、依法治污，深入推进蓝天、碧水、净土三大保卫战，持续改善生态环境质量，以高品质生态环境支撑高质量发展，是中国经济可持续发展的时代诉求。

保障资源安全，强化环境治理，推动经济社会全面绿色低碳转型，必须深化对资源环境问题的科学认知，系统认识资源环境问题发生的深层次原因和经济学机制，从而制定应对资源环境挑战的对策。

第二节　资源与环境经济学的若干基本概念

一、资源、环境和生态系统服务

1. 自然资源

自然资源是指自然界中人类可以直接获得并用于生产和生活的物质。《辞海》对自然资源的定义为：天然存在的（不包括人类加工制造的原材料）并有利用价值的自然物，如土地、矿藏、水利、生物、气候、海洋等资源，是生产的原料来源和布局场所。联合国环境规划署对自然资源的定义为：在一定的时间和技术条件下，能够产生经济价值，提高人类当前和未来福利的自然环境因素的总称。

自然资源有不同的分类。按照是否可再生或更新的特点，可以分为以下三种：一是可再生资源，如风力、太阳能等，被利用后不会导致贮存量减少。二是可更新资源，指生物资源、水资源、土地资源等，能在较短时间内再生产出来或循环再现。三是不可再生资源，如各种金属和非金属矿物、化石燃料等，需要经过漫长的地质年代才能形成，一旦被利用，短期内不可再生，因而也被称为可耗竭资源。也有的不细分可再生资源和可更新资源。

自然资源按照存在形态可以分为：生物资源、农业资源、森林资源、国土资源、矿产资源、海洋资源、气候气象、水资源等。

自然资源具有可用性、整体性、有限性、空间分布不均匀性或区域性等特点。可用性是指能被人类社会利用，自然资源是能够为人类提供生存、发展和享受的物质与空间。整体性是指自然资源往往是一个整体，水土气生等资源是相互关联的。有限性是指自然资源的数量总是有限的，与人类社会不断增长的需求相矛盾，在一定的历史阶段和生产力水平下往往存在着客观的极限。区域性是指自然资源的空间分布是不均匀的，存在着数量或质量上的显著地域差异，并有其特殊的分布规律。

2. 环境

环境是指人类生存的空间，以及其中可以直接或间接影响人类生活和发展的各种自然因素。环境包括自然环境和建成环境，通常主要是指自然环境。

自然环境是指未经过人的加工改造而天然存在的环境，是人类赖以生存和发展的物质基础。自然环境作为客观存在的各种自然因素的总和，按环境要素可以分为大气环境、水环境、土壤环境、地质环境和生物环境等，分别对应于地球的五个自然圈层——大气圈、水圈、土圈、岩石圈和生物圈。

建成环境是指人类在自然环境的基础上，为不断提高物质和精神生活水平，通过长期有计划、有目的的发展，逐步创造和建立起来的人工环境，如城市、农村、工矿区等。

《中华人民共和国环境保护法》对环境的定义是：影响人类生存和发展的各种天然的和经过人工改造的自然因素的总体，包括大气、水、海洋、土地、矿藏、森林、草原、湿地、野生生物、自然遗迹、人文遗迹、自然保护区、风景名胜区、城市和乡村等。

有人把环境看作一种资源。所谓环境资源，主要包含两层含义：一是指环境的单个要素（如土地、水、空气、动植物、矿产等）及其组合方式（环境状态），可称其为自然资源属性。二是指与环境污染相对应的环境纳污能力，即环境承载能力，可称其为环境资源属性。

当环境被看作一种资源时，除了具有区域性、整体性、稀缺性、多用途性等特点外，还具有价值性、非排他性、非竞争性等公共产品的特性。

3. 生态系统服务

生态系统服务（ecosystem services），是指人类从生态系统获得的所有惠益，包括产品供给服务（如提供食物和水）、生态调节服务（如控制洪水和疾病）、生态文化服务（如精神、娱乐和文化收益）以及生命支持服务（如维持地球生命生存环境的养分循环）。

与生态系统服务相关的概念主要有生态服务价值、生态产品、生态产品价值等。生态服务价值（value of ecosystem services），是指人类直接或间接从生态系统得到的利益，主要包括向经济社会系统输入有用物质和能量、接受和转化来自经济社会系统的废弃物，以及直接向人类社会成员提供服务（如人们享用的洁净的空气、水）。生态产品是指在不损害生态系统稳定性和完整性的前提下，生态系统为人类生产生活所提供的物质和服务，主要包括物质产品供给、生态调节服务、生态文化服务等。也有人把提供生态系统服务的载体理解为生态产品。譬如，提供生态调节服务的森林、绿地。广义地理解，生态产品可以理解为区域生态系统所提供的产品和服务的总称。生态产品价值可以定义为区域生态系统为人类生产生活所提供的最终产品与服务价值的总和。

二、公共资源和公共产品

1. 公共资源和公共产品的概念与特征

公共资源（common resource）主要是指那些不为特定的个人或集体所拥有、社会成员可以自由利用的自然资源。这两个条件使得公共资源具有竞争性和非排他性的特征。

公共产品（public good）是指具有消费或使用上的非竞争性和受益上的非排他性的产品。一般来说，是指能被绝大多数人共同消费或享用的产品或服务。如国防、公安司法等方面所提供的财物和劳务，以及义务教育、公共福利事业等。公共产品的特点是一些人对这一产品的消费不会影响另一些人对它的消费，具有非竞争性；某些人对这一产品的利用不会排斥另一些人对它的利用，具有非排他性。

公共资源与公共产品的相同之处是都具有非排他性的特征，不同之处在于公共产品具有非竞争性的特征，而公共资源则具有竞争性的特征。譬如，公有的草场就是典型的公共资源。由于草场是公有的，大家都可以到草场放牧，也即草场具有非排他性的特性，但如果超过草场的载畜量，草场的使用就有了竞争性。此外，公共产品一般由政府或社会团体提供，这也是其区别于公共资源的特点。

诺贝尔经济学奖获得者埃莉诺·奥斯特罗姆（Elinor Ostrom，1990）在《公共事物的治理之道》（*Governing the Commons*）一书中指出，“资源系统是一个储存变量，在有利的条件下能使流量最大化而又不损害储存量或资源系统本身，诸如渔场、地下水流域、牧区、灌溉渠道等均属此类。资源单位是个人从资源系统占用和使用的量，它通常包括从渔场捕获的鱼的吨数、从地下水流域或灌溉渠道抽取的英亩-英尺或立方米水量、牲畜在牧场消耗掉的饲料的吨数等等。一个资源系统可以由多于一个的人或企业联合提供或生产，占用公共池塘资源单位的实际过程可以由多个占用者同时进行或依次进行，然而资源单位却不能共同使用或占用。因此，资源系统是可以共同享用的，但资源单位是不能共同享用的。因此，基于公共产品不可分割性的公共产品理论不能用来分析可分资源单位的占用和使用。”这里的公共池塘就是典型的公共资源。

2. 公共资源的类型

依据公共资源的产权特性和外部性特点，可以把公共资源分为三类：

第一，地方性公共资源（local common resource）：公共资源的使用权与所有权可以归属于特定的个人或集团，公共资源的不当利用带来的负面影响也限于同一范围的个人或集团。

第二，全球性公共资源（global common resource）：公共资源的使用权和所有权不可能归属于特定的个人或集团，并且公共资源退化带来的不良影响也不限于一定范围，往往是全球范围的影响。

第三，区域性公共资源（regional common resource）：公共资源的使用权与所有权在一定程度上可以归属于特定的个人或集团，但公共资源退化带来的不良影响不限于特定的个人和集团，有可能扩散到区域范围。

三、外部性

1. 外部性的概念

外部性（externality）是指经济主体（包括个人和企业）的经济活动对他人和社会造成的非市场化的有利影响或不利影响，而这种影响的成本或后果不完全由该行为人承担。

外部性分为正外部性（positive externality）和负外部性（negative externality）。正外部性是指经济主体的经济活动使他人或社会受益，而受益者无须花费代价；负外部性是指经济主体的经济活动使他人或社会受损，而造成负外部性的人却没有为此承担成本。正外部性又被称为溢出效应（spillover）、外部经济，负外部性又被称为外部不经济。工业企业产生的环境污染物排放是典型的负外部性。污染物排放会造成环境质量退化，治理环境污染需要投入大量社会成本，而环境质量退化的成本或环境污染治理的成本不完全由该工业企业承担。教育具有典型的正外部性。教育培养的人才对经济社会发展会有所贡献，这对所有人都是有益的。

2. 公共产品和公共资源利用的外部性

由于公共资源的竞争性和非排他性特征，公共资源利用会产生外部性。公共资源利用的外部性，往往与“搭便车”行为有关。“搭便车”（free ride）是指不承担任何成本而消费公共产品或使用公共资源的行为。“搭便车”问题起源于公共产品和公共资源的非排他性，“搭便车”问题的产生往往与公共资源产权界定不清晰或产权配置无效率有关。

公共产品和公共资源利用的外部性主要有两种情形。一是公共产品供给不足。“搭便车”行为使得公共产品的供给者很有可能不能获取弥补生产成本的收益，往往会导致公共产品供给不足，使市场无法达到有效率的资源配置。二是公共资源利用过度。譬如，公有的草场由于是公共资源，具有非排他性的特性，大家都可以到草场放牧，当公共草场的放牧强度超过草场载畜量时，就可能会导致草场退化甚至沙漠化，草场退化或沙漠化反过来会影响放牧人的生产和生活。

四、自然资源产权、稀缺性和影子价格

1. 自然资源产权

自然资源产权包括自然资源所有权、自然资源使用权、自然资源经营权、自然资源受益权等。

我国自然资源资产产权制度由自然资源资产产权体系和自然资源资产产权主体构成，自然资源资产产权体系的核心是自然资源资产所有权与使用权的关系。自然资源资产所有权分为自然资源资产全民所有权和集体所有权。国务院授权自然资源主管部门具体代表统一行使全民所有自然资源资产所有者职责。农村集体所有自然资源资产由农村集体经济组织代表集体行使所有权，农村集体经济组织成员对自然资源资产享有合法权益。

在我国，自然资源资产使用权的权属关系较为复杂。承包土地的使用权包括承包权和经营权，当前要落实承包土地所有权、承包权、经营权“三权分置”。农村宅基地的使用权实际上包括资格权和使用权，当前要探索宅基地所有权、资格权、使用权“三权分置”。矿产资源使用权包括探矿权、采矿权与土地使用权、海域使用权等，当前要完善探矿权、采矿权与土地使用权、海域使用权的衔接机制。

2. 自然资源的稀缺性和影子价格

稀缺性（scarcity）是经济学的重要概念之一。所谓稀缺性，是指现实中人们在某段

时间内所拥有的资源数量不能满足人们的欲望时的一种状态，反映了人类欲望的无限性与资源的有限性之间的矛盾。资源的稀缺性实际上是被人类自身“制造”出来的。人类不断追求更高的生活质量，这种追求本身会遇到时间、空间和资源的限制，于是人们又要花力气克服这些难题。因此，稀缺性是相对于人们的“过度需求”而言的。

由于资源是稀缺的，所以才产生了如何有效配置和利用资源的问题。资源稀缺性是经济学作为一门独立学科产生和发展的原因。经济学就是研究资源的有效配置的一门学科，即如何以最少的资源消耗取得最大的经济效果。

影子价格（shadow price）是指经济系统处于资源最优配置状态下反映资源稀缺程度和最终产品需求的价格，也称最优计划价格。用经济学语言来表述，即当某种资源每增加一个单位，产出相应地增加一定的单位时，由于不同的资源有不同的边际贡献，该资源的边际贡献就是该资源的影子价格。影子价格既是资源稀缺性的反映，又是边际价值，也是资源的最优估价，能更好地反映市场供求关系和资源稀缺程度，促使资源配置向优化的方向发展。

影子价格反映在项目产出上是消费者的支付意愿，当供需完全均衡时，市场价格才代表愿付价格。影子价格反映在项目投入上是机会成本，即资源不投入该项目而投入其他经济活动中所能带来的收益。影子价格的计算方法主要有线性对偶解法、机会成本分析法、消费者支付意愿法等。

五、环境价值、环境污染损失、环境治理成本

1. 环境价值

环境价值、环境污染损失、环境治理成本都是环境核算的相关概念。环境价值（environmental values）是环境资源的价值属性，是指环境资源直接满足或间接支持生产或消费活动的所有惠益。由于环境价值在市场上往往难以直接得到显现，所以需要对环境价值进行货币化评价，使其能够在经济系统中得到显现和衡量。

环境价值可以分为使用价值和非使用价值。使用价值又可分为直接使用价值和间接使用价值，直接使用价值包括消费性直接使用价值和非消费性直接使用价值；非使用价值包括存在价值和遗赠价值。有一些环境价值属于选择价值，其中既有使用价值，也有非使用价值。

消费性直接使用价值一般是商品和服务的货币价值，可以基于市场价格进行评价。非消费性直接使用价值则往往不能通过市场价格计算，而是要采用间接的方法进行评价。间接使用价值不能被消费者直接使用，往往难以在市场上直接得到显现。存在价值和遗赠价值也不能为消费者直接使用，同样难以在市场上直接得到显现。

也有学者对环境价值进行了不同的分类。譬如，按照市场上是否可以显现，分为市场价值和隐含价值，前者可以在市场上显现，后者在市场上不能显现。

2. 环境污染损失和环境治理成本

环境污染损失（loss of environmental pollution），顾名思义是指环境污染造成的经济损失。广义的环境污染损失，除了经济损失，也包括非经济损失，即环境污染损失中

不可货币化的部分。与环境污染损失相关的概念有环境污染损害。环境污染损害包括对环境的损害和经由环境对人的损害。对环境的损害实质上是对公共环境利益的损害，对环境的损害也是对人的损害，但赔偿权利人应当由公共环境利益的代表者来充任，一般应当是政府或一定范围内的公众集体。对人的损害包括财产损害、健康损害、精神损害等，对人的损害的赔偿权利人是明确的，即财产或者人身受到损害的人。

环境治理成本（cost of environmental pollution control）是指为控制环境污染所采取措施的成本，或为使受到污染的环境修复到污染前水平所需的成本，也被称为污染治理成本或环境修复成本。

环境污染损失和环境治理成本都可以用来反映环境价值，前者是用环境污染造成的损失来体现环境价值，后者是用将环境质量恢复到污染前水平所需的成本投入来体现环境价值。需要注意的是，两者不能重复计算，间接表征环境价值时，或者用环境污染损失，或者用环境治理成本。

六、自然资本、人造资本、人力资本

1. 自然资本

自然资本（natural capital）是指能为人类所利用、有利于改善人类福利的自然资源、环境和生态系统服务。自然资本联盟（Natural Capital Coalition，NCC）将自然资本定义为地球上可再生和不可再生自然资源存量（例如植物、动物、空气、水、土壤和矿物等）及其产生的能为人类带来利益的服务流量。自然资本涉及两个重要方面，一是存量，二是流量。存量主要是指存在于自然界的自然资源、环境、生态系统及生物多样性的数量；流量是强调自然界向人类提供的各种服务功能，包括资源流、环境流和生态系统服务功能等。之所以称为自然资本，一方面是突出与人类社会的关系，强调为人类提供服务的功能；另一方面是便于把这些存量和流量资产化，使其进入经济系统，与经济系统直接关联起来，成为经济社会发展的内生要素。

自然资本也有不同的种类，对人类社会的重要程度也有差异。我们把其中对人类社会特别重要的自然资本称为关键自然资本，主要是指人类生存必不可少的地球生命支持系统，包括洁净的空气、水，维持生命生存环境的地球养分循环等。

从经济学的角度看，自然资本是纯粹的公共产品，具有公共资源或公共产品的特征，包括非排他性、外部性等。当自然资本是公共资源时，具有竞争性；当自然资本是公共产品时，具有非竞争性。

2. 自然资本与人造资本、人力资本的关系

人造资本（human-made capital）主要是指人类社会创造的各种物质资本，包括各种基础设施、厂房设备等生产资料，住房和耐用消费品等生活资料等。人力资本（human capital）与物质资本相对，是体现在劳动者身上的资本，如劳动者的知识技能、文化技术水平与健康状况等。人力资本表现为蕴含于人身上的知识、技能、文化和健康素质的存量总和，教育是提高人力资本的最重要途径。

随着经济发展，人造资本不断增加，自然资本则趋于减少，人力资本也是不断累积

的。围绕自然资本、人造资本的关系，不同学派存在着认识上的分歧。弱可持续发展理论认为，人造资本和自然资本是可以相互替代的，人造资本的增加可以弥补自然资本的减少。强可持续发展理论则认为，自然资本和人造资本是不可以完全替代的，人造资本为人类提供的经济福利并不能完全替代自然资本提供的生态福利，因此经济社会发展不能超越自然承载力约束，必须保持关键自然资本的存量不减少、功能不减弱。

有的学者认为，人造资本由自然资本转化而来，应该把合适比例的自然资本转化为人造资本。把绿水青山转化为金山银山，也就是把自然资本转化为现实的经济价值。在这个转化过程中，不仅仅要依托自然资本，也需要人造资本和人力资本的投入，把自然资本、人造资本、人力资本三者有机结合起来，才能促进自然资本转化为现实的经济价值。

第三节 资源与环境经济学的逻辑框架

一、认识资源环境问题的经济学视角

1. 经济学认识资源环境问题的三个维度

如前所述，从经济学视角看，资源环境问题发生的根源在于市场失灵。解决资源环境问题的根本途径也在于纠正市场失灵。因此，资源与环境经济学主要从以下三个维度去设计公共政策，纠正市场失灵，探寻解决资源环境问题的对策。

（1）消除市场失灵。

一是环境价值显性化，对环境价值进行货币化评价，以便将环境价值纳入经济社会决策；二是外部成本内部化，通过环境税（庇古税）等手段，将企业的环境污染给社会带来的外部不经济纳入企业内部的成本核算，消除外部不经济对企业生产决策造成的偏差；三是消除环境信息不对称，建立公正客观的环境监测体系，推动环境信息公开。

（2）纠正人为的市场扭曲。

在现实的经济生活中，由于资源性产品价格受到政府管制、资源领域大多为国有企业垄断经营等原因，一些资源性产品价格存在不同程度的人为扭曲。譬如，水价不能真实地反映水资源的稀缺性，天然气价格与可替代的石油价格相比明显偏低，电价过低、煤（市场煤）电（计划电）价格倒挂，我国一些资源性产品价格低于国外同类产品价格水平，等等。资源性产品价格改革要求以市场化为导向，逐步理顺资源性产品价格形成机制，实现资源价格的合理化。

（3）合理运用市场机制。

一方面，运用环境经济政策手段，抑制环境污染，纠正市场失灵带来的负外部性；另一方面，运用激励机制，增加公共产品供给，纠正市场失灵导致的公共产品供给不足。税收、补贴、排放权交易机制等是基于市场机制的环境经济政策工具。其中，排放权交易机制作为人为构建起来的交易机制，经常得到政策制定者的青睐，这是因为排放权交

易既可以通过设定排放权上限，达到排放总量控制的目的，又可以鼓励排放主体应用减排技术，使减少的排放量通过市场交易获取回报，从而起到经济激励的作用。

排放许可、排放限值、排放标准等政府直接调节虽然不属于基于市场机制的政策工具，但作为环境规制手段，也可以起到抑制环境污染、纠正市场失灵带来的负外部性的效果。

2. 资源环境领域制定公共政策的基本原则

应用资源与环境经济学，制定公共政策，处理资源环境问题时，往往需要考虑并平衡好以下几个关系。

（1）个体行为和社会协调的关系。个体行为是个体基于自身的利益最大化目标作出的决策，在资源环境问题上，由于存在外部性，个体最优的行为决策不一定是社会最优的，因此往往需要基于社会整体的利益最大化目标对个体行为进行社会协调。个体行为和社会协调的关系，是贯穿资源与环境经济学的一条逻辑主线。资源环境领域的许多公共政策就是要对个体行为进行社会协调，譬如环境规制政策是对企业的环境排放行为进行约束，以达到社会协调的目标。

（2）效率与公平的关系。效率与公平的关系被认为是经济学永恒的命题，政府在制定处理资源环境问题的公共政策时也会面临效率与公平的关系。譬如，设立碳市场要对碳排放权进行初始分配，此时就会面临究竟是以效率导向的减排潜力为依据，还是以公平导向的经济影响为依据的问题。能源消费总量控制政策涉及能源消费配额分配，环境排污权交易涉及环境排污权的分配，与碳排放权分配一样会面临效率与公平的关系问题。可持续发展还涉及同代人之间以及当代人和下一代人之间的公平问题。可持续发展的公平性原则强调公平的发展权，本身就是在提醒我们要处理好资源配置的效率与公平的关系。

（3）自然资本和人造资本的关系。自然资本和人造资本的关系是贯穿资源与环境经济学的又一条逻辑主线。随着经济的发展，人造资本不断累积，自然资本趋于减少，一般来说，保护自然资本是资源环境领域公共政策的主流方向。但如何看待人造资本的作用，处理人造资本和自然资本的关系，不同的学术流派存在一定的分歧。有的学者认为人造资本的增加可以弥补自然资本的减少，有的学者认为人造资本投入有利于自然资本的保护。无论是自然资源保护和合理利用，还是环境污染控制和环境质量改善，自然资本和人造资本的关系始终是政策制定者需要考虑的问题。

（4）政府与市场的关系。政府和市场的关系是经济学理论的主线之一，也是资源环境领域公共政策的逻辑主线之一。我国处理政府和市场之间关系的基本原则是，使市场在资源配置中起决定性作用，更好地发挥政府作用。我国资源环境领域的公共政策过去较多地依赖政府主导的命令-控制型政策，注重使用行政管制手段。行政手段具有较强的强制约束力，但社会力量和市场作用所能发挥的空间有限，对企业的激励不足，往往存在一定的局限。因此，基于市场机制的经济激励型环境政策仍然是必不可少的，而且应当有效利用市场机制手段，调动多方面的积极性，协调好利益相关方的利益关系。

二、资源与环境经济学的研究内容

资源与环境经济学的研究内容主要涵盖以下四大领域：

1. 可持续发展与生态文明治理

可持续发展要求既满足当代人的需要，又不损害后代人满足需要的能力，是认识和处理资源环境问题的基本理念，也是生态文明治理的基本原则。学习资源与环境经济学，要从可持续发展理论开始，理解可持续发展的理念、含义、主要学术流派，认识环境的价值并将环境价值纳入经济社会核算体系。

从经济学视角看，资源和环境都是可以为人类所用，改善人类福利的。因此，如何认识资源环境与经济增长的关系，就成为资源与环境经济学必须思考的重要问题。经济增长会带来资源消耗增加、环境污染加剧，导致资源环境负荷增大，如何在不增加或少增加资源环境代价的条件下促进经济增长，是资源与环境经济学的重要研究内容。在保持合理经济增长的同时，如何有效推进环境治理，改善环境质量，也是资源与环境经济学的重要研究内容。

2. 资源合理利用

不同类型的自然资源具有不同的特点，资源的开发利用也有不同的规律。必须按照可耗竭资源、可更新资源等不同类型资源的特点，因地制宜，制定自然资源合理利用的制度和政策。可更新资源能够通过自然力保持存量或增加流量，如果对可更新资源进行合理的开发利用，可以使其不断恢复、更新、再生产以至不断增长，如果不合理地进行开发利用，资源的可更新性就会受阻，存量会不断减少以至耗竭。可耗竭资源在人类开发利用后，资源存量会逐渐减少以至枯竭，是有限的资源，因此可耗竭资源的可持续利用就变得十分重要。

过去人类活动主要集中在陆地，进入 21 世纪后，海洋对人类生存和发展的重要性越来越突出，开发和利用海洋资源已经成为解决全球人口和资源环境问题的重要出路之一，不少国家相继制定了海洋发展战略。我们必须高度重视海洋资源的开发利用。

在新的历史条件下，自然资源利用和治理是国土空间开发的重要基础，国土空间规划必须建立在有效的自然资源治理之上。自然资源治理与国土空间规划是新时期自然资源合理利用的重要研究领域。

3. 环境污染控制

从经济学视角看，环境污染是一种负外部性，环境污染控制就是减少外部不经济。由于环境污染带来的负外部性因污染排放的自然特性而有所不同，环境污染控制的政策手段也要考虑污染排放的自然特性以及负外部性的差异。城市和工业部门产生的环境污染绝大部分属于点源污染，控制环境污染的经济政策主要是基于外部成本内部化的思路，实行谁污染谁治理、谁污染谁付费，使污染者负担外部成本。农业和农村环境污染往往属于面源污染，不仅空间分散，而且不确定性较大，因此农业环境政策一方面是采用源头控制而不是末端治理，从源头减少污染物排放数量，另一方面是采用措施降低化肥和农药的施用强度。

循环经济以“减量化、再利用、资源化”为原则（3R 原则，即 reduce，reuse，recycle），通过资源节约和循环利用，尽可能降低经济活动的环境影响，是推进可持续发展的先进生产方式，也是环境治理的重要途径。

4. 环境伦理与环境正义

环境伦理是指人类认识和处理人与自然的关系的基本准则，指引人类如何认识并处理人与自然的关系。环境伦理是环境法治的基础与内核，可以为环境立法提供指导思想。生态文明强调人与自然的和谐共生，就是一种环境伦理观。可持续发展强调当代人的发展不能损害下一代人的福利，也是一种环境伦理观。一般来说，环境伦理的基本原则包括环境正义原则、代际平等原则、尊重自然原则等。环境伦理涉及国与国之间的关系、地区与地区之间的关系、人与人之间的关系，因此，需要思考并处理环境与国际贸易的关系，环境对就业和收入分配的影响等。

气候变化是全球性环境问题，应对气候变化属于全球环境治理，一方面关系到全球应对气候变化的战略目标和行动力度，另一方面也涉及国与国之间应对气候变化的责任分担。从某种意义上讲，应对气候变化应当在环境伦理和环境正义的框架下进行思考。

环境伦理的另一个重要问题是邻避效应。由于环境污染是一种负外部性，控制环境污染的措施所带来的负面影响有时可能会波及其他群体。当这种可能的负面影响激起人们的嫌恶情结时就会产生邻避效应。从经济学视角看，邻避效应是社会失灵的表现，是理性经济人与非理性社会人纠结的结果。如何认识和解决邻避效应，是环境治理领域世界各国面临的共同挑战。

三、本书的结构安排

本书的主体结构大体可以分为五个板块：

第一板块为生态文明建设的总体观，包括第二章和第三章。第二章为可持续发展理论，第三章为环境价值与环境经济核算。

第二板块为资源环境与经济发展的关系，包括第四章到第六章。第四章探讨自然资源对于经济发展的作用，第五章探讨经济发展与生态环境的关系，第六章为环境治理与公共政策。

第三板块为自然资源合理利用，包括第七章到第十章。第七章为可耗竭资源利用与管理，第八章为可更新资源利用与管理，第九章为海洋资源经济与海洋环境治理，第十章为自然资源治理与空间规划。

第四板块为环境污染控制，包括第十一章到第十三章。第十一章为环境规制与污染控制，第十二章为面源污染控制与农村环境治理，第十三章为循环经济与资源综合利用。

第五板块为环境伦理和全球环境治理，包括第十四章和第十五章。第十四章从环境伦理的视角探讨环境与贸易、就业、收入分配的关系，第十五章为应对气候变化与全球环境治理。

第四节　资源与环境经济学的学科特色

一、资源与环境经济学的学科特点

与其他学科相比，资源与环境经济学具有自身的学科特点。这些学科特点归纳起来主要有以下三点：

（1）始终围绕人与自然的关系这一主线。

如何认识并处理人与自然的关系，是贯穿资源与环境经济学的逻辑主线，也是环境伦理的基本点。在原始社会中，人们敬畏自然，出现了对太阳、月亮和火等自然力量的崇拜。在农业社会中，人们顺应自然，基本上是“靠天吃饭”。进入工业社会以后，人们试图利用科学技术去征服自然，激化了人和自然的矛盾。一系列全球性环境问题和生态危机说明，地球再也没有能力支持工业文明的继续发展，需要开创生态文明来延续人类的生存。与农业文明时代强调顺应自然、工业文明时代热衷于征服自然不同，生态文明治理的核心内涵是强调人与自然的和谐发展。资源和环境都可以为人类所用，如果利用得当，可以改善人类的福利，如果利用不当，就会造成资源过度消耗、环境污染加剧等问题。因此，资源与环境经济学无论是研究资源合理利用，还是研究环境污染控制，都要坚持人与自然和谐发展这一基本理念。

围绕人与自然的关系，在具体处理自然资本和人造资本的关系上，可持续发展理论又存在着弱可持续性和强可持续性两种理念和流派的分歧，分歧的核心就在于人造资本是否可以替代自然资本。自然资本和人造资本的关系，也可以说是人与自然之间关系的延伸。

（2）始终坚持经济学的分析视角。

资源与环境经济学作为经济学的分支学科之一，其研究内容仍然是在经济学的逻辑框架之下，始终要用经济学的理论和方法去分析资源环境问题。成本收益分析是经济学认识资源环境问题时的常用分析工具。由于环境价值是隐性的，需要将环境价值显性化，并将其纳入成本收益分析的框架之中。环境价值改善往往体现为收益，环境污染损失或环境治理成本往往体现为成本。资源环境领域的公共政策制定更是需要建立在成本收益分析的基础之上，出台解决资源环境问题的公共政策必须考虑社会成本，而不是不计成本。譬如，打好污染防治攻坚战符合社会整体的利益，但在制定污染防治的行动计划和具体政策时必须考虑这些政策措施可能带来的社会成本，尽可能选择社会成本较小的政策手段和实现路径。

经济学认识资源环境问题会特别关注经济主体的行为机制。经济主体包括企业和居民，涉及资源环境问题的经济主体行为会影响资源环境问题的发展趋向、解决路径和具体政策。除了企业和居民等经济主体之外，地方政府行为也会影响资源环境问题的发展趋向、解决路径和具体政策，关注涉及资源环境问题的地方政府行为也是资源与环境经济学的学科特点之一。

（3）始终秉持公共治理的思维和理念。

资源和环境不是公共产品，就是公共资源，具有使用上的非排他性，非排他性会带来外部性，因此，需要引入公共经济学的思维和公共治理的理念来解决资源环境领域的外部性带来的各种问题。公共经济学的思维和公共治理的理念，是资源与环境经济学不同于经济学其他分支学科的特点之一。

运用公共治理的思维和理念设计与制定资源环境领域的公共政策时，必须考虑到利益相关方之间的利益协调，必须处理好个体行为与社会协调的关系，必须正确发挥政府与市场的作用。协调好利益相关方之间的利益关系，有利于顺利推进公共政策的落地和实施，有利于公共政策取得更好的效果。

资源环境领域的公共治理，涉及一个行政区域或自然流域内部的利益相关方的利益协调，也会涉及跨行政区域的利益协调，甚至会涉及跨国尺度的利益协调。譬如，生态补偿问题往往涉及跨行政区域的利益补偿和协调，应对气候变化则涉及不同国家之间的利益协调，属于全球性公共治理问题。

二、环境经济学与生态经济学的关系

生态经济学主要是从经济学视角研究生态系统服务、自然生态保护和生态修复、生态产业化等相关问题。环境经济学主要是运用经济学的理论和方法，研究环境和环境保护的价值、环境污染控制的公共政策、绿色产业和绿色消费、应对气候变化和碳排放控制等问题。环境经济学和生态经济学一样，都是围绕人与自然的关系来展开分析，都服务于可持续发展和生态文明治理，但两者各有侧重。生态经济学是生态学与经济学的交叉学科，从生态系统视角构建分析框架；环境经济学是环境科学与经济学的交叉学科，以环境为对象，围绕人与环境的关系构建理论框架。

从生态系统视角来看，人本身是生态系统的组成部分，人类活动与生态系统的关系构成了生态经济学理论的逻辑主线。生态系统服务、自然生态保护和生态修复、生态产业化等相关问题，都是基于人类活动与生态系统的关系这一框架来展开分析的。

从环境经济学视角来看，人与环境是相互依存、相互依赖、不可分割的一个整体，没有脱离人存在的环境，也没有不存在于环境中的人。环境影响人类的生存与发展，人类活动又直接和间接地影响环境。无论是关于环境价值的认识，还是环境污染控制的公共政策，或者应对气候变化和碳排放控制的公共政策，都是围绕人与环境的关系来构建分析框架，思考环境如何影响人类的福利，人类活动如何影响环境，或者如何调整人类活动去减轻其对环境的影响。

有的学者把环境看作生态系统，也有的学者把生态系统看作人类生存和发展所依托的环境，此时环境经济学和生态经济学的区别和界限就变得越来越模糊了。

三、资源经济学与人口经济学的关系

人口经济学主要关注人口结构、人口流动及其对经济增长的影响，以及相应的人口政策。资源经济学主要关注自然资源的合理利用方式、自然资源开发利用对社会经济发展的作用、资源安全保障等问题。尽管人口问题与资源利用相互关联，但人口经济学和资源经济学两个不同学科之间的融合程度不高。

我国在人口经济学的基础上衍生出了人口、资源与环境经济学。人口、资源与环境经济学是具有鲜明中国特色的学科，国际上既没有和人口、资源与环境经济学相对应的学科，也没有出版过以人口、资源与环境经济学为名的教材。在国内，人口、资源与环境经济学尚未形成统一的学科体系和分析框架，三个分支学科——人口经济学、环境经济学和资源经济学之间缺乏实质性的融合，人口经济学研究很少考虑资源环境因素，资源与环境经济学研究也较少将人口因素作为内生变量加以考虑（童玉芬和周文，2018）。目前，只有极少数学者将人口问题和资源利用关联起来开展研究，譬如，人口和水土资源的平衡关系、土地资源的人口承载力、人口发展的粮食安全与耕地保障等（陈百明等，1991；封志明，2007；封志明等，2008）。

关键词

市场失灵　公共资源　公共产品　自然资本　外部性

思考题

1. 经济学如何认识资源环境问题？
2. 如何理解公共资源和公共产品的异同点？
3. 如何认识自然资本、人造资本与人力资本的关系？

参考文献

拓展阅读

第二章

可持续发展理论

人类社会走过了从原始社会到农业文明再到工业文明的历程，现在进入了生态文明新时代。在原始社会，人们敬畏自然，产生了各种图腾崇拜；在农业文明阶段，人们强调顺应自然，产生了天人合一的思想；在工业文明阶段，人类生产力得到极大发展，人们开始尝试征服自然。传统发展模式给人类带来了经济繁荣，同时也造成了全球性环境污染和生态破坏，带来了人与自然关系失衡等各种困境和危机。这些问题开始危及人类的生存，人类为了克服和应对这些问题，经过深刻反思作出的理性选择就是可持续发展，引导人类走向生态文明新时代。因此，在生态文明新时代，人们重新认识到人与自然应当和谐共生，经济社会必须走可持续发展的道路。可以说，可持续发展是生态文明新时代的必然选择。

第一节　可持续发展的理论脉络

一、可持续发展概念的内涵

1. 可持续发展的定义和内涵

可持续发展（sustainable development）的概念最早可以溯源到 1980 年世界自然保护联盟（International Union for Conservation of Nature，IUCN）、联合国环境规划署（United Nations Environment Programme，UNEP）、世界自然基金会（World Wide Fund for Nature，WWF）等共同发表的《世界自然资源保护大纲》（World Conservation Strategy）。1987 年世界环境与发展委员会发表的报告《我们共同的未来》正式使用了可持续发展的概念，对其作出了比较系统的阐述。1992 年 6 月，联合国环境与发展大会通过了以可持续发展为核心的《里约环境与发展宣言》（Rio Declaration）以及《21 世纪议程》等文件。1994 年，中国政府编制了《中国 21 世纪议程——中国 21 世纪人口、环境与发展白皮书》，把可持续发展战略纳入我国经济和社会发展规划。

可持续发展的定义为：既能满足当代人的需要，又不对后代人满足其需要的能力构成危害的发展（Brundtland，1987）。这个定义系统阐述了可持续发展的思想。也就是说，可持续发展既要考虑当前发展的需要，又要考虑未来发展的需要，不能以牺牲后代人的利益为代价来满足当代人的利益。

可持续发展概念的内涵概括起来，主要包括四个方面：一是突出发展的主题。发展是人类共同的、普遍的权利，发达国家和发展中国家享有平等的发展权利。二是发展的可持续性。人类经济和社会的发展不能超越资源和环境的承载能力。三是代际的公平性。当代人在发展与消费时应努力做到使后代人有同样的发展机会，同一代人中一部分人的发展不应当损害另一部分人的利益。四是人与自然的协调共生。人类必须学会尊重自然、师法自然、保护自然，与之和谐相处。

2. 可持续发展的三大原则

可持续发展必须坚持三大原则：公平性、持续性、共同性。

（1）公平性原则。

公平性包括当代人之间的公平、代际公平以及资源分配与利用的公平。公平性原则的核心是平等的发展权。也就是说，可持续发展应该是机会均等、利益均等的发展，既包括同代内区际均衡发展，即一个地区的发展不应以损害其他地区的发展为代价，也包括代际均衡发展，即既满足当代人的需要，又不损害后代人的发展能力。按照公平性原则，人类各代都处在同一生存空间，他们对生存空间内的自然资源和社会财富拥有同等的享用权和同等的生存权。因此，可持续发展把消除贫困列为优先解决的重要课题，给各国各地区的人、不同世代的人以平等的发展权。

（2）持续性原则。

持续性原则要求经济社会发展不能超越资源环境承载能力。持续性原则的核心是对需求的满足和对需求的限制，在满足需求的同时必须有限制因素。也就是说，可持续发展既要满足需求，又要对需求进行限制，尤其是要限制对满足眼前需求但对未来环境所需能力构成危害的发展需求。其中最主要的限制因素是人类赖以生存的物质基础——自然资源与生态环境。因此，持续性原则认为，人类的经济社会发展不能超越资源环境承载能力，这样的发展才是可持续的，才能将人类的当前利益与长远利益有机结合起来。

（3）共同性原则。

共同性原则强调地球是我们共同的家园。正如《我们共同的未来》指出的那样，地球的整体性和相互依存性决定全球应该联合起来，保护我们的家园。可持续发展是关系到全人类的问题，可持续发展的目标是全人类的共同目标，只有全人类共同努力，才能实现可持续发展目标。作为全球性的问题，可持续发展应当超越文化与历史的障碍，虽然国情不同，可持续发展的具体模式也有所不同，但是无论富国还是贫国，公平性原则、持续性原则是共同的，各国都需要适当调整国内和国际政策，将人类的局部利益与整体利益结合起来。

二、可持续发展与环境伦理

可持续发展与环境伦理密切相关。可持续发展的伦理本身包括对需求的满足和对需求的限制两个方面。第一是对需求的满足，首先要满足人类特别是贫困人口的基本需要。第二是对需求的限制，主要是指限制对未来环境所需能力构成危害的发展需求。这是因为未来环境所需能力（生产和更新能力）一旦被突破，将危及支持地球生命的自然系统，如大气、水体、土壤和生物系统。在可持续发展伦理的背后，需要思考的是可持续发展的利益相关方和发展权的代内公平及代际公平。

1. 可持续发展的利益相关方

可持续发展是关系到全人类的问题，可持续发展的利益相关方是全人类，但全人类是由不同的利益群体组成的，可持续发展的利益相关方也就是不同的利益群体。根据利益主体划分，可以分为政府、企业、消费者、非政府组织等，可持续发展涉及不同类别利益主体之间的发展权分配和利益协调；根据空间范围划分，国家和地区都可以成为利益相关方，可持续发展涉及国家之间、区域之间的发展权分配和利益协调；根据世代分配划分，可以把当代人和后代人视作利益相关方，当然因为后代人难以进入发展权分配和利益协调的决策过程，当代人应当充分考虑后代人的利益，不能寅吃卯粮，这也是可持续发展的初衷。

2. 发展权的代内公平和代际公平

发展权是指个人、民族和国家积极、自由和有意义地参与政治、经济、社会和文化的发展，并公平享有发展所带来的利益的权利。1986 年联合国大会第 41/128 号决议通过了《发展权利宣言》(Declaration on the Right to Development)，对发展权的主体、内涵、地位、保护方式和实现途径等基本内容作出了全面阐释。发展权包括对个人权利和集体权利的认可。发展权的首要目标是消除贫困，并采用能够有效地维持后世发展的方式满足所有人的基本需要。可持续发展要求实现发展权的代内公平和代际公平，前者强调同一代人享有平等的发展权利，目标是消除贫困，后者强调保护后代人的发展机会。

发展权的代内公平是可持续发展原则的重要内容之一，主要是指同一代人，不论国籍、种族、性别、经济水平和文化差异，在追求良好生活质量和利用自然资源方面享有平等的权利。从历史和现状来看，发达国家的财富往往建立在对发展中国家自然资源的剥削和掠夺之上，并将发展中国家视为转嫁污染的“垃圾场”，发达国家的快速发展也使得环境危机危及全人类的生存。发展权的代内公平要求同代人之间的发展权平衡，一国在利用自然资源时应考虑到他国的需求，应考虑各国如何分担全球环境保护责任。

发展权的代际公平是可持续发展原则的另一个重要内容，主要是指当代人为后代人保存发展的机会及所需的自然资源。代际公平涉及“托管”概念，认为人类每一代人都是后代人的受托人，在后代人的委托之下，当代人有责任保护地球环境，并将它完好地交给后代人。

发展权的代际公平主要有三项基本原则：

一是保存选择原则，即当代人应该为后代人保存自然资源和文化的多样性，避免对后代人的权利产生制约，使后代人有和前代人相似的可供选择的多样性。

二是保存质量原则，即当代人应该保证地球环境质量，在交给后代人时，不比自己从前代人手里接过来时更差，也就是说，地球环境没有在当代人手里受到破坏。

三是保存接触和使用原则，即当代人应该对其成员提供平行接触和使用前代人的遗产的权利，并为后代人保存这项接触和使用权。也就是说，对于前代人留下来的东西，当代人都有权了解和受益，也应该继续保存，使后代人也能接触到隔代遗留下来的东西。

三、可持续性评价

可持续性（sustainability）的概念是生态学家首先提出来的，起初主要是指生态可持续性（ecological sustainability）。目前，关于可持续性的概念界定，不同的学术流派仍然有不同的表述。生态学家认为，可持续性是自然资源及其开发利用程序间的平衡；或者说，可持续性是保护和加强环境系统的生产和更新能力。经济学家认为，可持续性是在保持自然资源的质量及其所提供服务的前提下，使经济发展的净利益增加到最大限度（Barbier，1997）；皮尔斯（Pearce，1993）认为，今天的使用不应减少未来的实际收入，当发展能够保持当代人的福利增加时，也不会使后代的福利减少。

从可持续性的不同概念界定可以看出，不同的学术流派对于可持续性的理解存在一定的分歧。生态学家和生态经济学家更多地从生态系统的视角出发，强调生态可持续性，主流经济学家则更多地从经济系统的视角出发，强调经济可持续性。有人认为，可持续性由生态可持续性、经济可持续性和社会可持续性三个部分组成，但三者是相互联系、不可分割的，应该从整体上理解可持续性。

第二节　弱可持续性和强可持续性

在可持续性的理解分歧背后，隐含着可持续发展理念的差异。当前，国际上主要有两种可持续发展理念，一是弱可持续性（weak sustainability）的发展理念，二是强可持续性（strong sustainability）的发展理念。强可持续性与弱可持续性两种发展理念的分歧，主要来源于对自然资本替代性的认识存在差异（Neumayer，2003）。

一、弱可持续性

1. 弱可持续性的理论内涵

弱可持续性的理念扎根于新古典经济学理论，以索洛-哈特维克的研究为理论框架，认为自然资本和人造资本之间是可以替代的。依照弱可持续发展范式，判断发展可持续的标准是“维持和增加可供经济个体享用的福利水平”。福利水平主要取决于财富的积累程度，财富包括人造资本、自然资本和人力资本三个部分。判断发展的弱可持续性，基本思路是当代人转移给后代人的资本存量不少于现有存量。判断弱可持续性的标准主要有哈特维克准则。

哈特维克准则是指在人口处于零增长的条件下，要保持人均消费水平不下降，必须保持真实储蓄不减少（Hartwick，1977）。如果仅考虑自然资本与人造资本两种投入，哈特维克准则认为，不可再生资源（自然资本）与实物资本（人造资本）两种投入之间必须以特殊的方式相互替代，即随着不可再生资源的减少，必须积累实物资本存量，要求不可再生资源的开采租金必须储蓄起来，然后完全以资本形式积累，以实物资本的累积确保自然资本和人造资本之和保持不减少。

按照哈特维克准则，弱可持续性要求保持净储蓄或净投资大于等于零。由于自然资本和人造资本之间是可以替代的，只要自然资本和人造资本的合计保持不减少，维持向人类提供服务流量的能力就不会降低。

2. 弱可持续发展的政策含义

弱可持续发展是主流经济学家认可的一种可持续发展范式。弱可持续发展的本质是环境与经济可替代，认为自然资本和人造资本之间是可以替代的，只要保持自然资本和人造资本的总和不变，维持向人类社会提供服务流量的能力就可以保持不变。因此，弱可持续发展范式又被称为可替代范式。按照弱可持续发展范式，只要当代人留给后代人的资本存量不少于现有存量，即资本总量保持不变，就实现了可持续发展。弱可持续发展所关心的只是由三种资本形式构成的资本存量总和，只要后代人能利用的资本存量不少于当代人，就意味着发展是可持续的，可以不关心转移给后代的资本存量的具体形式。

按照弱可持续发展的观点，自然资本与人造资本之间存在完全的替代性，意味着可以用大规模的自然资源投入来发展国民经济。因此，弱可持续发展的观点重视人类社会的主观能动性，认为通过技术进步和知识创新，可以克服自然资本减少带来的增长极限。

3. 弱可持续性的测度

1997 年世界银行基于哈特维克准则提出了真实储蓄（genuine savings，GS），作为弱可持续性的测度指标（Hamilton，2003）。所谓真实储蓄，是指公共部门与私人部门的储蓄，减去公共部门与私人部门的资产折旧，加上用于教育的投资，减去可耗竭资源与可再生资源的损耗，再减去环境污染损失，也就是扣除资源环境成本的净储蓄。

真实储蓄是在国民储蓄的基础上剔除自然资源损耗和环境污染损失的价值量，绿色 GDP 是在 GDP 的基础上剔除自然资源损耗和环境污染损失的价值量。两者的不同之处在于，GDP 是流量，国民储蓄体现的是存量。真实储蓄是以资本存量表征可持续发展的能力，从某种意义上讲，真实储蓄是绿色 GDP 的改进版，因此也有人把真实储蓄称为绿色国民储蓄（石敏俊等，2009）。当前，真实储蓄作为衡量可持续性的指标得到了广泛的应用和关注，但其数值易受净储蓄率变动的影响，而净储蓄率又受到文化传统、消费习惯等影响，导致难以对真实储蓄的数值进行横向比较，因而用真实储蓄衡量弱可持续性也引起了一些质疑。

2012 年，科学家们在联合国的委托下提交了《包容性财富报告 2012》（Inclusive Wealth Report 2012），用包容性财富指数来衡量一个国家的可持续发展能力。包容性财富指数（inclusive wealth index，IWI）是对国家财富的三个来源进行量化加总得到的。国家财富的三个来源分别是劳动力质量（人力资本）、基础设施和生产设备（实物或生产资本），以及包括矿产、土地和渔场在内的自然资源（自然资本）。包容性财富指数不但能够体现出哪个国家最富裕及其财富构成，还能表征一国经济的可持续发展能力，比单纯的 GDP 更能准确反映一个国家的实际财富。

《包容性财富报告 2012》基于 1990—2008 年的数据测算了 20 个国家的包容性财富指数。美国高居榜首，无论是用国内生产总值还是包容性财富指数衡量，都是最富裕的国家，但排在第二位的不是中国，而是日本。按包容性财富指数衡量，2008 年日本的财富是中国的 2.8 倍，原因在于日本在生产设备和基础设施等人造资本方面的积累更好。这与国内生产总值排名表的名次不同。《包容性财富报告 2018》（Inclusive Wealth Report 2018）在此前的基础上，对包容性财富指数作出了进一步的改进，增加了与联合国可持续发展目标和《巴黎协定》相关的分析内容（Managi and Kumar，2018）。

二、强可持续性

1. 强可持续性的理论内涵

与主流经济学家的弱可持续发展观点不同，强可持续性理念是基于自然资本不可替代的认识。康斯坦扎（Constanza）、戴利（Daily）等生态经济学家认为，对于某些关键自然资本，譬如生命攸关的自然资本，应该保存自然资本的实际存量，对这些资源存量的使用不能超过其再生能力（Constanza et al.，1997；Daily et al.，1997）。强可持续发展理论认为不可替代的自然资本主要有四类：

一是提供地球生命支持功能的自然资本，如空气、水、全球气候、臭氧层等。没有空气和水，人类无法生存，空气和水对于地球生命是不可替代的自然资本。适宜生命的气温等全球气候也是人类社会得以延续的环境条件，如果全球气候超过临界点，整个地球生命系统将会崩溃。臭氧层对于地球生命的支持功能也是不可替代的。

二是独一无二的、一旦破坏就难以恢复的自然资本，如生物多样性。灭绝的物种不能起死回生，生物多样性的毁坏是不可逆的。土地荒漠化会导致表层土壤侵蚀，而土壤形成可能需要数千年甚至更长时间，一旦流失就很难恢复。

三是环境健康。有害污染物的排放及其在环境中的积累会损害人体健康。环境健康是无法用金钱和财富替代的自然资本。

四是粮食安全和食品安全。从局部区域看，粮食可以从区外调入以满足消费需求；从大范围区域和国家尺度看，粮食安全是涉及国家安全的重要战略问题；从全球尺度看，粮食是维持生命不可替代的能量和营养来源，全球粮食安全必须得到保障。水土资源是粮食安全的物质基础，也是保障粮食安全的自然资本。食品安全是人体摄入能量和营养的健康需要，也是不可替代的自然资本之一。

已有研究关于强可持续性的内涵主要有两种解释。一种解释是，强可持续性要求至少保持人造资本和自然资本的合计总价值以及自然资本本身的总价值不变。这种解释并不要求按原样保存自然资本。另一种解释是，不按照价值进行定义，而是要求对部分自然资本形式（即关键自然资本）的实际存量加以保存，对这种自然资本存量的使用不能超越它们的再生能力，只有这样它们的环境功能才能保持无恙。第二种解释不允许不同类型的生命攸关的自然资本之间的相互替代，但它只要求保持有关功能不受影响，并没有要求保持自然状态原样不动。从现实出发来看，关于强可持续性的第二种解释中保存某种形式的自然资本的实际存量要更加明智、更加现实，第一种解释中保持自然资本的总价值不变，并不能排除提供基本生命支持功能的某些形式的自然资本遭到灭顶之灾的危险或不可逆转地消失的可能性。

2. 强可持续发展的政策含义

强可持续发展理论认为，自然资本本质上不能与其他形式的资本相互替代，自然资本内部的各种形式也不能完全相互替代。因此强可持续发展范式也被称为不可替代范式。按照强可持续性判断标准，要实现真正可持续性的发展，自然资本（至少是关键自然资本）的存量必须保持在一定的极限水平之上，否则就不是可持续发展路径。或者说，要使一个国家和地区的关键自然资本存量保持在一定水平，对关键自然资本的使用必须保持在自然极限之内，也就是保持在可以再生与恢复的范围之内。只有这样，关键自然资本所提供的生命支持功能和生态服务功能才能保持不减少。

因此，强可持续发展理论强调自然资源和生态环境的极限性和硬约束，经济增长不能超越自然承载力。自然承载力概念的核心要义就是给经济增长提出了一个长期的自然资源和生态环境的约束和极限。

3. 强可持续性的测度

强可持续性要求不可替代的自然资本存量的数量不减少、功能不降低，自然资本各个单项指标组成的向量变化呈现单调增长态势。强可持续性的测度主要有两种思路：一是强调关键自然资本存量的保护，采用物理数量指标，对关键自然资本的存量进行测度，提出了资源环境承载力、生态足迹（ecological footprint）、行星边界（planetary boundaries）等方法；二是认为应将自然资本保护纳入社会经济决策过程，强调生态系统对人类社会的服务功能，将自然资本的生态服务功能转化为生态服务价值进行测度，提出了生态服务价值、生态系统生产总值（gross ecosystem product）等方法。可见强可持续性的测度，不仅需要考虑不可替代的自然资本数量变化，也要考虑自然资本的生态服务价值。

（1）资源环境承载力。

资源环境承载力（carrying capacity of resource and environment）是指在一定的生产力水平下，某一区域的资源环境要素所能承载的符合可持续发展需要的社会经济活动的能力（石敏俊，2017）。资源环境承载力的内涵包含三个要素：一是以一定的生产力水平为前提，二是经济社会发展符合可持续发展的要求，三是以某一区域的资源禀赋为约束条件。依据资源禀赋的分类，资源环境承载力可以分为土地资源承载力、水资源承载力、环境承载力等。

资源环境承载力最早可以溯源到梅多斯等人的《增长的极限》（Meadows et al.，1972），该书提出应在地球承载能力的约束下反思当时的思维模式、生产模式和行为模式。联合国粮食及农业组织（Food and Agriculture Organization of the United Nations）

的土地资源承载力研究计划是最早开展资源环境承载力研究的国际性研究计划，目的是对土地资源可以承载（抚养）的人口规模进行分析和预测。此后，资源环境承载力研究的内涵不断拓展，先后开展了水资源承载力、环境承载力等研究。在我国，全国主体功能区规划将资源环境承载力作为重要依据之一，使得资源环境承载力研究受到了全社会的广泛关注。当前正在开展的国土空间规划也将资源环境承载力作为重要依据之一，要求以资源环境承载能力和国土空间开发适宜性评价（简称双评价）为基础开展国土空间规划（王亚飞等，2019；周道静等，2020）。

资源环境承载力具有以下几个特征：一是极限性。资源环境承载力是一个客观存在。尽管很难对资源环境承载力作出具体准确的测度，但在某一具体的历史阶段，一个区域的资源环境要素所能承载的社会经济活动存在着客观上的极限性。资源环境承载力实际上反映的是一个区域的经济社会发展规模受资源环境制约的阈值范围。

二是动态性。资源环境承载力是动态变化的。随着时间的推移和条件的变化，生产力水平会逐步提高。一方面，资源利用效率和环境效率不断提高，单位资源量和环境容量可承载的社会经济活动的规模会持续增大；另一方面，人类社会开发利用资源的能力日趋增强，可利用的资源会不断涌现。这些会使得资源环境承载力不断发生变化。

三是短板效应。资源环境承载力是资源环境要素对社会经济活动的承载能力的综合体现，由于不同的资源环境要素的承载能力往往存在差异，一个区域的资源环境承载力总是由最稀缺要素的承载能力决定的。因此，资源环境承载力存在着木桶效应，会受到短板因素的制约。

四是开放性。区域是一个开放系统，一个区域和周边区域之间存在着自然要素和社会经济要素的流动和交换，区际交换会影响到一个区域的资源环境承载力。资源环境承载力的开放性与资源环境要素的空间流动性密切相关。资源环境要素的空间流动性越强，资源环境要素的区际交换对资源环境承载力的影响就越大；反之，资源环境要素的空间流动性越弱，资源环境要素进行区际交换的难度越大，对资源环境承载力的影响也越小。

资源环境承载力的动态性特征和开放性特征使得资源环境承载力的具体测度成为一个难题。联合国粮食及农业组织的土地资源承载力研究是以可以承载（抚养）的人口规模来进行测度和表征的。但近年来采用无量纲指标的做法越来越多，主要是基于资源环境负荷与资源环境承载力的相对关系，其反映出的是资源环境承载力的盈余/超支状态，并非资源环境承载力的绝对数量。资源环境承载力的盈余/超支状态，可以用于资源环境承载力的预警，具有明确的政策含义，容易得到政策制定部门的青睐，但如何测定资源环境承载力的本底值是一个难题，特别是资源环境承载力本底值的测定精度对于资源环境承载力的盈余/超支状态的判断会产生直接影响。因此，有学者认为，资源承载力应尽量采用资源禀赋可承载（抚养）的人口规模来表征，环境承载力可以采用环境容量来表征，也就是一定的环境质量目标下环境污染物的允许排放量（石敏俊等，2017）。

（2）生态足迹。

20 世纪 90 年代初，加拿大生态学教授威廉·里斯（William Rees）提出了生态足迹的概念，2004 年世界自然基金会发布的《2004 年地球生态报告》使用了生态足迹指标。生态足迹是指特定数量的人口按照一定的生活方式所消费的、生态系统提供的产品和服务，以及所产生的、需要生态系统消纳的废弃物，以具备生物生产力的土地（或水域）面积来表示。换句话说，特定单位（一个人、一个城市、一个国家或全球）的人口需要多少具备生物生产力的土地（biological productive land）或水域来生产所需的自然资源和吸纳所衍生的废弃物。

生态足迹可以反映人类活动对生态空间的占用，也被称为生态占用。有人把生态足迹用于衡量资源环境承载力，这是一种误解。生态足迹反映的是生态占用，资源环境承载力则是容量或能力的体现，两者是不同的概念。通过生态足迹与资源环境承载力的比较，可以得出一个国家或区域究竟是具有生态赤字还是具有生态盈余。

《2004年地球生态报告》显示，全球人均生态足迹为2.2公顷，荣登榜首的是阿拉伯联合酋长国，人均生态足迹达9.9公顷，是全球平均水平的4.5倍，美国、科威特位居第二，人均生态足迹为9.5公顷，阿富汗位居末位，人均生态足迹为0.3公顷。中国的人均生态足迹为1.5公顷，低于全球平均水平，排名第75位，但中国的人均生态承载能力仅有0.8公顷，生态赤字达0.7公顷，超过全球平均的生态赤字水平（0.4公顷）。世界自然基金会和中国环境与发展国际合作委员会共同发布的《中国生态足迹报告》发现，中国的人均生态足迹在世界上仍处于较低水平，但20世纪60年代以来，中国消耗的生态资源增加了近一倍。2003年，中国的人均生态足迹仅为1.6公顷，远低于2.2公顷的世界平均水平，但生态足迹是生态承载能力的2倍。

与生态足迹相关的概念还有环境足迹、水足迹、碳足迹等。环境足迹的概念与生态足迹基本相似。水足迹（water footprint）是指一个国家或一个区域或一个人在一定时间内消费的所有产品和服务所需要的水资源数量，包括看得见的水和看不见的水，后者即虚拟水。水足迹反映了对水资源的占用情况。碳足迹（carbon footprint）是指个人、组织、活动或产品直接或者间接引起的二氧化碳排放量，包括直接的碳排放和间接的碳排放。碳足迹可以用来衡量对全球气候变化的影响程度。

（3）人类世和行星边界。

2000年诺贝尔化学奖得主克鲁岑（Crutzen，2000）提出了人类世（anthropocene）的概念，提醒人类重新认识人类在地球系统中的作用（Steffen et al.，2011）。洛克斯特伦等（Rockstrom et al.，2009）提出了行星边界的概念，他们界定了九个行星生命支持系统，这些系统边界构成了人类安全发展的空间，如果跨越这些边界，可能会给地球系统带来灾难性后果。他们认为，现在有三个边界可能已经被超出，有两个边界已达临界值。人类世和行星边界的概念是基于强可持续性理念，把地球整体看作一个封闭系统，其再次警示人们，应该从全球的视角去思考可持续发展问题（Lewis and Maslin，2015；Castree，2017）。

（4）生态系统服务和生态服务价值。

生态系统服务（ecosystem services）是指人类从生态系统获得的所有惠益，包括供给服务（如提供食物和水）、调节服务（如控制洪水和疾病）、文化服务（如精神、娱乐和文化收益）以及支持服务（如维持地球生命生存环境的养分循环）。生态系统服务体现了自然资本对人类社会的服务功能。对生态系统服务进行价值评估，可以得到生态服务价值（value of ecosystem services）。

早期关于生态系统服务的研究，强调要对关键自然资本的存量进行保护。部分学者认为，应将自然资本保护纳入社会经济决策过程，强调生态系统对人类社会的服务功能，开展了生态服务价值的研究。关于生态服务价值研究的代表性学者主要有康斯坦扎和戴利。康斯坦扎等人最早测算了全球生态系统服务价值。他们把全球生态系统分为17类子生态系统，采用不同方法对每一类子生态系统的服务价值分别进行测算，然后加总求和得出全球生态系统服务价值。根据康斯坦扎等（Constanza et al.，1997）的计算结果，全球生态系统服务总价值每年为16～54万亿美元，平均为33万亿美元，相当于1997年全球GNP的1.8倍。戴利等人则强调从生态系统服务功能出发核算生态服务价值。生态系统服务功能是指生态系统与生态过程所形成的、维持人类生存的自然环境条件及其效用（Daily，1997；2000）。换句话说，由于生态系统服务功能不是一一对应于生态系统类型，应该按照生态系统服务功能来核算生态服务价值，而不是把生态系统划分为若干个子系统。

不少学者提出了测算生态服务价值的方法和指标，其中影响较大的是生态系统生产总值（gross ecosystem product，GEP）。按照定义，GEP是指生态系统为人类提供的产品与服务的价值总和（欧阳志云等，2013；Ouyang et al.，2020），可以反映生态系统对人类社会及人类对自然经济系统所作的贡献。也有人认为，生态服务价值是生态系统生态资产的价值量核算，在核算方法上与GEP有相同之处，但核算的视角不同。GEP是与GDP相对应的生态系统服务流量的价值核算，不是对生态资产存量的核算（马国霞等，2015；马国霞等，2017；高敏雪，2020）。

当前，生态服务价值核算仍然是学界的研究热点领域，关于生态服务价值核算的方法和指标的讨论仍在进行之中。针对生态服务价值核算方法和GEP的认识分歧，归纳起来主要集中在以下几个方面：

第一，生态服务价值究竟是划分为生态系统类型还是划分为生态系统服务功能类型来进行核算。生态系统功能和服务分类具有复杂性，生态系统功能和服务存在时空上的动态异质性，功能与服务之间也不一一对应，一些功能与服务难以人为地进行区分和定量描述，给生态服务价值的准确计算带来了无法克服的困难（谢高地等，2001）。

第二，生态服务价值评估所采用经济学方法的局限性。有的生态服务价值可以在市场上显现，有的生态服务价值则难以在市场上显现，需要通过一定的方法测算隐含的价值。有的学者采用不同的经济学方法对不同类型的生态服务价值进行测算，但不同的经济学方法都存在各自的优点和不足，而且采用不同的经济学评估方法，使得评估结果对于不同方法的选择的依赖性加大，并导致评估结果的可比性下降（杨光梅等，2006）。有的学者采用市场平均价格把生态服务功能量转换为价值量，这又带来了新的问题。即使某类生态资源的生态功能相同，但由于交通区位和社会经济条件不同，市场价值也可能相差甚远。生态服务价值因时因地不同，采用市场平均价格与现实相差甚远。有的学者认为，生态系统服务分为可替代服务和不可替代服务，对可替代的生态系统服务进行经济评估可以用来指导人类进行管理，对于不可替代的生态系统服务来说，生态价值评估比经济价值评估更为重要。

第三，GEP与GDP的关系。欧阳志云等（2013）认为，GEP是借鉴GDP的概念而提出的，是与 GDP 并行的核算指标。马国霞等（2015）和高敏雪（2020）认为，GEP 作为与 GDP 相对应的生态系统服务流量价值核算指标，应当参照 GDP 的核算原理，设计出一套生态系统供应品和服务供给表与使用表，建立起具有内在一致性、相互匹配的规范的核算体系。石敏俊和陈岭楠（2022）认为，GEP 核算的出发点是为了更好地保护自然资本，而不是用来转化为 GDP，GDP 里既有自然资本的贡献，也有人造资本和人力资本的贡献，GEP 不能转化为 GDP。

三、弱可持续性和强可持续性的政策含义及应用

两种可持续性的发展理念体现在政策层面，往往表现为不同的政策导向。弱可持续性强调通过技术进步提高效率，来应对自然资本的减少，促进人造资本的累积。教育、人力资本、知识创新等凡是有利于技术进步和效率改善的措施，都是符合可持续发展目标的，应当予以鼓励和倡导。因此，世界银行提出的度量弱可持续性的指标——真实储蓄，就包含了教育投资。

强可持续性强调自然界和生态系统的极限性，重视资源环境承载力的物理制约，强调经济社会发展不得超越资源环境承载力。即使部分学者强调生态系统服务和生态服务价值，也是基于对生态系统极限性的判断和自然资本保护重要性的认识。

第三节　从千年发展目标到可持续发展目标

一、千年发展目标

2000 年 9 月，联合国首脑会议通过了千年发展目标（millennium development goals，MDGs），关注发展问题，支持落实以人类发展为重点的议程，团结协作，应对贫困问题。千年发展目标的核心是反贫困，旨在将全球贫困水平在 2015 年之前降低一半（以 1990 年的水平为标准）。千年发展目标包括八项具体目标：消灭极端贫穷和饥饿；普及小学教育；促进男女平等并赋予妇女权利；降低儿童死亡率；改善产妇保健；与艾滋病毒/艾滋病、疟疾和其他疾病作斗争；确保环境可持续性；全球合作促进发展。

确保环境可持续性与反贫困密切相关，是反贫困的基础和保障，因此被列为八项目标之一。具体来说，确保环境可持续性包括以下主要内容：将可持续发展原则纳入国家政策和方案；扭转环境资源的流失；减少生物多样性的丧失，到 2010 年显著降低丧失率；到 2015 年将无法持续获得安全饮用水和基本卫生设施的人口比例减半；到 2020 年使至少 1 亿贫民窟居民的生活有明显改善；等等。

千年发展目标的完成时间是 2015 年。2015 年，在全球范围内，生活在极端贫困中的人口比例从 1990 年的 36%下降到 2015 年的 10%。但全球仍有 7 亿多人（占全球人口的 10%）生活在极端贫困中，他们对医疗、教育、用水和卫生设施等的基本需求仍无法得到满足。日均生活费不足 1.90 美元的人口大多数生活在撒哈拉以南非洲地区。全球农

村地区的贫困率为 17.2%，是城市地区的三倍多。即使是有工作的人，也不一定能保证过上体面的生活。2018 年，全球约 8%的雇佣工人及其家庭人员面临极端贫困。全球仍有五分之一的儿童生活在极端贫困之中。

在 2015 年千年发展目标到期后，2015 年 9 月，联合国大会通过了《2030 年可持续发展议程》，指导 2015—2030 年全球发展，继续推进全球反贫困。反贫困追求发展权的代内公平，减少不平等，是可持续发展议程的重要内容。可持续发展的目标之一是在全世界消除一切形式的贫困。按照可持续发展目标，反贫困的具体目标是：

（1）到 2030 年，按各国标准界定的陷入各种形式贫困的各年龄段男女和儿童至少减半。执行适合本国国情的全民社会保障制度和措施，包括最低标准，到 2030 年在较大程度上覆盖穷人和弱势群体。

（2）到 2030 年，确保所有男女，特别是穷人和弱势群体，享有平等获取经济资源的权利，享有基本服务，获得对土地和其他形式财产的所有权和控制权，继承遗产，获取自然资源、适当的新技术和包括小额信贷在内的金融服务。

（3）到 2030 年，增强穷人和弱势群体的灾害抵御能力，降低其遭受极端天气事件和其他经济、社会、环境冲击和灾害的概率和易受影响程度。

值得注意的是，2020 年的新冠疫情有可能使得过去几十年消除贫困的进展出现逆转。联合国世界发展经济学研究所发出警告，新冠病毒全球大流行造成的经济影响，可能使全球贫困人口增加 5 亿人，占全球人口的 8%。自 1990 年起的 30 年来，全球贫困率可能首次出现增长。

二、可持续发展目标

2015 年 9 月，联合国大会通过了《2030 年可持续发展议程》，作为指导 2015—2030 年全球发展的纲领性文件。可持续发展目标（sustainable development goals，SDGs）旨在转向全球可持续发展，解决社会、经济和环境三个维度的全球发展问题。可持续发展目标包括 17 个具体目标：消除贫困；消除饥饿；良好健康与福祉；优质教育；性别平等；清洁饮用水与卫生设施；廉价和清洁能源；生产性就业和经济增长；工业、创新和基础设施；减少不平等；可持续城市和社区；可持续消费和生产模式；应对气候变化的行动；海洋及海洋资源保护和可持续利用；陆地生态系统保护、恢复和可持续利用；和平、正义与有效的行政体制；促进目标实现的伙伴关系。

在 17 个可持续发展目标中，消除贫困、消除饥饿、良好健康与福祉、优质教育、性别平等、清洁饮用水与卫生设施、减少不平等是千年发展目标的延伸；廉价和清洁能源，生产性就业和经济增长，工业、创新和基础设施，可持续城市和社区，可持续消费和生产模式，应对气候变化的行动，海洋及海洋资源保护和可持续利用，陆地生态系统保护、恢复和可持续利用，是与可持续发展直接相关的目标。与可持续发展直接相关的目标，主要集中在促进经济和就业的可持续增长、应对气候变化的行动、生产和生活方式的可持续转型、海洋和陆地生态系统保护等 4 个领域。

1. 促进经济和就业的可持续增长领域

（1）目标9：建造具备抵御灾害能力的基础设施，加快创新，促进包容性的可持续工业化。

基本思路是：推动包容性、可持续的工业化，加上创新和基础设施建设，达到释放经济活力、提高经济竞争力、创造就业岗位和收入的效果，并在引进和推广新技术、促进国际贸易以及提高资源利用效率方面发挥关键作用。平均每个制造业岗位能为其他领域带来2.2个就业岗位。制造业的中小型企业在工业化早期阶段扮演着十分重要的角色，创造了大量就业岗位。这些企业提供了50%～60%的就业岗位。然而，要充分挖掘这一潜能，各国仍有很长的路要走。尤其在最不发达国家要实现2030年目标，必须加快发展制造业，增加对研发和创新的投入。

工业、创新和基础设施领域可持续发展的具体目标和实现路径主要包括：

①发展优质、可靠、可持续和有抵御灾害能力的基础设施，使得人人可负担得起并公平利用基础设施。

②促进包容、可持续的工业化，大幅提高工业在就业和GDP中的比例，2030年使最不发达国家的这一比例翻番。

③增加小型工业和其他企业，特别是发展中国家的这些企业获得金融服务，包括负担得起的信贷机会。

④到2030年，升级基础设施，改进工业的可持续性，提高资源使用效率，更多采用清洁和环保技术及产业流程。

⑤鼓励创新，提升工业部门的技术研发能力，大幅增加100万人口中的研发人员数量，增加公共和私人研发支出。

（2）目标8：推动持久、包容和可持续的经济增长，促进生产性就业和人人获得体面工作。

基本思路是：推动持续和包容的经济增长，为所有人创造体面的就业机会，改善生活水平。在就业方面，2017年，全球就业率为5.6%，低于2000年的6.4%。2016年，全球范围内有61%的工作人口从事非正规就业。除去农业部门，仍有51%的劳动人口从事非正规就业。预计2016—2030年，全球劳动市场需要为新增待就业人群提供4.7亿个岗位。

生产性就业和经济增长领域可持续发展的具体目标和实现路径主要包括：

①维持人均经济增长，最不发达国家GDP年增长率至少维持在7%。

②促进多样化经营、技术升级和创新，重点发展高附加值和劳动密集型行业，实现更高水平的经济生产力。

③推行以发展为导向的政策，支持生产性活动、体面就业、创业精神、创造力和创新；鼓励微型和中小型企业通过获取金融服务等方式实现正规化并成长壮大。

④逐步改善全球消费和生产的资源使用效率，努力使经济增长和环境退化脱钩。

⑤2030年所有男女，包括青年和残疾人实现充分就业和生产性就业，有体面工作，并实现同工同酬。

⑥2020年大幅减少未就业和未受教育或培训的青年人比例。

⑦根除强制劳动、现代奴隶制和贩卖人口，禁止和消除最恶劣形式的童工，包括招

募和利用童兵，到2025年终止一切形式的童工。

⑧保护劳工权利，为所有工人，包括移民工人，特别是女性移民和没有稳定工作的人创造安全和有保障的工作环境。

⑨制定和执行推广可持续旅游的政策，以创造就业机会，弘扬地方文化和推广产品。

⑩加强国内金融机构的能力，扩大全民获得银行、保险和金融服务的机会。

2. 应对气候变化的行动

（1）目标13：采取紧急行动应对气候变化及其影响。

自1990年以来，全球的二氧化碳排放量增加了近50%。2000—2010年10年间，二氧化碳排放量的增长速度高于此前三个十年。2019年，大气中二氧化碳和其他温室气体含量达到新高，是有记录以来全球气温第二高的一年，也是有记录以来最热的十年（2010—2019年）的最后一年。

2015年通过的《巴黎协定》旨在将21世纪全球气温的升幅控制在相较工业化前水平的2℃以内。截至2018年4月，175个缔约方已经批准了该协定并且已经有168个缔约方向《联合国气候变化框架公约》秘书处通报了其首批国家自主贡献；已经有10个发展中国家成功完成并首次提交了国家适应计划，以应对气候变化。目前，通过一系列科技手段和行为改变，有可能将全球平均气温升幅控制在2℃以内。如果在制度和技术上作出重大变革，把全球变暖控制在2℃以内的概率就会超过一半。

应对气候变化领域可持续发展的具体目标和实现路径主要包括：

①加强各国抵御和适应与气候相关的灾害和自然灾害的能力。

②将应对气候变化的举措纳入国家政策、战略和规划。

③加强气候变化减缓、适应、减少影响和早期预警等方面的教育和宣传，加强人员和机构在此方面的能力。

（2）目标7：确保人人获得负担得起的廉价和清洁能源。

基本思路是：帮助30亿人获得清洁和安全的烹饪燃料和技术，扩大可再生能源在电力部门之外的应用，促进撒哈拉以南非洲地区的电气化。《能源进展报告》显示，全球范围内，13%的人口仍然无法使用现代电力。30亿人仍然靠燃烧木头、煤炭或动物粪便烹饪或取暖。能源是导致气候变化的主要因素，全球温室气体排放中约60%来自能源使用。2012年，将可燃燃料作为家用能源而导致的室内空气污染造成430万人死亡，其中妇女和女童占总死亡人数的五分之三。2015年，可再生能源在全球最终能源消费中的份额达到17.5%。

廉价和清洁能源领域可持续发展的具体目标和实现路径主要包括：

①确保人人都能获得负担得起的、可靠的现代能源服务。

②大幅增加可再生能源在全球能源结构中的比例。

③全球能效改善率提高一倍。

3. 生产和生活方式的可持续转型

（1）目标12：可持续的消费和生产模式。

2050年，如果世界人口增加到96亿，维持现有生活方式所需的自然资源相当于三个地球资源的总和。可持续消费和生产意味着用更少的资源做更多、更好的事，意味着消除经济增长与环境退化之间的关联，提高资源效率，促进可持续的生活方式。

从水资源看，全球仅有不到3%的水资源为淡水（可饮用水），其中2.5%冻结在南极洲、北极和冰川中，因此，只有约0.5%的水资源用于满足全体人类社会的淡水需求。尽管水是大自然的免费馈赠，但建设输送水的基础设施需要巨大的投资。

从能源消费看，2015年可再生能源消费占全球能源消费的17.5%。全球能源消费中，家庭能源消费量占29%，家庭能源消费产生的二氧化碳排放量占总排放量的21%。如果世界范围内人们都改用节能灯泡，每年将节省1 200亿美元。当时预计到2020年，经济合作与发展组织（简称“经合组织”）国家的能源消耗将继续增长35%。2002年，经合组织国家拥有的机动车数量为5.5亿辆（其中75%是私家车）。当时预计到2020年，机动车拥有者人数将增加32%，同时机动车驾驶里程将增长40%。

从食物消费看，食品能源消耗占全球能源消耗总量的30%，能源排放占温室气体排放总量的22%。与此同时，每年食品中预计有三分之一，相当于13亿吨、价值1万亿美元，会在消费者或零售商的垃圾箱里腐烂，或者由于运输和收获不当而变质。土地退化、土壤肥力下降、水资源不合理使用、过度捕捞和海洋系统退化都削弱了自然生态系统的粮食供应能力。

可持续的消费和生产领域可持续发展的具体目标及实现路径主要包括：

①落实《可持续消费和生产模式十年方案框架》，发达国家要作出表率，适当照顾发展中国家的发展水平和能力。

②实现自然资源的可持续管理和高效利用。

③2030年将零售和消费环节的全球人均粮食浪费减半，减少生产和供应环节的粮食损失，包括收获后的损失。

④2020年，实现化学品和所有废弃物的全生命周期无害化环境管理，大幅减少它们排入大气以及渗漏到水和土壤中的概率。

⑤通过预防、减排、回收和再利用，大幅减少废物的产生。

⑥鼓励企业特别是大公司和跨国公司，采用可持续的生产方式，将可持续性信息纳入各自的社会责任报告。

⑦推行可持续的公共采购。

⑧2030年确保各国民众能获取可持续发展以及与自然和谐共处的生活方式的相关信息，并具有环境意识。

（2）目标11：建设包容、安全、有抵御灾害能力和可持续的城市和社区。

2015年，全球有一半人口——35亿人——居住在城市。预计到2030年，城市人口会增至50亿，城市化率将上升至60%。城市和大都市区是经济增长的引擎。城市只占全球土地面积的3%，但贡献了约60%的全球生产总值，同时带来了60%～80%的能源消耗和75%的二氧化碳排放。

快速城市化给淡水供应、污水处理、生活环境和公共卫生带来了压力，成长的烦恼包括贫民窟人口数量增加，垃圾收集、供水系统、卫生系统、道路和交通运输等基础设施和公共服务不足或负担过重，空气污染加剧，城市蔓延等。2015年仍有8.83亿人住在贫民窟，大多数都分布在东亚和东南亚。2016 年，90％的城市居民呼吸着不符合安全标准的空气，420 万人死于空气污染问题。全球超过半数的城市人口呼吸着污染级别高于安全标准 2.5 倍的空气。

可持续城市和社区领域可持续发展的具体目标和实现路径主要包括：

①2030 年，确保人人获得适当、安全和负担得起的住房和基本服务，改造贫民窟。

②2030 年，向所有人提供安全、负担得起的、易于利用、可持续的交通运输系统，改善道路安全，特别是扩大公共交通，要特别关注弱势群体、妇女、儿童、残疾人和老年人的需要。

③2030 年，加强包容和可持续的城市建设，加强参与性、综合性、可持续的社区规划和管理能力。

④进一步努力保护和捍卫世界文化和自然遗产。

⑤2030 年，大幅减少包括水灾在内的各种灾害造成的死亡人数和受灾人数，大幅减少灾害造成的直接经济损失，重点保护穷人和处境脆弱群体。

⑥2030 年，减轻城市的环境负荷，特别关注空气质量以及城市废弃物管理等。

⑦2030 年，向所有人，特别是妇女、儿童、老年人和残疾人，提供安全、包容、无障碍、绿色的公共空间。

4. 海洋和陆地生态系统保护

(1) 目标 15：陆地生态系统的保护、恢复和可持续利用。

自然对人类的生存至关重要。自然为人类提供氧气，调节天气状况，让农作物得以授粉，提供粮食、饲料和纤维。但人类活动已经改变了地球表面近 75％的区域，将野生动植物和森林挤进地球上越来越小的角落。2010—2015 年，全球森林面积减少了 330 万公顷。

在全球范围内，直接依靠农业维持生计的人口达 26 亿，但是 52％的农业用地都受到了土壤退化的中度或者严重影响。每年有 1 200 万公顷土地（以每分钟 23 公顷的速度）被干旱和荒漠化吞噬，这些土地有可能生产 2 000 万吨谷物。全球有 74％的穷人受到了土地退化的直接影响。从生物多样性看，已知的 8 300 个动物品种中，8％已经灭绝，22％濒临灭绝。根据 2019 年《生物多样性和生态系统服务全球评估报告》，约有 100 万种动植物濒临灭绝，许多物种在未来几十年内就会灭绝。地球生态系统健康关系到是否会出现人畜共患病（即在动物和人类之间传播的疾病）。由于脆弱的生态系统不断遭到破坏，人类与野生生物的接触日益广泛，野生生物的病原体扩散到了牲畜和人类身上，增加了疫病发生和蔓延的风险。因此，有必要实行可持续的森林管理，防治荒漠化，制止和扭转土地退化，遏制生物多样性的丧失，促进陆地生态系统的保护、恢复和可持续利用。

陆地生态系统保护、恢复和可持续利用领域可持续发展的具体目标和实现路径主要包括：

①2020 年，根据国际协议规定的义务，保护、恢复和可持续利用陆地和内陆的淡水生态系统及其服务，特别是森林、湿地、山麓和旱地。

②2020 年，推动对所有类型森林进行可持续管理，停止毁林，恢复退化的森林，大

幅增加全球植树造林和重新造林。

③2030 年，防治荒漠化，恢复退化的土地和土壤，包括受荒漠化、干旱和洪涝影响的土地，努力建立一个不再出现土地退化的世界。

④2030 年，保护山地生态系统，包括其生物多样性，以便加强山地生态系统的能力，使其能够带来对可持续发展必不可少的益处。

⑤采取紧急重大行动来减少自然栖息地的退化，遏制生物多样性的丧失，到 2020 年，保护受威胁物种，防止其灭绝。

⑥公正和公平地分享利用遗传资源产生的利益，促进适当获取这类资源。

⑦终止偷猎和贩卖受保护的动植物物种，处理非法野生动植物产品的供求问题。

⑧2020 年，采取措施防止引入外来入侵物种并大幅减少其对土地和水域生态系统的影响，控制或消灭其中的重点物种。

⑨2020 年，把生态系统和生物多样性价值观纳入国家和地方规划、发展进程、减贫战略和核算。

（2）目标 14：海洋和海洋资源的保护和可持续利用。

海洋覆盖地球表面的近四分之三，占地球全部水资源的 97%。若以体积衡量，海洋占据了地球上生物能发展空间的 99%。目前已知的海洋生物有近 20 万种，预计实际的数量则可能要成百上千万。在全球范围内，海洋和沿海资源及海洋产业的市场价值每年达 3 万亿美元，占全球 GDP 的 5%左右。超过 30 亿人的生计依赖于海洋和沿海的蛋白质资源。海洋渔业直接或间接雇用 2 亿多人。此外，海洋还吸收了约 30%人类活动产生的二氧化碳，起到了缓冲全球暖化的作用。

由于污染和富营养化，沿海水域正逐渐恶化。海洋酸化对海洋生态系统功能和生物多样性造成了不利影响，对沿海渔业也产生了负面影响。海洋和海洋资源的保护和可持续利用，对于建设可持续的未来世界至关重要。海洋生物多样性对人类和地球生态系统健康至关重要。我们必须加强通力合作，优先考虑拯救海洋。

海洋及海洋资源保护和可持续利用领域可持续发展的具体目标和实现路径主要包括：

①2025 年，预防和大幅减少各类海洋污染，特别是陆上活动造成的污染，包括海洋废弃物污染和营养盐污染。

②2020 年，可持续管理和保护海洋及沿海生态系统，加强海岸带抵御灾害的能力，采取行动帮助它们恢复原状，使海洋保持健康，物产丰富。

③通过在各层级加强科学合作等方式，减少和应对海洋酸化的影响。

④2020 年，有效规范捕捞活动，终止过度、非法、未报告和无管制的捕捞活动以及破坏性捕捞做法，在尽可能短的时间内使鱼群量至少恢复到其生态特征允许的能产生最高可持续产量的水平。

⑤2020 年，保护至少 10%的沿海和海洋区域。

⑥2020 年，禁止某些助长过剩产能和过度捕捞的渔业补贴，取消助长非法、未报告和无管制捕捞活动的补贴，同时承认给予发展中国家和最不发达国家合理、有效的特殊和差别待遇应。

⑦2030 年，增加小岛屿发展中国家和最不发达国家通过可持续利用海洋资源获得的

经济收益，包括可持续地管理渔业、水产养殖业和旅游业。

三、中国的可持续发展议程

中国地域辽阔，人口众多，人均资源十分有限，人地关系矛盾较为尖锐，近代的经济社会发展付出了不小的资源环境代价，未来中国经济仍然面临着资源环境约束的严峻挑战，切不可竭泽而渔、杀鸡取卵。建设生态文明，实现可持续发展是中华民族永续发展的千年大计。此外，应对全球性资源环境问题，譬如气候变化，一国难以独善其身，更不能以邻为壑。中国作为负责任的大国，需要在全球环境治理上发挥建设者的作用。因此，中国走可持续发展的道路，不仅是大国责任在国际社会的体现，更是为了中华民族永续发展的根本选择。

1994 年 3 月，国务院审议通过了《中国 21 世纪议程》，作为指导我国可持续发展的纲领性文件。《中国 21 世纪议程》的主要内容由四个部分组成。第一部分为可持续发展总体战略与政策。提出了中国可持续发展战略的背景和必要性；提出了中国可持续发展的战略目标、战略重点和重大行动，可持续发展的立法及其实施；制定了促进可持续发展的经济政策，参与国际环境与发展领域合作的原则立场和主要行动领域。第二部分为社会可持续发展。包括人口、居民消费与社会服务，消除贫困，卫生与健康，人类住区可持续发展等。其中最重要的是实行计划生育、控制人口数量和提高人口素质。第三部分为经济可持续发展。《中国 21 世纪议程》把促进经济快速增长作为消除贫困、提高人民生活水平、增强综合国力的首要条件。第四部分为资源的合理利用与环境保护。包括水、土等自然资源保护与可持续利用，还包括生物多样性保护、防治土地荒漠化、防灾减灾等等。

2016 年 9 月，中国政府发布了《中国落实 2030 年可持续发展议程国别方案》；2016 年 2 月，中国政府提出建设中国落实 2030 年可持续发展议程创新示范区，形成可持续发展创新示范的现实样板和典型模式，对国内其他地区可持续发展发挥示范带动效应，对外为其他国家落实 2030 年可持续发展议程提供中国经验。

关 键 词

可持续发展　弱可持续性　强可持续性　生态服务价值　可持续发展目标

思 考 题

1. 如何理解可持续发展概念的内涵与基本原则？
2. 如何理解弱可持续性和强可持续性的异同点？
3. 如何认识资源环境承载力与生态足迹的关系？
4. 如何理解生态系统服务和生态服务价值？
5. 如何理解联合国可持续发展目标的意义？

参考文献

拓展阅读

第三章

环境价值与环境经济核算

第一节　环境价值评估方法

传统经济学的观点认为，环境和自然资源只有经过人的劳动，被转化为商品或者服务时才会具有价值。而其本身由于没有劳动参与，也不能在市场中进行直接交易，因此并不具有价值。环境经济学则将生态环境和自然资源都看作与人造资本同等重要的资本形式，即认为环境具有价值。目前更被大家所接受的观点认为：是否具有价值要看物品本身是否能够满足人类的某种需要，提高人类社会的福利水平。从这一观点出发，环境可以为人类提供多种生活所必需的物质，例如空气、水、矿产、果蔬等，满足人类的基本生活需求。同时，环境还可以收纳人类社会活动所产生的废弃物，例如可以净化空气、调节气候等，通过自身的调节能力来减少人类活动对环境所造成的损害。此外，环境还可以为人类提供休憩和娱乐的场所，以及美的感受，具有美学价值。总的来看，自然环境可以满足人类的多种需求，提供多种人类生存所需要的物质，具有一定的价值。但自然环境的价值并不是一成不变的，有些自然资源具有稀缺性，一经破坏便不可再生。因此，自然环境不仅具有价值，而且其所蕴藏的价值巨大。

自然环境的价值中有些比较具体，可以直接进行度量，而有些比较模糊，无法进行直接衡量。英国著名经济学家戴维·皮尔斯（David Pearce）将自然环境中易度量和难度量的价值统称为总经济价值（total economic value，TEV）。不同学者对于环境经济价值的组成划分和命名方法不尽相同，目前对于环境价值的组成划分大致有三类：五分型分类、二分型分类和结合型分类。

其中，五分型分类是将环境经济价值先分为使用价值（use value，UV）和非使用价值（non-use value，NUV）。使用价值可以进一步细分为直接使用价值（direct use value，DUV）、间接使用价值（indirect use value，IUV）和选择价值（option value，

OV）。非使用价值又可以细分为存在价值（existence value，EV）和遗赠价值（bequest value，BV）。用表达公式为：

$$\begin{aligned}\text{TEV} &= \text{UV}+\text{NUV}=(\text{DUV}+\text{IUV}+\text{OV})+\text{NUV}\\ &=(\text{DUV}+\text{IUV}+\text{OV})+(\text{EV}+\text{BV})\end{aligned}$$

二分型分类是将环境价值分为两部分：一部分是比较实的、有形的物质性的商品价值，一部分是比较虚的、无形的、舒适性的服务价值。最早定义自然环境经济价值的是美国经济学家约翰·克鲁梯拉（John Krutilla），他在1967年于《美国经济评论》（*The American Economic Review*）上发表论文《自然保护的再认识》（Conservation Reconsidered），提出了舒适型资源的经济价值理论。他在与安东尼·费舍尔（Anthony Fisher）合著的《自然环境经济学：商品型和舒适型资源价值研究》（*The Economics of Natural Environments：Studies in the Valuation of Commodity and Amenity Resources*）中，将环境资源分为商品性资源和舒适性资源，并对舒适性资源的价值及其评估问题进行了着重论述，使得环境资源的价值理论更加完善。

结合型分类则是将五分型分类和二分型分类融合在一起。五分型分类对于环境经济价值的划分较为细致，便于理解环境价值的范围和具体内容。但是由于几种价值的界限较为模糊，不利于进行定量计算。二分型分类虽然比较简单，但涵盖了所有方面，便于进行定量计算。所以，将二分型分类作为基础，对五分型分类的各项内容加以考虑，会更便于精细化的定量计算。

本书根据环境的功能和作用，将环境经济价值划分为两个部分：市场价值（market value，MV）和隐含价值（embedded value，EV）。其中，市场价值是有形的、物质性的资源价值，隐含价值是无形的、舒适性的服务价值。

一、市场价值

市场价值是指一些环境和自然资源的某些物品、功能或者服务可以在市场上作为一种商品进行交易，并根据市场交易中所制定的价格来反映出的价值部分。以耕地资源为例，它的市场价值主要体现在经济产出功能上。通过与人类资源相结合，耕地资源可以产出满足人类生存和发展所需要的食物，例如粮食、油和蔬菜等。同时，还可以提供生产所需要的原材料，例如纺织业所需要的棉花、制糖业所需要的甘蔗等。而耕地资源所提供的食物和原材料是可以交易的商品，都可以通过市场中的交易价格来反映出耕地的市场价值。但通过交易价格直接反映环境价值的前提是存在完善的市场机制。对于理想市场而言，经济主体能够在交易过程中获取充分的市场信息，使得市场中所形成的价格可以直接对物品或者服务的价值作出评价。而对于不完善的市场，价格会由于多种因素的影响而出现扭曲，不能够真实、有效地传递出价值信息，导致自然资源出现不合理配置。对于环境的市场价值，常采用直接市场评价法进行评估。直接市场评价法是根据环境质量的变化情况来直接评估经济影响，主要包括生产率变动法、疾病成本法、人力资本法、机会成本法等。

1. 生产率变动法

生产率变动法（changes in productivity approach）是将环境质量作为生产过程中的要素来处理，通过生产率的变动情况来评价环境对社会经济的影响。环境质量的变化会影响到生产成本和生产率，进而会影响到商品的产量和价格。虽然前者往往无法直接衡量，但后者可以直接被观察并测量出来。例如，污水排放会使水质环境恶化，对渔业造成一定的损失。为了计算减少污水排放所带来的市场价值，只需要对比有污水排放和无污水排放时渔产品的产量，再乘以渔产品对应的市场价格，即可对该部分市场价值作出评价。一般而言，生产率变动法的基本步骤主要包括：（1）估计出环境质量变化所造成的影响和范围；（2）估计该影响所造成的成本和产出变化；（3）根据成本和产出变化，估算出环境质量变化所增加或者损失的市场价值。生产率变动法的计算公式为：

$$V = P \cdot \sum_{i=1}^{n} \Delta Q_i \tag{3-1}$$

式中，V 为环境污染所带来的价值损失；P 为环境变化后商品的市场价格；ΔQ_i 为第 i 类环境污染造成某商品所损失的产量。

在环境质量变化的影响下，倘若商品能够在市场机制充分的市场环境中进行销售，那么可以直接使用交易价格来估算市场价值。同时，也要考虑商品产出水平对商品价格的影响，因为产出的变化会引起价格水平的波动。当环境质量变化所引起的产出水平变化较为微弱时，不能够对价格产生影响，那么就可以直接根据商品现有的市场价格进行市场价值的估算。但如果环境质量所引起的产出变化对价格水平造成了较大影响，那么就需要对改变后的价格水平进行预测。从具体例子来看，假如某一种农产品的需求曲线是一条直线，当该农产品产区的环境质量发生变化时，产区供给到市场的总数量会受到影响。当农产品供不应求时，价格就会相应上升。当农产品供大于求时，价格就会相应下降。而价格的变化又会反过来影响产量，刺激或者抑制农产品的生产规模，进而导致农产品的市场价格作出重新调整。那么，根据农产品产量变化所测算的市场价值变动为：

$$\mathrm{MV} = (P_1 + P_2) \cdot \Delta Q/2 \tag{3-2}$$

式中，MV 为农产品市场价值的变动量；P_1 为环境质量变化前农产品的市场价格；P_2 为环境质量变化后农产品的市场价格；ΔQ 为农产品产量的变动量。

值得注意的是，在使用生产率变动法来评估环境质量变化所带来的市场价值变动时，需要获取人类经济活动对商品的环境影响数据和商品的市场交易价格数据，并对价格变化后生产或者消费活动的市场反应进行预测。例如，污染将会改变生产者对于农作物种植类型的选择、消费者会减少对可能受污染商品的购买等。

案例 1

环境质量变化对生产状况的影响并不能够直接被衡量，需要通过生产者的商品产出、成本、利润或者消费者福利等指标来反映。

Hodgson 和 Dixon（1988）的研究评估了菲律宾巴拉望岛砍伐树木对沿海地区所造成的影响。由于无法直接衡量生产率的变动情况，研究者主要考察了与该岛生态系统联系较密切的三种主要产业（伐木业、手工捕鱼业、旅游业）的收入，采用生产率变动法来测量砍伐树木所带来的经济损失。该研究设置了两种情景：（1）继续砍伐树木。沿海地区的生态系统会进一步受到破坏，手工捕鱼业和旅游业的收入会受到损失；（2）禁止砍伐树木。伐木业的收入会受到损失，但可以维持手工捕鱼业和旅游业的收入。假定贴现率为10%，该研究估算了10年间两种情景下主要产业的收入状况变化，具体如表3-1所示。

表3-1 继续砍伐树木和禁止砍伐树木两种情景下主要产业的收入状况变化

单位：菲律宾比索

	情景一（继续砍伐）	情景二（禁止砍伐）	两种情景下的结果差值
伐木业	9 769	0	9 769
手工捕鱼业	9 108	17 248	−8 140
旅游业	6 280	25 481	−19 201
合计	25 157	42 729	−17 572

可以发现，禁止砍伐树木可以为巴拉望岛沿海地区的主要产业带来更多的收入，且手工捕鱼业和旅游业所增加的收入远大于伐木业的收入损失。但如果继续砍伐树木，虽然会带来伐木业收入的增长，但会对手工捕鱼业和旅游业的收入造成巨大损失，尤其是旅游业。因此，从评估结果来看，禁止砍伐树木是最具经济可行性的方案。但在具体实践过程中，还需要结合当地的实际情况进行考量。

2. 疾病成本法和人力资本法

疾病成本法（cost of illness approach）和人力资本法（human capital approach）主要是用于估算环境质量变化对人体健康影响的环境价值，包括医疗费用的增加和居民收入的损失等。疾病成本法和人力资本法的基本步骤大致可以分为：（1）识别环境中所包含的可致病、致死的污染物，并确定污染物的浓度水平。例如，国内外大量流行病学的研究证实，颗粒物是对人体危害最大的大气污染物。长期暴露在颗粒物的环境中，会对人体的呼吸系统、心血管系统和脑血管系统等造成损害。尤其是细颗粒物（PM2.5）对人体健康的危害要更大，因为其直径更小，表面可以吸附重金属和微生物，可以突破屏障进入细胞和血液循环，进入呼吸道的更深部位。（2）基于流行病学的研究成果，确定污染物与患病、过早死亡之间的暴露响应关系。（3）界定污染的影响范围，评价处于风险中的人群规模。（4）计算患病和过早死亡所增加的医疗费用、损失的居民收入等，估算环境质量变化所造成的经济损失。其中，由环境质量变化所带来的疾病成本计算公式为：

$$I_c = \sum_{i=1}^{k}(L_i + M_i) \tag{3-3}$$

式中，I_c为环境质量变化所增加的疾病成本；L_i为第i类人群由于患病所损失的平均收入水平；M_i为第i类人群由于患病所增加的平均医疗费用。

由于环境质量变化所产生的过早死亡可以通过人力资本法进行计算，所以对于年龄为t岁就过早死亡的个体来说，相对于活到$t+m$岁的正常寿命年龄，所损失的个人收入现值为：

$$V=\sum_{m=1}^{T-t}\frac{p_{t+m}\cdot E_{t+m}}{(1+r)^{m}} \tag{3-4}$$

式中，V 为过早死亡所损失的个人收入现值；p_{t+m} 为个体从 t 岁活到 $t+m$ 岁的概率；E_{t+m} 为年龄在 $t+m$ 岁时个体的预期收入；r 为贴现率；T 为退休年龄。

案例 2

采用疾病成本法和人力资本法来估算环境质量变化所带来的损失，可以为环境政策的制定提供更为全面的依据。

在 20 世纪 60 年代，里德克（Ridker，1967）运用疾病成本法和人力资本法估算了美国空气污染所造成的经济损失，主要涉及劳动损失、患病所增加的医疗费用和过早死亡所损失的收入。对于劳动损失而言，主要是指空气污染会影响公众健康导致病人在工作中缺勤，从而所造成的经济损失。针对从事不同工作类型的病人，将空气污染所造成疾病而引起的劳动损失天数，乘以每一种工作类型所对应的平均工资，即可求出总的劳动损失。具体计算公式为：

病人的年劳动损失＝每年因患各种疾病所损失的劳动天数×病人的日平均工资

对于医疗费用的计算，里德克的研究主要考虑了与空气污染直接相关的四种疾病：慢性支气管炎、呼吸系统癌症、哮喘和肺炎。接下来，将以慢性支气管炎为例，对具体的计算步骤进行介绍：在 1958 年，美国 11 岁以上由于慢性支气管炎至少失去一天工作能力的病人约有 416 500 人，未失去工作能力的病人约有 468 000 人。根据相关研究成果的估算，空气污染所引起的慢性支气管炎死亡人数约占患病人数的一半。那么，由于空气污染引起的慢性支气管炎而至少失去一天工作能力和未失去工作能力的人数分别约为 208 250 人和 234 000 人。假定失去工作能力病人的平均治疗费用等于因患慢性支气管炎而住院的费用，未失去工作能力病人的平均治疗费用等于因患慢性支气管炎而花费的门诊费用。而慢性支气管炎所产生的住院和门诊费用分别约为 169 美元/人和 41 美元/人，那么美国在 1958 年由于空气污染引起的慢性支气管炎而带来的治疗费用约为 208 250×169＋234 000×41＝44 788 250 美元。

对于过早死亡所造成的收入损失，里德克采用人力资本法计算了 1958 年美国由空气污染引起的多种疾病致死所造成的收入损失，具体计算公式为：

$$V_X=\sum_{n=X}^{\infty}[(P_X^n)_1(P_X^n)_2(P_X^n)_3Y_n]/[(1+r)^{n-X}]$$

式中，V_X 为年龄为 X 岁的人在未来的收入的现值；$(P_X^n)_1$ 为年龄为 X 岁的人能够活到 n 岁的概率；$(P_X^n)_2$ 为年龄为 X 岁的人能够活到 n 岁，且具有劳动能力的概率；$(P_X^n)_3$ 为年龄为 X 岁的人能够活到 n 岁，具有劳动能力，且能被雇用的概率；Y_n 为年龄在 n 岁时的收入水平；r 为贴现率。通过以上步骤，可以对美国由空气污染所引起的经济损失进行估算。

案例 3

过孝民等（1990）的研究采用修正的人力资本法，结合大量的统计和监测资料，对我国“六五”期间环境污染所引起的经济损失进行了估算。在该研究中，环境污染所引起的健康损失等于损失劳动日所创造的净产值和医疗费用的总计。当人力资本的平均增长率和货币贴现率基本相等时，经济损失的计算公式为：

$$S=\left[P\cdot\sum_{i=1}^{n}T_i(L_i-L_{0i})+\sum_{i=1}^{n}Y_i(L_i-L_{0i})+P\cdot\sum_{i=1}^{n}H_i(L_i-L_{0i})\right]\cdot M$$

式中，S 为环境污染对人体健康造成的损失（万元）；P 为人力资本（取人均净资产）（元/年·人）；M 为污染覆盖区域的人口数（十万人）；T_i 为第 i 种疾病患者人均丧失劳动力时间（年）；H_i 为第 i 种疾病患者陪床人员人均丧失劳动力时间（年）；Y_i 为第 i 种疾病患者的平均医疗护理费用（元/人）；L_i 和 L_{0i} 分别为污染地区和清洁地区第 i 种疾病的发病率（人/十万）。

根据我国大气污染区域内的呼吸系统疾病、肺心病和肺癌的发病与死亡情况，对大气污染的健康损失进行估算。从我国部分地区的环境质量年报和各省（市、区）的预测报告中可以获知，在 1985 年有 122 个城市的二氧化硫年日均值超过国家二级标准。而当浓度达到或者超过人体致病阈值时，大气污染会对居民健康造成不同程度的影响。当年 122 个城市的人口共计 8 190.92 万人，人均国民收入为 2 912 元，该研究取 3 000 元这一数值作为每人年均的人力资本。根据典型调查，各年龄段肺癌的死亡人数和相对于生存到 60 岁的工作年损失如表 3－2 所示。

表 3－2　不同年龄段肺癌的死亡人数和相对于生存到 60 岁的工作年损失

年龄段	肺癌死亡人数（人）	相对于生存到 60 岁的工作年损失（年）
15～19 岁	6.4	275.2
20～24 岁	15.9	604.2
25～29 岁	31.9	1 052.7
30～34 岁	47.8	1 338.4
35～39 岁	100.4	2 309.2
40～44 岁	175.4	3 157.2
45～49 岁	294.9	3 833.7
50～54 岁	411.3	3 290.4
55～59 岁	510.2	1 530.6
合计	1 594.2	17 391.6

从表中可以看出，平均肺癌死亡损失工作年为 11 年。若患病误工为 1 年，则肺癌的丧失劳动时间为 12 年，肺心病和其他呼吸系统疾病的平均丧失劳动时间分别取 2 年和 1 年。同时，根据实际调查，在当时的医疗水平和人们的支付能力条件下，慢性支气管炎的人均医疗费用为500 元，肺心病的人均医疗费用为 1 000 元，肺癌的人均医疗费用大约为 3 000 元，慢性支气管炎的人均住院日数为 21.6 日（0.06 年），肺心病的人均住院日数为 25.2 日（0.07 年），肺癌的人均住院日数为 36.1 日（0.099 年）。在污染地区和清洁地区的慢性支气管炎、肺心病和肺癌的发病率差值分别为 9.40‰、11.0‰和 0.083 3‰。将上述数据代入人力资本法求解经济损失的公式中，可以求得大气污染所造成的经济损失约为 37.64 亿元。

3. 机会成本法

机会成本法（opportunity cost approach）是以放弃的最高价值选择来衡量所作出选择的经济价值。由于资源具有稀缺性，当一种资源被用于生产一种商品时，便无法用于生产另外一种商品，同时也就无法获得生产另外一种商品所能带来的最大价值。对于环境和自然资源而言，保护和开发是两种相悖的方案。即对自然环境所从事的开发工程会破坏该区域原有的自然系统，也就意味着丢失掉了延续原有自然系统在未来一定时期内所能带来的净收益现值。鉴于环境和自然资源本身并不具有市场价值，难以对净收益进行直接测量。但机会成本法作为一种间接的测量方式，将会极大提高操作的可行性和有效性。例如，一个区域计划将一片湿地改造为农田，假设在未来三十年里所能获取的净收益现值为 10 亿元人民币。那么种植农田所能带来的最大经济价值，就可以视为开发湿地的机会成本，即该湿地在未来三十年所具有的价值。此外，也可以采用机会成本法来计算由环境质量变化所造成的经济损失。对于人类生产活动中所产生的环境污染，可以通过寻找一系列替代品作为补充以维持原有环境质量的影响不变。那么，这些替代品所需要花费的成本就可以作为环境质量变化的经济价值。

对于以上市场价值的评估方法而言，运用的前提是所评估的环境和自然资源本身或其替代品具有市场价值，且可以用市场价格对环境质量变化和自然资源变动进行估值。直接市场评价法因为具有易于理解、直观、客观性较强等优势，所应用的领域也较为广泛，例如：评估环境污染对人类健康的影响、酸雨对农作物和森林等的影响、土壤退化和侵蚀对农作物的影响等。但同时直接市场评价法也存在一定的局限，主要体现在：（1）环境质量变化可能会通过多种途径对商品或者服务产生影响，导致难以区分某种后果究竟是由哪种原因造成的，会为环境价值评估带来一定的误差；（2）当环境质量变化对市场产生较为明显的影响时，还需要对市场结构、供需状况、生产者和消费者的行为等进行分析和探讨；（3）所搜集的信息量较大，需要花费较多的人力、物力、时间等；（4）如果出现了显著的消费者剩余，将会造成对环境经济价值的低估；（5）环境质量变化与经济损失之间关系的建立往往需要依靠一些假设，而这些假设有时候会与现实差距过大，导致评估结果无法应用于解决现实问题。

案例 4

李晓光等（2009）的研究采用机会成本法探讨了如何确定生态补偿标准。对中部山区生态补偿机会成本的计算，主要原理为：设补偿区域内可以种植 n 种经济作物，分别为 $X=(x_1, x_2, \cdots, x_n)$，单位面积内经济作物对应的比例 $P=(a_1, a_2, \cdots, a_n)$，单位面积的收入和成本分别为 $I=(i_1, i_2, \cdots, i_n)$ 和 $C=(c_1, c_2, \cdots, c_n)$。因此有：

$$\beta = XP(I-C)$$

$$\mathrm{EC} = A_0\beta$$

式中，β 为单位面积的补偿因子；EC 为总的补偿标准；A_0 为总有效面积。

由于大部分经济作物存在着生命周期，仅利用一年的收入数据来确定机会成本容易引起偏差，为此该研究引入了等年度补偿标准的概念，把作物的一个生命周期作为考虑的对象，对一个生命周期的收入与成本进行核算，平均分摊到每年的收益上，并把该收益作为机会成本。

$$\begin{aligned}PV_i &= CF_0 + CF_1/(1+r_1) + CF_2/(1+r_2)^2 + \cdots \\ &= S_i + S_i/(1+r_1) + CF_2/(1+r_2)^2 + \cdots\end{aligned}$$

$$\beta = \sum_1^n a_i S_i$$

式中，PV_i为第 i 种作物的现值，CF 为某时期的现金流，S_i为等年度补偿标准，r 为贴现率。因此：

$$EC = A_0 \sum_1^n a_i S_i = A_0 \sum_1^n a_i f_1(r, CF) = A_0 \sum_1^n a_i f_2(r, I, O, \varepsilon)$$

式中，I 为投入；O 为成本；ε 为风险，来源于对现金流不确定性的衡量。

研究者对受偿区的政府职员和当地居民开展问卷调研，共回收居民有效问卷 899 份、政府工作人员有效问卷 754 份，共计 1 653 份有效问卷。调查内容涉及当地农民种植作物的现状、经济收入来源及构成、种植业投入产出情况和种植意愿等。问卷数据显示，每公顷橡胶的化肥成本平均为 2 775 元，橡胶树苗的成本为每株 10 元，根据每年更新 20%的面积计算，前 5 年中每年树苗成本为 990 元/年，收入主要按照橡胶木材的收购价格 150 元/株计算。槟榔每公顷的化肥平均成本为 6 000 元，槟榔树苗的成本为 2 元/株，根据每年更新 20%的面积计算，前 5 年的树苗成本为 660 元/年，且没有收入。7 年以后开始产生槟榔收入，到第 11 年每年的收入稳定为 37 125 元。该研究将当年的国债票面利率 3.95%作为贴现率 r。

经计算得到如下结果：橡胶的等年度补偿标准为 19 387.35 元/公顷，槟榔的等年度补偿标准为 19 268.40 元/公顷。根据总机会成本＝生态公益林内集体土地中可利用土地的机会成本＋生态公益林管护过程中对现有橡胶和槟榔地所造成的损失。通过计算，发现生态公益林中有集体土地 64 648.58 公顷，其中集体可利用土地为 12 218.58 公顷，生态公益林内的集体土地中现有橡胶地为 9 645.57 公顷，槟榔地为 2 676.45 公顷。如果按照集体可利用土地全部种植橡胶，对其补助 30 年，则应该补偿的金额为 2.37×10^8 元/年。如果集体可利用土地全部种植橡胶，对其补助 30 年，则应该补偿的金额为 2.35×10^8 元/年。橡胶和槟榔种植面积之比为 3.6∶1，$a_1=\frac{3.6}{4.6}$，$a_2=\frac{1}{4.6}$，因此 $EC=\frac{3.6}{4.6}\times 2.37\times10^8+\frac{1}{4.6}\times2.35\times10^8=2.37\times10^8$。

二、隐含价值

与市场价值相比，隐含价值的概念更为抽象。隐含价值是指一些环境和自然资源的某些物品、功能或者服务具有公共产品的性质，但没有直接的市场价格，不能通过市场交易对其价值进行确定，然而人们会因感知它的存在而获得满足的价值部分。对于隐含价值而言，它是环境和自然资源本身所具有的价值，并不依赖于人的意志而存在。英国环境经济学家皮尔斯和特纳（Turner）将隐含价值进一步划分为生态价值和社会价值，或者划分为选择价值、存在价值和遗赠价值。以耕地资源为例，社会价值主要是指耕地具有保障国家粮食安全、保障农民生活来源和稳定社会等价值；生态价值主要是指耕地具有净化空气、涵养水源、保护生物多样性和保育土壤等价值。选择价值，又称期权价值，是指保护环境和自然资源为未来提供选择自由的价值。鉴于环境和自然资源本身所具有的属性，人类可以选择在不同时间、采用不同的方式进行开发和利用。对于资源的利用，人类有时并不希望在短时间内就用尽资源的所有价值，而是会考虑资源价值在未来时期内的浮动，因此会以一定的预期价值作出保护环境和自然资源的考虑。存在价值，是指人们对于环境和自然资源的存在所愿意支付的金额。从某种意义上讲，存在价值可以看作是人类对于环境和自然资源的重要性所作出的一种道德评判。例如，面对世界上的濒危物种，人们会愿意支付一定数额的金钱来保护它们，即使这并不能让人们获取直接的切身利益，但人们却会因为拯救物种而带来心灵上的慰藉和满足。随着人类环保意识的不断提高，环境和自然资源的存在价值也势必会越来越受到重视。遗赠价值是指人们从希望将环境资源的价值保留给后代的渴求中所获得的价值。遗赠价值中包含了当代人对于环境资源的使用意图，但主要是让后代人从利用环境资源中收获满足。

三、构建市场

对于环境和自然资源而言，市场往往不能对其价值进行准确反映，导致环境资源在市场交易中出现低价格或者零价格的现象。究其原因，主要是环境产品或者服务具有公共产品的属性且存在外部性，会造成市场失灵等问题，进而缺乏环境产品或者服务的市场，而现有的市场并不能准确表达环境资源在生产和消费中的全过程社会成本。这就为环境价值的评估带来了一系列的困难和麻烦，影响到环境政策的制定和社会经济活动的运转。因此，为了对环境和自然资源的价值进行科学有效的评估，构建市场是不可或缺的环节。

前面所介绍的直接市场评价法只适用于对环境质量变化可以进行度量，且市场交易价格可以用于环境价值估算的情形。但当很多的环境质量变化不能直接通过市场交易价格进行计算，市场和价格并不能为价值评估提供充足的信息时，则需要我们通过构建市场的方法来对环境价值进行科学评估。常采用的方法有揭示偏好法和陈述偏好法，其中揭示偏好法又包括内涵资产定价法、旅行费用法、防护支出法等，陈述偏好法主要包括意愿调查评估法等。

1. 内涵资产定价法

内涵资产定价法（hedonic property pricing）是指人们可以根据他们所购买的具有环境属性商品的价格来对环境价值进行赋值的方法。一项资产的总价格往往可以根据资产本身所具有的多种属性进行细分，例如一间房屋的总价格不仅取决于房屋的大小、面积、采光条件、所处楼层和房间的数量等，也会受到周围交通状况、教育资源、绿化面积等因素的影响。鉴于内涵资产定价法可以评价周围环境对资产价值的影响，因此常用于分析房地产价格与多种环境属性之间的关系。这主要是因为房地产价格不仅与本身的特征因素有关，还会受到周围环境因素的影响。对于两处同类房产而言，通过对比周围环境质量不同所带来的房产价格差异，可以评估环境质量变化所带来的价值。随着内涵资产定价法应用范围的逐渐扩展，该种方法也被用于探讨劳动市场工资水平与环境质量变化之间的关系。对于劳动者而言，不同的工作场所会带来不同的工作满意度和绩效水平。一般而言，劳动者更愿意选择工作环境好的办公地点和岗位，使得办公环境较差的工作岗位只能通过一些其他手段来吸引劳动力，例如提高工资水平、提高劳动者福利等。因此，可以通过工资水平来刻画环境质量差异所带来的货币价值。接下来，将以房产价格为例来介绍内涵资产定价法的具体步骤：

第一步，识别影响房产价格的关键因素。对于房产而言，价格会受到房产本身特性 B（房屋的大小 B_1、房屋面积 B_2、采光条件 B_3、所处楼层 B_4 和房间的数量 B_5 等）、生活条件 F（交通状况 F_1、教育资源 F_2 等）、环境质量状况 H（空气质量 H_1、噪声高低 H_2、绿化面积 H_3 等）多方面因素的共同影响。房产买家在购买房产时，会对影响房产价格的多方面因素都加以考量。因此，房产价格 PH 与多种因素（房产本身特性、生活条件和环境质量状况等）之间的函数关系式为：

$$\mathrm{PH} = f(B_1, B_2, B_3, B_4, B_5, \cdots; F_1, F_2, \cdots; H_1, H_2, H_3, \cdots) \tag{3-5}$$

第二步，求出每一种影响因素所对应的边际隐价格。基于所构建的房产价格与多种影响因素之间的函数关系，通过对每一种特性进行求导，可以计算出每一类影响要素的边际变化对总价格的影响。在其他影响因素不变的情况下，某种影响因素 z 增加一个单位，总价格的变化量为：

$$\mathrm{PH}_z = \frac{\mathrm{dPH}}{\mathrm{d}z} \tag{3-6}$$

式中，PH_z 为影响因素 z 所对应的边际隐价格；z 为影响房产价格的因素，包括房产本身特性 B、生活条件 F 和环境质量状况 H 等。

第三步，估算出影响因素变动对福利变化的影响。根据每一种影响因素的边际隐价格，绘制出每一种影响因素所对应的需求曲线。通过计算出需求曲线下所对应的面积大小，对福利状况进行有效估算。

案例 5

环境与居民的生活密切相关，其质量好坏会直接影响到居民福利，因此对环境质量的价值的合理评估具有重要意义。

陈永伟和陈立中（2012）的研究采用内涵资产定价法（特征价格法），结合青岛市 2008 年商品住房交易登记数据，对青岛市空气质量的经济价值进行了估计，并在此基础上对环境政策的成本收益进行了评价。该研究主要使用了三个数据库的数据：青岛市国土资源和房屋管理局提供的商品住房交易数据库、Google 地图数据库、青岛政务网提供的《空气质量状况日报》。其中，商品住房交易数据库提供了 2008 年青岛市一手商品住房的交易信息，这些信息包括：住房位置（具体到小区经纬度）、建筑结构、建筑面积、使用面积和交易价格等。Google 地图数据库提供了房屋地址和经纬度，研究者通过 Google 地图搜集和整理了目标房屋到市中心（以“五四广场”为代表）的距离，及其与最近的商场、医院、公园、中学之间的距离。从《空气质量状况日报》中可以获取青岛市所属区县的空气污染指数、质量级别以及首要污染物信息。这些观测数值分别来自青岛全市 13 个观测点，由于研究者拥有关于小区的精确位置信息，因此可以得到各小区和所有观测点之间的空间距离。在此基础上，研究者用逆距离加权插值法，计算了各小区的空气污染指数。具体来说，假设某小区距离观测点 m 的距离为 d_m，且观测点 m 的空气污染指数为 AP_m，则研究者认为该小区的空气污染指数为：

$$\mathrm{AP}=(\sum_{m=1}^{13}\mathrm{AP}_m\cdot e^{-3d_m})/(\sum_{m=1}^{13}e^{-3d_m})$$

内涵资产定价法假定消费者的效用函数为 $U_i(\mathrm{AP}_i,x_i,z_i,M_i,m_i)$。其中，$\mathrm{AP}_i$ 为房屋所处位置的空气污染程度，x_i 为房屋的建筑特征向量，z_i 为房屋的周边环境向量，M_i 为住房面积，m_i 为消费者 i 用于其他消费的货币。由于人们更偏好清洁的空气，因此 $\partial U_i/\partial\mathrm{AP}_i<0$。在以上设定下，消费者的最优化问题为：

$$\max_{\mathrm{AP},x,z,M,m}\ U_i(\mathrm{AP}_i,x_i,z_i,M_i,m_i)$$
$$\text{s. t. } p_i(\mathrm{AP}_i,x_i,z_i,M_i,m_i)M_i+m_i\leqslant y_i$$

其中，$p_i(\quad)$ 表示消费者 i 购买住房的单位价格，y_i 为消费者可支配的财富总额。为了求解以上问题，可以得到如下关系：

$$\frac{\partial U_i}{\partial\mathrm{AP}_i}=\left(M_i\frac{\partial p_i}{\partial\mathrm{AP}_i}\right)\frac{\partial U_i}{\partial m_i}$$

为了让住宅周围的污染浓度降低一个单位，消费者愿意支付 $\left|M_i\dfrac{\partial p_i}{\partial\mathrm{AP}_i}\right|$ 单位的货币，而 $\left|M_i\dfrac{\partial p_i}{\partial\mathrm{AP}_i}\right|$ 又被称为消费者降低空气污染的边际支付水平。

为了对 $\dfrac{\partial p_i}{\partial\mathrm{AP}_i}$ 进行估计，就需要对价格方程进行估计。研究者主要采用了三种形式的价格方程：

$$P=\alpha+\beta\mathrm{AP}+X\gamma+Z\delta+\varepsilon$$
$$\ln P=a+b\mathrm{AP}+X\gamma+Z\delta+\varepsilon$$
$$P^{(\lambda_0)}=\alpha+\beta\mathrm{AP}^{(\lambda_1)}+K^{(\lambda_1)}\xi+L\zeta+\varepsilon$$

在上述公式中，$P=(p_1,p_2,\cdots,p_n)'$ 是样本中住房单位价格向量，$\mathrm{AP}=(\mathrm{ap}_1,\mathrm{ap}_2,\cdots,\mathrm{ap}_n)'$ 是样本中住房所处位置空气污染程度向量，矩阵 $X=(x_1,x_2,\cdots,x_n)'$ 和 $Z=(z_1,z_2,\cdots,z_n)'$ 分别是住房自身特征向量和住房周边环境向量。住房自身特征向量主要包括了厅室数量、楼层和结构等，住房周边环境向量包括到最近的中学、医院、超市、公园等的距离，以及是否处于市中心等。ε 是随机误差项，假定它遵从一般的正则假设。

对空气污染治理政策的经济效益进行评估，2007 年青岛市年平均空气污染指数为 66.57，2008 年这一指数为 66.18，下降了 0.39。按照研究者所估计的 MWTP 值，平均而言购房者愿意为空气质量改进在住房交易价格上多支付 38.916 元/平方米（=99.785 元/平方米×0.39）。2008 年青岛市一手商品住房成交总量约为 340 万平方米。因此 2007—2008 年青岛市空气质量改善产生的经济价值约为 1.3 亿元。

---

2. 旅行费用法

旅行费用法（travel cost method）是指利用旅行费用作为替代物来评估旅游景点或

其他娱乐品所蕴含价值的方法。当旅客去自然景点参观时，虽然为自然景点所支付的门票价格远低于自然景点所带来的效用，但旅客却可能需要承担旅行所带来的交通费用、食宿费用、时间成本等。因此，旅客为此次参观所花费的所有费用都可以看作是对环境资源的实际支付。为了估计旅客对于自然景点的价值认同，即支付意愿，可以使用旅行费用作为替代物来估算该景点的价值。值得注意的是，旅客对环境资源的需求并不是无限的，会受到整个旅程（从出发地到景点）期间旅行费用的制约。旅行费用法假设所有消费者从同一种环境资源的消费中获得的效益是相等的，均等于距离评价地点最远旅行者所花费的旅行费用。且距离评价地点最远的消费者，其消费者剩余最小。而距离评价地点最近的消费者，其消费者剩余最大。根据旅行地点的数量，旅行费用法可以进一步划分为单一地点旅行费用模型和多景点旅行费用模型。

单一地点旅行费用模型（single site travel cost model）假设旅客的旅行目的地和所参观的景点是单一的，中途不再去其他景点。单一地点旅行费用模型可以把对单一景点的需求和旅行费用联系起来，旅客对景点的旅行需求是旅行费用和其他变量的函数，具体公式为：

$$N = f(Y, Q) \tag{3-7}$$

式中，N 为旅行次数；f 函数为旅客对景点的旅行需求函数；Y 为整个旅程期间的旅行费用；Q 为与旅客相关的多种社会经济特征。

根据 f 函数可以绘制出旅客对景点的旅行需求曲线，那么需求曲线以下的面积即为旅客 i 的支付意愿，具体公式为：

$$V_i = \int_{Y_0}^{\infty} f(Y, Q)\,\mathrm{d}Y \tag{3-8}$$

由于一个景点会有众多旅客，那么所有旅客的支付意愿就构成了整个景点的总价值：

$$V = \sum V_i \tag{3-9}$$

多景点旅行费用模型（multiple site travel cost model）考虑到了现实中存在多个景点聚集在一起的现象，旅客可能会一次性去多个景点旅行。例如，旅客到一个城市去旅行，会提前安排自己的行程，往往会尽可能多地参观景点。多景点旅行费用模型综合考虑了不同旅客对多种类型景点的需求函数，并假定如果景点类型一致，旅客将会选择参观最近的景点。那么，旅客 i 对景点 j 的一组需求函数如下：

$$N_1 = f(Y_1, Y_2, Y_3, \cdots, Y_n, W) \tag{3-10}$$

式中，W 为使游客需求函数发生移动的变量；Y_j（$j=1$，2，…，n）为去景点 j 的旅行费用。如果旅客临时取消了多个景点的旅行计划，那么就需要计算出所有被取消景点所产生的消费者剩余。如果旅客取消了景点 1 和景点 2 的旅行计划，那么所产生的消费者剩余为：

$$V = \int_{Y_1}^{\infty} f(Y_1, Y_2, Y_3, \cdots, Y_n, W)\,\mathrm{d}Y_1 + \int_{Y_2}^{\infty} f(\infty, Y_2, Y_3, \cdots, Y_n, W)\,\mathrm{d}Y_2 \tag{3-11}$$

其中，等式右侧第二项中的 $Y_1=\infty$ 表示计算景点 2 的价值时需要去除景点 1 的价值。

案例 6

Dixon 等（1988）的研究采用旅行费用法计算了泰国曼谷市隆皮尼公园的游憩价值。参照陈应发（1996）的做法，对隆皮尼公园游憩价值评估进行简化：将公园的游憩出发区从 17 个减少为 4 个，并将某些数字用简化的整数来替代。下面将对该案例进行具体介绍，以帮助读者详细了解旅行费用法的两个步骤：

（1）计算出游憩率，并绘制出游憩曲线。根据隆皮尼公园的游客来源，按照路程远近将游客的出发区划分为 4 个，并对每一个出发区的总人口以及每年到该公园的游憩次数和游憩费用进行统计，从而计算出各出发区的游憩率。据统计，隆皮尼公园的年游憩状况如表 3－3 所示。

表 3－3 隆皮尼公园的年游憩状况

出发区	总人口（千人）	每次游憩的费用（铢）	游憩次数	游憩率（次/千人）
1	2	1	1 000	500
2	5	2	2 000	400
3	4	3	1 200	300
4	10	5	1 000	100

根据上述统计资料，可以绘制出游憩费用曲线。其中，横坐标为游憩率，纵坐标为每次游憩的费用，如图 3－1 所示。

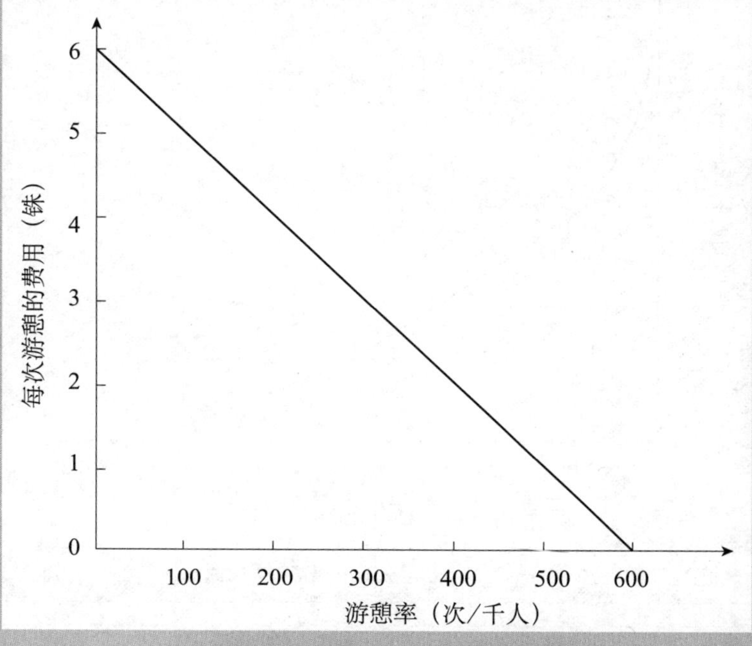

图 3－1 隆皮尼公园的游憩费用曲线

（2）绘制出游憩需求曲线。该研究假定不同出发区内的每个人都有相同的效用函数，且每个人对旅行费用增加所作出的反应类同于提高公园入场收费的反应。当增加游憩费用时，分析游憩人数的变化，可以绘制出游憩需求曲线。当追加 1 铢的游憩费用时，四个出发区到游憩地的费用分别为 2 铢、3 铢、4 铢、6 铢，此时的游憩率分别为 400 次/千人、300 次/千人、200 次/千人和 0 次/千人，所以此时各出发区的游憩次数分别为 800 次、1 500 次、800 次和 0 次，年总游憩次数为 3 100 次。当追加的游憩费用分别为 2 铢、3 铢、4 铢和 5 铢时，各出发区的游憩次数如表 3-4 所示。

表 3-4　不同出发区游客到隆皮尼公园的游憩次数　　单位：次

出发区	追加的游憩费用（铢）					
	0	1	2	3	4	5
1	1 000	800	600	400	200	0
2	2 000	1 500	1 000	500	0	0
3	1 200	800	400	0	0	0
4	1 000	0	0	0	0	0
总游憩次数	5 200	3 100	2 000	900	200	0

那么，以总游憩次数为横坐标，以追加的游憩费用为纵坐标，可以绘制出该公园的游憩需求曲线，如图 3-2 所示。

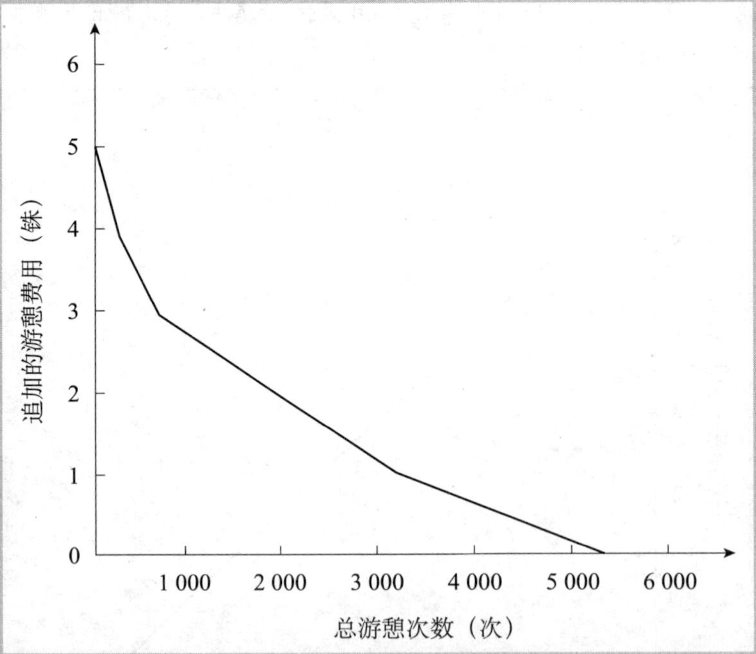

图 3-2　隆皮尼公园的游憩需求曲线

3. 防护支出法

防护支出法（preventive expenditure approach）是利用人们为防止环境退化而愿意支付的费用来对环境价值进行评估的方法。面对环境质量变化，人们会采取各种各样的防护行为，以尽可能地减少自身的福利损失。主要包括：（1）远离污染地。当一个地区即将或者已经受到污染时，人们会更愿意向环境质量好的地方迁徙。(2) 采取防护措施。为了防止自身遭受环境质量变化所造成的损失，人们会采取一定的防护措施，例如购买空气净化器来抵御雾霾、购买净化过滤器对饮用水进行净化等。(3) 选择替代品。考虑到环境质量变化可能带来的危害，人们会购买替代品来维护自身利益。例如当居住地的水源受到污染时，人们可能会选择购买瓶装水来维持日常用水。(4) 对受损项目进行重置或者修复。面对环境变化所带来的损害，人们可以对受损项目进行重置或者修复，以缓解所受到的不利影响。例如某地区由于砍伐树木造成水土流失、沙尘暴等一系列灾害，可以通过对树木进行重新种植的方式来减少损失。

防护支出法的步骤主要包括：(1) 识别出环境质量变化所带来的最主要危害。考虑到环境变化会带来一系列影响，而人们往往无法兼顾所有的危害，因此就需要对环境问题按照一定的等级进行划分，识别出主要和次要危害，进而将主要危害作为防护支出法所重点关注的对象。(2) 界定受到危害的人群类型和范围。在确定环境危害的影响人群时，需要首先了解危害的影响范围。例如建造飞机场之前，需要了解飞机场会对周围多大范围的居住场所带来噪声污染。其次需要从受影响的居民群体中，区分出受影响较大和受影响较小的人群。防护支出法研究应主要针对受影响较大的人群展开，否则将会低估环境质量变化带来的价值损失。(3) 估算环境质量改善所带来的价值。通过直接观察、咨询专家意见、对受到危害的人群进行广泛调查等方式，获取相关信息并估算出免受污染所产生的费用，进而估算出环境改善所带来的价值。计算公式为：

$$C = \mathrm{UC} \cdot Q \tag{3-12}$$

式中，C 为免受污染所产生的费用；UC 为免受污染所支付的单位成本；Q 为将受到环境污染损害的环境物品数量。

案例 7

在应用防护支出法来评估环境价值时，需要满足多种条件：(1) 公众能够了解到来自环境的威胁；(2) 公众能够采取一定的防护措施来保护自己免受环境质量变化所带来的影响；(3) 能够对防护措施的费用进行估算。

Zhang 和 Mu (2018) 的研究采用每日的口罩购买数据和空气质量数据，探讨了空气污染与口罩购买之间的关系，测算了个人为避免空气污染暴露而采取防护措施所需要支付的费用。该研究利用淘宝指数中的口罩总指数和抵御 PM2.5 口罩指数来表征口罩的销量，利用当地政府公布的空气质量指数 (AQI) 和美国大使馆公布的 PM2.5 数据来表征空气质量，并将天气变量（能见度、温度、露点、风速、风向）作为控制变量，涵盖了自 2013 年 1 月到 2014 年 4 月 190 个城市的每日数据。该研究的实证策略是利用空气质量的每日波动来确定空气污染对防护支出的因果影响。因变量为每日的口罩指数，自变量分别为 AQI、气候、假期和工作日，并设置了城市和时间固定效应。

该研究发现，在极端污染时期口罩的购买数量会显著增加。AQI 每提高 100 个百分点，口罩的总使用量就会增加 54.5%，抵御 PM2.5 口罩的使用量就会增加 70.6%。如果 10%的重污染天 (AQI≥201) 被消除，总的口罩支出将大约节省 1.87 亿美元。

4. 意愿调查评估法

意愿调查评估法（contingent valuation method）是基于个人需求理论和消费者剩余理论，通过估算环境资源使用者对于环境物品或者服务的支付意愿或者接受意愿来估算环境资源价值。评估技术主要可以分为三类：（1）直接询问被调查者的支付意愿或者接受赔偿意愿。具体方法主要包括投标博弈法和比较博弈法等。（2）询问被调查者对环境物品或者服务的需求数量，从询问结果中推断出被调查者的支付意愿或接受意愿。具体方法主要包括无费用选择法和优先评价法等。（3）咨询有关专家来评定环境资源的价值。主要方法有专家调查法（德尔菲评估法）。下面将主要介绍投标博弈法、比较博弈法和无费用选择法。

投标博弈法（bidding game approach）又称竞价博弈法，是通过询问环境资源使用者或者环境污染受害者对于环境质量变化的支付意愿或者接受意愿，来对环境资源的价值进行评估。投标博弈法主要用于对公共产品的价值进行评估，可进一步划分为单次投标博弈法和收敛投标博弈法两种。其中，单次投标博弈法的步骤为：（1）将环境资源的特性和环境质量变化的影响作为支付意愿或者接受意愿的背景，介绍给环境资源使用者或者环境污染受害者；（2）对被调查者进行询问，获悉他们愿意为保护环境资源而支付的最高费用金额，或者愿意为忍受环境危害而接受的最低赔偿金额；（3）对调查数据进行汇总、整理和统计分析，计算出被调查者所愿意支付或者接受的平均金额，再乘以被调查者的人数，得到总的支付意愿或者接受意愿，进而建立起全社会对该环境资源的支付意愿或者接受意愿函数关系。收敛投标博弈法的步骤为：（1）将环境资源的特性和环境质量变化的影响作为支付意愿或者接受意愿的背景，介绍给环境资源使用者或者环境污染受害者；（2）对被调查者进行询问，获悉他们是否愿意为保护环境资源而支付一定数额的费用，或者愿意为忍受环境危害而接受一定数额的赔偿；（3）倘若被调查者的回答是肯定的，则不断提高或者降低金额，直到被调查者的回答变为否定为止；（4）再变动询问的金额，找出调查者所愿意支付或者接受的精确数额；（5）对调查数据进行汇总、整理和统计分析，计算出被调查者所愿意支付或者接受的平均金额，再乘以被调查者的人数，得到总的支付意愿或者接受意愿，进而建立起全社会对该环境资源的支付意愿或者接受意愿函数关系。

比较博弈法（trade-off game approach）又称权衡博弈法，是通过被调查者在不同环境资源与相应数额的货币之间进行选择，来获取被调查者的支付意愿或者接受意愿。具体步骤为：（1）选取足够多且具有代表性的样本人群作为被调查者。（2）将环境资源的特性、环境质量变化的影响、解决环境问题或者保护环境的具体方法详细介绍给被调查者。（3）给定被调查者两种可以选择的方案。第一种方案中只包含一定的环境质量，同时不需要被调查者支付任何数额的货币。第二种方案中除了包含一定的环境质量，还需要被调查者支付一定数额的费用或者接受一定数额的赔偿。（4）要求被调查者在两种方案中作出选择，然后根据被调查者的反应，不断提高或者降低货币的数额大小，直到被调查者认为两种方案没有任何差别为止。（5）将所有被调查者在第二种方案中愿意支付或者愿意接受的金额汇总，得出环境质量变化所带来的货币化价值。

无费用选择法（costless choice approach）是通过被调查者在不同的物品或者服务之间作出选择，来估算出环境物品或者服务的价值。由于该方法为被调查者所提供的每一种方案都不需要被调查者支付费用，因此从被调查者的角度来讲是无费用的。以包含两种方案的调查为例，假定被调查者需要在一定数量的环境物品或者服务与接受一定数额的补偿之间作出选择。若被调查者选择了接受补偿而放弃了环境物品或者服务，说明所要评估的环境物品或者服务的价值要低于该补偿金额。若被调查者选择了一定数量的环境物品或者服务，则说明所要评估的环境物品或者服务的价值要高于该补偿金额。具体步骤为：（1）将环境资源的特性和环境质量变化的影响详细介绍给被调查者。（2）为被调查者提供两种可供选择的方案。第一种方案为向被调查者提供一定数额的补偿金额，第二种方案为采取一定的措施来改善环境质量状况。（3）如果被调查者选择了第二种方案，说明改善环境质量状况的价值大于所提供的补偿金额，则需要进一步提高金额数目。（4）对选择第一种方案的被调查者进行调查，直到被调查者选择接受补偿金额为止，则说明改善环境质量状况的价值小于最后被选择的补偿金额。

案例 8

意愿调查评估法是一种模拟市场的技术方法，可以用于其他许多方法难以涵盖的环境价值评估中，在使用该方法时，其核心是直接通过问卷调查咨询人们对环境物品或者服务的支付意愿或者补偿意愿。

Loomis 等（2000）的研究采用意愿调查评估法对恢复流域生态系统的总价值进行了评估。该研究将普拉特河流域提供的生态系统服务功能划分为五部分：废弃物消解、水质净化、减缓侵蚀、为生物提供栖息地和休闲娱乐。通过设计问卷，以面对面访谈的形式共采访了 100 位当地公众。首先询问被调查者是否同意设立南普拉特河流域的恢复基金，若选择“是”，则表明被调查者愿意为提高该流域生态系统的功能而支付费用。反之，若选择“否”，则表明被调查者更愿意让该流域的生态系统维持现状，而并不愿意支付费用。对于选择“是”，则被调查者需要从 12 种支付金额（1 美元、2 美元、3 美元、5 美元、8 美元、10 美元、12 美元、20 美元、30 美元、40 美元、50 美元和 100 美元）中进行选择。假设仅询问被调查者“是”或“否”愿意支付一笔钱，那么愿意支付金额的概率可以通过定性选择模型（如 Logit 模型）进行统计估计，具体公式为：

$$\text{Probability(Yes)} = 1 - \{1 + \exp[B_0 - B_1(\$X)]\}^{-1}$$

式中，B 为要用 Logit 或 Probit 等方法估计的系数；X 为家庭需要支付的费用。然后，可以计算出接受意愿的期望值，具体公式为：

$$\text{Mean(WTP)} = (1/B_1) \times \ln(1 + e^{B_0})$$

式中，B_1 为对投标金额的估计，而 B_0 为常数。

该研究得出公众为保护流域生态系统的隐含价值，所愿意支付的金额约为 21 美元/月·人，进而计算出普拉特河流域生态系统的隐含价值在 1 900 万～7 000 万美元之间。

第二节　生态环境经济核算

一、生态环境账户

传统国民经济核算账户可以提供 GDP 等宏观经济总量指标，但国民经济核算体系中的成本计算并未考虑与经济有关的生态环境变化，导致生态环境的价值损失并不能反映到 GDP 中，即传统的国民经济核算体系忽略了对于生态环境的经济价值核算。而随着经济增长质量和效益的提高，传统的 GDP 逐渐显露出了其所存在的一些不足和缺陷，即并没有将以下问题考虑在内：（1）环境资源的耗减核算；（2）环境资源损失成本的核算；（3）资源环境的恢复成本、再生成本和保护成本的核算。生态环境是国家综合经济的重要组成部分，如果没有将生态环境因素纳入国民经济核算体系，那么所核算出的宏观经济指标就无法全面、准确地反映出国家经济的真实情况。随着生产力的发展，人类活动对环境所造成的影响越来越大，导致生态环境对经济的制约作用也进一步凸显。要实现国民经济的可持续发展，就必须协调好经济与环境二者之间的关系。为此，传统的国民经济核算账户受到了广泛质疑和批评，将生态环境价值纳入国民经济核算体系显得尤为重要。

最初建立生态环境账户的目的是：弥补传统国民经济核算账户在测量和评估可持续发展方面的缺陷。经过多年的发展和完善，很多国家都陆续开展了生态环境账户的实践研究，对生态环境进行监督管理，同时监测经济发展对环境所造成的压力，并将其成果应用于经济发展政策和相关环境政策的制定与分析中，为国民经济的可持续发展提供更准确、全面的决策支持。作为最早开展生态环境经济核算研究的国家之一，挪威于 1974 年成立了自然资源部，开发和推行自然资源核算和预算系统。同时，在 1981 年首次公布并出版了自然资源核算数据、报告和刊物。到 20 世纪 80 年代中期，挪威统计局采用实物指标首次编制了自然资源核算账户，包括能源、矿产、森林、渔业和土地使用等，并在 1987 年公布了《挪威自然资源核算》研究报告。该国进行生态环境核算的主要目的是：通过对自然资源的经济价值进行核算，建立起完整的自然资源信息系统，涵盖自然资源的贮量、流量、再循环、污染等方面的信息，可以服务于自然资源和环境政策的制定和实施，以便更加科学、有效地保护和利用自然与环境资源。同时，通过对自然资源进行实物量和价值量核算，可以为国民经济统计、预测与分析提供服务。此外，通过开展自然资源核算的研究，可以将自然资源核算纳入整个国民经济核算体系中，解决自然资源和社会经济脱节的问题。在挪威所创建的自然资源核算账户中，更偏重于实物核算，将自然资源划分为物质资源（包括矿物资源、生物资源等）和环境资源（空气、水、土壤等）两类。此后，法国、荷兰、意大利、德国和英国等发达国家也陆续开展了生态环境的经济价值核算工作。此外，墨西哥和印度尼西亚等发展中国家也开始进行生态环境的经济价值核算研究。

目前在生态环境账户的研究领域，最具代表性和权威性的研究是联合国统计署所开发的环境经济综合核算体系（system of integrated environmental and economic accounting，SEEA）。目前各国生态环境经济价值核算的研究实践，主要是基于 SEEA1993、SEEA2000 和 SEEA2003 三个版本开展的。本章将以 SEEA2003 版本中的生态环境账户为例作具体介绍。根据生态环境经济核算的计量角度不同，可以将生态环境账户划分为实物账户和货币账户两类。由于环境和经济之间最为直接的作用形式都是实物形式，例如环境可以提供经济活动所需要的原材料，经济活动也会以实物形式造成环境质量变化，所以，实物账户有助于更便捷、有效地理解环境与经济之间的关系，但由于不能对不同的核算数据进行直接加总，很难得到简单而有效的总量指标。货币账户是在实物账户的基础上通过对生态环境进行估值而建立起来的，但人们对于环境价值的评估技术和结果会存在一定的质疑。

1. 实物账户

建立实物账户所遵循的依据为：在一个完整的系统中，如果将所有的投入、积累和产出都涵盖在内，那么一定可以建立起一种平衡关系。生态环境账户的实物账户又可以进一步划分为实物流量账户和环境资产账户。其中，实物流量账户是一套以实物形式反映自然资源使用的账户体系，考虑了与物质能源流量相关的实物数据，可以考察环境对于经济活动的敏感性和经济活动对于环境资源投入的依赖程度。

SEEA2003 版本将实物流量账户划分为四类：产品流量账户、自然资源流量账户、生态系统投入流量账户和残余物流量账户。在产品流量账户中，产品是在经济活动中所生产和使用的商品和服务，该账户可以反映一个国家与世界其余部分间的商品和服务流量。在自然资源流量账户中，自然资源包括矿物资源、能源资源、水资源和生物资源等，是经济活动所必需的物品且只能由环境提供。在生态系统投入流量账户中，生态系统投入包括植物和动物生长所需要的多种投入，如水、营养、二氧化碳等，也包括工业生产、居民生活需要消耗的水及其他自然营养物。在残余物流量账户中，残余物是经济活动中所附加产生的副产品，可以在经济活动中被排放到环境中，或者进行存放和再循环。结合四类账户可以构成综合实物流量账户，如表 3－5 所示。

表 3－5　实物流量账户

	生产	最终消费	资本形成	世界其余部分	全部经济	全部环境
供给						
产品	551			150	701	
自然资源						264
生态系统投入						147
残余物	280	48	73	14	415	
净积累	0	17	72	−51	38	−38
总供给	831	65	145	113	1 154	373
使用						
产品	442	39	119	101	701	

续表

	生产	最终消费	资本形成	世界其余部分	全部经济	全部环境
自然资源	261	2		1	264	
生态系统投入	121	24		2	147	
残余物	7		26	9	42	373
总使用	831	65	145	113	1 154	373

资料来源：SEEA 设想国系列数据，表中数据均来自假想数据。

对于环境资产账户，SEEA2003 版本中将环境资产分为自然资源、土地和地表水、生态系统三类。其中，自然资源包括矿产资源、土壤资源、水资源和生物资源等，是通过提供经济中使用的原料和能源产生使用收益，但会由于人类的使用而产生数量耗减的环境要素。土地和地表水是指包括建设用地、农业用地及相关地表水、林地及相关地表水、主要水体和其他土地等，通过为人类的经济活动和娱乐活动提供空间，从而提供直接或间接使用收益的区域。生态系统包括陆地生态系统、水生生态系统和大气系统等，是指生物群落以及它们所生存的生态环境。在环境资产账户中，年末资产存量等于年初资产存量根据年内发生的变化调整后所得到的数值。所发生的变化可以是自然气候变化，也可以是人类对环境的干预活动。表 3－6 为环境资产账户的一个示例。

表 3－6　环境资产账户

期初存量					
年内增加：	新发现的矿产	土地复垦		动植物的自然生长	
年内减少：	矿产开采	土壤侵蚀	因淤积造成的库容损失	动植物的自然死亡或人为采集	因干旱造成的动物死亡
期末存量					

2. 货币账户

在实物账户的基础上，通过对生态环境进行估值得到货币账户。为了将实物型数据转化为货币型数据，需要为不同类别的环境资产选取合适的环境价值评估方法，具体的评估方法已经在上一节进行了详细介绍，此处不再赘述。

二、生态环境经济核算模型

国民经济核算体系由一套逻辑严密、协调一致而且完整的宏观经济账户、资产负债表和其他表式组成。它提供了一个广泛的核算框架，将经济数据以一定的范式进行编制和表述，以满足经济分析、决策和政策制定的要求。但传统国民经济核算账户中的资产只包含生产资产，SEEA 把资产的概念扩大到包括自然资产，从而资产被分为三类：生产资产、非生产经济资产和非生产环境资产。其中，生产资产与非生产经济资产合并后就是经济资产，非生产经济资产与非生产环境资产合并后就是自然资产。生产资产主要包括固定资产和存货等；非生产经济资产主要包括耕地、人工湿地、园地、交通用地等；非生产环境资产主要包括森林、水域、生物多样性等。

通过建立生态环境经济核算模型，可以将生态环境纳入经济分析中。所构建的生态环境经济核算模型涉及的生态环境对象包括草地、耕地、林地、森林立木和表土资源等。该模型既可以用于实物量核算，也可以用于价值量核算。模型框架如表 3-7 所示。

表 3-7　生态环境经济核算模型框架

项目	经济活动						非生产环境资产		
	国内生产	国外生产	最终消费	经济资产			林地	森林立木	表土资源
				生产资产	非生产经济资产				
					草地	耕地			
期初存量				$K_{0\mathrm{ecp}}$	$K_{0\mathrm{ecg}}$	$K_{0\mathrm{ecc}}$	$K_{0\mathrm{envf}}$	$K_{0\mathrm{envm}}$	
经济供给	P	M							
经济使用	c_i	X	c	I_G					
国内生产总值	GDP	$X-M$	c	I_G					
折旧	c_d			$-c_d$					
国内生产净值	NDP	$X-M$	c	I_N					
环境使用									
自然资产的使用	c_{env}				$-c_g$	$-c_c$	$-c_f$	$-c_m$	$-c_e$
自然资产的其他积累					I_{ecg}	I_{ecc}	$-I_{\mathrm{envf}}$		
绿色国内生产总值	EGDP	$X-M$	c	I_G	$I_{\mathrm{ecg}}-c_g$	$I_{\mathrm{ecc}}-c_c$	$-c_f$ $-I_{\mathrm{envf}}$	$-c_m$	$-c_e$
资产物量的其他变化				V_{ecp}	V_{ecg}	V_{ecc}	V_{envf}	V_{envm}	
持有损益				R_{ecp}	R_{ecg}	R_{ecc}	R_{envf}	R_{envm}	
期末存量				$K_{1\mathrm{ecp}}$	$K_{1\mathrm{ecg}}$	$K_{1\mathrm{ecc}}$	$K_{1\mathrm{envf}}$	$K_{1\mathrm{envm}}$	

表中，环境成本 c_{env} 的计算公式为：

$$c_{\mathrm{env}}=-[(-c_g)+(-c_c)+(-c_f)+(-c_m)+(-c_e)] \tag{3-13}$$

由于草地和耕地的价格也反映了其质量的变化，所以 $-c_g$ 和 $-c_c$ 实际包含了数量和质量两方面的损失。林地损失主要体现为经济、生态和文化三个方面的损失，森林立木损失主要是木材的损失，表土资源损失主要是可能发生的灾难所造成的损失。同时，各种环境成本均可通过估价反映出来。

对于资产平衡关系而言，需要满足以下要求：

$$K_{1ecp}=K_{0ecp}+I_G-c_d+V_{ecp}+R_{ecp} \tag{3-14}$$

$$K_{1ecg}=K_{0ecg}+I_{ecg}-c_g+V_{ecg}+R_{ecg} \tag{3-15}$$

$$K_{1ecc}=K_{0ecc}+I_{ecc}-c_c+V_{ecc}+R_{ecc} \tag{3-16}$$

$$K_{1envf}=K_{0envf}-I_{envf}-c_f+V_{envf}+R_{envf} \tag{3-17}$$

$$K_{1envm}=K_{0envm}-c_m+V_{envm}+R_{envm} \tag{3-18}$$

其中，林地向耕地和草地的转化或者退化，是自然资产对经济资产的投资：

$$-I_{envf}=-(I_{ecg}+I_{ecc}) \tag{3-19}$$

草地、耕地和生产资产的增加和净增加，就是资本积累（A_G）和资本积累净额（A_N）：

$$A_G=I_G+I_{ecg}-C_g+I_{ecc}-C_c \tag{3-20}$$

$$A_N=I_G-c_d+I_{ecg}-c_g+I_{ecc}-c_c=I_N+I_{ecg}-c_g+I_{ecc}-c_c \tag{3-21}$$

按照 SEEA 的建议计算 EGDP，在 GDP 中扣除环境成本就是绿色国内生产总值（EGDP）。为了计算 EGDP，把林地转化为草地和耕地视为投资，把草地、耕地、森林立木、表土资源的使用及林地的其他使用视作中间投入。这样处理的好处是：可以对 EGDP 和 GDP 进行直观比较，因为 GDP 比国内生产净值（NDP）的使用要更为广泛，但缺少理论支持。

$$\text{EGDP}=\text{GDP}-c_{env}=(X-M)+c+I_G-c_g-c_c-c_f-c_m-c_e \tag{3-22}$$

绿色国内生产净值（EDP）为 NDP 与环境成本之间的差值，即：

$$\text{EDP}=\text{NDP}-c_{env}=(X-M)+c+I_N-c_g-c_c-c_f-c_m-c_e \tag{3-23}$$

经济活动对环境的影响的经济估价为 A_{env}。A_{env}是林地、森林立木和表土资源等非生产环境资产的损失，包括耗减和质量退化：

$$-A_{env}=(-c_f-I_{envf})+(-c_m)+(-c_e) \tag{3-24}$$

从而会有：

$$\text{EGDP}=(X-M)+c+A_G-A_{env} \tag{3-25}$$

$$A_{env}+\text{EGDP}=(X-M)+c+A_G \tag{3-26}$$

$$\text{EDP}=(X-M)+c+A_N-A_{env} \tag{3-27}$$

$$A_{env}+\text{EDP}=(X-M)+c+A_N \tag{3-28}$$

三、中国的绿色 GDP 核算

随着经济社会的快速发展，GDP 的局限性受到了国内外社会的广泛关注，尤其是 GDP 的核算中并没有反映出经济发展对资源环境所造成的影响。因此，针对 GDP 核算所存在的不足，国内外众多学者逐渐开始进行绿色 GDP 的核算研究，以探求 GDP 核算体系的更新和完善。

从国际上对绿色 GDP 核算的研究来看，1971 年美国麻省理工学院首先提出了“生态需求指标”（ecological requisite index，ERI），并试图通过该指标进行定量测算，以反映经济增长与资源环境压力之间的关系。1972 年，美国学者詹姆斯·托宾（James Tobin）和威廉·诺德豪斯（William Nordhaus）共同提出了“净经济福利”（net economic welfare）指标，主张GDP的核算中应当扣除污染和交通堵塞等经济行为所产生的社会成本，而应当把闲暇、家政、社会义工等经济活动新创造的价值涵盖在内。1973年，日本政府提出“净国民福利”（net national welfare）指标，它们把治理环境污染的改善经费从国民所得中扣除后，当年的GDP增长率由8.5%下降到了5.8%。1989年，美国学者罗伯特·卢佩托（Robert Repeto）等人以世界上主要的木材、石油出口国印度尼西亚为例，研究了GDP与资源损耗的问题，并提出了“净国内生产”（net domestic product）指标。同年，赫尔曼·戴利（Herman Daly）和约翰·科布（John Cobb）提出了“可持续经济福利指数”（index of sustainable economic welfare），考虑了社会因素造成的成本损失，如财富分配不公、失业率、犯罪率给社会带来的危害，更加明晰地区分了经济活动中的成本与收益，如医疗支出等社会成本不能算作对经济的贡献。此外，约翰·科布等人还于1995年提出了“真实发展指标”（genuine progress indicator，GPI）。1995年，世界银行环境局提出可以用“扩展的财富”作为衡量全球或区域发展的新指标，扩展的财富由生产资本、自然资本、人造资本、社会资本四大组要素构成。1997年，康斯坦扎和卢布琴科（Lubchenco）等人首次系统地设计了如何测算全球自然环境为人类提供的服务价值——“生态服务指标”（ecosystem services index，ESI）体系。联合国和世界银行在改进GDP核算的研究和推广方面也做了大量的工作。1973—1982年，联合国开始研究环境统计的方法与模式，并编写了《环境统计资料编制纲要》。1983—1988年，联合国统计署与世界银行环境局、美国环保局合作，正式开展了环境与资源核算的研究工作，初步讨论了资源与环境核算同国民经济核算体系的关系问题。1989年以后，联合国、欧洲委员会、国际货币基金组织、经济合作与发展组织、世界银行合作，研究界定资源环境核算的概念，并分别于1993年、2000年和2003年出版了《综合环境经济核算手册》，供各国在开展资源环境经济核算时参考。1995年末，世界银行出版了《监测环境进展：进展工作报告》，之后世界银行环境局内建立了环境指标与环境评估组，完成了《扩展衡量财富的手段：环境可持续发展的指标》这份报告。最近几年，世界银行出版了《绿色数据手册》（*The Little Green Data Book*），会定期发布各国绿色统计数据。除此之外，国际货币基金组织、欧洲经济委员会等国际组织也在绿色GDP核算方面开展了大量的研究工作。

我国目前尚未完全摆脱粗放型的经济发展模式，如果单纯强调传统GDP的增长，可能会助长为追求GDP增长而破坏环境和自然资源的行径。为了更好地推动经济可持续发展，绿色GDP受到了广泛关注。绿色GDP是指一个国家或地区在一定时期内的生产总值，扣除资源损耗成本和环境成本等相关费用后的最终生产总值。这个指标实质上代表了国民经济增长的正效应，它扣除了对生态环境和经济可持续发展的不利影响因素。绿色GDP的增长是符合可持续发展要求的经济增长，是人类社会福利实际水平的提高。

我国从20世纪80年代末期开始进行绿色GDP的相关研究。最初是在1988年，国务院发展研究中心国际技术经济研究所得到美国福特基金会的资助，成立了资源核算及其纳入国民经济体系课题组。此后，一些专家学者和政府统计机构也逐步开始进行绿色GDP的理论和应用研究。2004年，国家统计局和国家环境保护总局成立绿色GDP联合课题小组，后续又加入国家发展改革委和国家林业局，以加快编制适合国情的绿色GDP

核算体系。2004 年 6 月，国家环境保护总局和国家统计局联合主办“建立中国绿色国民经济核算体系国际研讨会”。会议提出，我国将在未来 3～6 年内初步建立符合中国国情的绿色 GDP 核算体系框架，并重点讨论了绿色国民经济核算与科学发展观、绿色国民经济核算的国际经验、建立中国绿色国民经济核算的框架、自然资源与环境核算技术方法等多项课题。2006 年 9 月 7 日，国家环境保护总局和国家统计局又联合发布了《中国绿色国民经济核算研究报告 2004》。研究报告显示，2004 年我国因环境污染所造成的经济损失约为 5 118.2 亿元，占当年 GDP 的 3.05%。污染扣减指数为 1.8%，说明去除排放到环境中的主要污染物，需要支付的成本约占 GDP 的 1.8%。这一数据也表明我国虽然保持了 GDP 的高速增长，但同时也造成了严重的环境问题，给整个社会所带来的损失是巨大的。

案例 9

2004 年 3 月，国家环境保护总局和国家统计局联合启动了“中国绿色国民经济核算研究”项目，并于 2005 年开展了全国 10 个省市的绿色国民经济核算和污染损失评估调查试点工作。两个部门成立了工作领导小组和项目顾问组，由国家环境保护总局环境规划院和中国人民大学等单位的专家组成了项目技术组，负责建立核算框架体系、提出核算技术指南、开展经环境污染调整的 GDP 核算，并指导地方开展试点调查和核算工作。在《中国绿色国民经济核算研究报告 2004》中，研究者基于我国绿色国民经济核算的框架体系，采用治理成本法和污染损失法分别核算了我国在 2004 年经环境污染调整的绿色 GDP。

2004 年我国的绿色国民经济核算内容由三部分组成：(1) 环境实物量核算；(2) 环境价值量核算；(3) 经环境污染调整的 GDP 核算。其中，环境实物量核算是在国民经济核算框架的基础上，运用实物单位（物理量单位）建立不同层次的实物量账户，描述与经济活动对应的各类污染物的产生量、去除量（处理量）和排放量等。环境价值量核算是在环境实物量核算的基础上，估算各种环境污染和生态破坏所造成的货币价值损失。环境污染价值量核算包括污染物虚拟治理成本和环境退化成本核算，分别采用治理成本法和污染损失法。主要包括以下方面：水污染、大气污染、工业固体废物污染、城市生活垃圾污染和污染事故经济损失核算。经环境污染调整的 GDP 核算，就是把经济活动的环境成本，包括环境退化成本和生态破坏成本从 GDP 中予以扣除，并进行调整，从而得出一组以“经环境污染调整的国内产出”为中心的综合性指标。

从环境实物量核算结果来看，2004 年全国废水排放量为 607.2 亿吨，COD 排放量为 2 109.3 万吨，氨氮排放量为 223.2 万吨，二氧化硫、烟尘、粉尘和氮氧化物排放总量分别为 2 450 万吨、1 095 万吨、905 万吨和 1 646.6 万吨，工业固体废物排放量为 1 761 万吨，生活垃圾堆放量为 6 667.5 万吨。从虚拟治理成本核算结果来看，就水污染治理成本而言，废水实际治理成本为 344.4 亿元，约占 GDP 的 0.22%。全国废水虚拟治理成本为 1 808.7 亿元，约占 GDP 的 1.13%。总体而言，废水虚拟治理成本约为实际治理成本的 5 倍。就大气污染治理成本而言，2004 年全国的废气实际治理成本为 478.2 亿元，约占当年行业合计 GDP 的 0.29%，全国废气虚拟治理成本为 922.3 亿元，约占 GDP 的 0.55%。总体而言，大气污染虚拟治理成本是实际治理成本的 1.93 倍。就固体废物治理成本而言，2004 年全国固体废物实际治理成本为 182.8 亿元，占当年行业合计 GDP 的 0.11%，全国固体废物虚拟治理成本为 143.5 亿元，约占 GDP 的 0.09%。总体而言，固体废物虚拟治理成本是实际治理成本的 0.79 倍。从环境退化成本核算结果来看，2004 年总环境污染退化成本为 5 118.2 亿元，占地方合计 GDP 的 3.05%。其中，大气污染造成的环境污染退化成本为 2 198.0 亿元，水污染造成的环境退化成本为 2 862.8 亿元，固体废物堆放侵占土地造成的环境退化成本为 6.5 亿元，污染事故造成的经济损失为 50.9 亿元，分别占总退化成本的 42.9%、55.9%、0.1%和 1.1%。从经环境污染调整的 GDP 来看，2004 年全国行业合计 GDP 为 159 878 亿元，虚拟治理成本为 2 874.4 亿元，GDP 污染扣减指数为 1.8%，即虚拟治理成本占 GDP 的比例为 1.8%。从环境污染治理投资的角度核算，如果采用现有的治理技术水平将 2004 年排放到环境中的污染物全部处理掉，约需要一次性直接投资 10 800 亿元（不包括已经发生的投资），约占到当年 GDP 的 6.8%。

关 键 词

环境价值　市场价值　隐含价值　生态环境经济核算　绿色 GDP

思 考 题

1. 如何理解生态环境是具有价值的？
2. 如何评估环境的市场价值？
3. 如何通过构建市场对环境价值进行评估？
4. 如何理解将生态环境价值纳入国民经济核算体系的重要性？
5. 如何进行生态环境的经济价值核算？

参考文献

拓展阅读

第四章

自然资源的经济利用

第一节　自然资源的类型与特性

自然资源是自然生成、人类可以利用的物质与能量。作为人类生存与发展的物质基础，自然资源的范畴是动态可变的，即会随人类社会和科学技术的发展而变化。同时，自然资源的分类标准和方法也具有多样性，而品目繁多的自然资源具有自然性和稀缺性等共同特征。

一、自然资源的类型

自然资源可以根据不同的划分标准进行分类。各种分类方法具有相对性，且各种分类系统也可能存在交叉。

（1）根据特征分类。依据自然资源的固有特征，自然资源有多种分类方法，其中最常见的划分方法有两种。一种是从资源的形成特点角度，将自然资源划分为原生性资源和次生性资源。其中，原生性资源随地球的形成和运动而存在，阳光、空气、降水等就属于原生性资源；次生性资源是地球在演化过程中的特定阶段形成的，质、量及空间分布均有限定，能源资源就是典型的次生性资源。

另一种划分方法是从自然资源的可持续利用特征角度，将自然资源划分为可耗竭资源和可更新资源。可耗竭资源，又称不可再生资源，是指自然界中有固定储量的可得资源，它们不能在人类历史尺度上由自然过程再生或再生的速度远远慢于被开采利用的速度，如煤炭、石油等矿产资源均是常见的可耗竭资源。可耗竭资源还可根据其是否能重复使用，进一步分为使用过程具有可重复性的可回收可耗竭资源（如金属资源），以及使用过程不可逆的不可回收可耗竭资源（如能源资源）。

可更新资源是指在正常情况下，可通过自然过程保持流量或不断再生的资源，如太阳能、生物资源均是具有代表性的可更新资源。可更新资源还可根据其更新特征，进一步分为资源数量稳定丰富、几乎不受人类活动影响的恒定性资源（如太阳能），以及资源数量经过特定时间恢复和再生的循环再生资源（如生物资源）；而根据产权特征，可更新资源又可分为产权确定、被私人所有和享用、可在市场上进行交易的可更新商品性资源（如森林、耕地资源），以及不为任何特定个人所拥有，但任何人都可享用的可更新公共产品资源（如阳光、空气）。

（2）根据属性分类。依据自然资源的属性，自然资源可以分为陆地自然资源、海洋自然资源和太空（宇宙）自然资源。以上三种类别的自然资源又囊括诸多细分种类资源，如陆地自然资源就包含土地资源、矿产资源等细分种类资源；海洋自然资源则包括海洋生物资源、海水资源等细分种类资源。《中国资源科学百科全书》中对自然资源的分类即遵循了自然资源的属性，构建了一种综合的多层级分类方法（如表 4-1 所示）。

表 4-1　自然资源的多层级综合分类系统

一级类	二级类	三级类
陆地自然资源	土地资源	耕地资源
		草地资源
		林地资源
		荒地资源
	水资源	地表水资源
		地下水资源
		冰雪资源
	矿产资源	金属矿资源
		非金属矿资源
		能源资源
	生物资源	植物资源
		动物资源
		微生物资源
	气候资源	光能资源
		热能资源
		水分资源
		风力资源
		空气资源

续表

一级类	二级类	三级类
海洋自然资源	海洋生物资源	海洋植物资源
		海洋动物资源
		海洋浮游生物资源
	海水资源（含海水化学资源）	—
	海洋气候资源	—
	海洋矿产资源	深海海底矿产资源
		滨海砂矿资源
		海洋能资源
	海底资源	—
太空（宇宙）自然资源	—	—

资料来源：孙鸿烈．中国资源科学百科全书．青岛：中国石油大学出版社，北京：中国大百科全书出版社，2000.

（3）其他常见分类方法。较常见的其他分类方法还有基于自然资源社会经济属性、产权归属方式和所属地球圈层等的分类。①根据自然资源的社会经济属性，自然资源可划分为公益性资源与经营性资源。其中，公益性资源具有公共生态功能，如湿地、地质资源和防护林等；经营性资源则具有很强的经济属性，如工商业用地、耕地、能源、矿产等资源。②从产权归属方式的角度，自然资源可划分为专有资源和共享资源。前者是指具有明确所有者，能通过法律或所有权形式对资源加以控制、分配和管理的资源；后者是指具有非排他性和非竞争性，没有明确所有者或其所有者难以行使所有权的资源，如空气、公海等。需要注意的是，共享资源和专有资源不存在严格的边界，只有专有程度上的差别。③从所属地球圈层的角度，自然资源也可划分为土地资源、生物资源、矿产资源、水资源和气候资源，依次对应地球系统中的土圈、生物圈、岩石圈、水圈和大气圈（郑永琴，2013；曾克峰，2013；邓峰，2019）。

二、自然资源的特性

（1）自然性。自然资源是天然存在、未经过人类加工制造的自然物，具有自然性特征。尽管随着科学技术的不断进步，许多人工合成的物质可逐渐成为自然资源的替代品，但几乎所有生产替代品的原材料仍源于自然资源或其衍生物，因此它们本质上仍然是自然资源。

（2）稀缺性。可利用的自然资源是有限的，同时替代资源的品种是有限的（曾克峰，2013），因此相对于人类对自然资源的无限需求，自然资源是稀缺的。对于可耗竭资源而言，随着人类对自然资源消耗量的增加，其会逐渐减少直至消耗殆尽；对于可更新资源而言，若人类的利用速度超过其更新速度，也会导致资源枯竭。

（3）整体性。各类自然资源均不是孤立存在的，它们在时空上通常交互重叠、互相依存，共同构成完整的资源系统，对任何一种资源的开发利用势必会对其他资源产生影响。此外，诸如水、大气等一些自然资源的形态及其具有的功能也是不可割裂的。

（4）多样性。自然资源的多样性体现在两个方面：一方面，自然资源的种类是多样的，同时随着技术水平的提高，可被开发利用的资源品种可能会进一步增加；另一方面，任何一种自然资源都具有多种功能和用途，在不同领域、不同部门可发挥不同的作用。

（5）地域性。自然资源具有特殊的地域分布规律，各地域自然资源的品种、数量及质量均存在明显差异。自然资源的地域性特征主要源于其形成条件的复杂性，太阳辐射、大气环流、地质构造、地表形态及地壳运动等多重因素均会对自然资源的形成产生重要影响。

（6）社会性。自然资源的重要社会属性是具有可用性，即具有使用价值，这是其区别于自然界中非资源成分的根本所在。而受社会经济及技术发展水平的影响，人类认知并开发使用的自然资源种类、数量和质量是不相同的，可以说自然资源附加了人类劳动的印记，表现出社会性特征（陈星，2007；郑永琴，2013）。

第二节　自然资源价值

一、自然资源价值的特殊性

相较于一般商品，自然资源的固有特征决定了其价值同样具有特殊性。

（1）自然资源价值构成的多样性。自然资源产品作为特殊的商品，除了具有经济价值外，其功能和用途的多样性决定了自然资源还具备生态价值和社会价值。其中，自然资源作为商品，在市场上的交换价值体现的是其经济价值，而自然资源的生态价值和社会价值根本上则源于其公共产品属性。

（2）自然资源价值构成的相关性。自然资源具备的经济价值、生态价值和社会价值是相互联系和相互作用的。过度利用自然资源的经济价值可能会损害其生态价值和社会价值，而自然资源生态价值和社会价值的损失反过来又会影响其经济价值。

（3）自然资源价值的时间性。社会经济发展和科学技术更迭使得自然资源的用途会随时间而变，这使得自然资源在满足人类需求上的作用和贡献也出现了相应的变化，进而影响了单位自然资源在特定时间的价值大小。

（4）自然资源价值的地域性。一方面，自然资源在地区分布上具有差异性，不同的地形、地貌和地质特征致使自然资源在不同的地区具有不同的丰裕度，因此不同地区对同一资源的消耗在损失补偿上具有差异；另一方面，相同的自然资源在不同区域具有不同的利用方式、生态和社会效应，因而其价值也不相同。

（5）自然资源价值的社会公共性。自然资源，尤其是具有生态功能的自然资源是全社会、全人类共有的财富，因此个体对自然资源价值的利用具有一定的外部性，即其不仅会影响其他个体对资源价值的享用，也影响未来资源的开发利用及子孙后代的福祉（陈星，2007）。

二、自然资源价值论

自然资源价值是资源经济学关注的核心问题，国内外学者对自然资源的价值进行了广泛而深入的讨论，其中诸如均衡价值论、补偿价值论等价值理论对自然资源估价具有很强的指导性。归纳起来，现有自然资源价值理论所持观点的差异主要体现于两方面：一是对“价值”认定的不同，二是对自然资源产生价值缘由的解释有所不同。

1. 使用价值论

自然资源具有使用价值是劳动价值论的基本观点之一，该理论本质上只承认自然资源的使用价值，而且认为劳动才是创造价值的根本源泉。

威廉·配第（William Petty）最早提出了劳动价值论的基本观点，他指出“劳动是财富之父，土地是财富之母”，并认为资源是一种财富形式，财富有使用价值，因而资源也有使用价值。亚当·斯密（Adam Smith）继承了配第的劳动价值论，在区分使用价值和交换价值概念的基础上，指出“劳动是衡量一切交换价值的真实尺度”，但其也进一步区分了商品价值在资源公有且无资本积累情况下与资源私有且有资本积累情况下的决定要素，并认为在前一种情形下商品价值由劳动时间决定，而在后一种情形下则由工资、利润和地租决定（王军，2009）。

马克思的劳动价值论是在批判地继承古典政治经济学劳动价值论的基础上建立起来的。该理论认为人类的抽象劳动是商品机制的唯一源泉和实体，商品的价值量取决于其所包含的“形成机制实体”（即劳动的量），而劳动本身的量是用劳动的持续时间来计算的，同时衡量商品价值的劳动时间不是个别劳动时间，而是社会必要劳动时间。在提及自然资源的价值时，马克思阐述道，如果它本身不是人类劳动的产品，那么它就不会把任何价值转给产品。它的作用只是形成作用价值，而不形成交换价值，一切未经人的协助就天然存在的生产资料，如土地、风、水、矿脉中的铁、原始森林的树木等，都是这样。因此总结来说，在马克思发展的劳动价值论中，商品价值等价于抽象的人类劳动，而不包含人类劳动、自然界赋予的天然产物有使用价值而没有价值[①]（盛代林，2005）。

2. 效用价值论及边际效用价值论

效用是人们对商品的主观评价，而价值起源于效用。效用价值论认为由于自然资源是人类生存和发展必不可少的自然物品，因而其有效用价值，且价值大小取决于各类自然资源带给人们的效用。

在19世纪前，效用价值论的相关观点就已出现在经济学文献中。到了19世纪，效用价值论逐渐发展为边际效用价值论，许多学者在他们的著作中对需求定理中边际效用方法的有效性进行了阐述，其中安东尼·奥格斯丁·古诺（Antoine Augustin Cournot）、

---

① 尽管如此，但马克思并没有否认不是劳动产品的东西不可以有价格，他认为价格可以完全不是价值的表现，即一种东西尽管没有价值，但能在形式中有一个价格，在这里价格的表现是虚幻的。

约翰·海因里希·冯·杜能（Johann Heinrich von Thünen）是边际分析先驱者中有代表性和有影响力的思想家（兰德雷斯和柯南德尔，2011）。边际效用价值论认为商品的价值取决于人对物品的估价，而人的欲望和估价会随着其所拥有的物品数量的变化而变化，并在被满足和不满足的欲望之间的边际上表现出来，边际效用即是满足人最后（也是最小欲望）的那一单位产品的效用。作为衡量商品价值量的尺度，边际效用遵循两大定律——边际效用递减定律及边际效用均衡定律。前者是指人们对同一种物品的欲望强度随着享用该物品数量的增加而降低；后者则表明由于许多物品的供给是有限的，人们通常会潜意识地对各种欲望的强度进行比较，进而对有限的产品进行分配，若要获得最大的总效用，则须使各种欲望满足的程度彼此相等。

自然资源是人类生存和社会发展的重要基础，其功能和用途的多样性可以满足人类多方面的需求，使人类获得心理和物质上的享受。根据效用价值论，无论自然资源中是否凝结了人类劳动，其多样性的用途就决定了它具有价值。进一步地，资源价值量的大小取决于资源效用量的大小，即资源边际效用决定资源的价值或价格（汪应宏等，2005）。

3. 均衡价值论

均衡价值论（或称供求价值论）是马歇尔（Marshall）基于成本价值论和效用价值论发展而来的，该理论认为市场供给和需求同时决定了商品价格，而有价格的东西必定有价值。就自然资源来说，在市场化条件下，其价值就取决于资源品的供给方和需求方。[①] 如图 4－1 所示，边际效用决定自然资源的需求，生产成本决定自然资源的供给，需求曲线（D）向下倾斜，供给曲线（S）向上倾斜。其中，自然资源供给受资源价格、资源开采成本、开采技术、资源替代用途的收益等因素影响。资源价格对资源供给量的影响体现于供给曲线（S）上，而其他因素对资源供给量的影响则可由供给曲线移动来反映。资源替代用途的收益增加、资源开采成本提高、资源开采企业减少，供给曲线左移（S'）；反之，则右移（S''）。此外，由于资源开采技术创新与推广可能会促降开采成本，因此资源开采技术进步会使供给曲线右移。对于需求方而言，自然资源需求受资源价格、替代资源的数量和价格、消费者收入、偏好、预期等诸多因素影响。在图 4－1 中，资源价格对资源需求量的影响体现于需求曲线（D）上，其他因素对资源需求量的影响则可由需求曲线移动来反映。替代资源数量增加、替代资源价格降低、消费者收入减少、资源消费偏好减弱、预期价格下降，需求曲线左移（D'）；反之，则右移（D''）。资源供给曲线与资源需求曲线的交点就决定了自然资源的均衡价格（P）和数量（Q）。

需要强调的是，自然资源的供给与需求弹性［即 $(\Delta Q/Q)/(\Delta P/P)$］对资源价格的变化具有至关重要的影响。资源供给弹性取决于企业在价格变化时调整产量的能力，可调整的幅度越大，供给弹性越大。而产量可调整的幅度受制于技术水平、资源储量等条件。资源需求弹性由消费者在价格变化时需求量的可调整幅度决定，可调整幅度越大，需求弹性越大。需求可调整幅度又受到替代资源数量、资源属性等因素影响。一般来说，

① 注意，自然资源总量与自然资源供给量是两个概念，前者在很大程度上是既定的，即多数自然资源的供给总量是无弹性的，而自然资源供给量是有弹性的（王军，2009）。

如图 4－2 所示，资源供给弹性小，资源价格主要取决于需求方；资源需求弹性小，资源价格则主要由供给决定（王军，2009）。

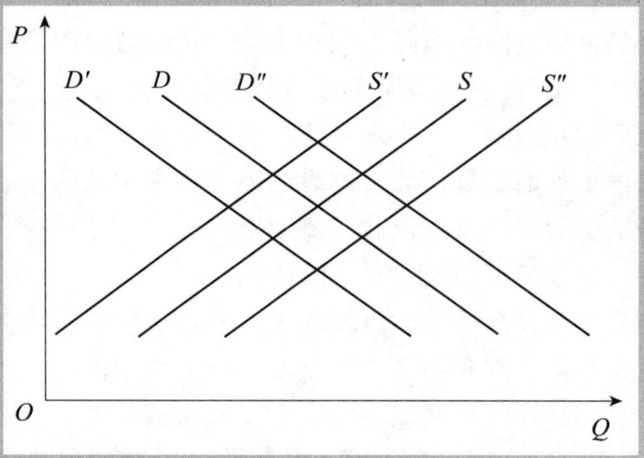

图 4－1　自然资源供求变化对资源价格的影响

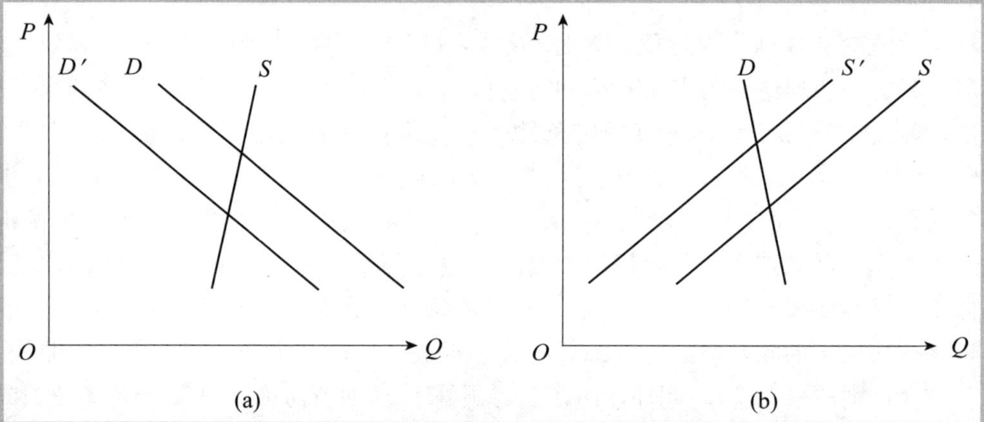

图 4－2　资源供给与需求弹性对资源价格的影响

4. 稀缺价值论

稀缺价值论认为稀缺性是形成市场的基本条件，只有稀缺的物品才具有经济学意义上的价值，也才会在市场上形成价格（汪安佑等，2005）。自然资源本身具有稀缺性特征，同时许多自然资源正随着人类开采强度的增强而大幅减少，资源约束日趋紧张，由此决定了自然资源更具有稀缺价值。

自然资源的稀缺性是一个相对的概念，即相同的资源在各地区或各时期的稀缺程度有所不同，这意味着相同资源的价值量是动态可变的，并与其稀缺性成正比。

5. 地租理论

地租是土地①所有者凭借土地所有权获得的收入。地租理论认为，自然资源应收取地

① 注意这里的“土地”并非单纯指土地，而是泛指自然资源。

租，地租是自然资源的价值的表现形式。

地租包括绝对地租和级差地租，前者源于对自然资源所有权的垄断，后者则是优渥生产条件带来的超额利润。级差地租可进一步分为两类：级差地租Ⅰ是等量资本投在同量但不同等级土地上所产生的超额利润，这一超额利润根本上是由土地的地理位置、自然肥力等自然因素带来的；级差地租Ⅱ则是在同一地块上，连续追加投资而使劳动生产率发生改变，进而形成的超额利润。在李嘉图和马克思看来，级差地租反映的就是土地所有权与资本积累的关系（孟捷和龚剑，2014）。

6. 补偿价值论

补偿价值就是让资源恢复其原有状态所需要付出的代价。补偿价值论认为，若人类使用自然资源后又使其恢复原状，那么自然资源就没有被损耗，资源的价值即可用补偿、恢复的代价来衡量。补偿价值论体现了资源恢复和更新的要求，但这一理论仅适用于对可再生资源价值的探讨（郑永琴，2013）。

三、自然资源估价方法

自然资源价值的货币表现即是自然资源价格。按照一定评价标准对自然资源进行估价是资源经济学的关键科学问题。自然资源估价的合理性和准确性关乎自然资源使用的科学性，是实现自然资源可持续利用、人与自然和谐发展的必要前提。常见的自然资源估价方法介绍如下。

1. 市场法

市场法是指以自然资源在交易和转让市场中所形成的价格来确定自然资源价格。该方法的理论依据是商品的供求规律，即将自然资源视为普通商品，市场供需决定了商品的均衡价格和数量。正因如此，市场法适用于资源市场发育较好、运行比较规范的情况。

根据市场价格的确定方法，市场法分为市场比较法和市场价格长期趋势法。前者通过对比相同或相近情况下同类自然资源的价格来确定本地区的资源价格，更适用于对同质资源的估价；后者则根据资源已有市场价格的变化及其趋势，结合对资源供求关系的预测、供给弹性和需求弹性的计算，对某类资源的价格进行评估。

市场法具有较强的可操作性和说服力，但也有明显的缺陷。一方面，市场法以现有市场价格来估计资源价格，因此，合理选择比较案例是保证评估结果准确性的关键，而在不正常的市场条件下，基于该方法的资源定价并不能较好反映资源价值（郑永琴，2013）；另一方面，自然资源相关领域属于典型的市场失灵领域，市场供求关系难以全面反映自然资源的生态价值和社会价值，因此，基于市场法进行资源估价可能会低估自然资源价值。

2. 收益法

收益法是将自然资源收益视为一种再投资，以获取利润为目的，通过计算资源未来预期收益的现值来进行资源估价的方法。采用收益法进行自然资源估价的关键是确定资源收益。

（1）有限期限情形。若资源收益是有限期的，资源收益现值的基本计算公式如下：

$$V=\sum_{i=1}^{n}R_i/(1+\gamma)^i \tag{4-1}$$

其中，V 为待估价自然资源的收益现值，R_i 为第 i 期的净收益估计值，注意在有限期限情形下，分子还应包括期末资产剩余净值；γ 为折现率，一般采用银行一年期存款利率，同时进行风险调整并扣除通货膨胀因素得到；n 为资源收益的年限。

假设各期净收益固定等于年金 A，公式（4-1）可转化为：

$$V=A\sum_{i=1}^{n}1/(1+\gamma)^i=\frac{A}{\gamma}\left[1-\frac{1}{(1+\gamma)^n}\right] \tag{4-2}$$

（2）无限期限情形。若资源收益是无限期的，则只有在各期收益固定或有规律变化的条件下，才可对资源收益予以估算。无限期限情形又分为如下两种情况。

其一，各期收益固定等于年金 A，且当折现率大于 0 时，资源收益现值为：

$$V=A\sum_{i=1}^{n}1/(1+\gamma)^i=\frac{A}{\gamma} \tag{4-3}$$

当折现率小于 0 时，则有 $V=\infty$。

其二，T 年及其以前各年纯收益变化，T 年以后每年纯收益固定，且折现率大于 0 时，资源收益现值为：

$$V=\sum_{i=1}^{\infty}R_i/(1+\gamma)^i=\sum_{i=1}^{T}R_i/(1+\gamma)^i+\frac{A}{\gamma(1+\gamma)^T} \tag{4-4}$$

采用收益法进行资源价格评估的现实难点在于确定资源未来的净收益及折现率，两者的准确性直接关系到资源估价准确与否。

3. 生产成本法

生产成本法是指通过分析自然资源价格构成因素及其表现形式推算求得自然资源的价格。该方法适用于对资源产品的定价，资源产品的价格（P_R）为该资源产品生产成本（C_R）与生产利润（Ω）之和，即：

$$P_R=C_R+\Omega \tag{4-5}$$

其中，Ω 由社会平均生产成本与平均利润率确定。

根据计价方法，生产成本法可分为直接计价法和间接计价法。若采用直接计价法，资源产品成本由开发或生产具有相同能效资源的劳动、资本等要素的成本构成；若采用间接计价法，资源产品成本可以通过资金与资源产品的替代关系估计得到，如农地价格取决于为获取同样数量农作物的使用价值，需要在其他农地上增加的投资。

4. 重置成本法

基于重置成本法，资源估价等于获取与被估价资源相同或相似的全新资源所需要的全部费用（即重置成本）扣除折旧、贬值等因素后的差值。重置成本法的基础公式如下：

$$V=C_{re}-D_f-D_p-D_e \tag{4-6}$$

其中，C_{re} 为重置成本；D_f、D_p、D_e 分别为功能性贬值、实体性贬值和经济性贬值。

（1）功能性贬值是指由技术进步造成的资源价值贬值，其中包括成本的相对增加和利润的相对减少，公式表达为：

$$D_f = \Delta C \times r_c \tag{4-7}$$

或

$$D_f = \Delta P \times r_c \tag{4-8}$$

在公式（4－7）和公式（4－8）中，ΔC 为使用被评估资源所需要的生产成本的相对增加额，ΔP 为使用被评估资源而产生的生产销售额的相对减少值，r_c为被评估资源剩余使用年限年金折现系数。

（2）实体性贬值是指资源使用或开采所造成的折旧，可以用观察法（或被称为成色新旧率法或成新率法）和使用年限法来估算。观察法的计算公式为：

$$D_P = C_{re}(1-n) \tag{4-9}$$

其中，n 为资源成新率。

使用年限法的计算公式为：

$$D_P = (C_{re} - M_r) \times \frac{Y_1}{Y} \tag{4-10}$$

其中，M_r为资源报废时的残值，Y_1为资源实际使用年限，Y 为资源总使用年限。

（3）经济性贬值是指由通货膨胀、市场变化等引起的资源价值贬值。计算公式为：

$$D_e = M_1(1-t_1)\, r_c \tag{4-11}$$

其中，M_1为资源年收益损失金额，t_1为所得税率，r_c为资源剩余使用年限年金折现系数。

重置成本法可以较合理地对资源或环境损失进行估价。然而，该方法也存在三方面的局限性：一是基于重置成本法的资源估价不能反映资源的效用价格、需求价格；二是该方法不能对不可恢复资源（如种群灭绝）进行估价；三是资源的完全重置实际上是不可实现的，如植树难以恢复因修路而砍伐的林木的生物多样性（王军，2009；郑永琴，2013）。因此，基于重置成本法对资源价格进行估测难免会存在偏差。

5. 影子价格法

自然资源的影子价格是指其处于最佳分配状态时的边际产出价值。换言之，影子价格能够反映社会经济处于某种最优状态时，社会劳动消耗、资源稀缺程度和对最终产品的需求情况。以土地资源为例，土地的影子价格包括两个部分：一是土地的机会成本，即放弃利用土地的净收益；二是为拟投资项目占用土地而新增加的资源消耗，如拆迁费用、劳动力安置费用等。若项目所占用的土地是荒废而无用处的土地，在不考虑生态环境效应的条件下，其影子价格为零；若项目所占用的是农业用地，其影子价格应当以该土地放弃的净收益来估算；若项目所占用的是城市用地，则应以项目以外的其他单位愿意支付的最高财务价格来估算该土地的影子价格。

从理论渊源来说，对自然资源影子价格的理论研究始于福利经济学派，福利经济学家从社会经济福利最大化目标出发，提出了资源最优配置问题，并据此运用数学方法计算出资源的影子价格（郑永琴，2013）。当前，数学规划方法仍是估测资源影子价格的主流方法。① 需要注意的是，尽管影子价格可以对资源利用的社会总收益和总损失予以反

① 杨桂元和宋马林（2010）基于数学规划问题的理论，详细阐述了影子价格的估算方法及其在资源配置中的应用。

映，但影子价格体现的是一种静态价格，不能反映出资源在不同时期动态配置时的最优价格，因而该方法也存在一定的局限性。此外，采用数学规划方法来计算影子价格时，如何构造反映现实情况的线性规划模型也是利用影子价格法准确估测资源价格所面临的重要难点问题。

6. 净价格法

净价格法又称剩余法、倒算法、残余法（汪应宏等，2005）。基于净价格法，自然资源价格为自然资源产品市场价格与自然资源开发成本之差。净价格法的估价模型如下：

$$V_t = (S_t - C_t - R_t) / Q_t \tag{4-12}$$

其中，V_t为t期某自然资源的单位净价格，S_t、C_t、R_t和Q_t分别为该种自然资源的销售额、开采费用、投资资本的“正常回报”和资源开采量。与市场法等估价方法类似，净价格法也很难对自然资源价值的多样性予以考虑。

7. 机会成本法

机会成本是指将稀缺资源用于特定用途而放弃的用于其他用途可能获得的最佳收益。机会成本法即通过计算自然资源消耗的边际机会成本来进行自然资源估价，其理论基础是边际机会成本论。

根据边际机会成本论，自然资源的消耗包括三种边际成本（MOC）：一是边际生产成本（MPC），即为了获得资源必须投入的直接费用（如勘探成本、管理成本、开采成本等）；二是边际使用者成本（MUC），即以某种方式使用该资源所放弃的以其他方式利用该资源所带来的净收益；三是边际外部成本（MEC），即指资源开发利用过程中对外部环境造成的短期和长期损失。上述三种边际成本之和就构成社会所承担的消耗该自然资源的全部费用，理论上应等于这种自然资源的单位价格 P_R（郑永琴，2013），即：

$$P_R = \mathrm{MOC} = \mathrm{MPC} + \mathrm{MUC} + \mathrm{MEC} \tag{4-13}$$

机会成本法的合理之处在于其综合考虑了自然资源的经济价值和生态价值，对科学认识和估计自然资源价值具有重要意义。然而，由于边际成本，尤其是边际使用者成本和边际外部成本的估算较为困难，同时估算结果是否准确也有赖于估计方法的可靠性，因此机会成本法在现实操作中面临较多困难。

第三节 自然资源与经济增长

自然资源如何影响区域经济增长是资源经济学领域的一个热点议题。在 20 世纪 60 年代以前，早期的经济学家对于自然资源对经济增长的作用基本持肯定态度，认为良好的自然资源禀赋是工业化起步的基础和经济增长的引擎（Wright，1990；David and Wright，1997）。但是，自 20 世纪中后期以来，基于大部分资源型经济发展模式的失败和很多资源贫乏的国家和地区却取得了令人瞩目的发展成果的事实，自然资源对区域经济发展具有绝对促进作用的传统观点逐渐被颠覆，“资源诅咒”的概念应运而生，并引发了学界的广泛关注与争论。不论是从理论研究还是从经验事实上讲，自然资源对区域经济增长均存在“资源祝福”和“资源诅咒”两种截然相反的经济效应，但在不同的社会经济条件下，自然资源两种效应的作用大小会有所不同，因而自然资源对经济增长的影响并不是绝对的。

一、资源祝福效应

传统的经济理论认为，良好的自然资源禀赋，尤其是丰富的能源和矿产资源是工业化起步的基础和经济增长的引擎。如古典政治经济学之父威廉·配第提出的“劳动是财富之父，土地是财富之母”的观点就强调了自然资源对财富积累的重要性；大宗产品理论认为丰富自然资源可以通过前向联系来带动加工制造业的发展，同时通过后向联系带动相关机器设备的生产和基础设施的建造，还可以通过增加家庭收入来促进消费需求的增加，且资源品消费和出口结算需求的增加也会催生金融体系的发展，因而丰裕的自然资源将有利于资源出口国的经济增长（陈林生和李刚，2004）。从现实中看，诸如德国、美国、加拿大等发达国家的发展史恰为上述资源祝福的观点提供了有力的佐证。这些老牌资本主义国家都充分利用自身的资源优势，支撑了本国经济的长期增长，并顺利实现了工业化，强化了本国的国际竞争力。概括而言，自然资源对经济增长的祝福效应集中体现在如下三个方面。

（1）自然资源是经济增长的物质基础和条件。农业生产很大程度上依赖于土地、水、气候等自然资源；在工业领域，水资源、能源和金属等矿产资源的开发和利用则对工业化进程起到了关键作用；在以服务业为主的现代信息社会，经济增长对能源、金属等自然资源的依赖度看似有所下降，但人们对环境质量和生存质量的要求却逐渐提高，空气、水、生物资源等自然资源均会成为制约或促进经济社会发展的自然因素。可见，从农耕时代到工业时代，人类社会的发展就是一个对自然资源开发利用的过程，同时经济对资源的需求不仅表现在对资源总量的需求上，也体现在对资源的质量和结构的需求上。可以说，离开了自然资源，任何社会的经济增长都会成为空话（王智辉，2008）。

（2）丰裕的自然资源可以成为经济增长的强大引擎。作为经济增长的物质基础和条件，丰富优质的自然资源能够更好地保障区域经济持续、稳定增长；同时，资源优势有助于形成经济集聚，从而为区域经济快速增长进一步增添动力。一个典型的例子是，德国鲁尔区、英国中部工业区、美国东北部工业区和俄罗斯欧洲工业区等世界上主要的传统工业区，以及我国的老工业基地均依托于当地丰裕的矿产资源而建立，丰裕的资源禀赋无疑是传统工业区布局的先决条件。尽管随着科技进步和产业变革，资源型经济与生俱来的弊端导致不少传统工业区日渐衰退，但不能否认的是，丰裕的自然资源曾为这些地区经济的高速扩张起到了关键作用。

（3）资源红利可以增强经济增长活力。丰裕的自然资源禀赋不仅可以通过提供原材料、能源等物质基础直接拉动经济增长，由自然资源带来的储蓄、税收等资源红利还可以通过资本投资方式间接地增强经济增长活力。当资源红利以投资的方式进入生产或公共部门，自然资源禀赋就可能转化为社会进步的有效力量，推进基础研究与技术创新，推动教育、卫生、医疗等各项社会事业发展，促进交通、通信系统等公共基础设施完善，从而增进国民福利水平、强化经济增长活力。需要进一步指出的是，资源红利是否可以真正转化为推动社会全面发展的支撑力一定程度上还有赖于良好的制度环境。[1]

二、资源诅咒效应

Auty（1993）首次明确提出了“资源诅咒”的概念，即丰裕的自然资源对一些国家的经济增长并非充分的有利条件，反而是一种限制。此后，Sachs 和 Warner（1995，1999，2001）、Gylfason（2001）、Papyrakis 和 Gerlagh（2004）、Isham 等（2005）、Hodler（2006）、James 和 Aadland（2011）、Ansari（2016）、Behzadan 等（2017）等大量学者基于理论和经验分析，证实了自然资源诅咒效应在跨国层面及一国内部区域层面的广泛存在性（图 4－3 和图 4－4 分别从跨国层面和一国内部区域层面，呈现了自然资源与经济增长的关系）。尽管如此，资源祝福案例的存在及自然资源度量指标选取的合理性问题还是使学界对资源诅咒假说的质疑声一直不绝于耳。[2] 资源丰裕度和资源依赖度概念的清楚区分则极大增强了资源诅咒命题的现实适用性，为资源诅咒和资源祝福共同存在的客观事实提供了可行的解释框架，资源诅咒命题的内涵得到重塑。

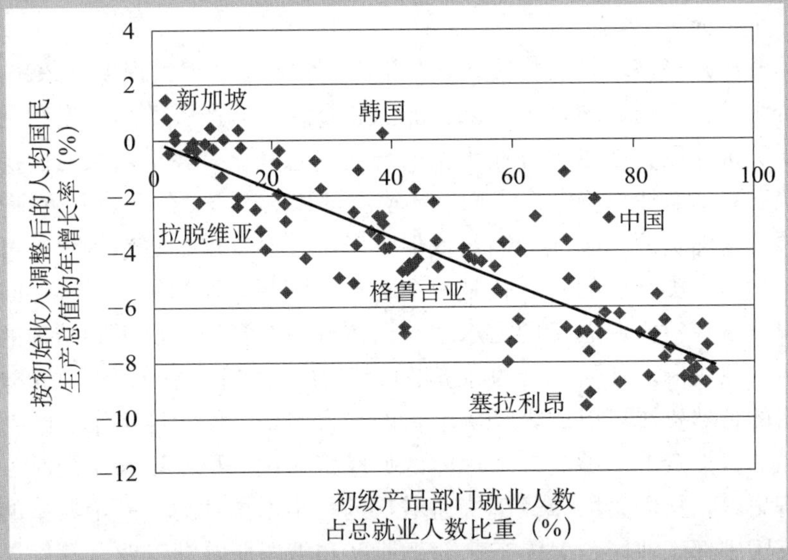

图 4－3　跨国层面资源依赖与经济增长的相关性（1965—1989 年）

资料来源：Gylfason，T. Natural resources and economic growth：what is the connection?［M］//von Cramon-Taubadel，S.，Akimova，I. *Fostering Sustainale Growth in Ukraine*. Berlin/Heidelberg：Springer，2002.

自然资源丰裕度是指一个国家或者地区各类自然资源的丰富程度，或者说可用于社会经济发展的自然资源数量；而自然资源依赖度是指一国或地区经济对于自然资源的依赖程度，这种依赖主要体现在资源型产业对区域经济的产业结构、就业结构、技术进步

---

① Mehlum 等（2006）证明了自然资源对增长的总体影响方向取决于制度质量。

② 邵帅等（2013）对资源诅咒命题面临的主要挑战进行了较全面的概括。

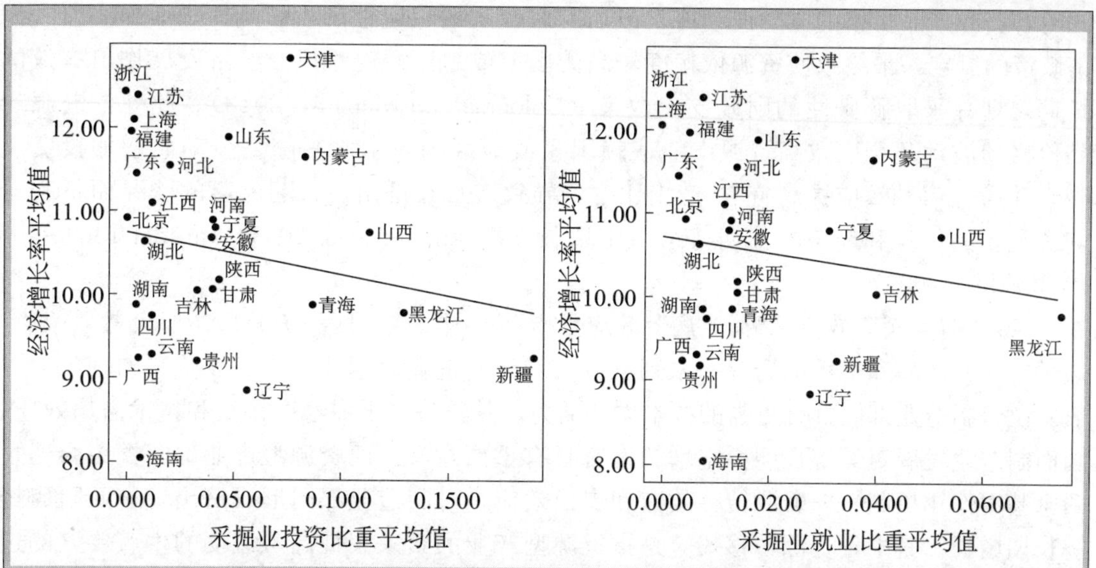

图 4-4　中国省际层面资源依赖与经济增长的相关性

资料来源：徐康宁，王剑．自然资源丰裕程度与经济发展水平关系的研究［J］．经济研究，2006（1）：78-89.

水平、发展速度和方向等方面的重要程度和影响程度上，即资源型产业在区域经济发展中所具有的地位高低和作用大小①（Brunnschweiler and Bulte，2008；邵帅和杨莉莉，2010）。具体到指标度量上，自然资源丰裕度的测度指标包括绝对资源量、地均资源占有量和人均资源占有量三种形式；而对于自然资源依赖度的度量，现有研究一般选取相对值指标，其指标分子为资源型产业的规模水平，分母则对应区域经济总量水平，如初级产品部门（采掘业或采矿业）就业人数占总就业人数的比重、初级产品部门（采掘业或采矿业）产值占 GDP 的比重、初级产品部门（采掘业或采矿业）固定资产投资占社会固定资产投资总额的比重等。目前被大量证实的观点是：自然资源是“福”还是“祸”取决于经济体对资源型产业的依赖程度，而不是丰裕的自然资源本身（Ng，2005；Ding and Field，2005；Černý and Filer，2007；Brunnschweiler and Bulte，2008；邵帅等，2013；杨莉莉等，2014），即一个经济体一旦对资源型产业产生了依赖，就容易导致对经济发展其他因素产生挤出效应，进而阻碍经济增长。

就自然资源诅咒经济增长的传导机制而言，自然资源主要通过如下四种途径制约区域经济增长。

（1）价格波动效应。价格波动效应是指资源产品的价格具有很大的不确定性和波动性，从而导致对资源产品高度依赖的资源型宏观经济随之大幅波动，进而不利于经济的长期稳定发展。在国际贸易中，资源产品价格较其他产品价格波动性更强，从而导致资源型经济中的投资风险增加，投资者也因此面临着较大的不确定性（Sachs and Warner，1999），这进一步导致实际利率提高，从而抑制信贷和投资需求（Hattendorff，2014）。

---

① Brunnschweiler 和 Bulte（2008）曾指出，早期研究普遍采用的资源度量指标，与其说是资源丰裕度，还不如说是资源依赖度的一个替代变量。

同时，资源产品价格的剧烈波动将对政府财政收入的稳定性产生影响，进而影响宏观经济政策的制定，最终致使资源依赖度较高的国家或地区政府难以对经济发展作出有效的长期规划并采取膨胀性的财政支出政策（Colognia and Manera，2013）。此外，资源产品价格的波动还会引致高资源产业依赖国家或地区的需求水平随之波动而增加投资风险，并通过信号效应提高资本-产出比率，导致宏观经济出现大起大落的状况而不利于资源配置的优化和经济的长期持续稳定增长（Perkins et al.，2006；van der Ploeg and Poelhekke，2009）。

（2）“荷兰病”效应。“荷兰病”效应是指一个国家或地区的资源型产业突然繁荣后，通过要素、产品和货币市场等一系列反应而导致制造业衰退或“去工业化”的现象。一般来说，制造业部门具有更强的技术创新活力，并具备“干中学”特质和技术溢出效应，因而制造业发展对经济长期稳定增长而言具有重要意义。而资源型产业部门繁荣会通过两个基本作用机制——资源转移效应和支出效应，对制造业部门形成挤出，进而阻碍经济长期增长。其中，资源转移效应是指资源型产业的繁荣会提高可流动的生产要素的边际报酬，进而诱发劳动力和资本等生产要素从制造业流出，导致制造业部门产出下降；支出效应是指资源型产业的繁荣带来的收入增加将刺激消费需求，进而造成物价水平和生产要素价格上升，最终使得制造业部门生产成本增加、产出进一步下降（Corden and Neary，1982）。值得注意的是，近期也有研究发现，自然资源的“荷兰病”效应具有条件存在性。例如，资源产品的属性（中间产品还是最终产品）会对“荷兰病”的发生与否起到关键作用：资源产品为中间产品的资源型产业繁荣可以增大制造业在本地的集聚程度，但资源产品为最终消费产品的资源型产业繁荣则会弱化制造业的集聚（Takatsuka et al.，2015）。

（3）挤出效应。挤出效应是指资源开发活动会通过挤出经济增长的促进因素而制约经济增长。① 这主要体现在制约储蓄与投资、人力资本积累、企业家精神与技术创新、民营经济发展四个方面。其一，由于自然资源提供了一种持续性的财富源泉，这会使人们减少现有资本的未来投资需求，因此丰富的自然资源会降低储蓄和投资的动力（Gylfason and Zoega，2006），从而延缓资本积累。其二，资源丰裕国家的政府和民众往往相信自然资本是最重要的资产，因此会低估或忽略包括人力资本积累在内的经济促进因素的重要性（Gylfason，2001），这会导致教育机会成本增加，从而减缓人力资本积累。其三，资源富足会通过吸引潜在创新者和企业家去从事初级产品生产活动，从而挤出企业家行为和技术创新活动，并导致资金从研发部门流向初级产品部门（Sachs and Warner，2001）；同时，自然资源开发带来的可观收入会吸引劳动力去从事缺乏技术含量的初级生产活动，而减少制造业部门和研发部门的劳动力投入份额（邵帅和齐中英，2009）。上述多方面因素共同导致经济中的创新需求和供给不足，从而对创新活动和经济增长产生抑制效应。其四，由于中国大部分资源型产业属于国家垄断行业，其生产和经营都由国家或地方政府统一调配和控制，因此在国有经济比重较大的资源型区域就明显缺乏民营经济发展的宽松环境和生存空间，进而不利于民营经济发展（邵帅和

① 严格来说，荷兰病效应及后文介绍的制度弱化效应均是特殊的挤出效应。

杨莉莉，2010)。

(4) 制度弱化效应。制度弱化效应是指资源开发活动容易引发寻租和腐败行为而影响经济和政治政策的制定和执行，从而产生效率低下的制度环境，导致经济绩效欠佳。制度质量往往会对地区经济发展效率产生显著影响，新制度经济学派甚至认为只有实施有效的制度，才可能实现持续的经济增长。然而，资源型产业繁荣所带来的资源红利可能会降低社会对高效经济管理和制度质量的需求 (Papyrakis and Gerlagh，2007)；同时，由于相对于其他产业部门，政府对资源型产业的生产经营活动通常具有更强的干预力度，在这种情况下，企业家会趋于减少其创新行为而倾向于将其才能用于从事非生产性，但易于获得超额利润的寻租活动 (Sobel，2008)，而自然资源带来的相对容易获取的高额的经济租又对寻租和腐败行为起到了推波助澜的作用。因此，资源型产业繁荣容易滋生寻租和腐败行为，而这不仅会扭曲资源分配、损害经济效率和社会公平，还会导致这种不正当的风气快速蔓延，从而加速弱化资源型地区的制度质量而抑制经济增长 (邵帅和齐中英，2008；邵帅等，2013)。

三、有条件资源诅咒效应

不同于资源祝福论和资源诅咒论所主张的单向性结论，有条件资源诅咒假说认为，资源诅咒效应具有条件存在性，对资源型产业的过度依赖或者具有某些特征的经济体更易于步入自然资源诅咒“陷阱”。如图 4-5 所示，尽管资源型产业依赖会对经济发展的有利因素产生挤出效应，但只要其抑制效应不超过一定的阈值范围，资源型产业本身对经济发展所具有的正向积极作用就足以缓冲或抵消这些不利影响，从而产生自然资源的红利效应。然而，如果一个地区持续过度依赖自然资源，就必然将有限的经济资源大量吸纳到资源产业部门 (即对应图 4-5 中的吸纳效应)，最终形成资源型产业比重畸高的产业结构。在资源型产业部门吸纳效应的作用下，资源型产业依赖对其他经济发展要素的挤出效应[①]得以强化，其通过扭曲合理的产业结构、削弱制造业部门的竞争力、弱化人力资本积累和技术创新、压缩外商直接投资空间、降低对外开放程度及市场化程度等途径，使自然资源对经济发展所产生的积极影响逐渐被上述各种挤出效应所吞噬，即对应图 4-5 中的挤出效应。而相对于资源红利效应而言，上述因素对经济发展具有更为长期持续的作用。因此，过度依赖资源型产业发展而带动经济发展的做法是短视而非持续的，只能使最初的资源红利化为虚有，将资源优势变为资源陷阱。

由此可见，资源型产业对经济发展所表现出的红利效应、吸纳效应与挤出效应的综合作用效果决定了资源型产业依赖对经济增长的影响方向。当红利效应占优势时，资源型产业依赖会呈现出有利于经济发展的一面，从而表现出资源祝福效应，而当吸纳效应与挤出效应占优势时，资源型产业依赖对经济发展的不利影响则会处于上风，从而阻碍经济增长，显现出资源诅咒效应 (邵帅等，2013)。

---

① 这里所指的挤出效应应当包括前文自然资源诅咒经济增长传导机制中的“荷兰病”效应、挤出效应和制度弱化效应。

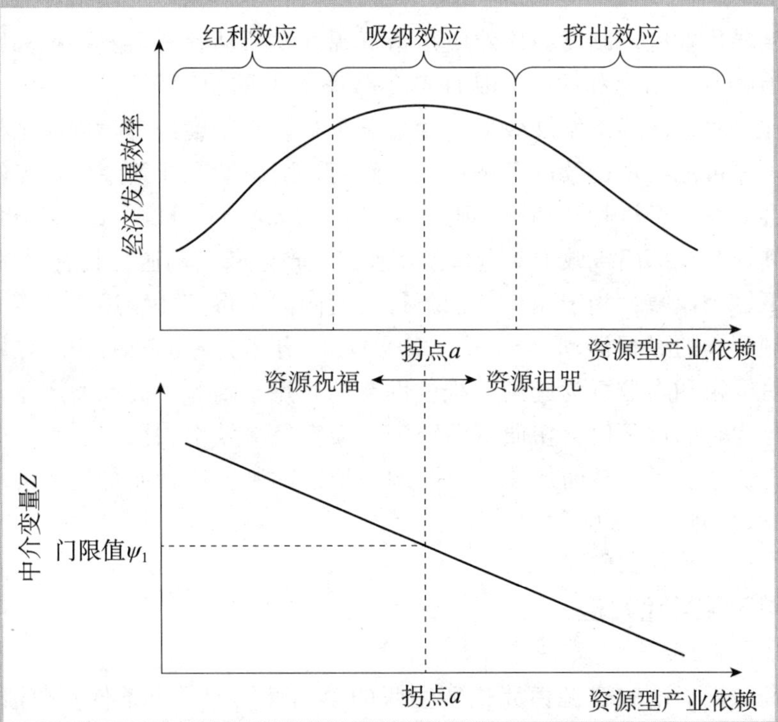

图 4-5　有条件资源诅咒效应的形成机制

除了从资源型产业依赖程度的角度对资源诅咒与资源祝福并存现象予以解释外，有条件资源诅咒论还探讨了引发有条件资源诅咒效应的其他经济因素。Mehlum 等（2006）将制度环境分为"生产倾向"和"掠夺倾向"两种，通过构建一个寻租模型证明了自然资源是祝福还是诅咒主要取决于制度质量的差异。Aldave 和 Garcia-Penalosa（2009）将资源型经济划分为贫困陷阱、低增长和高增长三种均衡状态，他们构建的同时考虑腐败和人力资本因素的资源型经济增长模型表明，当资源依赖度超过一定阈值时就会陷入发展陷阱。邵帅和杨莉莉（2011）基于一个产品水平创新的四部门内生增长模型，讨论了资源诅咒效应发生或被规避的条件和作用机制，认为资源开发活动对区域技术进步和经济增长能否产生不利影响关键取决于生产要素配置效率。万建香和汪寿阳（2016）、万建香和梅国平（2016）的研究则通过构建包含资源开发和制造业在内的四部门内生经济增长模型，验证了社会资源和技术创新在切断资源诅咒传导机制、弱化资源诅咒方面的积极影响。此外，劳动力素质也被证明是缓解资源诅咒效应的有利因素（何雄浪和姜泽林，2016）。上述关于资源诅咒效应条件存在性的理论研究得到了 Boschini 等（2007）、胡援成和肖德勇（2007）、Alexander（2010）、Tamat 等（2014）等学者的经验研究的支持。

第四节　资源型经济的转型发展

资源型经济是以资源型产业为主导的经济体系。资源型经济的突出表现是其产业体系、贸易体系、财政体系、投资体系、城市发展都有浓厚的资源导向色彩，即资源优势决定了资源型经济的循环体系（张复明，2011）。随着资源约束的日益增强，资源型经济不可避免地将面临转型发展的迫切需求，而促进资源型经济转型发展也已成为推动区域协调发展的重要环节。就我国的实践来看，自2001年将阜新设立为首例资源型城市经济转型试点以来，我国相继出台了《国务院关于促进资源型城市可持续发展的若干意见》《全国资源型城市可持续发展规划（2013—2020）》《推进资源型地区高质量发展“十四五”实施方案》等一系列资源型经济转型发展的支持政策，为资源型经济转型提供了发展目标和实施路径，并于2008年、2009年和2011年分三批开展了资源枯竭城市的转型试点工作。然而，归咎于资源型产业依赖产生的价格波动效应、“荷兰病”效应、挤出效应和制度弱化效应，资源型经济往往存在产业结构单一且刚性、经济增长方式粗放、经济运行效率低下、人力资本积累不足、环境污染严重等诸多问题。可以说，资源型经济的转型发展是一个复杂的系统性工程。

一、资源型经济转型发展的难点

资源型经济具有依附性和边缘化特点，依附性是指区域经济活动过多地依赖于资源禀赋优势和资源开发活动；边缘化是指区域产业发展过分拘泥于垂直分工体系，呈现出边缘化发展趋势。资源型经济的依附性和边缘化特点使资源型经济转型发展面临着如下三大难点：

（1）思维观念束缚。如何打破传统思维观念约束，进而设法为经济发展开辟新空间是资源型经济转型发展的一大难点。丰裕的自然资源禀赋是资源型经济发展的先决条件，资源繁荣给人们错误的安全感而容易使人懒惰（Sachs and Warner，1995），同时也会使当地形成依靠资源型产业发展的思维惯性。在“资源导向思维”“资源优势观念”的影响下，资源型地区经济主体的市场意识、风险意识、竞争意识、创业意识、革新意识普遍较差，这成为资源型经济转型发展的一大障碍。

（2）发展要素短缺。如何弥补资源型地区经济可持续发展要素的短缺，进而形成经济增长的不竭内生动力是资源型经济转型发展的第二大难点。资源型产业大多属于依赖资本、劳动力投入和资源消耗的低效产业部门，其本身具有技术含量低、技术创新能力弱、对高素质劳动力需求低等特点，而较易获得的资源红利会使资源型产业的发展对储蓄投资、人力资本积累、技术创新及民营经济发展等经济增长促进因素产生挤出效应。因此，资源型经济缺乏经济长期稳定增长的有利因素，这是其产业结构调整及经济转型的关键痛点。

（3）分工体系约束。如何在区域层面协调专业化分工任务，引导产业链高端环节进入资源型地区是资源型经济转型发展的第三大难点。为保障国家经济整体发展所需各类资源产品的稳定供给，资源导向型战略曾是资源型地区普遍的战略选择，而我国经济高速增长对资源产品的巨大需求又强化了资源禀赋丰裕地区长期充当初级产品供给者角色的现实局面。这种在全国“一盘棋”思想指导下形成的资源型与非资源型地区之间不合理的分工体系具有强大历史惯性，即使在中央高度集权的经济体制不复存在的今天也并未完成根本转变（张复明，2011）。特别地，当前，淘汰低端制造业已成为发达地区优化产业结构、推动经济转型发展的重要抓手，随之而来的地区产业转移与资源型地区产业转型的契合反而可能使其再次面临产业链的“低端锁定”，增加资源型地区转型发展的难度。因此，资源型地区长期处于分工体系的边缘位置使其缺乏经济转型发展的有利条件。

二、资源型经济转型发展的基本模式

根据撬动经济转型发展的着力点的不同，资源型经济转型发展的基本模式有产业序动升级模式、竞争优势生成模式及企业转型嬗变模式三种。

1. 产业序动升级模式

在资源型经济的早期阶段，一般会集中力量开发优势资源，以此完成资金、人才和技术的原始积累。这一时期，资源型经济发展要防止资源型产业成为唯一“引力场”中心，即产生吸附式产业-资本的自循环机制而束缚和挤压其他产业部门、高质量生产要素的生产和增值。为此，要着力建立资本育成和转换机制，为产业转换构建踏板和通道；同时，要减少资源型产业的外部不经济和规模不经济问题，推进资源型产业的综合化、集约化发展。

在资源型产业发展到一定规模、资本积累达到一定水平时，资源型经济便应加快进入以转型为主的发展阶段。在这一阶段，资源型地区应通过制度安排、产权置换、资本运营和技术创新，实现一部分资本顺向延伸，进入资源加工及配套产业，而另一部分资本则转向非资源型产业部门，进而依托产业之间的关联效应，构建多元化、多层次的产业经济体系。从根本上说，资源型经济转型的关键在于充分利用丰裕资源禀赋的乘数效应，鼓励创新活动，完善基础设施，加速生产要素的高端化和多元化，进而推动产业结构升级，即技术创新、后发优势和市场机会应替代资源优势成为区域经济发展的牵引力。

2. 竞争优势生成模式

资源型经济要想避免“矿竭城衰”的局面，就必须加快优势再造，通过有效的优势生成机制，为经济发展再生动力。具体而言，优势生成机制主要包括优势延续、优势组合、优势升级、优势替代、优势递进等机制。

优势延续是指通过技术进步和管理创新，改进资源开发方式，推进资源综合开发，延长资源型企业服务年限，增进资源开发效率，确保资源优势的可持续延续，为接续产业培育提供强有力支撑；优势组合是指对区内和邻近地区多种优势资源进行综合配套开发，发挥资源组合的综合效益，由单纯的资源开发到多元化产业发展，形成区域经济的综合优势；优势升级是指依托自然资源优势，向纵横两个方向扩展和延伸产业链，从而形成新的产业优势和区域经济综合优势；优势替代是指立足于资源状况、区域条件、技术基础等因素，通过资源配置和资产存量优化，使资产增量转移到效益更优的产业和部门，形成新的替代产业；优势递进是指要通过自然资源优势的规模化集约开发，通过资本优势及时进行优势经济要素的积累，加快形成人力资本、技术、管理和信息优势，促进经济要素的高质量发展。

3. 企业转型嬗变模式

企业是社会经济的基本细胞，资源型经济的转型发展可以从引导各类资源型企业的转型入手。其中，大型资源型企业可以通过多元化经营、推进产业转移、组建战略联盟、推行上下游一体化策略等手段，大跨度地实施企业的转型发展；中小型资源型企业则可以选择专精尖的专业化发展策略。此外，在增量管理上，资源型地区需要重新设定资源型产业的进入门槛，防止资源开发项目盲目上马，避免低水平重复建设和低层次过度竞争，同时还要以准入门槛为依据，建立资源型企业的退出和淘汰机制。

在推进企业转型发展的同时，资源型地区应该特别保护和支持非资源型企业的成长。非资源型企业的出现大多是技术创新或把握市场机遇及后发优势的结果，是资源型经济实现转型发展的迹象之一。资源型地区应该通过政策性扶持，为非资源型企业的发展营造宽松适宜的区域发展环境，发挥非资源型企业在产业结构调整和经济转型发展中的关键作用（张复明，2011）。

三、资源型经济转型发展的主要政策思路

1. 优化产业发展布局

资源型产业“一枝独秀”、产业结构单一是资源型地区经济发展过程中亟待解决的首要弊端。对资源型产业的依赖不仅阻碍了经济长期增长，其高耗能、高污染及高排放的特征还不利于经济增长与环境保护的协调发展。对此，合理选择主导产业更替方式、促进区内产业多样化发展是资源型地区经济转型发展的首要任务。资源型地区一方面可采用内生渐进方式更替主导产业，即基于资源禀赋或者资金、技术优势，延伸产业链或衍生出关联产业，从而逐步实现资源型产业链的现代化升级和产业结构的优化调整；另一方面，可充分利用后发优势，有选择地接受外部转移来的性质相近，甚至联系较小的产业而形成新的产业部门，以此培育新经济增长点，促进资源型地区产业整体布局的进一步优化。

2. 强化技术创新驱动

资源型产业通常属于技术含量和技术进步率相对较低的行业，对新技术及高端技术人才的需求均较低，因而资源型产业的扩张容易导致资源丰裕地区缺乏开展技术创新的动力。强化技术创新对经济增长的驱动作用是破解资源诅咒的有效途径之一，而资源型地区在创新能力上的劣势决定了其必须从技术引进和自主创新能力培育两方面着手来推进区内技术创新与进步。在技术引进方面，应“借帆航海”，积极引导外部技术成果在本地落地转化；在自主创新能力培育方面，则应着力改善创新软硬件条件，同时强化资源红利对技术创新的支撑作用。此外，考虑到资源开采较强的环境负外部性及经济发展绿色转型的紧迫性，资源型地区应该对绿色技术的引进和自主创新予以充分重视，聚力增强绿色技术进步对经济转型发展的引擎作用。

3. 引育高质量生产要素

资源型地区要打破经济增长对资源禀赋的依赖性，并改变其在区域分工体系中的边缘地位，就要突破原有的以资源禀赋为中心的要素流动和配置格局，促使社会经济从单

纯依赖资源禀赋优势，转向依托于人才、优质资本等高质量生产要素的发展。对此，资源型地区应有意识地加强人力资本积累，同时着力提高对多样化人才的吸引力，并有选择地加大引资力度，促进高质量人才和资本的持续流入。在此基础上，资源型地区还应通过加强制度建设、加快市场化改革进程、强化生产要素的市场流动性以改善要素配置效率，鼓励生产要素流向并集中在规模收益递增、技术创新活跃的产业部门。

4. 完善财税调节机制

自然资源的公共产品属性和时常存在的自然垄断现象使得政府必须履行其资源配置职能以弥补市场缺陷。逐利的微观生产者对资源财富的管理失当，是形成资源诅咒的主要原因之一。因此，我国需在国家层面完善财税调节机制，以期促进全社会对自然资源的合理使用，并促使资源丰裕地区合理分配资源收益。这首先需要完善资源税收体系，探索资源税动态税率制度，发挥资源税对资源开采活动的控制与引导作用，同时优化对资源收入的分配，将资源税收收入主要用于改善基础设施、增加研发专项基金及补偿资源开采社会成本和生态成本。同时，依据污染者付费的原则，逐步启动环境税，并遵循专款专用原则，切实发挥环境税对环境治理、应对气候变化和支持绿色技术研发的支持保障作用。

5. 构建生态补偿机制

由于资源开发活动易对生态环境造成损害，建立和完善生态补偿机制对于资源型地区解决生态环境问题而言尤为重要。当前，一些发达国家已形成了以法律法规体系为保障，以“基于外部性内部化的主体激励”和以“形成正反馈效应为目的的运维管理”两大子机制及其制度体系为依托，确保自身可持续运转的良性机制（安果，2016）。对于我国而言，可以从以下两方面着手完善资源丰裕地区的生态补偿机制。一方面，要完善生态保护立法和生态补偿制度体系，即要通过立法来明确能源的有偿使用及生态补偿的原则，并以法律法规的形式明确生态补偿相关各利益主体的责、权、利，为资源有偿使用和生态补偿的规范运作提供法律支持与制度依据；另一方面，要拓宽生态补偿资金来源，即要通过成立生态补偿的开放式公众基金、探寻建立与生态补偿相适应的生态保险系统等方式形成多元化、系统化的生态补偿资金池，为修复资源开发活动产生的生态环境问题提供支持。

关键词

自然资源的类型与特性　自然资源价值　资源祝福效应　资源诅咒效应　资源型经济转型

思考题

1. 自然资源的地域性特征会对区域经济发展格局产生何种影响？
2. 哪些宏观经济因素会影响自然资源价格的最终形成？

3. 除了经济增长维度，自然资源的诅咒“陷阱”还体现在哪些维度？
4. 如何理解资源祝福效应与资源诅咒效应并存的现象？
5. 日益趋紧的环境约束将给资源型经济转型带来哪些机遇与挑战？

参考文献

拓展阅读

第五章

经济发展与生态环境

第一节　经济增长的资源环境代价

过去几十年全球经济发展的一个重要议题是对可持续发展的理解，此议题在气候变暖这一全球性生态环境问题的影响下持续升温，并由学术性研究走向各国经济发展政策调整的阶段。作为马尔萨斯（Malthus）在《人口原理》（*An Essay on the Principle of Population*）中提出的“人口陷阱”的现代回音，1972年出版的《增长的极限》一书预言，人口的倍增将引起对粮食需求的倍增，经济增长将使自然资源消耗和环境污染的速度也倍增，而技术进步只能延长资源消耗的过程，推迟世界末日到来的期限，而不能制止末日的来临。假如世界人口、工业化、污染、粮食生产与资源消耗按当时的增长趋势继续下去，全球的经济增长将在100年内达到极限。尽管这一预言受到了多数经济学家的批判，但是不可否认的是，经济增长的生态环境代价逐渐成为经济学研究和各国发展政策制定中不可忽视的问题之一。

习近平总书记在党的二十大报告中指出，推动绿色发展，促进人与自然和谐共生。人与自然是生命共同体，无止境地向自然索取甚至破坏自然必然会遭到大自然的报复。大自然是人类赖以生存发展的基本条件。尊重自然、顺应自然、保护自然，是全面建设社会主义现代化国家的内在要求。必须牢固树立和践行绿水青山就是金山银山的理念，站在人与自然和谐共生的高度谋划发展。实践证明，经济发展不能以破坏生态环境为代价，生态本身就是经济，保护生态就是发展生产力。人与自然和谐共生、绿水青山就是金山银山揭示了一条环境保护与经济发展协调统一的可持续发展之路。

一、经济增长的资源代价

1. 资源耗竭

经济发展依赖的化石能源及金属矿藏等资源都属于可耗竭资源。可耗竭资源形成于地球演化过程的不同阶段，且相对于人类再生产及经济再生产的周期而言基本不具备自然更新能力。因自然更新速率极低，可耗竭资源经人类开发利用后，在任何有意义的时间段内基本不可能自然增加资源存量和流量（蒂坦伯格和刘易斯，2016）。也就是说，可耗竭资源的初始禀赋是固定的，任一时点的使用都会减少后续时点的可用数量。可耗竭资源具有不可再生性和不可逆性的特征，经济发展依赖资源消耗意味着有限的可耗竭资源将对未来经济增长形成制约。

根据联合国环境规划署发布的《2019 年全球资源展望》报告，1970—2017 年全球每年的资源开采量从 271 亿吨增加至 921 亿吨，年均增长 2.6%。2000 年以来，出于大规模投资基础设施建设的需要，发展中经济体和新兴经济体的资源开采量增速尤为明显，高达每年 3.2%。如果按照历史趋势演进，至 2060 年，全球资源使用量将达到 1 900 亿吨，较 2015 年的水平提升 110%，人均自然资源使用量将从 11.9 吨上升至 18.5 吨。巨大的自然资源使用需求将给资源供应系统造成沉重的压力，并持续威胁自然环境状况（Schandl and West，2010）。

2. 资源开采的生态环境影响

自然环境位于生产与消费活动的两端，既是经济活动的原材料投入来源，也是经济活动废弃物的承载地。自然资源是自然环境的组成部分，二者可以相互转化。事实上，对自然资源的开发即意味着对自然环境的破坏。当人类对自然资源的开发活动超过最大允许的开发总量时，势必引起自然资源的流失。此时若对自然环境的负面影响超过自然环境的最大可承载力，则将出现环境污染与生态失衡现象，并最终导致人与自然的对立（沈满洪，2015）。可耗竭资源的不可再生性和资源消耗的不可逆性特征决定了此类资源禀赋面临着储量用尽的潜在风险。当代资源的过度开采将减少甚至排除后代人对其使用的可能，从而破坏资源的代际平衡，违背环境可持续发展的要求。

资源开采所产生的环境影响可分为两大类：一是从自然环境中开采自然资源会损害自然环境价值，使人类丧失宜人的自然环境；二是人类的生产与消费活动所产生的废弃物排放会破坏生态环境。

为促进经济发展和改善人类生活，20 世纪 70 年代以来，大量自然资源被开采和使用。在此期间，全球人口数量增加了 1 倍，全球 GDP 增加了 4 倍，但这一发展模式是以破坏生态环境为代价的，传统利用自然资源的方式对生态环境和人类健康造成了极大威胁。在过去 20 年中，约 90%的生物多样性丧失、水资源短缺，及约一半的温室气体排放需归因于人类对自然资源的开采与加工活动。[①] 如燃烧化石燃料致使空气中二氧化碳浓度增加，进而引致灾害性气候变化，是资源开采带来的一种典型的不可逆转的生态环境影响。

3. 资源耗竭与经济增长

自然资源是人类从事生产活动所必需的生产资料及人类为满足自身消费而生产的生活资料，也是影响经济发展的一个重要条件。人类需要开发利用自然资源以维系自身的生存与需要，但地球上的可耗竭资源储量有限且不可再生。因此，人类的无限需求与有

---

① 资料来源：联合国环境规划署。

限的自然资源总量之间面临着不可回避的矛盾。

在一定的社会发展阶段，自然资源的禀赋差异影响着国家或地区的分工状况和经济发展特点。例如在历史早期，丰富的草原资源将衍生畜牧业，森林资源有利于狩猎与采集活动的开展，海滨地区受益于丰富的渔业资源，可发展捕捞业。

可耗竭资源的稀缺性制约着经济发展的规模与增长速度，而各种资源稀缺程度的差异也会影响产业结构。试想，在个别资源的稀缺程度极高，甚至成为经济发展“瓶颈”的情况下，完整的产业结构体系培育将面临资源约束。此外，在不考虑技术进步的条件下，可耗竭资源的储藏量下降还将提升生产成本，这意味着人类今日享受了资源开采所带来的经济效益，却不得不在未来付出相应的环境与经济代价。因此，如何寻找可耗竭资源的有效替代品，提升资源利用效率，在空间和时间维度缓解可耗竭资源的稀缺性，是促进经济可持续发展过程中一个必须思考的问题。

二、生态退化和环境污染

生态退化指的是在一定的时空背景下，生态系统受自然、人为等因素干扰，其结构和功能发生与原有的平衡状态或进化方向相反的位移。根据生态退化发生的位置，可将生态系统退化分为陆地生态系统退化、水生生态系统退化和大气生态系统退化。

陆地生态系统退化的表现包含裸地、森林采伐迹地、弃耕地、荒漠化地、采矿废弃地、垃圾堆放场等。水生生态系统退化的主要表现是水体面积缩减、水体污染与富营养化以及导致的水生生物种群数量大幅减少。大气生态系统退化的主要表现形式为大气污染和全球气候变化。

认识生态系统退化特征，是正确判断生态系统受损程度与退化过程的基础。生态退化的特征主要有：

（1）生物物种组成的变化；

（2）生物群落结构的变化；

（3）生物生产能力的下降；

（4）土壤和小环境的变化；

（5）生物间生态关系的变化。

随着工业化在全球的稳步推进，生态退化问题十分严峻，全球约 60％的生态系统处于退化与不可持续状态。2018 年联合国防治荒漠化公约发布评估报告，警告土地退化将在未来 30 余年内给全球带来约 23 万亿美元的经济损失。国别概况报告显示，亚洲和非洲因土地退化遭受的损失每年分别达 840 亿美元和 650 亿美元，为全球最高。中国的生态退化问题的严重性亦不容小觑，《“十三五”生态环境保护规划》指出，我国中度以上生态脆弱区域占全国陆地国土面积的 55％，荒漠化和石漠化土地占国土面积的近 20％。全国草原生态仍呈总体恶化局面，中度和重度退化草原面积占 1/3 以上。

除了生态退化，人类生产生活中各类废弃物的大量排放，也是引致大气污染、水污染、固体废弃物污染、噪声污染等全球性环境问题的关键因素。例如，由于人类依赖化石燃料消费以满足日益增长的能源需求，二氧化碳等温室气体浓度攀升，自 2010 年以来，温室气体排放量平均每年增长1.3%。[①] 在水污染方面，受人类活动影响，淡水生态系统正在迅速消失，生物多样性受损严重。1997—2011年，世界上约40%的湿地消失，同期81%的淡水物种数量下降，湿地系统损失的年度经济成本高达2.7万亿美元。[②] 此外，因世界上多数地区的硫氧化物和氮氧化物的排放量持续上升，酸雨成为全球痼疾之一，其不但会破坏森林湖泊土壤等自然环境，亦会对人类建筑形成危害。

三、生态环境污染的经济损失

经济与环境之间是对立统一的。人类经济活动需要源源不断地从自然界获取原材料，并将生产过程中产出的废弃物排放到自然环境中。当获取与排放程度超过自然环境的可承载范围时，环境的自我修复与调节能力失效，生态平衡被打破，经济生产成为不可持续的过程。

（1）环境污染会直接阻碍经济发展。例如以二氧化碳为代表的温室气体浓度持续增加所引起的气候变化加剧了现有的贫困和不平等程度，会带来不利的经济后果。当温室气体排放规模增大时，庄稼的收成将降低，从而减少农业收入。同时，沿海地区为防止海平面上升，也存在预防性支出的潜在可能。环境污染的治理成本也非常高，例如废水、废气中有害物质的分离需要特定的处理装置，而这些装置往往较为昂贵。

（2）环境污染也带来了巨大的公共健康损失。环境污染物在生态系统中通过直接经食物链的富集循环和非富集循环，最终会威胁人类自身的生命健康。人作为生物链中顶端的一环，将被迫接受由食物链低级生物向高级生物逐级传递与富集的污染物质，并且由于人体对有害物质的富集能力最强，因而在生物链中受害相对较重。

环境污染对人类的危害程度，取决于污染物进入人体的剂量、作用时长、个体对有害物质的敏感性及个人健康状况等因素。根据污染物引起的病情发展速度和症状强烈程度，可将环境污染带来的公共健康危害分为三类：一是急性危害，具体指污染物进入人体后，在短时间内即对人体产生危害作用，典型案例如烟雾污染对人体呼吸系统的损害；二是慢性危害，指环境中的有害污染因素以低浓度、长时间反复作用于机体，使得污染物对机体的损害逐渐累积而产生的危害，长期处于此类污染环境中的人存在罹患慢性疾病的可能性，如低剂量大气污染物的长期作用将诱发肺部疾病；三是远期危害，指污染物进入人体后，经过较长的潜伏期，在若干年后暴露出来的严重机体异常，例如环境中的部分有害化学物质能在妊娠期渗入胎盘组织，进而对胎儿大脑发育造成负面影响。

环境污染伴随着不容忽视的公共卫生损失。以空气污染为例，每年死于空气污染的人数多于全球交通事故的致死人数。在2019年，空气污染是当年造成死亡的第四大主要因素，共造成全球675万人过早死亡，健康寿命损失总计达2.13亿年。除了过早死亡外，空气污染还会引致广泛的慢性疾病和急性疾病，尤其是心血管疾病和呼吸系统疾病。空气污染通过健康损害和工人生产力损失所造成的经济影响巨大，2013年因空气污染而引起的过早死亡所导致的全球福利损失的货币价值约为5.1万亿美元，占世界生产总值的6.6%。

气候变化也会通过影响粮食和水安全而对人类健康构成威胁。并且，与气候相关的

①② 资料来源：联合国环境规划署。

自然灾害将进一步暴露人类和自然系统的脆弱性，对其自我修复和适应能力形成挑战，从而对人类的生活居住环境形成负面影响。

当前的水污染问题也非常严峻。在联合国千年发展目标（2000—2015 年）完成时，仍有 22 亿人缺乏“可持续发展目标”所界定的安全饮用水源，68 亿人缺乏经安全管理的供水和卫生设施服务。如果人类无法获取洁净的水源，那么水污染将引起传染病的蔓延，从而对患者的身心健康造成损害。据统计，每年约有 140 万人死于与受污染的饮用水和落后的卫生设施相关的疾病，另有数百万人因此患病。而饮用水安全保障、水资源综合管理和卫生设施体系改善则能够使全球疾病总负担削减 10%。[①]

值得注意的是，环境污染及其造成的公共健康损失也与贫困问题相互交织，欠发达国家和地区在现行全球贸易体系下面临比发达国家和地区更严峻的生态环境问题，而新兴经济体在经济增长的过程中也持续面临环境保护与经济增长的权衡。从环境损失来看，欠发达国家和地区的居民抵御和解决环境风险的能力无疑更低。当然，这也引申出了经济发展与环境质量之间的复杂关系。

正如第三章所阐述的，准确评估生态环境污染所带来的经济损失并不容易。环境污染所带来的损害形式多样，仅以健康损失为例，环境污染可能导致呼吸道感染、哮喘、癌症、心脑血管疾病、死亡等多种健康损害。环境污染所带来的损害的多样性往往难以全面捕捉，进而人们会低估生态环境的经济损失，降低改善生态环境的经济收益评价，导致经济、社会的福利损失。如图 5－1 所示，经济发展与环境质量之间的复杂关系使评价生态环境改善带来的边际收益（MR）减少，即评估的 MR 低于真实的 MR，基于生态环境改善边际成本（MC）等于边际收益原则而决定的生态环境质量（E）往往太差，导致福利损失（如图 5－1 中的阴影部分所示）。

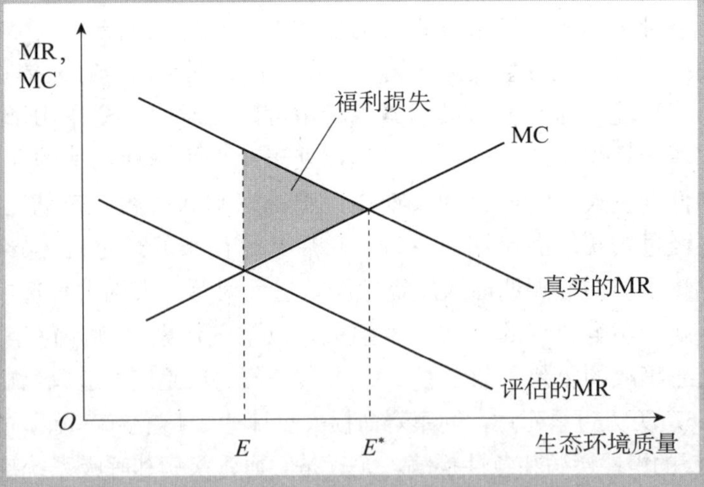

图 5－1　低估生态环境收益时的福利损失

① 资料来源：联合国水资源发展报告。

第二节 收入与环境需求及环境冲突

一、收入与环境需求

中国作为全球最大的发展中国家，其居民在不同时期对收入增加和环境保护的不同偏好具有十足的代表性，揭示了收入水平如何影响居民的环境需求。世界价值观调查数据（World Values Survey）显示[①]，2005 年 1 991 个中国受访者中有 49.7%的受访者认为，即使以降低经济增长速度和提高失业率为代价，环境保护也应该优先于经济增长。而在 2010 年同样的调查数据中，这一比率攀升至 56.5%（2 300 个受访者），短短 5 年时间上升了 6.8 个百分点，说明中国居民对环境保护的重视程度已经超过了对经济增长的重视程度。

环境作为公共产品，很难采用度量市场价值的方法对其进行有效的经济价值评估并借以反映居民对清洁环境的需求。现有文献通常采用两种方法对其进行度量。一种方法是使用价值评估法进行直接评估，即直接询问调查者的支付意愿来评估公共产品的价格，但受访者并不需要真正进行支付。因此，可以通过调查居民的环境支付意愿来估计清洁环境的价格（Maler and Vincent，2005）。另一种方法借鉴了 Rosen（1974）关于特征价格的研究思路，通过观察居民在能够用货币衡量的劳动力市场或住房市场的行为来推算无法用市场价值衡量的公共产品的价格。根据假设，追求效用最大化的居民在选择居住地时，当地公共产品与其他商品的边际替代率应该等于公共产品与其他商品的价格比，因此可以通过房价及工资来衡量公共产品的隐含价格。

就居民收入与环境需求的关系来看，尽管现有文献的分析框架不尽相同，但大多认为居民的收入水平与其环境需求正相关。如果环境支付意愿是居民对清洁环境的定价，那么就意味着，随着收入的增加，居民面临的预算约束线向外移动，对清洁环境的需求也会相应增加。随着居民收入水平的上升，其消费物品的需求量及品种在不断增加，由于追求更高的生活水平，富人对清洁环境的支付意愿及支付能力会不断上升（Shao et al.，2018）。

此外，居民的环境需求不仅受其微观收入水平的影响，也受其所在国家或地区的收入水平的影响。关于宏观层面的收入水平对居民需求的影响，最有代表性的解释为 Inglehart（1997）所提出的后物质主义价值观，即利用价值观来解释居民对环境的关注，其认为发达国家和地区的居民具有更强烈的后物质主义价值观，相比物质收入，更关注生活质量等非物质因素，因此对环境等公共问题的关注度更高。换句话说，居民对环境的偏好与国家富裕程度正相关，发达国家和地区的居民对清洁环境的需求更高。

但是后物质主义价值观显然无法解释低收入国家和地区居民的环境需求。针对此问题，Inglehart（1997）进一步使用“客观问题的主观价值”来解释欠发达国家和地区居

---

① 资料来源：世界价值观调查数据。

民的环境需求，他认为虽然欠发达国家和地区的居民具有更强烈的物质主义价值观，更关注客观的物质收入，但是往往也面临着严重的客观存在的污染问题，所以欠发达国家的居民同样具有较高的环境需求。

除了收入之外，环境需求最直接的来源就是对环境污染的暴露和感知，这种污染暴露引致环境需求的机制也被称为污染驱动假说。环境污染越严重，公众越能够感受到相应的环境风险，进而增强对环境污染的认知。居民对环境污染风险的认知取决于两方面因素：一是切实感受到环境污染带来的伤害，如健康疾病风险、生理的疼痛感和心理的不愉悦感、个人的不幸福感等。二是环境污染暴露者的环境知识水平，只有具备相应的环境知识才能认清环境污染的风险，进而增强环境关注度。并且，即使在同样的污染程度下，不同的社会群体受环境污染影响的程度也存在很大的差异。离污染源越近，或经历过环境侵害，对环境问题就越关注，对清洁环境的需求也越高（王勇等，2018）。如果民众感知到环境污染风险，就会采取相应的风险规避行为，如购买净水器、空气净化器等，进而改善其自身健康状况。如图 5-2 所示，较低环境风险感知的民众低估了环境污染的健康损害，减少了环境风险规避支出成本，进而导致了较差的健康（H）水平。

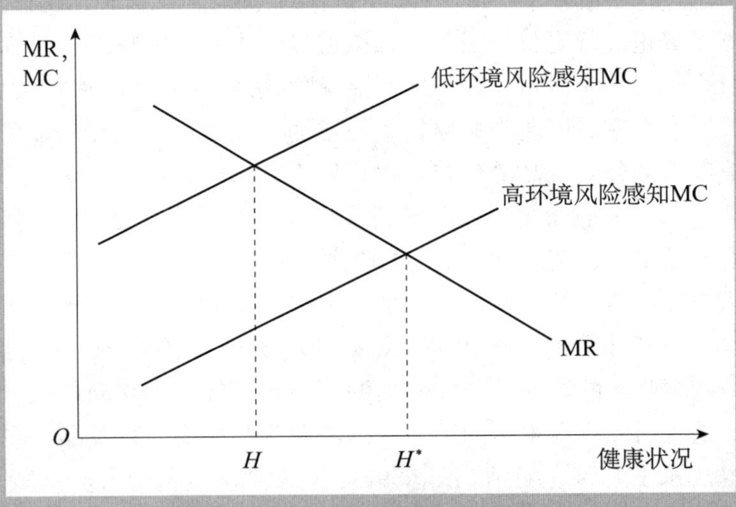

图 5-2 不同环境风险感知时的健康差异

二、环境冲突

发展中国家和地区在经济快速发展的同时，因为环境污染或者潜在的环境污染风险而导致的环境冲突事件不断显现，成为危害社会稳定的主要形式之一。一方面，经济发展在提高居民收入水平的同时，也提升了居民对清洁环境的需求以及对自身权利的维护意识；另一方面，发展中国家和地区相对欠缺的包括环境补偿和环境规制在内的环境管制政策以及经济发展优先的发展观使得环境风险导致的社会冲突无法得到妥善处理而进一步升级演化。

科塞尔（Coser）在《社会冲突的功能》（*The Functions of Social Conflict*）中将社会冲突定义为“有关价值、对稀有地位的要求、权力和资源的斗争，在这种斗争中对立双方的目的是要破坏以至伤害对方”。环境冲突通常定义为一个主体在开发自然资源或涉及环境系统的经济生产中，威胁或损害到另一个主体的利益并且有意地忽视这种损害，由此产生的两个主体间的不相容或者对抗性行为。环境冲突的本质是利益侵害，表现形式是群体性事件。由此来看，环境冲突属于社会冲突的一种构成形式，其路径可以看作：经济行为→环境污染→社会冲突。但由于环境冲突包含了环境问题和社会问题以及相互之间的交互作用，相较一般的社会冲突而言，其在成因、表现形式及处理上更为复杂。

从收入的角度来看，收入增加一方面提升了公众对清洁环境的偏好水平，另一方面也会唤醒公众的权利意识，从而增加了环境冲突的产生概率。随着收入水平的提高，居民面临的预算约束线外移，对清洁环境的偏好将逐渐增强。此外，一些学者认为经济发展也会唤醒居民的权利意识，并且使得居民的权利意识更为多样化，居民的维权意识将更多地由物质性需求向非物质性需求方面转移，例如环境需求。环境需求的增加及环境权利意识的逐渐觉醒客观上增加了环境冲突的产生概率。从环境污染的角度来看，发展中国家和地区通常处于工业化和城市化进程中，污染状况更为严重，居民承受着严峻的客观污染，其环境偏好和环境维权意识会随收入的增加而不断增强。能够引发冲突的环境污染往往意味着环境质量的急剧下降或者退化，如果这种损失得不到有效补偿，冲突会走向更为恶化的局面。

第三节　环境库兹涅茨曲线

由于统计数据的限制，《增长的极限》一书中提到的经济增长受自然资源和环境污染约束而无法持续增长并将最终崩溃的预言始终没有得到经验数据的验证。直到20世纪90年代初期，得益于环境监测系统的支持，对经济增长与环境质量关系的研究逐渐由理论探讨走向了经验研究。

一、环境库兹涅茨曲线的内涵

美国经济学家格罗斯曼（Grossman）和克鲁格（Krueger）在分析北美自由贸易区协议的环境效应时，利用全球42个国家的跨国数据首次发现了污染物排放量（二氧化硫和空气悬浮颗粒）和经济增长（人均收入）之间的关系类似于反映收入分配和经济增长的库兹涅茨曲线，也呈倒U形曲线关系（见图5-3）。收入水平较低时，污染排放随收入水平的提高不断增加，当收入水平越过一定拐点后，污染排放随收入水平的提高逐渐降低，即随着经济的发展，一国环境质量呈现出先恶化、后改善的发展趋势。经济增长与环境污染之间的倒U形关系即为著名的环境库兹涅茨曲线（environment kuznets curve，EKC）。之后，有大量的研究从理论和实证的角度对EKC假说展开了验证和解读。

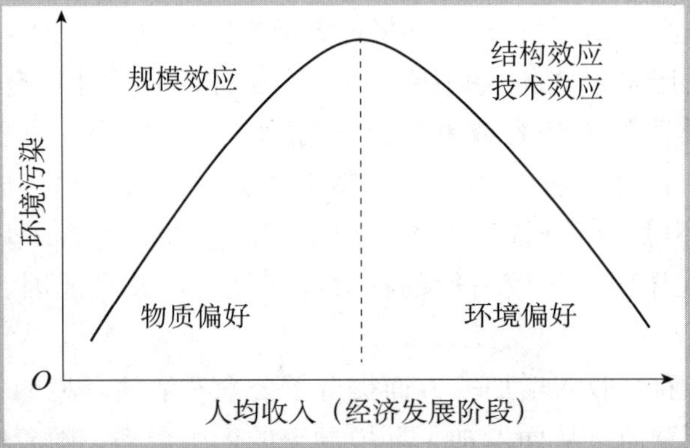

图 5-3　环境库兹涅茨曲线

格罗斯曼和克鲁格（Grossman and Krueger，1991，1995）开创性地将贸易的环境效应分解为规模效应、结构效应和技术效应，这三种效应共同解释了人均收入与污染排放之间的倒 U 形关系。经济增长离不开资源的大量投入，因此经济规模的扩大无疑会增加污染物排放。结构效应对环境的影响取决于一国的比较优势，如果一国在污染密集型产业上具有比较优势，贸易的结果往往会导致环境恶化；相反，如果一国在清洁产业上具有比较优势，贸易自由化会使一国环境质量得到提高。随着经济的发展和贸易的开展，技术创新和国外环保技术的扩散会使得技术效应对环境发挥正向作用，给一国环境带来改善。综合来看，经济发展对环境是否有利似乎并不明确。但是，一国在人均收入水平比较低的时候更偏重于经济发展速度，片面追求经济规模的扩大，规模效应对环境的负面影响会超过结构效应和技术效应对环境的积极影响，因此短期内经济发展会对环境造成一定的负面影响。随着经济的发展，收入水平不断提升，产业结构会不断优化和升级，国外先进的生产技术不断引进，此时结构效应和技术效应对环境的积极影响会占据主导地位（Stern，2004）。因此，环境质量呈现出在低人均收入时期随经济发展恶化，但在高人均收入时期随经济发展改善的情形。

环境需求的收入弹性也是解释 EKC 假说的重要理论。随着收入的增加，人们更关注生活质量的提升，希望享受更好的环境福利，消费更健康的产品。因此，政府将制定更严格的环境保护政策，最终促使环境水平的改善和提升。环境需求的收入弹性也是解释发达国家和地区拥有更严格环境规制标准的重要理论。许多关于 EKC 假说的研究都强调了环境需求的收入弹性的作用，认为它是环境污染水平在收入水平越过拐点开始下降的关键因素（Dinda，2004）。

环境需求的收入弹性也为 EKC 假说提供了微观解释。假设个人效用是消费品和环境质量的函数。在经济发展的不同阶段，给定社会总产出，人们要在改善环境和增加消费之间作出权衡取舍。在经济发展初期，由于产出水平较低，人们可消费的产品少，但同时污染排放也比较少，环境质量比较高。因此，在这个阶段，环境质量的边际效用较低，而消费品的边际效用则较高。此时，人们就愿意牺牲环境来增加消费，以获得更高的社会效用或福利水平。这就导致了随着收入的增长，环境质量逐渐恶化。但是，随着收入的增长、消费品的增多和环境质量的持续下降，消费品带给人们的边际效用会逐渐下降，而环境质量带给人们的边际效用则逐渐上升，这最终导致人们愿意减少消费以增加对环境的投资（王敏和黄滢，2015）。因而，在经济发展水平较高的某个阶段，随着收入的增长，环境污染会出现下降的趋势。

二、环境库兹涅茨曲线的检验

自 EKC 假说提出以来，大量学者对该假说进行了经验验证，这些研究大多遵循了格罗斯曼和克鲁格所采用的简化模型。早期的研究以跨国数据及截面数据为主，而后受益于统计数据的日益丰富，面板数据成为验证 EKC 假说的主流数据形式。EKC 假说的典型简化计量模型如下：

$$y_{it}=\alpha_i+\beta_1 x_{it}+\beta_2 x_{it}^2+\beta_3 x_{it}^3+\beta_4 z_{it}+u_{it} \quad (5-1)$$

其中，y 表示环境指标，通常用污染指标度量；x 为收入指标，x^2 和 x^3 分别表示收入的平方项及收入的三次方项；z 为影响环境质量的其他控制变量集；α 为截距项，β_k 为解释变量的待估参数；t 表示时间，i 表示样本截面，u 为随机误差项。公式（5-1）提供了几种经济发展与环境污染之间关系的检验结果：

（1）若 $\beta_1=\beta_2=\beta_3=0$，则经济发展与环境污染之间不存在统计关联；

（2）若 $\beta_1>0$，$\beta_2=\beta_3=0$，则经济发展与环境污染之间存在正向的线性关系；

（3）若 $\beta_1<0$，$\beta_2=\beta_3=0$，则经济发展与环境污染之间存在负向的线性关系；

（4）若 $\beta_1>0$，$\beta_2<0$，$\beta_3=0$，则经济发展与环境污染之间存在倒 U 形关系，即 EKC 假说得到验证；

（5）若 $\beta_1<0$，$\beta_2>0$，$\beta_3=0$，则经济发展与环境污染之间存在 U 形关系；

（6）若 $\beta_1>0$，$\beta_2<0$，$\beta_3>0$，则经济发展与环境污染之间存在 N 形关系；

（7）若 $\beta_1<0$，$\beta_2>0$，$\beta_3<0$，则经济发展与环境污染之间存在倒 N 形关系。

EKC 只是公式（5-1）中诸多可能的结果之一，如果情形（4）成立，即证实 EKC 假说存在，那么 EKC 的拐点，也就是人均收入的拐点为：$x^*=-\beta_1/2\beta_2$。

经济发展和环境质量是 EKC 计量模型中的两个关键指标。现有研究大多使用人均 GDP 作为人均收入的度量指标，用以反映一个国家或地区的经济发展水平。衡量环境质量的污染物指标从污染物类型上大致可以分为三类：空气质量指标、水质量指标和其他环境指标。

空气质量指标主要包括：二氧化硫（sulphur dioxide，SO_2）、颗粒悬浮物（suspended particulate matters，SPM）、烟尘（smoke）、氮氧化合物（nitrogen oxides，NO_X）、一氧化碳（carbon monoxide，CO）、二氧化碳（carbon dioxide，CO_2）等。

水质量指标主要包括三类：（1）水中的病原体浓度：渣滓（fecal）和大肠菌群（coliforms）；（2）重金属总量以及人类活动所导致的水中的有毒化学物排放量；（3）溶解氧（dissolved oxygen）、生物需氧量（biological oxygen demand，BOD）、化学需氧量（chemical oxygen demand，COD）。

其他环境指标主要包括：城市固体垃圾、城市卫生设施、饮用水的使用类型、能源使用类型、森林砍伐、绿化率等，也包括噪声等非常规环境指标。

从污染水平的度量上，环境污染指标可以分为污染排放量指标和污染浓度指标，污染排放量又可以分为排放总量、人均排放量及排放强度。整体而言，污染排放量与经济发展存在更紧密的关联，经济规模、技术水平、产业状况会对污染排放量产生直接影响，而污染浓度还受到空间、流域范围、位置、气象等自然地理形态方面的影响。但是，相比污染排放量指标，污染浓度指标对人体健康的影响更直接，也是公众最为关心的环境指标。因此，不同的环境质量度量指标所揭示的环境质量及其与经济活动关联的内涵有所区别，这也是使用不同污染指标对 EKC 假说展开验证得出不一致结论的重要原因之一。当然，以上内容都建立在污染数据真实有效的基础上。

三、环境库兹涅茨曲线的分歧

如果 EKC 假说是一个普遍成立的现象，那将意味着经济增长是环境改善的可行途径，而非《增长的极限》中所认为的经济增长是环境改善的潜在威胁。这对发展中国家具有十分重要的政策含义，EKC 假说的成立意味着发展中国家的环境问题可以由发展本身来解决，从而跳出环境保护与经济发展权衡取舍的政策怪圈。但是，大量学者对不同国家或地区不同时期内的数据进行计量研究后发现，经济发展与环境污染间的关系并非稳健地呈倒 U 形，而是出现单调形、U 形、N 形等多种如公式（5－1）中所述的复杂情形，甚至不同研究使用同一国家或地区的数据样本也会得出相互矛盾的不一致结果，这无形中增加了对 EKC 假说的挑战。事实上，自 EKC 假说提出以来，对它的质疑就从未间断。部分研究者从 EKC 假说的解释力、适用性等方面进行了批判性思考，甚至否认 EKC 的存在。

1. 理论上的分歧

（1）技术与污染。

技术效应是 EKC 形成的关键解释之一。新技术能够提高生产率，但是对社会也可能产生潜在的新危害，如新的有害废弃物。从技术进步的历史进程来看，虽然工业革命推动了技术进步，但也同样诱发了工业污染，成为生态环境破坏加速的主要助推器。不仅如此，技术进步也可能诱发能源需求增加的回弹效应，带来规模效应的提升。因此，如果一项新技术最终将增加原有的污染排放量并导致新的污染源出现，那么技术效应对 EKC 的作用就非常有限。

（2）生态承载力。

生态环境的破坏需控制在一定的可逆的生态阈值之内，即保持最低限度的生态承载力。一旦环境污染越过了生态阈值，将产生无法弥补的后果，那么 EKC 拐点后的下降部分将无法出现。目前，EKC 假说的理论及经验研究大多关注人均收入（人均 GDP）的拐点位置，人均收入标准成为判断一个国家或地区是否跨过 EKC 拐点的关键因素。但是这暗含了生态环境始终保持在一定的生态阈值之内。显然，这是一个过于严格且未被证实的假定。因为生态环境破坏超过一定阈值而引发的生态移民甚至文明衰退也存在现实案例。

（3）污染转移。

污染转移也对 EKC 假说的成立构成了严峻挑战。在自由贸易条件下，由于比较优势及分工等原因，发展中国家和地区专门从事劳动密集型和资源密集型产品的生产，进而成为污染品的净出口国；而发达国家和地区专门从事人力资本密集型和资本密集型产品的生产，进而成为污染品的净进口国。如果随着收入增加，人们对制成品的需求收入弹性并没有随之下降，那么发达国家制造业比重下降的事实仅仅反映了对制成品的超额需求是通过从发展中国家进口的方式得到补充的。发达国家的消费结构也并没有随其生产结构发生改变。此时，一个国家的生产结构、消费结构以及国际贸易是相互联系的。因此，发展中国家向发达国家出口制成品是 EKC 上升部分形成的重要因素，EKC 只不过是记录了污染工业从发达国家向发展中国家转移的过程（陆旸，2012）。从全球视角来看，这种污染的空间转移并没有从根本上降低污染物的排放量。EKC 假说是否能够得到验证也将受研究空间范围的严格影响。

2. 经验研究上的分歧

（1）识别问题。

EKC 假说的本质是经济发展对环境质量的影响。而真实的经济发展与环境质量之间的影响关系并非单向性的，经济增长与环境质量存在相互影响。经济增长会影响环境质量，而环境质量恶化反过来也会影响经济增长，例如，严重的环境污染会对公共健康产生重大损害，从而挤出人力资本甚至物质资本。并且，基于公式（5－1）的简化模型对 EKC 假说开展的经验研究只能反映经济发展与环境质量间的相关关系，而不是因果机制。此外，简化模型也不适合用收入来描述环境退化的机制。

（2）二次项的解释问题。

人均收入指标的二次项及三次项的引入也会产生无法解释的现象。例如二次函数的引入意味着在足够高的收入水平上，环境退化可能趋于零，甚至变为负值，这显然在现实社会中无法得到验证。二次函数的另一个缺点是它的对称性，即曲线的上升部分与下降部分具有相同的斜率。这意味着当收入超过某一阈值水平后，环境改善速度将与以前的环境污染速度相同。但是实际中，大多数污染物往往会积累并持续很长时间，因此它们通常比生产更难缓解。

（3）同质性假定。

早期对 EKC 假说的验证多基于跨国数据。实证检验中 EKC 的上升段主要由发展中国家构成，EKC 的下降段则主要由发达国家构成，该方法实际上是将发展中国家与发达国家数据进行简单的拼接，忽略了各国在经济结构、资源禀赋、政治体制等方面的差异。并且，基于跨国数据的研究也暗含了每个国家环境质量随经济发展的变化轨迹都遵循同一条 EKC，即落后国家位于 EKC 的初始阶段，中等发展中国家位于拐点附近，而发达国家处于 EKC 的下降阶段。但是如果仅对单个国家的时间序列数据展开分析，那么很可能只能观察到环境质量与经济发展之间的线性关系（陆旸，2012）。当然，这也取决于研究时间的长短。因此，EKC 假说的验证方式和估计模型并不意味着发展中国家一定能越过 EKC 的拐点。这个问题同样适用于使用一国内部区域间数据所开展的研究。

（4）指标选取问题。

前文已经指出，不同的环境质量度量指标可能会导致不同的EKC假说估计结果。单个环境指标很难反映环境质量与经济发展之间的综合关系。而现实情况可能更为复杂。一方面，在一个国家或地区范围内，一种污染物的减少可能伴随着其他污染物的增加，例如常规空气污染（二氧化硫、颗粒悬浮物等）在很多发达国家或地区并非十分严重的问题，但是二氧化碳已经成为不可忽视的环境问题；另一方面，基于空间层面的污染指标无法捕捉污染转移问题，一个空间维度上环境质量的好转很可能源于污染的空间位移，那么在一个更大的空间维度上，环境质量可能并没有好转，甚至可能出现恶化。

第四节　城市化的资源环境效应

在一国内部，工业化与城市化是人类经济行为影响生态环境的主要形式。不同于工业化，城市化是一个包含多维含义的复杂社会发展过程，它不仅表现为人口由农村向城市的集中、农业人口的非农转换，还表现为城市用地范围的不断扩展和城区面积的不断扩大；不仅表现为农业活动的非农（工业）转换、产业结构的升级和整合优化，还表现为生活理念、生活方式、文化理念、价值取向等向农村区域的影响、扩散、传播和渗透等。城市化本身是由经济结构，尤其是产业结构从以农业为主向以非农产业为主的转变所驱动的，这一过程伴随着经济增长模式、社会组织结构和居民生活方式的多维变革。因此，从本质上讲，城市化并非简单的人口集聚或城市蔓延，而是一个引发社会和经济结构整体发生嬗变的复杂过程（邵帅等，2015）。

一、城市化过程中的生态环境问题

应当指出，城市化对环境和人类福祉都产生了一定的积极影响。城市化可通过专业化与多样性、人力资本积累、信息交流网络、交易效率提高等促进产业结构转变、技术创新的产生及扩散，进而推动经济增长。但是与此同时，城市化进程中城市人口的增加和城市规模的扩大也对社会经济、自然资源和生态环境产生了巨大影响，引发了一系列矛盾和问题，其中尤为突出的就是资源消耗过大、环境污染加剧（奥莎利文，2015）。

城市化一方面直接改造了自然环境的空间形态和生态功能，另一方面也通过大量的能源消耗、资源利用不断向所在区域排放废弃物，直接影响生态环境。城市系统内的城市化和人类活动对自然环境产生了许多破坏性和不可逆转的影响，例如空气污染、水污染、土壤污染和生物多样性减少等城市生态环境问题。

城市化不仅对当地生态环境产生影响，对其邻近地区甚至邻近地区之外的地区也会产生巨大的所谓生态足迹。城市化需要大量开发自然资源以支持城市经济发展，包括过度开采能源资源，大规模开采与挖掘砂、砾石和建筑材料以及过度开采水资源等，造成了自然生态系统的退化和关键生态系统功能不可逆转的丧失，如破坏了水文循环、碳循环和生物多样性。生态环境的污染和退化不仅加剧了城市与非城市地区或其他依赖这些有限资源的欠发达地区间的冲突，也产生了其他在时间和空间上更具广度的负面影响，例如具有流域性质的河流污染、具有较强外溢效应并影响人类健康的空气污染以及相当难以恢复和治理的土壤污染。如何平衡城市化进程与生态环境问题已经成为世界各国，尤其是发展中国家实现可持续发展的关键问题。

二、城市化对生态环境影响的理论解释

城市作为地方、区域和全球环境变化的驱动者和主要承担者，在关于城市化和环境变化的讨论中扮演了关键角色。越来越多的证据表明，城市化与环境影响之间联系的模式和规模可能随着时间的推移而变化，这取决于物质、社会和经济背景以及发展轨迹。

伴随城市化的快速发展和推进，生态环境对城市化的响应关系变得愈发复杂。一方面，随着城市化进程的加快，城区土地面积扩张、人口增长、经济发展加速、工业化水平提高，带来能源消耗、工业企业污染物的排放、汽车尾气的排放等增加，对环境产生了负面影响。另一方面，随着城市化进程的加速，居民环保意识觉醒，城市环保投入不断增加，绿化覆盖改善，以及绿色技术进步带来的污染物控制和治理能力提高，对环境产生了积极影响。并且，环境恶化会对居民的健康及其生活方式、城市的产业结构布局带来影响，也对城市的发展形成反向约束，比如空气质量的恶化会降低居住环境质量和损害公众健康，从而也构成强化环境治理和绿色发展的持续推力。

城市化对环境存在多种影响路径，代表性理论解释有：

（1）城市化阶段理论。

就城市发展阶段而言，城市化的不同阶段将可能出现不同的环境问题。城市化与环境质量的关系可以借鉴 EKC 假说。在城市化的初期阶段，城市面临的主要问题是增加城市财富总量，因此面临更多的是与贫困相关的环境问题。随着经济加速发展，工业化成为城市化的主要推力，城市化与工业化叠加，产生了更为严重的工业污染与环境问题。而当居民收入达到一定程度，越过拐点之后，城市化也逐渐迈入后工业化时期，工业逐渐萎缩，服务业成为城市经济的主导产业和主要推力，与消费相关的环境问题成为城市面临的主要环境问题。因此，城市化阶段理论认为城市与工业的发展对环境质量的影响呈现出阶段性特征，环境质量将随着城市化的推进呈现先恶化后改善的倒 U 形特征。

（2）集聚理论。

城市化过程伴随着人口和要素的集聚，而经济集聚对环境污染的影响具有不确定性。一方面，经济集聚对产出具有规模效应，即伴随着经济活动的集中，产出规模的扩张会引起单位空间内污染排放总量的增加，从而加剧环境污染。城市化进程会伴随大量的基础设施建设，从而会增加对水泥、煤炭、钢铁等高能耗、高污染产品的需求，进而加剧

环境污染。同时，城市居民通常相较农村居民具有更大的能源需求和能源消费足迹。城市化会使居民整体人均能源消费量增加，对能源的需求也相应增加。而能源的生产和消费是环境污染产生的主要原因，所以城市化带来的城市人口和经济规模扩张不可避免地会对环境带来负面影响。

另一方面，城市化带来的经济集聚对环境污染也可能具有积极的改善作用，这种正向效应来源于集聚经济的规模经济效应、成本节约及各类溢出效应。相对于分散的生产方式，集中的生产方式具有规模经济效应、规模报酬递增和冰山成本等特征，经济集聚可通过共享、匹配、学习等机制有效节约企业的生产成本、促进能源的集中利用，从而有利于降低能源损失、提高能源利用效率。并且，城市化推进有助于资源共享和知识溢出，并在较大程度上推动了技术进步，而绿色技术进步则有利于更加清洁的生产技术和工艺的推广应用，从而有利于促进清洁生产和末端治理，形成环境改善的推力。

（3）紧凑城市理论。

紧凑城市理论以规模经济与集聚效应理论为基础，认为城市的紧凑型发展模式将会节约能源，城市密度较大会提升城市基础设施的规模效应，减少交通能耗与电力能耗，进而降低能源消费与污染排放。

与紧凑城市相对的是城市蔓延，城市蔓延是一种具有低密度、分散化、非农用地无序增长和对机动车的依赖性较高等特征的城市化模式，其在城市发展初期能够分散中心人口、优化中心区功能和加快城市发展，但是在后期会导致耕地损失、交通拥堵、土地利用率下降、资源环境压力增大等问题，从而不利于城市的可持续发展。紧凑城市的主要目标是防止城市空间蔓延造成资源和能源浪费，从保护资源的角度遏制城市的无序扩张。另外，该理论也关注城市密度与城市规模的内容。由于紧凑城市理论推崇高城市密度和城市规模，因此对经济发展和政府制定政策产生了一定的影响。

城市化与环境污染的关系受城市化推进模型影响。尽管从理论上讲，一般意义上的城市化过程均是因“推拉”模式而发生，但从现实来看，城市化可以表现出不同的推进模式。从空间布局来看，城市化的推进模式可以分为深度型模式和广度型模式。城市化深度推进模式符合紧凑城市理论，其主要发生在城市原有区域，体现了城市的密集发展程度，例如旧城改造和商业中心建设。城市化广度推进模式是指城市从原有区域向周边蔓延的低密度扩张方式，吻合城市蔓延理论，主要表现为新区建设、城市扩展、乡镇产业化等城市化推进模式。

从紧凑城市理论来看，城市化深度推进模式更符合紧凑城市发展的理念，不仅有助于要素的合理配置，以及集聚效应和共享经济优势有效发挥，而且在产业上通常以环境友好型的服务业为主，更有利于节能减排。相对而言，规模扩张型的城市化广度推进模式具有城市蔓延的特征，更多采用低密度、分散化的空间布局形态。这一方面不利于集聚经济和共享经济优势的发挥，如增加居民的通勤成本及对私家车辆的需求；另一方面，快速低密度扩张的城市蔓延增加了资源及能源的消耗，加剧了环境污染。

三、可持续的城市化

由于当前伴随城市化发展所出现的各种危机，城市化的推进需置于生态文明的视野之内，秉承可持续城市化的理念。可持续城市化旨在实现可持续发展的城市化进程，因此，可持续城市化包含城市化和可持续发展两个概念。而可持续城市化可以分为两个层次，第一个层次是可持续城市，第二个层次是可持续城市发展或城市可持续发展。可持续城市是一个社会、经济和生态环境在其中得到协调管理和战略处理的经济空间。城市可持续发展是一个动态的过程，在这个过程中，社会、经济、环境和治理可持续性都受到同样的关注。

根据定义，城市可持续发展需秉承以下原则：

（1）适当利用资源以保证代际平等；

（2）保护自然环境；

（3）提升资源利用效率，减少不可再生资源使用；

（4）增进经济活力和多样性；

（5）提升社区自治力；

（6）满足个人福祉和人类基本需要。

对城市可持续发展的评估也应遵循以上原则展开。综合来看，城市可持续发展强调在一定的时空尺度上，通过长期持续的城市增长及其结构进化实现高度发展的城市化和现代化，从而既满足当代城市发展的现实需要，又满足未来城市的发展需要。

城市可持续发展是城市的数量、规模和结构由小到大、由低级到高级、由不协调到协调、由非可持续到可持续的变化过程。从城市规划与设计的角度看，城市可持续发展必须与其自然环境相适应，与环境和谐一体；从城市生态角度看，城市可持续发展要求城市社区不仅要有良好的生活环境，还应与政治、经济和文化相协调，是一个健康、自立且能自然平衡的社会-经济-自然复合生态系统（许抄军，2008）。一言以蔽之，城市可持续发展能够实现经济、社会、资源、环境的协调发展，达到经济效益、社会效益和生态效益的最大化，成为未来城市化的主要演进方向。

关 键 词

生态环境污染的经济损失　经济增长　环境需求　环境库兹涅茨曲线　城市化

思 考 题

1. 如何理解资源和生态环境约束下的增长极限？
2. 如何理解生态环境污染的经济损失？
3. 试从收入弹性的角度分析人们对环境质量的需求。
4. 环境库兹涅茨曲线理论是否意味着环境问题可以由经济发展来解决？
5. 如何理解城市化对环境质量的影响？

参考文献

拓展阅读

第六章

环境治理与公共政策

第一节 环境治理的公共政策

一、环境治理的政策理念

1. 环境治理的历史演变

中国的生态环境保护正式开始于1972年，环境治理的演变与国家生态环境保护的历史变革基本上保持同步。中国生态环境保护主要经历了以下几个阶段：

第一阶段（1973—1978年）：初始"三废"治理的起步阶段。1972年之前，中国在观念上认为社会主义国家不存在环境污染，工业污染是资本主义社会的产物。1972年之后，上述观念开始发生转变。这一时期提出了环境保护工作32字方针，在全国逐步开展以"三废"治理和综合利用为主要内容的污染防治工作。

第二阶段（1979—1992年）：污染防治"八项制度"建立阶段。中国的生态环境保护事业是在改革开放之后才开始走上正轨的。改革开放以来，沿海地区抓住国际产业转移的机遇，大量承接劳动密集型产业，推动了经济社会快速发展。经济发展和产业转移带来了日益严峻的环境问题，中央政府开始制定生态环境保护法律制度来解决环境问题。这一时期提出了要积极推行环境保护目标责任、城市环境综合整治定量考核、排放污染物许可证、污染集中控制、限期治理、环境影响评价、"三同时"制度、排污收费八项环境管理制度，中国的环境污染控制管理制度体系初步建立。此外，这一时期还制定了相应的法律法规，包括：1979年制定的《中华人民共和国环境保护法（试行）》，1982年制定的《中华人民共和国海洋环境保护法》（简称《海洋环境保护法》），1984年制定的《中华人民共和国水污染防治法》（简称《水污染防治法》），1987年制定的《中华人民共和国大气污染防治法》（简称《大气污染防治法》）。

第三阶段（1993—2000年）：环境质量管理雏形发展阶段。邓小平同志南方谈话之后，全国上下掀起了改革开放和经济发展的新一轮热潮。经济发展带来了耕地占用、生态破坏和环境污染等问题。全国人大常委会加快了生态环境保护立法进程，以应对这些问题。1989年12月《中华人民共和国环境保护法》（简称《环境保护法》）正式出台，20世纪90年代修正了《大气污染防治法》《水污染防治法》，制定了《中华人民共和国固体废物污染环境防治法》（简称《固体废物污染环境防治法》）、《中华人民共和国环境噪声污染防治法》（简称《环境噪声污染防治法》）等，我国生态环境保护的法律体系初步形成。这一时期，我国提出推进“一控双达标”，即控制主要污染物排放总量、工业污染源达标和重点城市的环境质量按功能区达标，提出环境质量管理目标责任制。国家启动了“33211”重大污染治理工程。其中，“33”是指三河（淮河、海河、辽河）、三湖（滇池、太湖、巢湖）；“2”是指两控区，即二氧化硫和酸雨控制区；“11”是指一市（北京市）、一海（渤海）。

第四阶段（2001—2014年）：以总量控制带动质量改善阶段。2001年12月我国加入世界贸易组织（WTO）之后，经济增长加速，能源和钢铁化工等重化工业比重不断提高，产能产量跃居世界前列，资源能源消耗快速增长，主要污染物排放总量大幅增加，重点区域和流域环境质量持续恶化。国家把主要污染物排放总量和单位GDP能源消耗下降比例作为约束性指标，纳入“十一五”规划，并分解到各省（市、区），严格执行污染物排放总量控制制度。总量控制是这一时期的核心环境管理手段，成为经济社会发展规划的关键约束性指标。通过“三大”污染物减排措施和强化目标责任考核，树立了环境保护在地方政府考核中的地位，通过污染物减排遏制了环境质量恶化趋势。在生态环境保护立法上，修正或修订了《大气污染防治法》《水污染防治法》《固体废物污染环境防治法》《海洋环境保护法》，制定了《中华人民共和国放射性污染防治法》《中华人民共和国环境影响评价法》《中华人民共和国清洁生产促进法》《中华人民共和国循环经济促进法》等。

第五阶段（2015年以来）：改善环境质量成为环境保护的核心阶段。党的十八大把生态文明建设纳入“五位一体”总体布局，绿色发展成为新的发展理念，坚持人与自然和谐共生作为新时代中国特色社会主义的基本方略之一，坚决向污染宣战。围绕全面建成小康社会目标，改善环境质量成为公众的迫切需求。中央政府实施了大气、水、土壤三个“国十条”，提出了改善环境质量的具体目标，环境质量管控成为环境保护工作的核心。我国进一步完善生态环境保护立法，2016年通过了《中华人民共和国环境保护税法》（简称《环境保护税法》），2018年施行；2021年通过了《中华人民共和国噪声污染防治法》，2022年施行，《环境噪声污染防治法》同时废止。

综上可见，中国环境治理的重点经历了从三废治理到生态文明建设的转变。党的十八大以来，我国将生态文明建设上升到国家战略层面，“增长优先”逐步向“保护优先”转型，为环境治理注入了新的动力。2015年，党中央、国务院印发了《关于加快推进生态文明建设的意见》，把生态环境保护纳入政治建设、经济建设、社会建设、文化建设、生态文明建设“五位一体”的总体布局中进行统筹。

2. 从环境管理到环境治理

环境治理（environmental governance）是指通过制度和政策设计，防治环境污染，促进环境保护。与环境管理（environmental management）相比，环境治理更加侧重于体制机制的设计和公共政策的运用，强调通过制度和政策设计，达到环境污染防治和环境保护的目的。

2012年以前，我国环境治理强调政府主导、企业治理、统一监管，但对企业应该承担的主体责任要求不足（解振华，2019）。由于强调以政府管制、行政管理为主，市场机制不完善，公众参与生态环境保护缺乏有效引导，参与不足和过度参与的问题并存。在发挥政府主导作用方面，“十一五”时期以来主要是通过节能减排约束性指标推动地方政府落实环保职责。党的十八大以后，国家提出了生态环境保护“党政同责”的要求，并通过中央生态环境保护督察制度，推动这一要求的落实。

可以看到，过去四十多年来，我国环境治理主要是强调管理，围绕“管”字做文章。有人把环境治理中政府和企业的关系形容为猫与老鼠的关系（朱玫，2014）。即使是新环保法实施以后，企业仍然是被管理对象，面对在数量上比环保部门多成千上万倍的企业，环保执法人员往往疲于应付，不好管、管不好。在这一背景下，需要重新审视政府在环境治理中的地位和作用，扬弃传统的政府管理模式，推进由政府主导的环境管理向社会全面参与的环境治理的转变，合理定位政府职能，推动各利益相关方建立合作伙伴关系，形成“政府公众并肩走”，实现社会共治。

环境治理的国际经验表明，从“管理”到“治理”是当今世界应对环境问题的基本趋势（陈海秋，2011）。2020年3月3日中共中央办公厅、国务院办公厅印发的《关于构建现代环境治理体系的指导意见》明确指出了构建现代环境治理体系的思路，以强化政府主导作用为关键，以深化企业主体作用为根本，以更好动员社会组织和公众共同参与为支撑，实现政府治理和社会调节、企业自治良性互动。

从管理到治理，一字之差，天壤之别。“管”是被动的，是命令与服从的关系。环保部门高高在上，指令多于指导；企业往往想方设法应付了事，并没有把环保作为企业的社会责任。“治”是主动的，是平等合作关系，是团队伙伴关系。也就是说，把政府和企业的关系从猫和老鼠的关系，变为平等合作的伙伴关系（朱玫，2014）。管理模式与治理模式的区别在于，管理的主体主要是政府，治理不仅需要发挥政府的作用，还需要企业、社会组织、公众等主体积极参与；管理的运作模式是单向、强制、刚性的，治理则是包含上下互动、横向流动的复合型模式，更加注重协同性和互动性（刘瀚斌，2020）。

二、环境治理的公共政策及目标导向

1. 环境治理与公共政策的关系

公共政策是指国家通过资源的战略性运用，协调各项经济社会活动及其相互关系的一系列政策的总称。

环境治理要运用公共政策，达到环境污染防治和环境保护的目的。环境治理的公共政策通常表现为环境规制的形式。环境规制是指各级政府为实现环境保护目标而制定的环境污染防治政策，也可以理解为环境污染治理的政策手段。

2. 环境规制的政策手段

一般来说，环境规制的政策手段可以分为三类：第一，命令型和控制型政策方法，主要是行政和法律手段，譬如，污染物排放标准、污染物排放许可、环境检查督察等；第二，经济型和激励型政策方法，主要是环境经济政策，譬如，环境税、环境友好型技术或产品的补贴、排污权交易等；第三，鼓励型和自愿型政策方法，主要是通过环境信息公开、宣传教育等手段，鼓励与引导企业和个体采取自愿的减排行为。

过去对环境规制的关注，主要集中在行政和法律手段以及环境经济政策方面，狭义的环境规制往往等同于行政和法律手段加上环境经济政策。与环境规制的行政和法律手段相比，环境经济政策手段的应用经历了一个逐步扩展的过程。最初主要是排污收费，其征收范围逐步扩大、标准逐步提高。随着《环境保护法》的修订和《环境保护税法》的实施，排污收费改为征收环境保护税。近年来，环境保险和排污权交易制度也在各地试行，2013 年起，7 个省区和城市开展了碳交易试点，2016 年 12 月，福建省启动碳交易市场，成为国内第 8 个碳交易试点。2021 年 7 月，全国性碳市场启动线上交易。

3. 环境治理的目标导向：从末端治理到总量控制再到环境质量管控

我国环境治理政策的目标导向经历了从末端治理到总量控制，再到环境质量管控的转变。早期的环境治理主要是工业污染治理，包括废水、废气、固体废弃物的三废治理，强调末端治理。随着污染物排放量的增加，环境治理的政策导向转向污染物排放总量控制管理。总量控制是指以控制一定时段内一定区域内污染物排放总量为核心的环境治理方法体系。它包含三个方面的内容：一是污染物的排放总量；二是排放污染物总量的地域范围；三是排放污染物的时间跨度。污染物排放总量控制又分为目标总量控制和容量总量控制。我国的总量控制基本上是目标总量控制。目标总量控制是以排放限制为控制基点，从污染源可控性研究入手，进行总量控制负荷分配。1986 年，国家环境保护委员会颁布的《关于防治水污染技术政策的规定》明确指出，对流域、区域、城市、地区以及工厂企业污染物的排放要实行总量控制。1996 年国务院批准实施《“九五”期间全国主要污染物排放总量控制计划》，“十五”“十一五”“十二五”期间都实行了目标总量控制。

然而，一方面，环境容量底数不清，污染物总量减排目标与环境质量改善的关系不对应，在实际工作中又存在重减排轻新增等问题，导致污染物排放总量控制不能达到有效改善环境质量的目标。另一方面，随着城市环境污染从单一污染走向复合型污染，城市环境污染治理难度不断增大，污染物排放总量控制也越来越不能满足复合污染治理的需要。近年来，环境质量管控成为环境治理的主要政策目标，标志是《大气污染防治行动计划》（大气十条）、《水污染防治行动计划》（水十条）、《土壤污染防治行动计划》（土十条）的出台和实施。

三、环境治理体系和治理能力

1. 构建现代环境治理体系

2020 年 3 月 3 日中共中央办公厅、国务院办公厅印发的《关于构建现代环境治理体系的指导意见》提出，构建党委领导、政府主导、企业主体、社会组织和公众共同参与的现代环境治理体系，目标是导向清晰、决策科学、执行有力、激励有效、多元参与、良性互动。

现代环境治理体系由七大体系组成：一是环境治理领导责任体系，中央和地方的党委和政府承担环境治理的领导责任，明确中央和地方财政支出责任，除全国性、重点区域流域、跨区域、国际合作等环境治理重大事务外，主要由地方财政承担环境治理支出责任；二是环境治理企业责任体系，依法实行排污许可管理，推进绿色清洁生产，落实企业环境治理责任，加强环境治理信息公开；三是环境治理全民行动体系，强化社会监督，动员公众参与环境治理，加强宣传教育以提高公民环保素养；四是环境治理监管体系，完善监管体制，加强司法保障，强化环境监测能力建设；五是环境治理市场体系，加快形成环境治理的市场环境，强化环保产业支撑，推进环境污染第三方治理，建立健全“污染者付费＋第三方治理”等机制；六是环境治理信用体系，完善企业环保信用评价制度，建立完善上市公司和发债企业强制性环境治理信息披露制度；七是环境治理法律政策体系，进一步完善法律法规和环境保护标准，加强财税金融支持。

概括而言，环境治理体系建设，一方面要明晰政府、企业、公众等各类主体的权责，以强化政府主导作用为关键，以深化企业主体作用为根本，以更好动员社会组织和公众共同参与为支撑，实现政府治理和社会调节、企业自治良性互动；另一方面，要完善经济政策，健全市场机制，规范环境治理市场行为，健全法律法规标准，严格执法、加强监管，加快补齐环境治理体制机制短板。

2. 环境治理体系中的利益相关方

政府、企业、公众、社会组织等是环境治理的主体，也是环境治理的利益相关方。其中，企业往往是环境污染物的排放者，需要承担环境污染治理的责任，也往往是环境治理监管的对象；公众在大多数情况下是环境污染的受害者，但有时公众也是环境污染物的排放者，譬如生活垃圾、生活污水、生活用能引发的碳排放等，因此公众不仅要承担起环境治理监督的责任，有时也要承担起环境治理的主体责任；环保社会组织主要是起到环境治理的社会监督责任；政府是环境污染治理的领导者、组织者、监督者以及执行者，要承担环境治理的领导责任、监管责任、执法责任。

3. 从政府主导到社会参与

过去，环境治理往往与政府主导等同起来。近年来，环境信息公开和公众参与逐步走向制度化和程序化，环境社会治理引起了越来越多的关注。环境社会治理是用社会治理的理念和方法，全方位调动社会力量参与环境治理。环境社会治理是环境治理体系的重要组成部分，与环境治理中政府规制和市场调节相对应，既相互补充又相互交叉影响。

当前环境社会治理侧重于环境信息公开和公众参与，与环境治理中的鼓励型和自愿型政策方法在理念和方法上有较多的相通之处。一方面是环境信息公开。环境信息公开是缓解环境信息不对称的重要途径。环境信息包括政府环境信息和企业环境信息。《环境信息公开办法（试行）》规定，环保部门应当在职责权限范围内向社会公开政府环境信息；同时鼓励企业自愿公开企业环境信息；当污染物排放超过国家或者地方排放标准，或者污染物排放总量超过地方人民政府核定的排放总量控制指标时，污染严重的企业名单等信息应该向社会公开。另一方面是拓展公众参与渠道。不仅要调动公众参与政府主导的环境保护工作，更要强调社会主体的自我管理和环境保护多元共治。要推进环保设施和城市污水垃圾处理设施向公众开放，完善公众参与环境监督和举报的制度设计。近年来，在河长制的实践中，浙江等地出现了民间河长，聘用部分民间人士担任河长，参与环境监督举报，有效推动了环境社会治理。

4. 环境治理能力建设

在健全环境治理监管体系方面，监测能力建设是基础和保障。《关于构建现代环境治理体系的指导意见》提出：加快构建陆海统筹、天地一体、上下协同、信息共享的生态环境监测网络，实现环境质量、污染源和生态状况监测全覆盖；不断完善生态环境监测技术体系，全面提高监测自动化、标准化、信息化水平，推动实现环境质量预报预警，确保监测数据“真、准、全”；推进信息化建设，形成生态环境数据一本台账、一张网络、一个窗口；加大监测技术装备研发与应用力度，推动监测装备精准、快速、便携化发展。

当前，要积极发挥数字治理的作用，推进环境治理的信息化、数字化、智能化，为环境治理能力现代化提供科技支撑。我国有不少产业园区已经将信息化、智能化技术引入环境监测体系，对企业生产过程产生的污染排放进行全天候、自动化的实时监测，同时也运用信息化、智能化技术对监测设备和监测过程进行监控，确保环境监测结果的准确性和真实性。

第二节　地方政府与环境治理

一、地方政府的政策目标与环境治理

在我国环境治理体系中，地方政府是环境治理过程的重要参与者，地方政府负责环境治理政策的制定、执行和监管，具有举足轻重的地位。在中国语境下，地方政府具有经济发展和环境保护的双重目标，往往面临着经济增长与环境保护之间的权衡（Wang and Lin，2010；Zhang et al.，2017a）。一方面，地方政府具有强烈的经济发展目标，地方分权、地方竞争强化了地方政府的经济发展冲动；另一方面，地方政府又有环境保护目标，无论是面对来自中央政府还是当地居民的压力，保护好当地环境都是地方政府的责任。一般来说，中央政府在环境保护方面有坚定的决心，但如果地方政府对经济发展的渴望更加迫切，环境政策在地方的执行力度会减弱。即使中央政府的环境治理意愿很强，在经济发展水平较低的地区，地方政府为了提高收入水平往往也优先致力于经济增长，从而造成地方政府和中央政府的目标错位。

财政分权体制是造成地方政府竞争的重要因素，也是影响地方政府目标的重要因素之一。现有研究证实，财政分权对地方政府目标和相应政策具有重要的影响（Han and

Kung，2015；He and Wang，2012)。1994 年分税制改革后，中央政府对各级政府的预算收益进行了分配，地方政府需要承担更多提供公共产品和服务的责任（Yang，2016)。这种税收共享制度为地方政府提供了追求经济增长的动力，但也导致了行政分割和地方保护主义，具体表现为地方政府能够自行决定如何实施中央政府制定的政策，使得中央政府政策在地方层面的效力打了折扣（Wei，2010；Zhang et al.，2017b)。在环境保护领域，这种现象尤其明显。由于地方政府的环保部门需要依靠地方财政支持来维持日常管理和运营，地方政府的环保部门往往不得不服从于地方经济发展的大局（Shi and Zhang，2006)。在财政分权的背景下，这就形成了一个悖论：只有当地方经济快速发展时，地方政府才能在环境保护上投入更多，而这又通常会导致生态环境恶化，这从另一个角度促成了地方保护主义，地方环境保护部门仍然要遵循当地的经济发展目标（Zhang，2017)。部分学者从财政分权的角度研究环境保护。例如，He（2015）发现财政分权对污染水平没有显著的直接影响，但财政分权通过污染治理支出和排污费影响环境保护的潜在机制。Zhang 等（2017c）表明，政府支出增加可以降低二氧化硫排放，这主要通过影响人均 GDP 来实现。

“以 GDP 论英雄”的地方政府官员绩效考核和晋升机制也是影响地方政府权衡经济发展与环境保护目标的重要因素。地方政府官员（省和市级政府）的政治激励在很大程度上决定了地方政府的政策目标，包括环境治理的执行力度（Zheng et al.，2014；Deng and Benney，2017；Feng et al.，2018)。长期以来，我国对地方政府官员的绩效评估一直依赖经济增长指标（Li and Zhou，2005)。由于环境治理会不可避免地影响区域经济，特别是在工业化早期和中期阶段对区域经济增长影响更大，地方政府官员往往倾向于将经济发展置于优先地位（Li et al.，2018)。如果改善环境质量对官员晋升没有太大帮助，他们就缺乏足够的动力进行环境治理。2005 年以来，中国开始将环境绩效纳入地方政府官员的绩效评估体系，但对环境质量改善的实际影响却很小。Feng 等（2018）对 2002—2013 年的地级市数据进行分析后发现，环境绩效对地方政府官员晋升没有显著影响，经济增长才是决定性因素。

二、地方政府的环境治理策略：从逐底竞争到生态优先

地方政府的环境治理策略演变可以用一个概念模型来解释（见图 6-1)。随着经济发展水平的提高，对地方政府而言，环境改善的边际成本逐渐下降，边际收益增加。当边际收益超过边际成本时，地方政府才有足够的动力进行环境保护。随着技术进步和知识积累，环境保护的边际成本趋于下降（Antle and Heidebrink，1995；Xepapadeas，1997)，地方政府在环境治理方面的边际成本也趋于下降。此外，严格的环境规制可能会导致企业迁移。然而，随着区域经济的发展，本地市场效应使企业倾向于留在当地而不是迁移（Zheng and Shi，2017)。结果，随着经济的增长，由环境治理引起的产业转移减少，给本地造成的边际损失减少。总之，对于地方政府而言，环境治理的边际成本随着经济增长而降低。

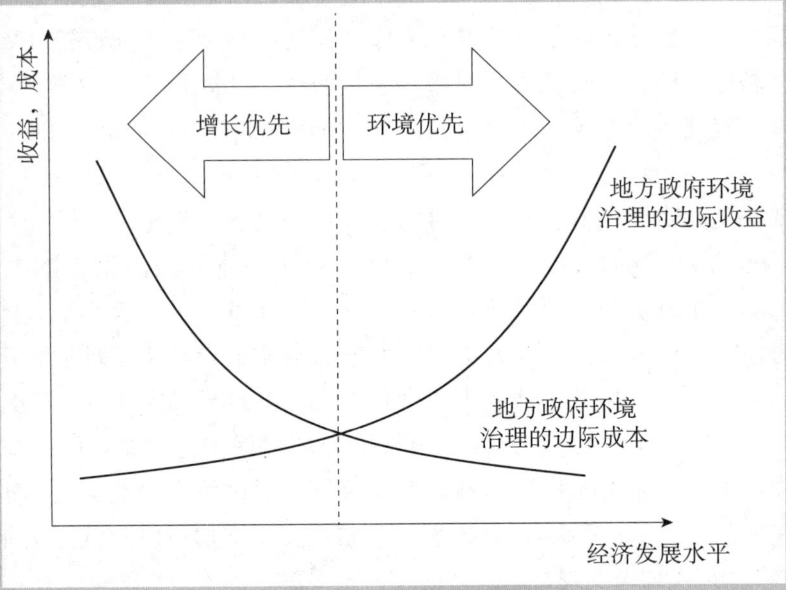

图 6-1　地方政府环境治理策略演变

环境治理的收益，一方面可以看作地方政府的绩效，另一方面也可以看作良好的环境质量所带来的经济利益。随着经济的发展，人们对良好环境和绿色产品的需求并非线性增加，而是边际需求递增（Panayotou，1997）。与经济发展水平落后时相比，当经济更为发达时，公众对于加强环境治理的边际满意度将大幅提高。对于地方政府而言，当经济收入达到较高水平时，经济发展质量的重要性将超过经济增长速度，对官员的绩效考核将不仅取决于经济发展，还会关注社会和环境质量状况。当经济发展滞后时，环境治理不能“雪中送炭”，但是当经济发达时，环境治理可以“锦上添花”（Feng et al.，2018），因而环境治理的边际收益会随着经济增长而提高。因此，地方政府的政策目标在不同的经济发展水平上是不同的，边际成本和边际收益的交点构成了从增长优先到环境优先、从被动环境治理到主动环境治理转变的门槛。

已有研究表明，在不同的经济发展阶段，地方政府对于不同目标的权衡取舍不同，从而会影响到对环境治理政策的执行和监管效果。一般来说，在经济发展初期，“以GDP 论英雄”往往成为地方政府政绩考核的导向，地方政府官员普遍认为环境保护会影响经济增长（Li and Zhou，2005；Wang and Lin，2010），在财政分权和官员晋升的双重压力下，地方政府有为了追求经济增长而放松环境治理的激励。因此，地方政府的优先目标是发展经济（Lee，2008；Liu and Diamond，2008；Dong et al.，2015），环境规制的执行往往会打折扣（Wei，2010；Zhang，2017；van der Kamp et al.，2017），许多地方采取“逐底竞争”（racing to the bottom）的做法吸引产业转移（Wheeler，2001；van Rooji and Lo，2010；He and Wang，2012；Zhou et al.，2017）。人们对高质量环境公共产品的需求往往随着经济增长而增加（Panayotou，1997），与此同时，随着经济发展水平的提高，经济增长压力减缓，环境保护压力增大，地方政府官员对环境治理的动机会趋于增强。因此，环境保护目标随着经济发展水平提高而变得重要（Zheng et al.，

2014；Lei et al.，2017；Xu，2018）。

可以认为，环境规制的效果与当地经济发展水平相关，这是因为环境规制的实施和监督在很大程度上受到地方政府环境治理意愿的影响，而地方政府的环境治理意愿与经济发展水平相关。随着收入水平由低到高，地方政府的政策目标会发生从增长优先到经济发展和环境保护并行，再到环境保护优先的转变。在现实中，在环境规制的作用下，近年来许多地方政府的政策目标已经从增长优先、逐底竞争逐步走向绿色发展、生态优先。

基于上述分析，可以认为，存在一个经济发展水平的门槛，当经济发展水平超过该门槛后，控制污染产业的规模会成为地方政府的优先策略，此时环境规制政策就可以收到较好的治理效果。

实证分析结果表明，以 2015 年不变价计算，省区尺度上人均 GDP 的门槛值为 94 630 元，城市尺度上人均 GDP 的门槛值为 90 018 元。当人均 GDP 超过该门槛值后，单位面积的污染物排放量趋于减少，环境规制的污染减排作用大幅增强（Pang et al.，2019）。从环境规制有效性的角度看，这一门槛值构成了地方政府的政策目标从经济增长优先到环境保护优先的分水岭。当经济发展水平超过该门槛后，地方政府在经济发展与环境保护的权衡中优先考虑环境保护，环境规制的执行变得更加有效。如果将这一门槛值与 2016 年各省市人均 GDP 进行对比，可以发现大多数地区尚未达到经济发展水平的门槛值。在省级行政区域中，只有北京、天津、上海和江苏超过了该门槛值。在地级市尺度上，除了少数资源型城市以及中部地区的武汉和长沙这两个省会城市以外，人均 GDP 超过门槛值的城市均位于东部沿海地区，尤其是长三角和珠三角地区。

地方政府的政策目标转换与经济发展水平相关是既有事实的统计归纳，但地方政府的政策目标转换不能完全依赖经济发展水平提高，或者说不能等经济发展水平提高后再去保护环境、治理污染。因此，需要坚持“绿水青山就是金山银山”的发展理念，通过合理的制度和政策设计，积极推动地方政府的政策目标转换。

第三节　企业应对环境规制的行为响应

一、污染避难所假说与波特假说

1. 污染避难所假说：环境规制对污染型产业转移的影响

污染避难所假说（pollution haven hypothesis）认为，污染企业往往转移到环境规制较为宽松的国家，将这些国家变成污染避难所。污染避难所假说的理论起源于国际贸易理论的赫克歇尔-俄林模型（H-O 模型）。Copeland 和 Taylor（1994）在 H-O 模型的基础上构建了一般均衡模型，阐述国际贸易和环境污染之间的关系。其中，北方是发达国家，南方是欠发达国家，两个国家均实施污染税作为环境监管的政策工具。Copeland 和 Taylor（1994）发现，在自由贸易的情况下，发达的北方会收取较高的污染税，这将迫使污染企业转移到污染税较低的南方国家。后续的研究对科普兰和泰勒的模型进行了延伸（Copeland and Taylor，2004；Zeng and Zhao，2009；Tang，2015）。污染避难所假说的理论研究表明，环境规制的地区差异会影响污染型产业的转移。环境规制较弱的区域会成为污染企业的避难所（haven）。有的学者把污染避难所称为污染天堂（heaven），两者的英文仅差一个字母，因此污染避难所假说有时也被称为污染天堂假说。

许多学者对污染避难所假说是否成立进行了实证检验，但研究结果存在分歧。Jeppesen 等（2002）发现，多数实证研究微弱地证实了污染避难所假说的成立（Levinson，1996；List and Co，2000；Keller and Levinson，2002）。随着模型技术的发展和数据质量的改进，近年来越来越多的实证研究认为污染避难所假说是成立的（Ederington et al.，2005；Morgan and Condliffe，2009）。

不少学者对污染避难所假说在中国是否成立进行了实证研究，研究结果也存在分歧（Ruan and Zhang，2014；Zhu and Ruth，2015；Lian et al.，2016；Wu et al.，2017）。根据 Zheng 和 Shi（2017）的研究，过去十几年来，中国污染型产业的空间分布发生了较大变化，污染型产业已经开始从东部地区向中西部地区转移。从 2004—2008 年到 2009—2013 年，东部地区污染型产业的区位商从 0.944 下降到 0.888，中部地区污染型产业的区位商从 1.218 上升到 1.384。其中，水污染产业的空间分布变化尤为显著，东部地区的区位商从 1.027 下降到 0.949，中部地区则从 1.034 上升到 1.302。污染型产业从东部地区向中西部地区的空间转移，也表现为东部地区产业结构中的污染型产业占比下降。2004—2013 年，东部地区污染型产业产值占比从 70.6%下降至 50.8%。Zheng 和 Shi（2017）采用面板数据模型证实，污染避难所假说在中国也是成立的，不同类型的环境规制政策工具对污染型产业转移具有不同的效果。环境经济政策（如排污收费）和公众参与对污染型产业转移存在显著影响，而环境法规的实施效果则相反。此外，不同的环境规制政策工具对不同的污染型产业的影响也是不同的。

2. 波特假说：环境规制对技术创新和企业竞争力的影响

波特假说（Porter hypothesis）认为，适当的环境规制将刺激技术革新。这是因为，适当的环境规制可以促使企业进行更多的创新活动，技术创新将提高企业的生产力，抵消由环境规制带来的成本上升，提高产品质量，增强企业竞争力，有可能使企业在国内和国际市场上获得竞争优势（Porter，1991；Porter and van der Linde，1995）。这样既减少了污染物排放，又增强了企业的市场竞争力，可以使企业得到双重红利。实证分析证明，现实中确实观察到波特假说现象，表明适当的环境规制有可能促进经济增长及企业竞争力提升（李强和聂锐，2010；侯伟丽和方浪，2012；王兵和刘光天，2015），但也有研究发现波特假说不能得到验证（许士春，2007）。

针对波特假说的认识分歧，许多学者从环境规制的类型和强度、区域异质性、行业异质性等角度切入，开展了进一步的研究。原毅军和谢荣辉（2016）认为，波特假说成立与否，不仅与环境规制的强度密切相关，也取决于环境规制的类型。排污收费的费用型环境规制与工业绿色生产率之间呈 U 形关系，排污费水平只有跨过特定的拐点，才能发挥创新补偿效应；污染治理投资的投资型环境规制与工业绿色生产率之间具有负向线性关系，投资型环境规制未能支持波特假说。费用型环境规制与投资型环境规制在促进工业绿色生产率提升方面存在互补关系。张平等（2016）则认为，排污收费的费用型环境规制对企业技术创新产生了显著的挤出效应，排污费的征收增加了企业的生产成本，但是并不能促进企业进行技术创新；污染治理投资的投资型环境规制总体上对企业技术创新产生了激励效应，支持了波特假说。投资型环境规制通过降低企业技术创新的风险，增强企业的信心和预期水平，提升了企业的竞争力。沈能（2012）认为，环境规制强度和技术创新之间呈现U形关系，只有环境规制强度跨越特定门槛值时，波特假说才能实现。黄志基等（2015）发现波特假说还受到企业异质性的影响，环境规制对生产效率高的企业具有显著促进作用，但对生产效率低的企业影响不明显。

一些学者分析了区域差异对波特假说的影响。王国印和王动（2011）发现，波特假说在较落后的中部地区得不到支持，在较发达的东部地区则得到了很好的支持。沈能和刘凤朝（2012）以及沈能（2012）也认为波特假说在较落后的中西部地区难以得到支持，在较发达的东部地区则得到了很好的支持。波特假说还存在经济发展水平的门槛效应，人均GDP越高的地区，环境规制对技术创新的促进作用越显著。当人均GDP低于第一门槛值（11 505元）时，环境规制对技术创新的弹性系数为－0.005；当人均GDP介于11 505～17 979元之间时，环境规制对技术创新的弹性系数提升到0.018；而人均GDP跨越第二门槛值（17 979元）时，环境规制对技术创新的弹性系数可以上升到0.025。童伟伟和张建民（2012）验证了环境规制对企业研发投入的促进效应主要存在于东部地区，在中西部地区环境规制对企业研发投入并无显著作用。黄志基等（2015）发现处于不同的地理区位，环境规制对企业生产率的影响不同，相对于中西部地区，东部地区环境规制促进企业生产率增长的作用更为显著。

二、集聚经济与企业应对环境规制的行为响应

企业在环境治理中要发挥主体作用。作为市场主体，企业对环境规制的行为响应对于环境治理具有更加直接的作用。环境治理公共政策的制定，必须考虑企业对环境规制的行为响应。企业对环境规制的行为响应往往受到诸多因素的影响，其中包括集聚经济的因素。

经济活动的空间集聚是世界范围的普遍规律。许多地区和企业从空间集聚的正外部性中获益，实现了快速增长。空间集聚的正外部性可以促进产业集聚，增强知识溢出，降低创新成本，提高劳动力技能，强化上下游产业链（Cohen and Paul，2005；LaFountain，2005；Jofre-Monseny et al.，2011）。但经济活动的空间集聚也会带来负外部性。经济活动空间集聚程度的进一步提高，会带来交通拥堵、环境污染、企业间竞争加剧等一系列问题。一方面，过度的空间集聚导致拥挤效应，运输成本和生产要素价格会趋于上升（Wagner and Timmins，2009）。另一方面，过度的空间集聚会导致局部地区的资源环境负荷不断增大，环境污染加剧（姚从容，2016；Han et al.，2018）。

空间集聚的正负外部性会影响企业对环境规制的行为响应。空间集聚的正外部性是吸引企业空间集聚的关键因素，也是增强企业区位黏性、吸引企业强化创新投入的重要激励因素。企业在面对环境规制时，如果集聚经济不显著、集聚红利不大，产业转移的机会成本较小，企业就会选择转移到环境规制强度较弱的区域。如果集聚经济显著，可

以为企业带来足够的红利，企业的区位黏性增强，选择转移到其他地区就会面临较大的机会成本（集聚红利的损失），此时空间集聚的正外部性就会激励企业采用清洁技术、提高环境效率，因而企业就有了强化创新、提升技术效率的动力。因此，随着集聚经济的不断增强，企业对环境规制的行为响应会发生变化，污染避难所假说趋于减弱，逐步转向波特假说。可以说，集聚经济是波特假说成立的基础。

然而，当空间集聚的负外部性过大时，就不得不采取强有力的污染物排放总量控制措施。此时，资源环境承载力硬约束会倒逼产业转型和产业转移，部分污染企业会向资源环境负荷较低的区域转移。排放总量控制驱动的污染型产业转移，和企业向环境规制强度较弱区域的自发转移，尽管都表现为污染型产业的空间转移，但两者背后的驱动因素和作用机制是不同的。因此，在进行污染避难所假说分析时，需要注意区分企业自发的污染型产业转移和排放总量控制驱动的污染型产业转移。

空间集聚的正负外部性随着经济集聚度的增加而改变。在不同的集聚水平下，企业应对环境规制的行为响应会呈现阶段性的动态变化。实证分析结果表明，存在着两个经济集聚度的门槛，以建成区经济密度衡量，第一个门槛值约为 3 亿元/平方公里，第二个门槛值约为 17 亿元/平方公里（2015 年不变价）。当建成区经济密度超过第一个门槛值后，加强环境规制才能显著降低工业部门二氧化硫的排放强度，也就是说，波特假说所描述的工业企业的环境效率得到了显著提升；当建成区经济密度超过第二个门槛值后，加强环境规制才能显著降低工业部门二氧化硫的排放密度，也就是说，工业企业的环境污染物排放量趋于减少，环境负荷趋于下降。截至 2017 年，在省区尺度上只有北京、天津、上海三个直辖市的建成区经济密度超过第二个门槛值，其余省份介于第一个门槛值和第二个门槛值之间，处于波特假说描述的阶段。

第四节　环境政策的成本收益分析

一、成本收益分析

在制定和实施环境政策之前，有必要对环境状况及其变化的经济价值进行核算和评估，以尽可能减少社会经济活动对环境所造成的不利影响。自 20 世纪 90 年代以来，美国政府开始注意到环境保护和经济发展之间的协调关系，要求环境政策的制定或修改均使用成本收益分析（cost-benefit analysis）的结果作为主要依据。即采用合适的经济学方法和手段，对一项政策的成本和收益进行核算和分析，通过比较政策实施所带来的成本和收益大小，来判断政策的经济可行性和有效性。这样可以实现对现有和未来政策的改进和完善，以确保在合理开发和利用自然资源的同时，减少社会经济活动对环境所带来的损害。

成本收益分析，又称费用效益分析、经济分析、效益费用分析、国民经济分析或国民经济评价等。最初是作为西方资本主义国家评价非营利的、无法用利润来衡量的公共事业部门投资的一种方法，是从整个国民经济社会的角度来考虑某种项目方案或者政策的成本和收益问题，以提高资源配置的效率。最早提出成本收益分析概念的人是法国著名经济学家朱尔·迪皮（Jules Dupuit），他在1844年所写的论文《论公共工程效益的衡量》中指出：公共工程的效益并不等同于公共工程本身所产生的直接收入。而最早将成本收益分析运用于实践是在1936年美国颁布的《洪水控制法案》（Flood Control Act）中，该法案要求洪水控制项目对“任何人来说”收益都必须超过成本，提出要对洪水控制项目的可行性进行检验。20世纪60年代以后，随着环境问题日益凸显，以及各种环境公害事件不断发生，经济学家开始将成本收益分析方法应用于环境管理的决策分析中，对环境质量的变化开展评估。哈蒙德（Hammond）通过对水污染控制政策的成本和收益问题进行分析，首次将成本收益分析原理应用于污染控制研究中。同时美国的未来资源研究所也为成本收益的理论和方法发展作出了重大贡献，使得成本收益分析得到了广泛应用和发展。在1982年2月，美国政府发布命令，要求任何重大管理行动都要执行成本收益分析。自此，成本收益分析不再局限于对开发项目的评价范围，而是扩展到了对重大决策和计划的评估。现阶段，我国尚未形成空气质量管理的全过程评价方法和体系，尤其是缺乏成本收益的评估机制。我国政府目前也开始强调要对社会经济活动所带来的环境影响开展成本收益分析，虽然近些年取得了一些进展，但是仍有待不断完善。

二、成本收益分析的步骤

成本收益分析主要是通过对比政策实施所带来的成本和收益，给出政策是否具有经济可行性的判断。开展成本收益分析，主要可以分解为五个步骤：（1）明确分析的类别和范围，识别关键的环境影响；（2）分析和预测重要环境影响的可能后果；（3）采用价值评估方法对后果进行货币化估值；（4）计算所分析政策的成本和收益现值；（5）对比贴现后的成本和收益。

第一步，明确分析的类别和范围，识别关键的环境影响。对于一项环境政策、项目和方案而言，首先，必须确定分析对象的类别和划定分析的范围。范围必须足够大，需要将所涉及的环境影响涵盖在内，包括时间范围和空间范围。但受到法律和政治等方面因素的制约，分析的范围也不宜过大，以免对财力、物力和人力造成不必要的浪费。其次，还必须对关键的环境影响进行识别。人类的社会经济活动会给环境带来很多好处和坏处，即环境影响。但由于受到多种资源或者条件的制约，不可能面面俱到地考虑到所有环境影响，因此有必要筛选出最为重要的一种或者几种关键要素，并对这些关键要素进行重点考虑和分析，以尽可能地来探讨某项环境政策所带来的成本和收益。例如，在对某一企业进行环境影响评价时，识别该企业生产过程中所产生的主要污染物，便可了解该企业所造成的主要环境影响。

第二步，分析和预测重要环境影响的可能后果。在对主要环境影响进行识别以后，要对这些影响所带来的可能后果进行分析和预测。由于人类的社会经济活动会对环境功能和质量带来一定的损害，而当环境损害发生后，又会反过来对人类社会造成一系列的后果，例如农作物产量下降、过早死亡、建筑物被破坏等，因此，首先需要了解实施环境政策可能会影响的环境功能，其次需要分析环境功能可能受到破坏的程度，以及所带来的经济损失。

第三步，采用价值评估方法对后果进行货币化估值。在分析和预测重要环境影响的可能后果之后，就需要对相关的成本和收益进行货币化估值，以判断政策是否具有经济可行性。在进行货币化估值时，如果是市场中的商品，则可以通过交易价格对商品价值进行衡量。而对于一些无法直接量化估值的后果，则需要采用科学、有效的手段进行定量化评估，对隐含价值的介绍已经在第三章第一节中作出具体介绍，此处不再赘述。

第四步，计算所分析政策的成本和收益现值。由于政策的实施会涉及时间的跨度问题，因此在计算成本和收益的时候，需要通过贴现的方式将发生在不同时间的成本和收益都转化为现值（present value，PV），以提供可以比较的基础。对于现值的计算，可以用银行计算利息的方式进行解释。银行计算利息的方式主要分为单利计息和复利计息两种。其中，单利计息是以本金为基数来进行计息的方式，并假定每个计算周期的利息保持不变。那么，本金 P 元在利率为 i 的情况下，经过 n 年会产生 $P \cdot i \cdot n$ 的利息，第 n 年本金与利息之和的计算公式为：

$$F_n = P + P \cdot i \cdot n = P \cdot (1 + i \cdot n) \tag{6-1}$$

式中，F_n 为第 n 年的本金与利息之和，P 为本金现值，i 为利率，n 为时间。

复利计息，即所谓的“利上加利”，是按照本金和前期累积的利息之和来计算利息的方式。上一年的利息会作为本金，来计算下一年的利息。第 n 年本金与利息之和的计算公式为：

$$F_n = P \cdot (1 + i)^n \tag{6-2}$$

式中的符号与上述一致，此处不再赘述。

为了更加容易地区分单利计息和复利计息，可以通过一个简单的例子加以理解。例如，一个人在银行存入 10 000 元本金，银行利率为每年 3%。若采用单利计息，则第一年末本金会增长为 10 300 元，第二年末本金会增长为 10 600 元，第三年末本金会增长为 10 900 元。依此类推，第 n 年末本金会增长为 $P \cdot (1 + i \cdot n)$ 元。若采用复利计息，第一年末本金会增长为 10 300 元，第二年末本金会增长为 10 609 元，第三年末本金会增长为 10 927.27 元。依此类推，第 n 年末本金会增长为 $P \cdot (1+i)^n$ 元。

在计算所分析政策的成本和收益现值时，所采用的方法就是复利的计算方式。由上述复利的计算方式可知，现值为 P 元的本金在第 n 年末会增长为 $P \cdot (1+i)^n$ 元。反过来，为了计算当前的本金价值，需要用第 n 年末的 $P \cdot (1+i)^n$ 除以 $(1+i)^n$。因此，对于第 n 年末的成本 C_n 和收益 B_n 而言，现值的计算公式分别为：

$$\mathrm{PV}(C_n) = C_n / (1 + r)^n \tag{6-3}$$

$$\mathrm{PV}(B_n) = B_n / (1 + r)^n \tag{6-4}$$

式中，$\mathrm{PV}(C_n)$ 和 $\mathrm{PV}(B_n)$ 分别为成本和收益的现值，C_n 和 B_n 分别为第 n 年末的成本和收益，r 为社会贴现率。

对于从现在到未来的 n 年里都会发生的一系列成本和收益，发生在不同年份的成本和收益现值分别为：

$$\mathrm{PV}(C_m)=\sum_{m=0}^{n}\frac{C_m}{(1+r)^m} \tag{6-5}$$

$$\mathrm{PV}(B_m)=\sum_{m=0}^{n}\frac{B_m}{(1+r)^m} \tag{6-6}$$

式中，C_m和B_m分别代表发生在第m年的成本和收益。

通过上述公式，可以将货币化估值得出的不同时期的成本和收益进行贴现，都转化为现值，以方便对成本和收益进行对比。

第五步，对比贴现后的成本和收益。通过完成前面的四个步骤，可以计算出成本和收益现值。为了进一步判断政策是否具有经济可行性，还需要通过几类指标进行比较。可供选择的指标主要包括：经济净现值（economic net present value，ENPV）、经济内部收益率（economic internal rate of return，EIRR）和经济净现值率（economic net present value rate，ENPVR）。其中，经济净现值是将计算期内不同年份的收益和成本之差（净收益）通过社会贴现率折算的现值之和，计算公式为：

$$\mathrm{ENPV}=\sum_{m=0}^{n}\frac{\mathrm{TB}_m-\mathrm{TC}_m}{(1+r)^m} \tag{6-7}$$

式中，TB_m和TC_m分别为发生在第m年的总收益和总成本。

评价政策是否具有经济可行性，主要是通过将经济净现值与0进行比较。若经济净现值大于0，表明政策实施所产生的收益大于所付出的成本，政策具有经济可行性。反之，若经济净现值小于0，则表明政策实施所付出的成本大于所产生的收益，政策不具有经济可行性。

经济内部收益率是指使政策计算期内的累计经济净现值等于0时的社会贴现率，即满足如下公式：

$$\sum_{m=0}^{n}\frac{\mathrm{TB}_m-\mathrm{TC}_m}{(1+\mathrm{EIRR})^m}=0 \tag{6-8}$$

对计算出的经济内部收益率与社会贴现率进行对比，可以判断政策是否具有经济可行性。如果经济内部收益率大于或等于社会贴现率，则说明该政策具有经济可行性；如果经济内部收益率小于社会贴现率，则说明该政策是不可取的。

经济净现值率是对经济净现值与投资净现值进行比较的一项指标，其计算公式为：

$$\mathrm{ENPVR}=\frac{\mathrm{ENPV}}{\mathrm{PV}(I)} \tag{6-9}$$

式中，$\mathrm{PV}(I)$为投资净现值。

对于几项政策的实施方案而言，所计算出的经济净现值率越高，则说明方案越值得选择。

三、确定环境政策的影响范围

为有效开展环境政策的成本收益分析，就需要将成本收益分析的过程贯穿于环境政策的全生命周期（政策制定、政策执行、政策评估、政策调整和政策终结）。从利益相关者的角度而言，需要针对政府、企业、公众三大经济主体进行深入分析，了解他们在环境政策执行中的权利、参与性、影响力和所承担的职责等，对于利益相关者在整个过程中的重要性进行排序，计算出环境政策成本。然后通过探讨环境政策实施对多种系统（生态系统、经济系统和社会系统等）的主要影响，识别出环境政策所带来的多维度收益和社会经济影响。作为实施环境政策的关键环节，政策执行会涉及多个利益相关者，会直接对生态环境和社会经济等造成影响。综合来看，对于一项环境政策的实施而言，从施加影响和承受影响的角度可以将相关群体划分为影响者和被影响者。其中，影响者主要包括政府部门、生产企业和社会公众等，被影响者主要是指会受到政策执行影响的生态环境系统、社会系统以及经济系统。由于政策执行涉及众多的利益相关者，他们的互动协调会对环境政策执行的效果和效率产生重要影响。

对于环境政策的成本测量，需要包括政府的规制成本、企业的减排成本、社会福利损失和间接成本等。其中，政府的规制成本主要包括政策制定成本、政策监测成本等。政策制定成本主要涵盖了专家咨询和公众参与成本、政策制定者自身的费用、政策文本制作费用。政策监测成本主要包括为保障政策实施而需要建立环境监测、监管设施所花费的各项投入。例如在线监测设施和自动监测站的安装、运行和维护费用，以及开展环境监督执法的人力、物力和财力投入等。企业的减排成本主要是指企业为减少或防治各类环境污染所需要支付的费用，主要包括建设成本和运营成本。其中建设成本包括减排设备的安装、改装等费用。运营成本包括减排设施在运行过程中的人工、原料等的支出及其他费用。社会福利损失是指环境政策实施导致生产成本和产品价格上升，而对生产者和消费者所造成的损失。间接成本则包括环境政策带给产品质量、竞争力、创新的负面影响，以及由环境政策间接引起的市场改变。由于间接成本难以准确界定和计量，因此一般情况下不考虑间接成本。

对于环境政策的收益测量，主要包括两个步骤：环境政策影响识别和环境政策收益的价值测量。其中，通过识别环境政策影响可以建立起环境政策要素与生态环境之间的相应关系，筛选出受环境政策影响大、范围广的环境和资源要素等。主要的过程包括：首先，从环境政策的目标、政策具体措施等方面，全面识别环境政策要素对生态环境和资源造成影响的途径和方式，以及影响的性质、范围和程度；其次，采用核查表法将环境政策可能产生的环境影响列成清单，确定环境政策的直接影响和间接影响、短期影响和长期影响；最后，通过政策的环境效应强度及环境因子的敏感性进行判定，对环境影响的程度大小进行排序，筛选出环境政策的重大影响。对于环境政策收益的价值测量而言，主要从人们的支付意愿或接受赔偿意愿方面进行评估。主要有三个途径：一是从直接受到影响的物品的相关市场信息中获得；二是从其他事物所隐含的有关信息中获得；三是通过直接调查个人的支付意愿或接受赔偿意愿获得。

考虑到成本收益分析主要关注环境政策的效率，那么为了对一项环境政策进行完整的评估，还需要对环境政策进行社会影响分析，以确定出获益或者受损的群体，进而估算这些群体在这项环境政策中的获益程度或者受损程度。所采取的途径主要是通过投入产出模型、一般均衡模型等方法，对不同情景下的宏观经济效益指标（如 GDP、行业增加值、进出口额、劳动力就业数量等）进行模拟分析，对环境政策实施的社会经济影响进行评估。

四、环境政策成本收益分析的案例

成本收益分析作为环境政策制定和实施的重要内容，受到了越来越多国家的关注和重视。作为经济合作与发展组织（OECD）成员国中针对环境政策开展成本收益分析最为广泛的国家，美国已经形成了一套较为完善的成本收益分析体系。接下来将以案例的形式，对美国开展成本收益分析的技术方法和评估制度建设进行具体介绍。

从实施主体来看，美国国会下设有管理和预算办公室（Office of Management and Budgeting，OMB），主要负责监督各政府机构的规制影响分析，具体的实施工作是由下设的信息与监督办公室（Office of Information and Regulatory Affairs，OIRA）来开展。该部门所下设的调控政策和管理办公室（OPRM）和国家环境经济学中心（NCEE），会对美国环保局（Environmental Protection Agency，EPA）开展环境政策的成本收益分析提供指导。其中，调控政策和管理办公室主要负责政策的成本收益分析，以确保政策在制定和实施过程中的科学性。国家环境经济学中心则主要负责对成本收益量化分析方法的研究，为成本收益分析提供技术支撑。从评估对象来看，美国政府要求仅针对重要的环境政策开展评估，主要涉及三种类型的环境政策：（1）年经济影响超过 1 亿美元；（2）会明显增加消费者、个别行业、联邦、州、地方政府机构或某些区域的成本或价格；（3）会对竞争、就业、投资、生产和创新等造成重大不利影响。从评估标准来看，美国环保局在《准备经济分析的导则》中，从环境效果、经济效率、管理、监测和执行成本的减少、环境意识和态度的转变、诱发创新等多个方面，对一项环境政策是否具有经济效率提供了具体的评价标准。从评估方法来看，美国环保局在进行成本收益分析时，所测量的成本主要包括减排成本、交易成本、政府规制成本、适应成本和分配成本等。对于收益的计算，首先是要识别出潜在的收益类型，其次是量化涉及的主要收益，最后对收益进行货币化估值。值得注意的是，成本和收益都需要按照一定的贴现率，转化为基准年的货币价值，进而再对比政策的成本和收益，判断出政策是否具有经济可行性。美国环保局对《清洁空气法案》（Clean Air Act）所开展的成本收益分析，就是一个较为典型的案例。研究者通过将成本和收益都贴现为 2006 年的货币价值，发现《清洁空气法案》所产生的收益会远大于所付出的成本。具体评估结果如表 6－1 所示。

表 6－1 《清洁空气法案》的成本收益分析

		2000 年	2010 年	2020 年
成本（亿美元）		200	530	650
收益（亿美元）	低	900	1 600	2 500
	中	7 700	13 000	20 000
	高	23 000	38 000	57 000
收益/成本比	低	5/1	3/1	4/1
	中	39/1	25/1	31/1
	高	115/1	72/1	88/1

关 键 词

环境治理　公共政策　波特假说　污染避难所假说　成本收益分析

思 考 题

1. 如何理解从环境管理到环境治理的转变的意义？
2. 如何认识公共政策在环境治理中的作用？
3. 如何理解环境治理体系和治理能力现代化的含义？
4. 如何认识地方政府行为对环境治理效果的影响？
5. 如何认识集聚经济对波特假说的影响？
6. 如何进行环境政策的成本收益分析？

参考文献

拓展阅读

第七章

可耗竭资源利用与管理

第一节　可耗竭资源的概念与分类

可耗竭资源（exhaustible resource），又称不可再生资源，是指在相当长的时间内，基本不具备自然更新能力的资源。可耗竭资源在自然界中有固定储量，在人类历史尺度上不能再生或再生的速度远远慢于被开采利用的速度，因此，基本不存在资源存量增加的可能性。如煤炭、石油等矿产资源均是常见的可耗竭资源。

2022 年 9 月，习近平总书记主持召开中央全面深化改革委员会第二十七次会议，会议提出，节约资源是我国的基本国策，是维护国家资源安全、推进生态文明建设、推动高质量发展的一项重大任务。同时，会议也强调要综合运用好市场化、法治化手段，加快建立体现资源稀缺程度、生态损害成本、环境污染代价的资源价格形成机制。毋庸置疑，由于不具备自然更新能力，推动可耗竭资源的节约利用是保障资源安全的关键一环。

一、可耗竭资源的分类

依据可耗竭资源是否具有重复使用的特性，可将其分为可耗竭可回收资源和可耗竭不可回收资源。

（1）可耗竭可回收资源。是指那些失去特定功效后，仍保留其基本的物理化学特征，在特定条件下大部分物质仍可以被回收再利用的可耗竭资源。可耗竭可回收资源主要是金属等矿产资源。例如，汽车报废后，车身及车内零部件中的铁、铜等金属仍可被回收再利用。

虽然可回收的可耗竭资源可以通过回收利用的方式扩大资源的当前储量，但需要强调的是：第一，只有当回收利用的成本低于新开采资源的成本时，可耗竭资源的回收利用在经济上才成为可能。第二，尽管可回收再利用，可耗竭可回收资源最终仍会耗竭。

物理学证明，资源在回收利用过程中，总会损失部分物质量，因而回收利用率不可能达到100%，这意味着可耗竭可回收资源仍面临潜在被用尽的风险。可耗竭可回收资源的耗竭取决于需求状况、资源产品的耐用性和回收利用能力。资源需求弹性越大，资源价格提升导致的资源需求量越低。资源产品越耐用，就越会减少对新资源产品的需求。资源产品回收利用率越高，也越容易实现对新产品需求的替代。

（2）可耗竭不可回收资源。是指在使用过程中不可逆，并且在使用之后不能恢复原状的可耗竭资源。可耗竭不可回收资源主要指煤、石油、天然气等能源资源。例如，煤炭和天然气等一旦燃烧或转化为热能，热就散入大气而不能再回收利用。

可耗竭不可再生资源的储量基本完全取决于自然储藏量。由于不可回收，此类可耗竭资源的使用具有不可逆性，这决定了使用该类资源的机会只有一次，一旦该资源在使用过程中得不到充分利用，就会造成资源浪费。减缓可耗竭不可回收资源耗竭速度的重要措施是提高资源利用效率。

二、物质流与能量流

任何一个系统在其内部各个环节之间及与外部环境之间都在不断地进行着物质、能量等交换，在一定时空范围内形成物质和能量流动（龙研等，2008）。物质流是指系统中物质的流动和转化过程，而能量流则指系统中能量的流动和传递过程。物质流和能量流之间并不是完全独立的，而是互相联系、彼此制约的，能量流推进物质的流动和转化，而物质流在转化的过程中会产生新的能量流（蔡九菊等，2008）。

按照物质资源的流动过程，物质首先通过人类发掘、开采等从自然环境系统进入人类社会经济系统；其次通过加工和利用在社会经济系统中蓄积沉淀形成物质资源存量；最后，物质资源以实物产品的形式在其生命周期终止后经过报废处理，重新排入环境系统，形成废弃物输出流量（王琳和潘峰，2018）。在物质流动的过程中伴随能源转换、利用、回收形成了能量的流动（龙研等，2008）。总之，物质沿着生命周期的轨迹流动形成物质流；而能源沿着转换、使用、回收、排放的路径流动形成能量流（蔡九菊等，2008）。图7-1简单展示了铜矿开采利用过程中的物质流动和能量流动情况。需要强调

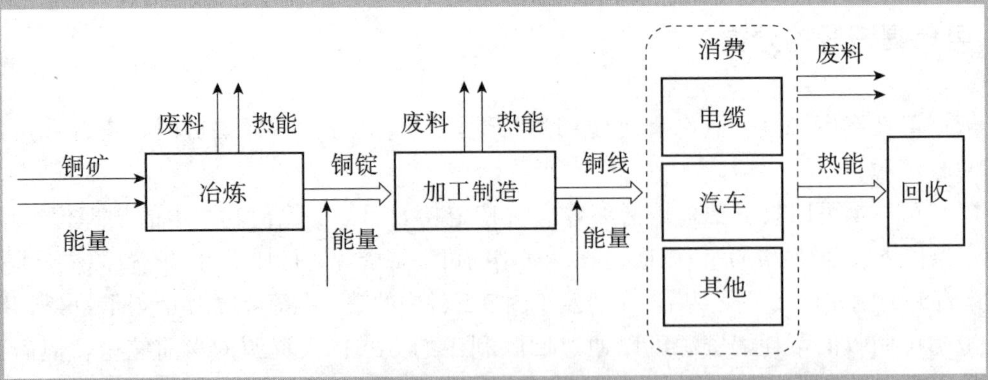

图7-1 铜矿开采利用过程中的物质流和能量流

的是，物质和能量在流动转化过程中不会凭空产生，也不会凭空消失，物质和能量的物理和化学反应都服从质量、能量守恒定律。

三、资源的损耗率和耗竭率

只要存在物质和能量的流动，就一定存在驱动其流动的势和阻碍其流动的阻，阻的本质即为损耗（龙研等，2008）。因此，资源会在不同的流动环节，如运输、加工、利用等一系列环节，产生不同程度和不同形式的损耗。资源损耗量占资源总量的比例即为资源的损耗率。在实际使用资源的过程中，应对资源的物质流和能量流进行翔实计划、组织、协调、控制和监管等，实现物质和能量流动的最佳协调配合，减少无效的资源损耗。

由于可耗竭资源的总量是固定的，在人类的不断开发、利用过程中必然面临枯竭。可耗竭资源存量逐渐减少为零的过程被称为耗竭过程，而资源存量为零的状态被称为耗竭状态。因此可耗竭资源的耗竭率是可耗竭资源开采利用量占其总量的比例，它反映了资源耗竭的速度。缓解资源耗竭速率的两个重要手段是提高资源的回收率和利用率。

第二节　可耗竭资源的勘探与利用

由于可耗竭资源是不可再生资源，因而在固定的时间点内其在自然界中的存储量是一个确定的数值，这意味着对可耗竭资源今天的利用量越多，明天可供利用量就越少。然而随着采掘、勘探技术的不断发展，在对已探明的可耗竭资源不断开采、利用的同时，新的可耗竭资源也可能不断被发现，因此在一个动态的时间范围内，可耗竭资源的存储量又处于不断变化之中。对可耗竭资源的经济利用决策首先依赖于对可耗竭资源存储量的核算，进而在摸清可耗竭资源“家底”的基础上优化其在不同时间段的资源配置。

一、可耗竭资源存储量的核算

可耗竭资源存储量在固定时间点是确定的，而在一个时间段内存储量是不断变化的，因此对可耗竭资源存储量的计算涉及资源的存量和流量两个基本概念。

资源的存量是指在一定的经济、技术水平下可被利用的资源储量。与之对应地，资源的流量是指在一定时期内资源的流出量和流入量。可耗竭资源的流出量包括可耗竭资源的开采量、损失量、重估减值量等，而可耗竭资源的流入量包括可耗竭资源的新发现量、重估增值量等。可耗竭资源的存量和流量的关系可用公式表示为：可耗竭资源期初存量＋期内可耗竭资源流入量－期内可耗竭资源流出量＝可耗竭资源期末存量。

可耗竭资源存储量是一个相对的概念，为了计算可耗竭资源存储量，需要明确可耗竭资源存储量的分类。

（1）当前储量。可耗竭资源的当前储量是指在当前技术、资源价格水平条件下已探明的、具有开采价值的可耗竭资源储量。首先，可耗竭资源的当前储量是已探明的，即其资源位置、数量和质量等已得到明确证实；其次，对已探明可耗竭资源的开采利用在技术上和经济上都是可行的。技术可行但不具备经济价值的储量和具有经济价值但技术不可行的储量都不是当前储量。

（2）潜在储量。可耗竭资源的潜在储量是指在当前技术、资源价格水平条件下已探明的但不具有开采价值的可耗竭资源储量，是可耗竭资源的待开采储量。潜在储量不是一个固定数值，而是开采技术、资源价格等变量的一个函数。开采成本越低、可耗竭资源价格越高，其潜在储量就越大。例如，通过向油井中注入溶剂等新技术可以从现有油田中开采出更多原油，油价上升将激励企业积极采用新技术开采更多原油。

（3）资源禀赋。可耗竭资源禀赋是指地球上蕴藏的可耗竭资源的天然储量，是已探明可耗竭资源储量和未探明可耗竭资源储量的总和。可耗竭资源禀赋大小与开采技术、资源价格等因素无关，其为一个地质学概念而非经济学概念，表示地球上可耗竭资源获取的一个上限。

根据上述分析，依照美国矿业局和美国地质调查局的划分方法，可耗竭资源分类如图 7－2 所示。

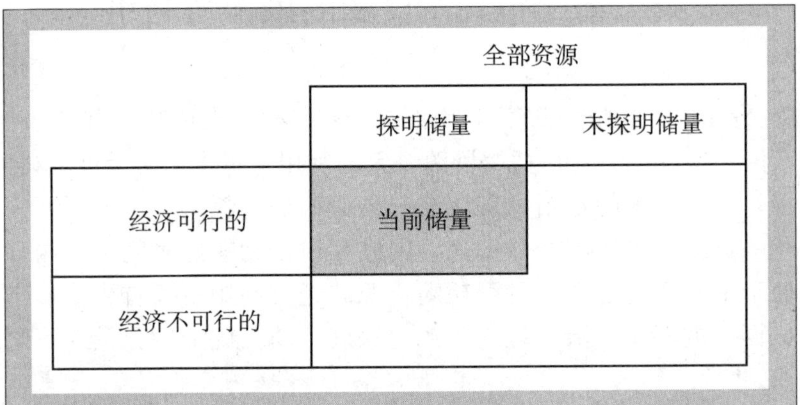

图 7－2　可耗竭资源分类

理解当前储量、潜在储量和资源禀赋等三个概念的区别对正确计算可耗竭资源存储量至关重要。混淆这三个概念，容易引发以下计算可耗竭资源存储量的错误。

（1）将当前储量误认为天然储量，认为可耗竭资源会在更短的时间内耗尽。例如，以当前资源储量和当期资源消费比值的静态储藏指数来预测资源可供使用的年数，其假设当前储量是一个固定不变量，忽略了资源储量增加的可能性，进而错误判断资源的耗竭速率，低估资源使用的年限。

（2）将资源的天然储量认为是特定价格下的潜在储量。这种观点认为如果资源价格可以无限制上涨，那么所有的天然储量都是具有开采价值的潜在储量。但是，考虑到资源之间的替代性，无限高的特定资源价格在现实中是不太可能的。同时，囿于开采技术，特定资源的完全开采在现实中也不太可能。

二、可耗竭资源利用的效率标准

根据资源利用的时间属性，可依据静态效率和动态效率两个标准对资源利用效率进行评价。所谓静态效率标准，是指在同一时点对若干方案进行选择的经济学标准。当时间不是资源利用问题的关键因素时，通过选择资源使用量实现在该时点的净收益最大化，可以实现资源利用的静态效率。如太阳能资源的利用，其未来的流量与当前或过去的使用量不相关，基于当期净收益最大化目标而使用的太阳能数量即满足静态效率标准。与静态效率标准不同，动态效率标准不仅考虑选择方案的成本和收益，而且考虑成本和收益发生的时间。因此，当时间是资源利用问题的关键因素时，需要使用动态效率对资源利用效率进行评价。如可耗竭资源的利用，由于其是不可再生资源，后代无法再使用已经使用的资源储量，仅基于当代成本和收益考虑可能导致后代面临资源危机。动态效率标准通过平衡可耗竭资源在现在和未来的使用，实现资源使用跨期净收益的最大化，即实现可耗竭资源跨期利用的收益最大化。

为了阐释静态效率和动态效率的特性，我们考虑一个仅包含两个时期的资源利用问题。假设在两个时期资源的需求函数是一样的，不妨将以需求函数表征的边际支付意愿函数表示为 $p=8-0.1q$，其中 p 表示资源价格，q 表示资源利用量。进一步地，假设资源供给成本在两个时期相等且均固定不变，为每单位 4 元。如果资源总供给是充足的，在不考虑贴现因素的条件下，根据静态效率公式，当资源的边际支付意愿等于边际供给（开采）成本时实现资源有效利用，此时有 $8-0.1q=4$，从而可以解得两个时期资源有效配置是每个时期均利用 40 单位（如图 7－3 所示）。由于资源供给是充足的（大于等于 80 单位），那么在第一时期的消费并不会降低第二时期的消费，两个时期的资源利用并不相互影响，即时间不是影响资源利用的重要因素，因此采用静态效率标准是合适的。

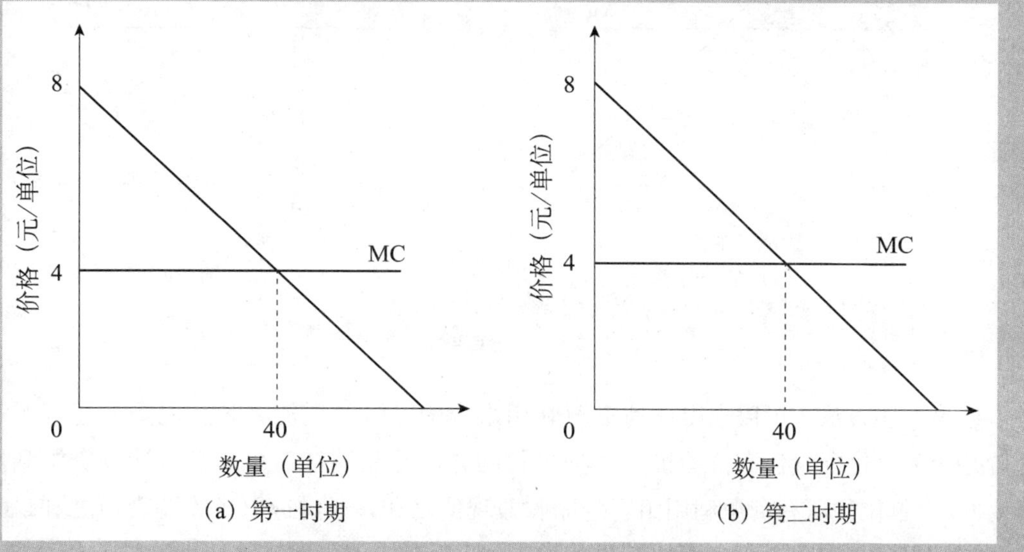

图 7－3　充足可耗竭资源的两期配置

然而，当资源供给不足 80 单位时（假如仅有 60 单位），资源在两个时期之间的利用便产生了稀缺问题，因此第一时期的资源利用量可能会对第二时期的资源利用产生影响。此时资源利用时间上的先后顺序已经成为影响资源利用的重要因素，因而应采用动态效率标准。依据动态效率标准，资源的有效利用就要实现两个时期净收益现值的最大化，即第一时期净收益的现值和第二时期净收益的现值之和的最大化。

为了说明每个时期净收益现值的计算方法，考虑一个具体的例子：资源在第一时期利用 40 单位，在第二时期利用 20 单位。由于每一单位资源利用的净收益＝支付意愿－实际支付成本，因此每一时期的资源利用净收益是边际支付意愿曲线以下、边际供给成本曲线以上部分的面积（如图 7－4 所示）。则第一时期利用 40 单位资源获得的净收益值为图 7－4（a）中阴影三角形的面积：(8－4)×40÷2＝80，而第二时期利用 20 单位资源获得的净收益值为图 7－4（b）中阴影梯形的面积：[(6－4)＋(8－4)]×20÷2＝60。由于动态效率标准是最大化两个时期资源利用净收益的现值之和，因此，不能将第一时期的净收益值与第二时期的净收益值直接简单相加，需要将第二时期的净收益值按贴现率 r 进行贴现（除以 $1+r$）后，才能与第一时期净收益值相加求和。假设贴现率为 0.2，那么第二时期利用 20 单位资源获得的净收益现值为：60÷(1＋0.2)＝50。两个时期净收益现值的总和为 80＋50＝130。

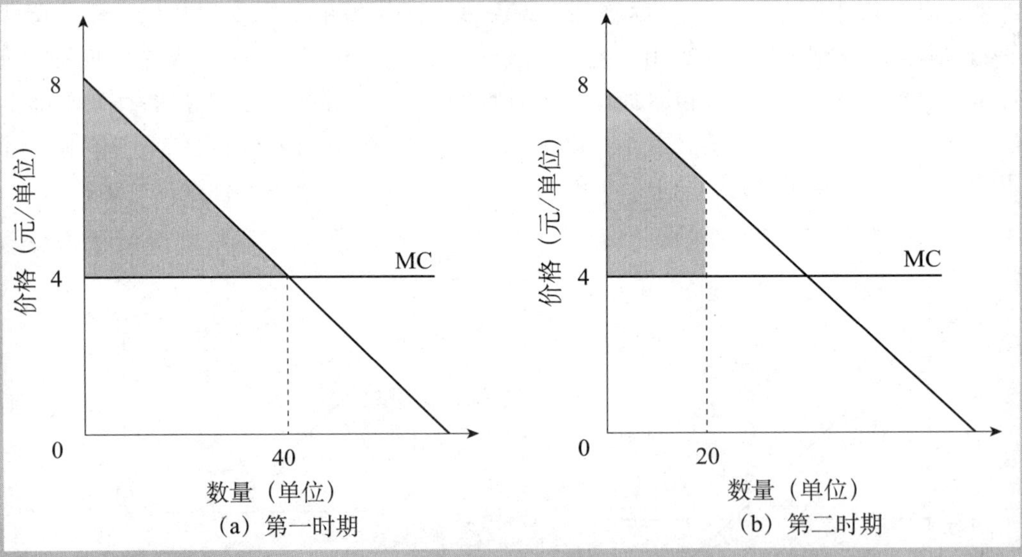

图 7－4　稀缺可耗竭资源的两期配置

通过上述方法，可以求得任何资源利用组合的净收益现值之和。但是上述资源利用配置是否为最优配置仍有待验证。一种可行的方法是利用计算机，尝试计算资源利用总量为 60 个单位的所有资源利用组合的净收益现值之和，通过选取净收益现值之和最大的资源利用组合，实现资源利用的最优配置。

不难发现，上述利用计算机寻求资源利用的动态最优配置是繁杂的。实际上，通过简单的图形观察并结合基础的经济学知识也可以找到资源动态效率配置的有效方法。观察图 7－4，容易发现：随着资源利用数量的不断增加，每额外增加一单位，资源利用的净收益是不断下降的，即资源利用的边际净收益递减。由于贴现率是固定的，这也意味着资源利用的边际净收益的现值也存在递减规律。因此，资源利用最后一单位所带来的边际净收益最低。现在假设两个时期最后一单位资源利用的边际净收益现值不相等，不妨假设第一时期最后一单位资源利用的边际净收益的现值较低。假如将第一时期的这最后一单位资源利用量保留而在第二时期利用，边际净收益现值递减规律意味着第一时期减少最后一单位资源利用所带来的边际净收益现值损失量小于将这一单位资源转移至第二时期利用所带来的边际净收益现值增加量，因此，减少第一时期资源利用而增加第二时期资源利用有利于增加两个时期资源利用的净收益现值之和。因而，实现资源利用的动态效率必然要求第一时期最后一单位资源的边际收益现值等于第二时期最后一单位资源的边际收益现值。进一步地，可以使用一个两期资源配置问题的图示予以证明。

图 7－5 展示了两个时期资源利用的边际净收益的现值。第一时期的边际净收益曲线从左往右看，实际上正是图 7－4（a）中阴影三角形的部分。当资源利用量为 0 时，由边际支付意愿函数 $p=8-0.1q$ 可知，资源边际支付意愿为 8 元，而其边际供给成本为 4 元，那么边际净收益＝边际支付意愿－边际供给成本＝4 元。当资源利用量达到 40 单位时，边际支付意愿为 4 元，恰好等于边际供给成本，此时边际净收益值为 0。

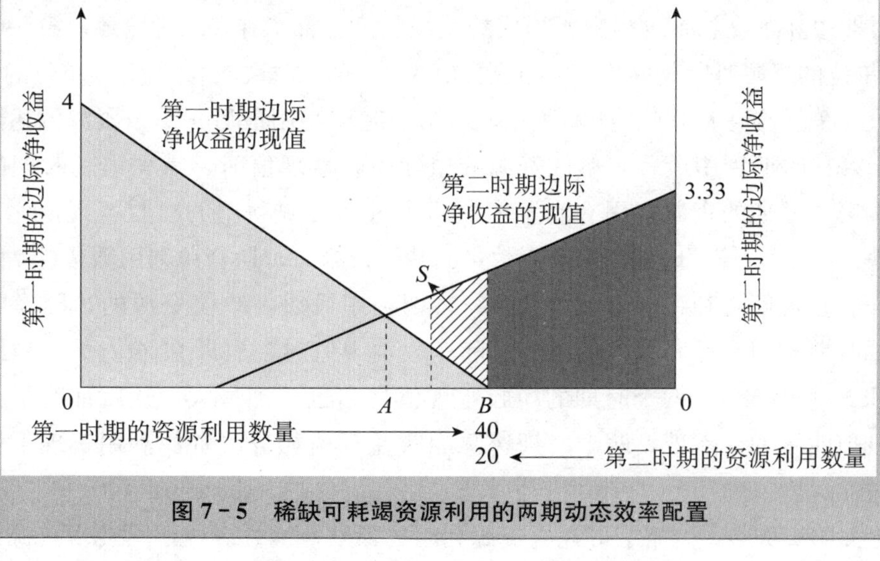

图 7－5　稀缺可耗竭资源利用的两期动态效率配置

类似地，第二时期的边际净收益曲线是图 7－4（b）中纵轴、边际支付意愿曲线和边际供给成本曲线所围成的三角形部分。想象一下，画一个三角形使其与图 7－4（b）中的三角形关于纵轴对称，这样就可以将这个三角形画在图 7－5 的右边，用以刻画第二时期的边际净收益。因此，图 7－5 中第二时期资源利用数量的 0 点在右边而不是左边，资源利用数量沿着横轴从右到左逐渐增加。

需要强调的是，当第二时期的资源利用量为 0 时，此时边际净收益曲线与右边纵轴的交点不是 4 元。因为第二时期的边际净收益发生在一个时期之后，需要按贴现率 r 进行贴现转化为现值。当第二时期的边际净收益为 4 元，贴现率为 0.2 时，现值为 $4\div(1+0.2)=3.33$ 元。在第二时期边际净收益曲线与横轴的交点处，边际净收益等于边际净收益现值，均为 0。因此，贴现因素的存在使第二时期边际净收益曲线沿着它与横轴的交点向下转动，即贴现因素的存在使第二时期边际净收益曲线变得较为平缓。所以，第二时期边际净收益曲线与右边纵轴的交点要低于第一时期边际净收益曲线与左边纵轴的交点。

动态效率标准要求资源利用组合使两个时期的净收益现值之和最大，对应于图 7－5，也即在图中画一条竖线，使其与第一时期边际净收益曲线和第二时期边际净收益曲线相交后围成的面积最大。同上，假如资源在第一时期利用 40 单位，第二时期利用 20 单位，那么就在第一时期利用数量为 40 的地方画一条直线。显然，在直线左边的浅灰色阴影三角形的面积就是第一时期的净收益；而在直线右边的深灰色阴影梯形的面积就是第二时期的净收益。这两个阴影区域面积之和也就是两个时期的净收益现值之和。

选取边际净收益曲线上任意一点做其到横轴的垂线，那么这个线段的高度就是对应资源利用数量的边际净收益值。容易发现，沿着第一时期的边际净收益曲线从左往右移动或沿着第二时期的边际净收益曲线从右往左移动，点所对应的垂线段值逐渐减小，这正反映出边际净收益现值的递减规律。在第一时期利用 40 单位、第二时期利用 20 单位的组合处，该点对应的垂线与第一时期边际净收益曲线相交所构成的线段长度为 0，而与第二时期边际净收益曲线相交所构成的线段长度显然大于 0。对应地，第一时期在利用第 40 单位的资源时所获得的边际净收益值为 0，第二时期在利用第 20 单位的资源时所获得的边际净收益值大于 0。如前所述，当第一时期利用最后一单位资源的边际净收益现值低于第二时期利用最后一单位资源的边际净收益现值时，减少第一时期的资源利用而增加第二时期的资源利用有利于增加两个时期资源利用的净收益现值之和。正如图 7－5 所示，随着第一时期资源利用数量的减少、第二时期资源利用数量的增加，两个时期的净收益现值之和将增加 S。当第一时期利用最后一单位资源的边际净收益现值等于第二时期利用最后一单位资源的边际净收益现值时，也即在 A 点处，斜纹阴影部分的面积 S 达到最大，两个时期的净收益现值之和也达到最大。这就证明了在两条边际收益现值曲线的交点处，两个时期边际净收益现值相等时资源利用实现了最优动态效率配置。

在上面的实例中，忽略了可耗竭资源利用的稀缺性属性。由于可耗竭资源供给是固定的，因此更多当前的使用减少了未来的使用机会。稀缺资源跨期利用所产生的机会成本被称为边际使用者成本。边际使用者成本是当期使用资源而牺牲未来资源使用机会的边际机会成本。

现在，在引入边际使用者成本的条件下，重新考虑前文的实例。假如供给仍是充分的，即资源供给大于等于 80 单位，每一时期资源仍可以利用 40 单位。由于资源不稀缺，此时边际使用者成本为 0。

然而，当资源总供给为 60 单位时，资源利用面临稀缺，每一时期资源利用不能再配置 40 单位。在动态效率标准条件下，每一时期资源利用数量将会少于没有稀缺约束情形下的数量。由于资源稀缺，资源的跨期利用将产生边际使用者成本。如图 7－5 所示，稀缺导致的额外成本——边际使用者成本的现值即为两时期边际净收益曲线交点到横轴的垂直距离。

为了更清晰地理解上述结果，考虑一个在有效市场条件下边际使用者成本应用的情形。在资源不稀缺时，资源有效配置要求资源利用的边际支付意愿（边际收益）等于边际开采成本（边际成本）。然而，当资源稀缺时，不仅要考虑资源的开采成本，也要考虑边际使用者成本，此时边际成本的构成包含边际开采成本和边际使用者成本两个部分，进而资源利用实现有效配置时要求边际支付意愿＝边际开采成本＋边际使用者成本。比较图 7－6 和图 7－3 就可以看出资源稀缺性对价格的影响。

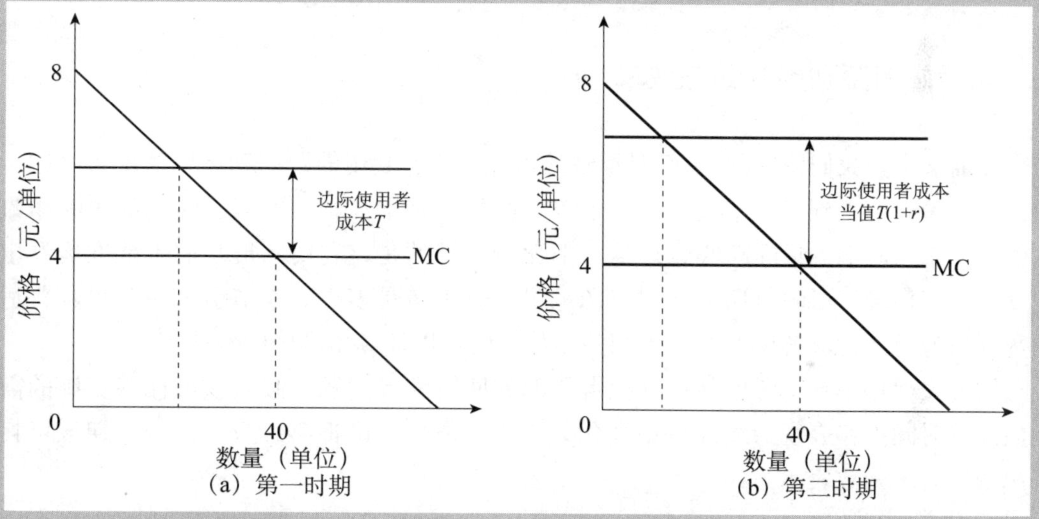

图 7－6 可耗竭资源的有效市场配置

在有效的市场配置情形下，每一时期的边际使用者成本等于价格与边际开采成本的差额（如图 7－6 所示）。需要说明的是，在资源利用的两个时期，边际使用者成本的现值是相等的，不妨设为 T。那么，考虑到贴现因素，第一时期边际使用者成本为 T 的价值在第二时期的当值为 $T(1+r)$，因此在图 7－6（b）中价格和边际开采成本之间的差额看起来比较大。

资源利用的有效跨期配置不仅受到资源稀缺程度（表现为边际使用者成本的大小）的影响，也会受到贴现率 r 的影响。如图 7－7 所示，更高的贴现率使第二时期的边际净收益曲线沿着它与横轴的交点向下转动更大，第二时期的边际净收益曲线越平缓，这也意味着在动态效率标准下，分配给第二时期利用的资源数量越少。一个一般性的结论是：更高的贴现率使可耗竭资源更偏向于现期开采利用，更少关注可耗竭资源的未来使用。

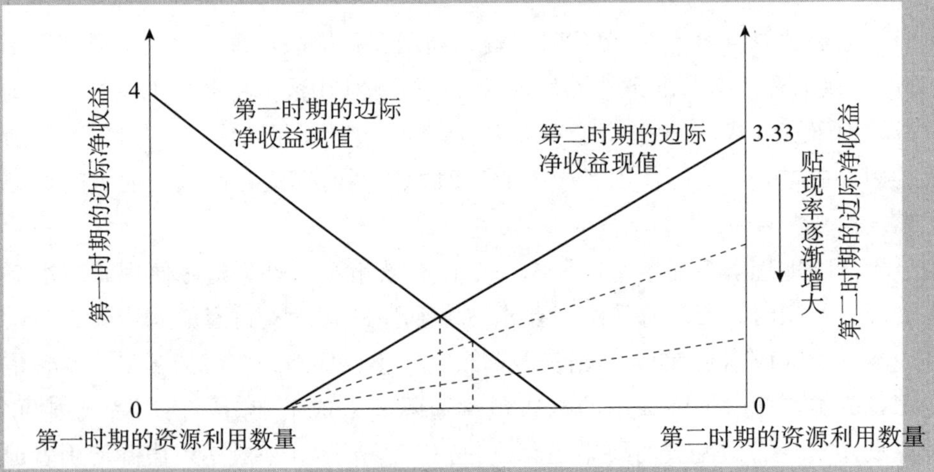

图 7-7 贴现率增大时稀缺可耗竭资源利用的两期动态效率配置

三、可耗竭资源利用的动态效率

在前文中，我们使用图 7-5 对稀缺的可耗竭资源利用的两期动态效率配置问题予以探讨。尽管我们得到了动态效率标准下资源配置的基本准则，即第一时期的边际净收益现值等于第二时期的边际净收益现值，但比较遗憾的是，利用图形我们不能准确看出实现动态效率标准情形时每期可耗竭资源的最优分配量是多少。本节引入一个更具普适性的数理模型，通过求解模型并代入相关参数，则可以计算出准确的数值解。

同前文保持一致，考虑某种可耗竭资源的两期配置问题，假设该可耗竭资源的需求函数随着时间推移表现为线性平稳变化，不失一般性，可将第 t（$t=1$，2）期该可耗竭资源的反需求函数表示为：

$$p_t=a-bq_t \tag{7-1}$$

其中，p_t表示资源在第 t 期的价格，q_t表示资源在第 t 期的需求量，a 和 b 均为大于零的常参数。

假设该可耗竭资源开采的边际成本 MC$=c$，为固定常数。根据图 7-5 的分析可知，第 t 期利用 q_t单位资源获得的净收益之和 w_t为反需求曲线以下、边际成本曲线以上区域的面积。因此，可将该部分面积用积分形式表示为：

$$\begin{aligned} w_t &= \int_0^{q_t} [(a-bq)-c]\mathrm{d}q \\ &= aq_t - bq_t^2/2 - cq_t \end{aligned} \tag{7-2}$$

假设该可耗竭资源有固定的存量 $\bar{Q}$，由于该资源是稀缺的，则必然有：

$$q_1+q_2=\bar{Q} \tag{7-3}$$

该可耗竭资源的动态效率配置要求实现两期净收益现值之和最大，假设贴现率 r 为常数，则可将该最优化问题表示为：

$$\max_{q_1,q_2}\left\{w_1+\frac{w_2}{1+r}\right\}=\frac{2aq_1-bq_1^2-2cq_1}{2}+\frac{2aq_2-bq_2^2-2cq_2}{2(1+r)} \tag{7-4}$$

$$\text{s.t. } q_1+q_2=\bar{Q}$$

针对上述等式约束的最优化问题，构建拉格朗日函数，有：

$$L=\frac{2aq_1-bq_1^2-2cq_1}{2}+\frac{2aq_2-bq_2^2-2cq_2}{2(1+r)}+\lambda(\bar{Q}-q_1-q_2) \tag{7-5}$$

利用上述拉格朗日函数关于 q_1、q_2 和 λ 的一阶条件，则有：

$$\frac{\partial L}{\partial q_1}=a-bq_1-c-\lambda=0 \tag{7-6}$$

$$\frac{\partial L}{\partial q_2}=\frac{a-bq_2-c}{1+r}-\lambda=0 \tag{7-7}$$

$$\frac{\partial L}{\partial \lambda}=\bar{Q}-q_1-q_2=0 \tag{7-8}$$

联立上述三个方程并求解，可得每期最优的资源配置量 q_1^*、q_2^* 和参数 λ^* 的值分别为：

$$q_1^*=\frac{(a-c)r+b\bar{Q}}{b(r+2)} \tag{7-9}$$

$$q_2^*=\frac{\bar{Q}(1+r)}{r+2}-\frac{(a-c)r}{b(r+2)} \tag{7-10}$$

$$\lambda^*=\frac{2a-2c-\bar{Q}b}{r+2} \tag{7-11}$$

将参数值 $a=8$，$b=0.1$，$c=4$，$r=0.2$，$\bar{Q}=60$ 代入上述最优资源配置量函数，可得（精确到小数点后 3 位）：$q_1^*=30.909$，$q_2^*=29.091$，$\lambda^*=0.909$。

在动态效率标准下，由方程（7-6）可知，第一时期的边际净收益现值 $a-bq_1-c$ 必然等于 λ，而由方程（7-7）可知，第二时期的边际净收益现值 $(a-bq_2-c)/(1+r)$ 也等于 λ。即第一时期的边际净收益现值等于第二时期的边际净收益现值。这证明了基于图 7-5 的相关分析。

同时，由方程（7-6）可知，λ 等于第一时期价格 $a-bq_1$ 与边际成本 c 之差。回忆一下图 7-6，边际使用者成本等于价格与边际成本之差，因此参数 λ 正是第一时期边际使用者成本的现值 T。由方程（7-7）可知，第二时期价格 $a-bq_2$ 等于边际成本 c 加上该期一个更高的边际使用者成本 $\lambda(1+r)$，这一结果也正如图 7-6（b）所示。

计算边际使用者成本的增长率 g_T，则有：

$$g_T=\frac{(1+r)T-T}{T}=r \tag{7-12}$$

价格和边际开采成本的差额，即边际使用者成本，有时也被学者称为资源的稀缺性租金（汪丁丁，1991）。上式的结果表明，在开采成本不变的条件下，要想实现可耗竭资源利用的动态效率，就要使资源稀缺性租金的增长率等于贴现率。这一结论就是可耗竭资源利用的霍特林准则（Hotelling rule）。

第三节　可耗竭资源的可持续利用

1987 年世界环境与发展委员会在发表的报告《我们共同的未来》中，将可持续发展定义为：既能满足当代人的需要，又不对后代人满足其需要的能力构成危害的发展。可耗竭资源的可持续利用是可持续发展的核心内容之一。由于可耗竭资源总量是固定的，且具有不可再生性的特点，从理论上讲是不可能确保其“千秋万代”永续利用的，可耗竭资源的可持续利用问题就是最优耗竭问题。可耗竭资源的可持续利用实际是指延缓可耗竭资源的耗竭速度，使其能持续到新的替代资源开发成功之后。因此，可耗竭资源的可持续利用的内涵包括：（1）可耗竭资源跨期利用的有效配置；（2）使用可更新资源替代可耗竭资源。

一、可耗竭资源可持续利用的困境

基于可耗竭资源可持续利用的两个内涵，本节从可耗竭资源之间的替代、可再生资源对可耗竭资源的替代、边际开采成本递增、新可耗竭资源勘探和技术进步等多个方面，对可耗竭资源可持续利用困境展开讨论。

1. 不存在替代资源时可耗竭资源的开采利用

上一节讨论了可耗竭资源的两期利用的最优配置问题，本节进一步将资源利用时期由两个时期延长到 n 个时期，在更长时期内讨论可耗竭资源的可持续利用问题。同前文一样，依旧假设可耗竭资源的边际开采成本是不变的。在不存在可替代资源的条件下，图 7－8 展示了可耗竭资源的利用持续 n 个时期时的开采量和边际成本变化。

图 7－8（a）表示在 n 个时期内可耗竭资源开采量的变化情况。随着资源的不断开采，可耗竭资源变得越来越稀缺。图 7－8（b）展示了随着可耗竭资源的不断开采，边际开采成本和总边际成本的变化情况。在图 7－8（b）中，位于上方的曲线是总边际成本，而靠近横轴的直线是边际开采成本，而总边际成本和边际开采成本之间的差额表示边际使用者成本。不难看出，随着可耗竭资源的稀缺性不断增加，边际使用者成本也不断增加。尽管边际开采成本保持不变，但可耗竭资源日益稀缺所带来的越来越高的边际使用者成本使总边际成本不断增加。

随着时间的推移，总边际成本不断增加，可耗竭资源的开采量也不断减少，最终在时期 n 时开采量降至 0。这意味着，在时期 n 处，可耗竭资源利用的边际支付意愿等于总边际成本，可耗竭资源实现供需平衡，需求量和供给量均为 0。因此，即使可耗竭资源的边际开采成本不发生变化，在实现资源有效利用的情形下，可耗竭资源最终也将完全耗竭。

2. 存在替代资源时可耗竭资源的开采利用

如前所述，在没有可替代资源的条件下，即使边际开采成本不变，可耗竭资源最终也面临耗竭的困境。如果存在可替代的可耗竭资源，资源的有效配置将如何变化呢？

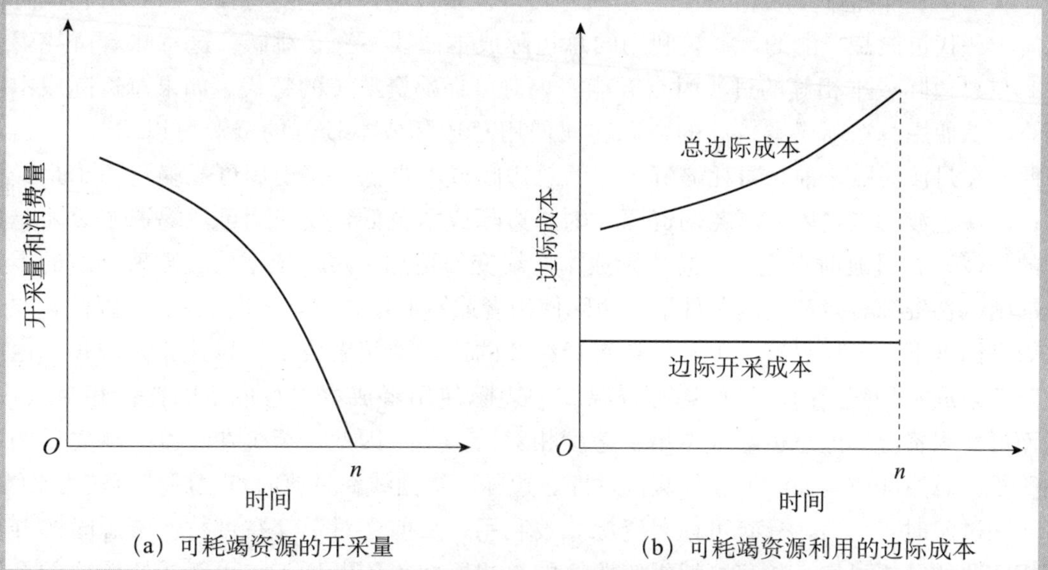

图 7-8　没有替代资源时可耗竭资源的开采量和边际成本

为了便于比较分析，假设存在两种可以互相替代的可耗竭资源，不妨称之为可耗竭资源 1 和可耗竭资源 2。两种可耗竭资源均存在固定的边际开采成本，且可耗竭资源 1 的边际开采成本较低。这时，可耗竭资源的有效配置状态如图 7-9 所示。在到达资源的过渡时点 t^* 之前，可耗竭资源 1 的总边际成本较低，此时，只有可耗竭资源 1 被利用；在过渡时点 t^*，可耗竭资源 1 和可耗竭资源 2 的总边际成本相等；在过渡时点 t^* 之后，可耗竭资源 2 的总边际成本较低，此时，只有可耗竭资源 2 被利用。

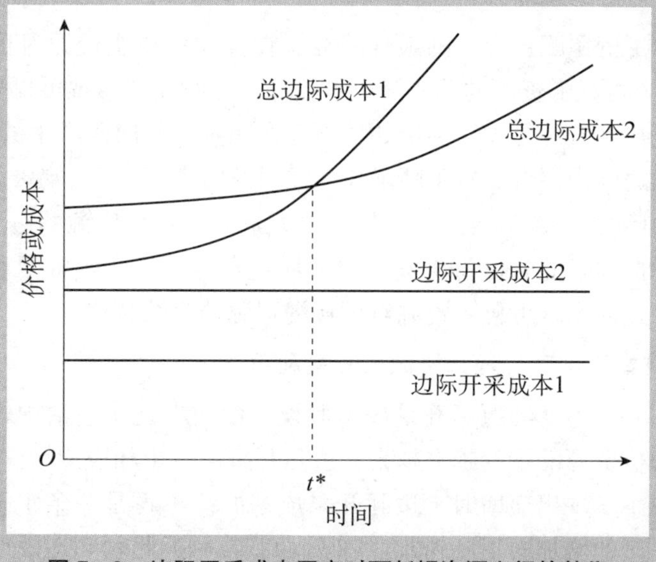

图 7-9　边际开采成本固定时可耗竭资源之间的替代

从图 7-9 的总边际成本的路径分析中可以发现以下两个重要特征：(1) 可耗竭资源之间的替代过渡是平滑的，资源利用的总边际成本曲线不存在跳跃。这意味着可耗竭资源 2 在总边际成本相等的过渡时点方能实现对可耗竭资源 1 的替代。如果总边际成本不相等，从使用总边际成本较高的资源转向使用总边际成本较低的资源可以增加净收益。因此，在过渡时点之前，可耗竭资源 1 的总边际成本更低，仅使用可耗竭资源 1 是最优的；而在过渡时点之后，可耗竭资源 2 的总边际成本更低，仅使用可耗竭资源 2 才是最优的。(2) 在过渡时点之后，总边际成本曲线变得更加平缓。依据前文数理推演的霍特林准则，在资源有效利用的条件下，边际使用者成本的增长率等于贴现率 r。因此，在动态效率标准下，可耗竭资源 1 和可耗竭资源 2 的边际使用者成本均以速率 r 增长。由于边际开采成本是固定的，且可耗竭资源 2 的边际使用者成本占总成本的比例相对较小，因而可耗竭资源 2 的总边际成本增长速度相对慢一些。因此，至少在过渡时点之后的最初阶段，总边际成本曲线增速较缓慢，即总边际成本曲线在过渡时点之后变得较为平缓。

在过渡时点之后，只有可耗竭资源 2 被利用。从前文对不存在可替代资源时的开采利用问题的分析可知，随着可耗竭资源 2 的总边际成本不断增加，可耗竭资源 2 的开采量也不断减少，开采量最终会在未来某个时点降至 0。

3. 存在可再生替代资源时可耗竭资源的开采利用

如前所述，即使边际开采成本不变，可耗竭资源的相互替代也并不能完全解决其最终耗竭的困境。如果可以使用可再生资源替代可耗竭资源进行开采利用，那么如何才能实现资源的有效配置呢?

与前文的讨论一致，仍假设可耗竭资源有不变的边际开采成本。同时，可耗竭资源存在一种无限供给、边际成本固定且可再生的替代资源。为了保证替代的可再生资源开发利用在经济上可行，假设可耗竭资源的边际成本低于可耗竭资源的最高支付意愿。

图 7-10 展示了资源配置变化的最优路径。在实现可再生资源对可耗竭资源替代的过渡时点 T^* 之前，可耗竭资源的总边际成本较低，此时无法实现可再生资源对可耗竭资源的替代；由于可再生资源是无限供给的，不存在因资源稀缺而产生的边际使用者成本。随着可耗竭资源的边际使用者成本不断增长，在过渡时点 T^* 可耗竭资源的总边际成本等于可再生资源的边际开采成本；在过渡时点 T^* 之后，可再生资源的边际开采成本小于可耗竭资源的总边际成本，此时可再生资源比可耗竭资源更便宜，资源利用从可耗竭资源转向可再生资源，进而实现可再生资源对可耗竭资源的永续替代。

4. 边际开采成本递增时可耗竭资源的开采利用

前文的分析均基于不变的边际开采成本假设，然而在现实生活中，随着资源存量的减少，开采相同单位资源的难度越来越大，边际开采成本也相应递增。

当边际开采成本表现出递增时，边际开采成本曲线不再是一条水平的直线，而是表现为随着资源开采量的增加而不断增加，图 7-11 展示了此时动态效率标准下可再生资源对可耗竭资源替代的最优路径。此时，在过渡时点 τ^* 实现了可再生资源对可耗竭资源的替代。

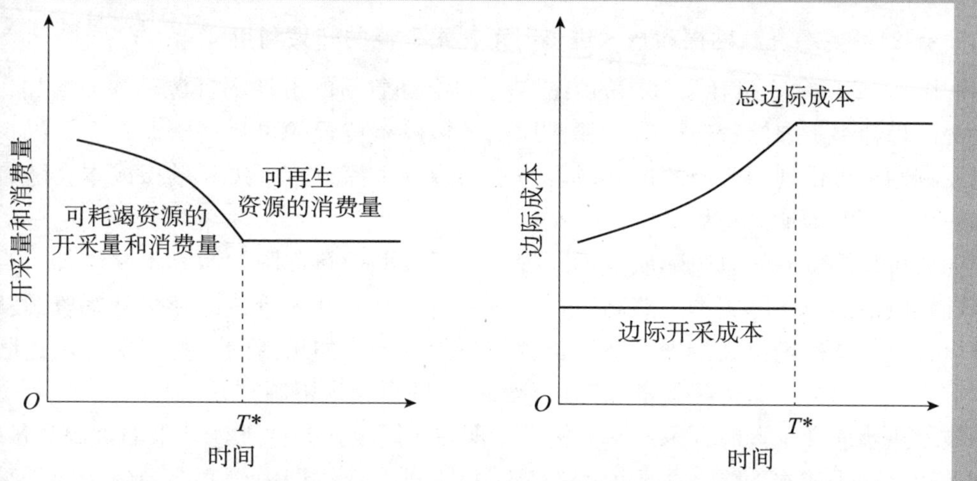

(a) 资源的开采量　　(b) 资源利用的边际成本

图 7－10　边际开采成本固定时可再生资源对可耗竭资源的替代

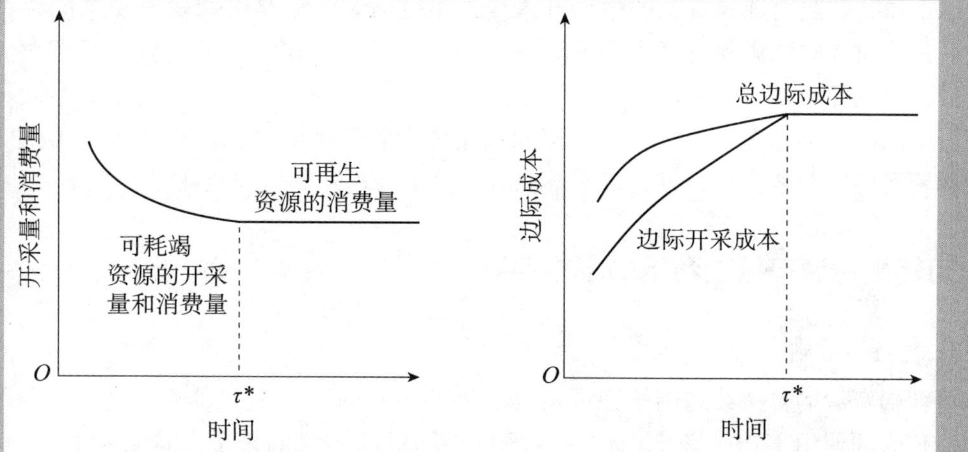

(a) 资源的开采量　　(b) 资源利用的边际成本

图 7－11　边际开采成本递增时可再生资源对可耗竭资源的替代

需要指出的是，不同于不变的边际开采成本情形，在边际开采成本递增的条件下，边际使用者成本随着可耗竭资源的开采不断下降而不再是上升。边际使用者成本是将来利用可耗竭资源而获得潜在收益损失的机会成本。与边际开采成本不变的情形不同，递增的边际开采成本意味着未来更低的开采可耗竭资源净收益。因而，随着资源的不断开发，边际开采成本不断增加，未来可耗竭资源利用获得的净收益不断减小，边际使用者成本也不断减少。最终，当边际开采成本高到一定程度时，未来可耗竭资源利用获得的净收益为 0，这时可耗竭资源提前利用并不会对未来利用产生实质性影响，即边际使用者成本为 0。因此，在过渡时点 τ^* 处，总边际成本等于边际开采成本。

此外，在边际开采成本固定的条件下，可耗竭资源储量最终将完全耗竭。然而，在边际开采成本递增的条件下，部分可耗竭资源因过高的边际开采成本而不会被开采。

5. 新的可耗竭资源勘探和技术进步时可耗竭资源的开采利用

如图 7-2 所示，可耗竭资源的当前储量也会随着新的可耗竭资源勘探而增加。当容易发掘的可耗竭资源储量耗竭时，那些地处环境较差位置的可耗竭资源也会被勘探、利用。发掘额外可供利用资源的边际成本被称为边际勘探成本。边际勘探成本会随着时间推移表现出不断增加的趋势。

随着可耗竭资源的总边际成本不断提升，积极勘探新资源的激励不断增加。当已知的可耗竭资源的总边际成本足够高时，那些之前不具备开采价值的新可耗竭资源就变得经济可行。成功的勘探会带来可耗竭资源储量的增加，如果新的可耗竭资源的边际开采成本非常低，这将使总边际成本下降，导致更多的可耗竭资源被利用。

技术进步表征了资源开采效率的提升，即在相同投入条件下，开采的资源数量增加，资源的边际开采成本下降。需要说明的是，技术进步在短期内确实会导致边际开采成本的减少和资源开采量的增加。但是，从长期来看，由于可耗竭资源的总量是固定的，技术进步带来的边际开采成本下降只能是短期的、不可持续的，边际开采成本最终必然会上升。因此，技术进步至少延缓了可耗竭资源的耗竭速度。

综上所述，当可耗竭资源的边际开采成本不变时，无论是可耗竭资源之间存在替代效应，还是可耗竭资源和可再生资源之间存在替代效应，在实现最优资源配置时，可耗竭资源终将消耗殆尽。然而，在边际开采成本递增的条件下，递增的边际成本使可耗竭资源开采的净收益越来越少，可再生资源利用的净收益不断增加，在实现可再生资源对可耗竭资源的完全替代时，可耗竭资源仍有部分不会被开采而未能耗竭。

二、可耗竭资源可持续利用的基本原则

1. 霍特林准则

可耗竭资源的可持续利用作为可持续发展的核心内容之一，强调当代人对资源的使用对后代人的使用不产生危害，也即实现可耗竭资源的跨期公平。这意味着，一方面，如果要使后代人维持当代人相同的福利水平，当代人就不能自由随意地使用可耗竭资源；另一方面，如果将未来使用的资源转移到当代使用，要使后代人的福利水平不下降，即至少要保证其福利水平不能低于当代人的福利水平。

可以证明，在满足霍特林准则，即边际使用者成本以贴现率 r 的速率增长时，可耗竭资源在满足动态效率标准的同时，实现了资源利用的跨期公平，这也是可耗竭资源可持续利用的第一个基本原则。

回顾一下，在前文的“可耗竭资源利用的动态效率”部分，通过参数数值的代入，求得第一时期可耗竭资源的最优使用量是 30.909，而第二时期可耗竭资源的最优使用量是 29.091。初步看来，与第一时期的资源使用量相比，第二时期的资源使用量更低，这似乎违背了当代人不能以后代人为代价谋取利益的宗旨。如果将资源平均分配使用，会不会是更好的资源配置方案呢？

为了说明上述问题，我们对动态效率配置下的净收益和资源平均配置下的净收益进

行比较。利用公式（7-2），可以求得，在动态效率配置下第一时期和第二时期的净收益分别为75.868元和74.050元；在资源平均配置下第一时期和第二时期的净收益均为75元。显然，在没有收益分享的条件下，动态效率配置与资源平均配置相比，后代（第二时期）的境况恶化了。

然而，假设存在净收益的分享机制，如果当代人（第一时期）保留资源平均配置时可获得75元的净收益，同时将额外的0.868元以利率0.2进行储蓄，则在第二时期该储蓄额将增加为0.868×(1+0.2)=1.042元。将这个储蓄额加到74.050元上，可得75.092元。显然，在存在分享机制的动态效率配置下，后代的境况比资源平均配置时的境况更好。

2. 哈特维克准则

尽管霍特林准则为可耗竭资源可持续利用的跨期公平问题提供了很好的标准，但是该准则在实际的应用中面临困难。要计算后代的福利水平，不仅要准确知道资源的配置情况，还要准确地认识后代对各资源配置的价值判断。显然，这些都是不现实的。

哈特维克（Hartwick，1977）指出，为了解决当代人过度使用可耗竭资源而“欺占”（shortchange）后代人权益的问题，可将开采可耗竭资源获得的稀缺性租金投资转化为“可再生”的资金流，而不是消费掉，进而可将可耗竭资源的消费始终维持在一个固定水平。这一准则被人们称为哈特维克准则（Hartwick rule）。

相对于霍特林准则，哈特维克准则对可耗竭资源的可持续利用有两个方面的重要见解。（1）利用哈特维克准则，可以通过检查总资本存量的价值是否下降判断资源配置的可持续性；（2）哈特维克准则具体给出了可耗竭资源可持续利用需要的分享程度，即所有稀缺性租金都必须用于投资。

假设期初有2 000元本金用于储蓄，利率为0.2，则每期末的利息总额是400元。哈特维克准则表明为了使该笔资金可持续利用下去，每期花费不能高于400元。即每期花费仅为利息额度，而本金保持不变，这样可保证该笔资金可持续利用下去。利用哈特维克准则，我们只要检查本金的跨期变化就能识别一项配置（支出）是否可持续。如果本金减少，则意味着该配置不可持续；如果本金增加或不变，则该配置是可持续的。

需要说明的是，尽管哈特维克准则为判断可耗竭资源的可持续利用提供了明确方向，但是哈特维克准则的成立依赖于自然资本和人造资本的完全替代关系。哈特维克准则认为可将可耗竭资源的稀缺性租金转化为“可再生”的人造资本（如机器），进而将可耗竭资源的可持续利用问题转化为资本的保值问题。显然，特定条件下人造资本不能真正替代自然资本，基于自然资本和人造资本之间完全替代的假设也面临现实挑战。

由于人造资本对自然资本的替代是有限的，因此人们将维持总资本价值不变的哈特维克准则称为弱可持续准则，而将维持自然资本存量价值不变的哈特维克准则称为强可持续准则。

三、可耗竭资源可持续利用的政策选择

1. 建立合理的资源产权制度

实现可耗竭资源的动态效率配置依赖于合理有效的资源产权制度。只要资源产权制

度满足排他性、可转让性和强制性，就能避免生产者因短视而产生的加快当期可耗竭资源的开采而不顾未来利用收益的行为。

已探明的可耗竭资源对所有者而言存在两种潜在价值：(1) 资源开采利用价值；(2) 资源被保存于地下时的资产价值。只要资源价格保持稳定上升，未开采的资源价值也就会日益增加。生产者较早开采资源，则失去了对其待价而沽的机会。追求利润最大化的生产者总是通过平衡当前和未来的资源生产量来实现资源价值的最大化。因此，合理的产权制度使资源生产者相信未来资源价格的真实性和可得性，进而在生产者追求利润最大化的同时也实现社会净收益现值的最大化。

2. 外部成本内部化

可耗竭资源在开采利用过程中，往往伴随环境污染、生态破坏等诸多外部性问题。一般而言，市场价格仅能反映私人成本，即生产成本，而不能体现社会成本，即私人成本加外部成本（景普秋和张复明，2007）。然而，在面临可耗竭资源开采利用所带来的环境污染、生态破坏等诸多外部性问题时，往往存在市场失灵问题，即可耗竭资源的使用价格不能体现资源开采利用所带来的环境污染、生态破坏等成本。因此，从私人角度来看，可耗竭资源的开采利用是经济的，但从社会整体的角度来看，可耗竭资源的开采利用则是不经济的。解决可耗竭资源开采利用过程中存在的外部不经济问题，往往需要政府制定相应的政策措施将资源利用的外部成本内部化。

如果可耗竭资源开采利用过程中的环境损害不能体现在生产者的开采成本之中，外部成本不能内部化，一方面将导致开采者低估总边际成本，此时，可耗竭资源开采的私人成本低于社会成本，或者说社会大众部分承担了私人开采利用可耗竭资源的成本，造成可耗竭资源当期过度开采；另一方面将导致对资源开采收益核算的高估，自然资本存量损耗得不到及时补偿，也不能实现可耗竭资源配置的强持续性。

关键词

可耗竭资源存储量　可耗竭资源利用　跨期配置　霍特林准则　哈特维克准则

思考题

1. 可耗竭资源的当前储量和天然储量有何区别和联系？

2. 如何理解贴现因素对资源动态效率配置状态的影响？

3. 假设政府对可耗竭资源利用征收从量税，税率为 t，分别讨论当税收由消费者支付和供给者支付时，如何实现可耗竭资源的动态有效配置？

4. 假设可耗竭资源的边际（开采）成本随可耗竭资源的利用量不断递增，即 $MC=cq_t$，那么如何实现可耗竭资源的动态有效配置？

5. 结合霍特林准则和哈特维克准则的内涵，谈谈你对二者在可耗竭资源利用管理政策含义上的异同。

参考文献

拓展阅读

第八章

可更新资源利用与管理

第一节　可更新资源的相关基本概念

一、可更新资源的概念和分类

1. 可更新资源的基本概念

依据资源能否更新（或再生），可以将自然资源分为可更新资源和可耗竭资源两大类（曲福田，2001）。可更新资源（renewable resources），又称可再生资源或非耗竭性资源（章铮，2008），是指能够通过自然力以一定的增长率保持存量或增加流量的自然资源，例如太阳能、植物、动物、土壤等自然资源。这类资源的特点是：在被人类合理开发利用后，依靠生态系统的更新，其自身储量可以持续地得到补充和增加，并为人类永续利用。

存量和流量是自然资源经济学中的两个重要概念。自然资源存量是指在一定的经济技术水平下可以被利用的资源储量（王军，2009）。在某一固定的时间点上，自然资源存量是一个确定的数值。随着社会经济的发展和科学技术水平的提高，虽然已探明的资源不断被利用，但新的资源也不断被发现，在一个动态的时间范围内，资源的存量又是不断变化的。

自然资源流量是指在一定时期内的资源流入量和流出量（马中，1999）。例如，可更新资源的再生量、可耗竭资源的开采量等。影响资源流量的因素包括自然的新陈代谢和人为的干预。在一定的时期内，资源流入量减去资源流出量，就等于资源净流量。资源净流量可以反映自然资源的消耗速度。

可更新资源的存量和流量受人类利用方式的影响。对可更新资源的合理开发利用可以使其不断恢复、更新、再生产以至不断增长；如对其进行不合理的开发利用，其可更新性就会受阻，存量就会不断减少以至耗竭。例如，土壤侵蚀导致土壤肥力下降进而减少了优质耕地的存量；过度捕鱼减少了鱼的存量进而减少了鱼群的自然增长量。另一些可更新资源的存量和流量则不受人类活动的影响，例如太阳能，当代人消费的数量不会使后代人消费的数量减少。

2. 可更新资源的基本特征

一是资源本身具有一定的可更新（再生）和自我恢复能力，但是该能力是有限度的，并不是无限的。

二是可更新资源的可持续性受到人类利用方式的影响。如果人类能够对其合理开发利用，资源就可以恢复、更新、再生产甚至不断增长；如果人类不合理地对其开发利用，其可更新过程就会受阻，蕴藏量就会不断减少，出现退化甚至耗竭。

三是可更新资源还能够被储藏起来。资源的可储性为在不同时间范围内配置资源提供了可能。例如，鱼类可以冷藏起来，供以后销售和食用，可以调剂余缺，平抑市场价格。可更新资源的储藏一般来说不同于可耗竭资源的储藏。储藏可耗竭资源是为了延长它的经济寿命；储藏可更新资源则是为了保证不同时期的供需平衡。

3. 可更新资源的分类

按再生的条件，可更新资源可分为两类。一是再生不受人类行为影响的资源，如太阳能、风能、潮汐能等资源，它们可以循环、流动，又叫恒量资源或长流资源（flow resources）（曲福田，2000）。这类资源在自然界不仅存量大而且循环运行不息，对其的利用并不会造成数量上的损失，如加以利用则可得其利，如不加以利用而听任其自由流失，反而会导致资源闲置而白白浪费。二是资源可以自我再生，但其再生或恢复存在着临界点。这类资源主要是生物资源，如森林、牧草、野生动植物、鱼类资源、微生物等。只要合理利用、保护得当，不超过其储量的临界点（即最小可再生储量），这类资源就可以恢复更新，不断地滋生繁殖，成为取之不尽、用之不竭的资源，为人类源源不断地提供所需的产品。但如果环境不良或利用保护不周（常常是过度利用而使其储量减少到临界点之下），其更新、再生就会受阻，数量就会不断减少。如草原过度放牧、森林高强度采伐、鱼类和野生动物超量捕猎等，都将使生物资源减少、枯竭，甚至带来整个自然生态系统的崩溃。

人类在开发利用生物资源的过程中，一方面要根据能量金字塔定律（Lindeman，1942）来确定生物资源的最大生产量。能量依靠食物链在各类生物中传递，但在传递过程中能量会逐级递减 10%。按照这一理论，一个人若是靠吃水产品来增长 1 千克体重的话，就得吃 10 千克鱼，这 10 千克鱼要以 100 千克浮游动物为食，而这 100 千克浮游动物又要消耗 1 000 千克浮游植物才能成活。因此，可利用生物资源的数量、质量和再生产力，在很大程度上取决于人类对生物资源的合理利用、经营管理水平和科学培育方法。另一方面还要根据生物资源的生长规律，保证生物资源的最大持续生长量，并使人类对生物资源的开发利用量小于生物资源的再生量，以使生物资源的生长、利用，再生长、再利用的运行过程得以持续。

按照人们对资源的不同控制与管理方式，可更新资源又可分为专有资源和共有资源。专有资源（owned resources），也称限制获取资源（controlled access resources），是具有明确所有者，能通过法律或所有权的形式，对资源使用加以控制、限制或调节的资源（曲福田，2001）。包括国家所有的森林、自然保护区，属于某国而不允许别国的渔船进入捕鱼的领海等。这些资源的共同特征是由于存在农民、农场、公司、国家等具体资源的所有权主体，因而往往可以对资源利用的方式和强度进行控制或调节，从而使资源得到合理的利用和恰当的保护。共有资源（common property resources），也称开放获取资源（open access resources），是指没有明确的所有者或虽有法律上的所有者，但不能行使所有者权利且任何主体均可以自由享用的资源。最典型的例子是公海和空气。这类资源的基本特征是人们无法对其利用方式和程度进行控制和调节，一个人对资源的利用不能排斥他人使用该资源，其结果往往是利用过度，从而导致资源退化甚至枯竭。因此，一个国家或地区对本国、本地区资源采取什么样的控制与管制政策，将直接影响资源的配置方式、利用强度和持续性。

产权是指建立在人与物的关系基础上的人与人的关系，它规定着一个人受益或受损的权利。产权是一组权利或者权利束，它包括所有权、使用权、收益权等。产权按归属可以划分为私有产权、共有产权、国有产权，其实质是将上述权利界定给不同的行动团体。本章根据不同产权归属主体，将可更新资源细分为可更新的私人资源、共有资源、国有资源和开放资源。

二、可更新的私人资源

1. 可更新的私人资源的概念及其基本特征

可更新的私人资源（renewable private resources）是指将资源产权界定给特定个人，完全由个人决定支配的可更新资源。未经产权主体允许或给予产权主体相应的补偿，任何人不得使用这些资源或影响产权主体拥有并行使资源产权。

可更新的私人资源具有以下特征：第一，完全明确的财产权。这些资源所有者拥有的各项权利以及破坏这些权利的处罚等都有明确规定。第二，专有性。开发资源带来的所有收益和费用都由资源的所有者享有或承担。第三，可转让性。这类资源可以在市场上公平交易，从而实现资源的有效配置。第四，受保护性。资源产权可保证免于他人的侵犯和非自愿的获取，破坏者得到的惩罚大于其可能得到的最大好处。

因此，在促进稀缺资源配置效率方面，可更新的私人资源具有以下优势：（1）私有产权的排他性、可转让性最强；（2）私有产权的安排可以利用资源供需双方的自利动机增加供给，使“看不见的手”发挥作用；（3）私有产权意味着权利主体要承担行动后果，因而资源的使用能够得到权利主体的监督。

2. 可更新的私人资源的一般利用状态

可更新的私人资源的开发利用是产权主体的一种社会经济活动。这种社会经济活动是基于私人资源在产权主体的干预下进行自然再生产和社会再生产的复杂生产过程。这一生产过程既受到资源自然属性的作用和制约，又受到社会秩序、生态环境、经济技术条件的重大影响。

土地资源面积有限、位置相对固定和一定时期内质量相对稳定与可耗竭资源的含义吻合，而其可更新性、可培育性和自然属性表现出来的季节变化周期性又符合可更新资源的特征，故而造成了对土地资源类型归属的争论（唐华俊等，2000）。从本质上分析，土地资源应属于可更新资源，这种可更新特征并非表现在土地的地表载体性质上，而表现在土地综合体组成要素的资源性质上，如土地资源质量。此外，在家庭联产承包责任制背景下，农业生产中的农户作为一个相对独立的经济实体，当其承包经营集体土地，并按照合同规定自主地进行生产和经营时，可在承包期内依法、自愿、有偿流转土地承包经营权。在这一情况下，承包期内的土地可以说是可更新的私人资源。

土地的基本属性是具有生产能力，可以生产出人类需要的植物、动物产品，在社会生产中，特别是在农业生产中发挥着重要作用。由于私有产权具有排他性和竞争性，产权主体为了实现更高的收益，会自主充分利用并不断加以改造和增肥，使土地具有永续生产力。并且，在“看不见的手”的指引下，产权主体会根据市场供需状况调整承包土地上的种植分配，有选择地种植生产市场所需的农作物，提高土地生产效率。相反，若是对产权主体的行为不施以约束，任由其提高复种指数，加强灌溉，增施化肥、农药，掠夺性经营土地，对土地缺乏养护，土地生产力将会下降甚至衰竭，影响人类的生存并导致环境恶化。在我国现代化建设进程中，对私人土地上的农作物的合理利用与保护是一个重要议题，实现其合理利用和保护的关键是用地与养地相结合，以保持土壤肥力。在人口不断增加的情况下，必须合理而集约地利用和保护土地，使有限的土地资源能够持续地满足人类不断提高的生存和发展需要。

可以看出，可更新私人资源的利用自觉按照市场规律运行，使资源向着最有效率的方面配置。但由于存在现值最大化的短视行为，私人资源即使有明确的所有者，也未必能保证其发挥应有的价值。从理论上说，私人资源所有者会在长期内考虑资源的使用，使其总收益现值达到最大，而实际中，资源开采期可能长达几百年，资源拥有者的寿命则可能只有几十年，所有者未必按资源长期收益最大化原则行事，反而按自己有生之年收益最大化原则行事，这会导致资源的滥用。

三、可更新的共有资源

1. 可更新的共有资源的概念及其基本特征

可更新的共有资源（renewable common resources）是指资源产权由特定组织（群体）共同所有的可更新资源，组织内部的每一个成员都有权分享资源的权利和利益。对共有组织来说，共有资源就是私有财产，它排除了组织外的成员对组织内的任何成员行使这些权利的干扰，以谋取组织内部所有成员平均收益最大化。一个共有组织的成员，只有取得其他各成员或他们的代理人同意，才能将共有组织的权益转让给他人。在现实生活中，存在着多种形式的共有资源，共有资源与外部性有着密切的联系，且经常被过度利用。

可更新的共有资源具有以下三方面的特征：

第一，资源的共有性。共有资源可以由某个城市（村庄）的所有居民，或由居民组成的特定小群体拥有。在这种情况下，共有组织可以建立规则，确定哪些人是共有组织的成员、哪些人不是，以及确定哪些权益可以被利用，哪些成员可以利用，利用到什么程度，以及可以通过什么方式利用。

第二，利用的外部性问题及拥挤性。由于共有资源属于共有组织所有，资源在组织内部的非排他性使得使用者具有过度利用资源的激励。如果对共有资源的利用超过了资源的承受能力，资源使用者之间就会相互干扰和排斥，加重成员的其他代价，形成外部效果或外部性；并且，由于一定时期内共有资源所能提供的服务是有限的，过多的资源使用者进入会不可避免地在共有资源利用中形成拥挤，并产生物质的和精神的损害。

第三，管理的必要性。由于在共有资源利用中，使用者过度利用共有资源的外部性效果并不进入组织和个人的决策模型，因而共有资源的开发利用具有超出社会最优水平的倾向。因此，如果不采用有效的措施进行适当的管理，共有资源会被过度开发利用，最终导致资源的破坏。

2. 可更新的共有资源的一般利用状态

尽管共有资源存在的原因有差异，人们开发利用共有资源的方式也不尽相同，但有一点是共同的，即由于共有资源开发利用中可能存在的私人成本与社会成本的不一致，共有资源开发利用中的个人决策往往偏离社会最优决策，形成“公地悲剧”。也即，由于共有资源不属于任何人所有，而是共同所有，因此，人们有过度利用这种资源的激励。当这种资源被过度利用时，就会产生哈丁（Hardin，1968）所描述的“公地悲剧”。

如图 8－1 所示，假设在一个村庄里，牧地归村民们共同所有，村民们进入牧地放牛是免费且没有限制的；一头牛能挤出多少牛奶取决于有多少其他牛在这块牧地上被放牧。为使这个村庄养牛的总财富达到最大值，最优放牧数量必须是放牛的边际收益等于其边际成本。在共有牧地上，每个村民有权通过比较增加的这头牛的收益和成本来判断自己能否得到利润，来决定是否放牧，但这忽略了所增加的牛将使所有其他牛的奶产量下降。假设相对于社会需求而言，村庄里牛的产奶量足够小，因此，村民们把牛奶的价格看作给定的。再假定有人控制进入共有牧地的牧民数量，则牛的最优饲养水平 F^* 由养牛的边际收益等于边际社会成本这一点所决定。由于个人进行决策时不考虑其行为的社会成本，因此每个村民都会增加牛的放牧量直到没有任何利润为止。当牛的放牧量只有 F^* 时，养牛的收益大于边际私人成本，增加牛的放牧量可得到更多的利润，直到这个价格等于边际私人成本（F），牧地被过度放牧。

将对“公地悲剧”的经济分析推广至一般，可以看出，共有资源的性质使它的开发利用水平在达到社会收益最大化后，仍然会吸引共有者开发利用资源，由于这些新开发利用的资源仍可以获得利润，但对于成本的提高，他们并不承担社会责任，因而共有资源有被过度利用的危险。

共有资源使用者人数越多，人们对资源的关心度越低，在囚徒困境的作用下，资源越有可能被滥用，资源价值越得不到实现（Edwin，1993）。这可以用一个博弈模型来解释。

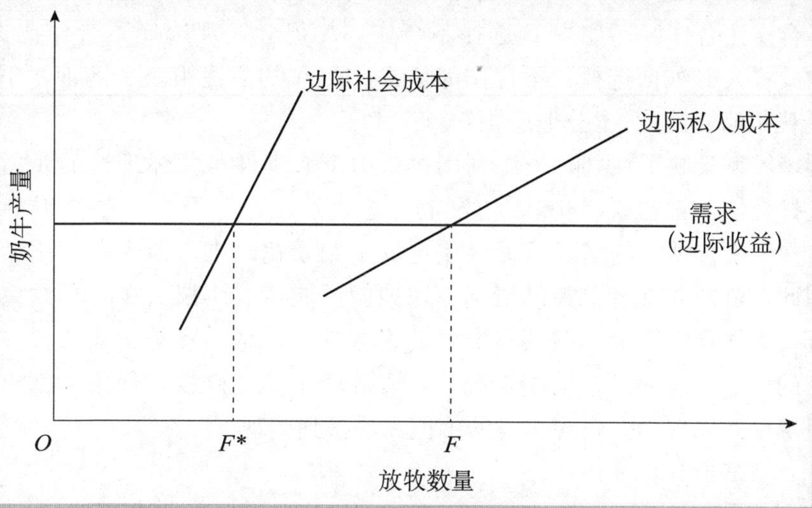

图 8-1　“公地悲剧”的经济分析

放牧人在一块具有共有产权的草地上放牧，这块草地的最大承载力是 L 头牛。假设只有两个放牧人，如果两个放牧人都选择合作，都把放养的牲畜数量限定在 $L/2$ 头牛，他们将各获得 10 单位的利润。如果两个人都选择不合作，都尽可能多地放牧（超过 $L/2$ 头牛），那么他们获得的利润均为 0。如果他们中有一人选择合作，另一人选择不合作，不合作者将获得 11 单位的利润，而合作者的利润为-1。

假定放牧人了解每种选择的可能后果。从图 8-2 可以看出，放牧人 A 和放牧人 B 都选择合作是最优选择，且如果博弈是一次性的，两个人自发选择的均衡点将是（不合作，不合作）。因为不论对方作出什么选择，每个放牧人的最优选择都是不合作。例如，对放

		放牧人B 合作	放牧人B 不合作
放牧人A	合作	10，10	-1，11
	不合作	11，-1	0，0

图 8-2　“公地悲剧”的博弈论解释

牧人 A 而言，如果 B 选择合作，A 选择不合作将获利 11 单位，选择合作将获利 10 单位，显然不合作比合作好；如果 B 选择不合作，A 仍会发现选择不合作比选择合作好。此时，无论放牧人 B 如何选择，不合作都是放牧人 A 的占优策略。同理，不合作也是放牧人 B 的占优策略。因此，“公地悲剧”就产生了。

囚徒困境模型反映了在共有资源利用过程中个人理性与集体理性的矛盾。如果两个放牧人都选择合作，将各获得 10 单位利润，这显然比选择不合作各获得 0 单位利润要好。然而，在一次性博弈的情况下无法实现这个帕累托改进，因为它无法满足个人理性的需求。因此在资源共有者较少的情况下，他们可能达成协议：在某种约束手段的作用下，大家都按集体理性行事，但共有资源的人数越多，越不容易达成协议，达成的协议被偷偷背弃的可能也越大。在极端情况下，资源属于开放产权，任何人都可以开采，则资源价格只等于开采费用，资源本身的价值无法得到体现。

四、可更新的国有资源

1. 可更新的国有资源的概念及其基本特征

可更新的国有资源（renewable state resources）是指由代表公共利益的国家和政府所有的可更新资源。国家及有关政府部门根据相关法律法规以行政的、法律的和经济的手段协调、控制和监督国有资源开发利用活动，以实现全社会效用最大化的目标。

《中华人民共和国宪法》规定，自然资源属国家所有，即全民所有，但法律规定属于集体所有的森林、山岭、草原、荒地和滩涂除外。这些资源具有以下特点：一是品种的稀缺性。资源品种稀缺是指我国在迄今为止的勘探工作中，国家建设很需要的那些资源品种的特殊拥有状况表现为空白或稀少。二是数量的有限性。资源数量有限是指某些资源与我国经济建设对这些资源的需求量和耗用量相比，是不足的和短缺的。三是品质的复杂性。我国的各类资源中，有许多优质资源，同时也存在相当多的品质不佳的资源。四是分布的失衡性。我国的资源分布很不平衡，如水资源大部分集中于西南地区。总体的状况是欠发达地区资源比较丰富，而经济发达地区的资源，特别是矿产资源比较匮乏。

社会全体共同拥有自然资源是国家自然资源公共财产权的特征，这种特征同时决定了所有权关系中的个人既是所有者又不是所有者，这构成了资源产权国家所有制的基本矛盾。之所以是所有者，是因为依照法律共同拥有即意味着每个人都拥有自然资源财产的所有权，这些所有权的集合构成共同拥有的权利；如果每个人都没有所有权，也就谈不上公共财产权。另外，之所以不是所有者，是因为在共同拥有的情况下，只有每个人所拥有的所有权同其他人的所有权相结合构成公共所有权的时候，才能有效地发挥作用，作为个人没有特殊的所有权去索取总收入中的任何一个特殊份额。也就是说，属于国家所有的自然资源，任何国家机关、社会团体和个人都不能作为所有权的主体。非因国家授权，任何单位和个人都无权行使资源所有权。国家按可接受的政治程序来决定谁可以使用或不能使用这些权利，例如，建设用地资源由地方政府代为行使所有者权益，国有森林资源由国企行使使用权等。

2. 可更新的国有资源的一般利用状态

国有资源既是国家主权的体现，也是我们赖以生存和发展的物质条件，需依靠科学技术挖掘资源潜力，充分运用市场经济机制和经济手段配置资源，实现资源的高效、节约利用，并使资源开发、资源保护与经济发展同步，促进国民经济持续、快速发展。

就森林资源资产而言，凡没有法律依据为集体所有或其他经济成分所有的森林资源资产均应界定为国家森林资源资产。森林资源作为一种可更新资源，是地球生态环境中最为重要的生物资源，是生物圈中最大的生产者。森林提供多种产品和服务。木材可以作建筑材料、燃料，可以造纸；树木吸收大气中的二氧化碳并释放出氧气，净化大气；森林为动植物提供生存场所，还起到保持水土的作用；森林可以涵养水源，减少洪涝水灾；森林可以改变温湿度，降低风速，改善小气候。

虽然森林资源可以再生，但森林的自我更新周期一般较长，人工林的更新周期一般为10～40年，天然林则要100～200年，因此，森林资源一旦遭到破坏，很难自我恢复。由于人口的增加，人类对木材和粮食的需求与日俱增，对森林资源的过度采伐和毁林开荒已经达到十分严重的地步。联合国环境规划署称，有史以来全球森林已减少了一半，主要原因是人类活动。全球森林从1990年的39.6亿公顷下降到2000年的38公顷（陈永红等，2003），每年有1 618.74万～2 023.43万公顷热带雨林被破坏（世界资源研究所，2002）。森林的破坏加剧了全球变暖，减少了生物多样性，造成了水土流失。目前，一些国际组织和各国政府都已注意到森林资源的多种生态功能特性，并强调尽快采取一些保护措施来确保森林资源的多种作用。

我国传统的资源开发与管理正是缺乏对资源的功能多样性的认识，只注重资源的直接经济价值，而忽视了其巨大的生态价值，资源破坏严重，导致出现了一系列环境问题。此外，可更新的国有资源通常具有巨大的外部效应，影响人们保护资源的积极性，管理成本又很高，使得长期永续地利用国有资源、实现其保值增值的目的具有挑战性。

五、可更新的开放资源

1. 可更新的开放资源的概念及其基本特征

可更新的开放资源（renewable open access resources）是指不为任何特定的个人所拥有，但是却能为任何人所享用的可更新资源。它具有非排他性，即允许私人自由地使用并获益，无须承担使用费用。在现实生活中，存在多种形式的开放资源，如阳光、空气、自然景观等。对开放资源“搭便车”的过度使用会导致其实际增加的价值（效用）低于增加的成本，造成整个社会效率的损失。例如，就对大家开放的公海的渔业资源而言，人类的过度捕捞会导致一些鱼类资源枯竭；高速公路、港口、自然风景区等每逢节假日便人满为患，非常拥挤。

可更新的开放资源具有以下基本特征：

一方面，开放资源具有非专有性。任何具有一定能力且有意愿的单位和个人都可以利用这种资源而不受限制。如国际公海中的渔业资源、南极大陆的自然资源以及宇宙空间的资源，目前还没有严格的所有者，只要有能力和意愿，任何国家、组织、单位和个人都可以开发利用。可更新的开放资源的非专有性是财产权的一种减弱，它导致资源利用的低效率和市场交易困难。在这种情况下，价格既不能在使用者之间对分配和利用资源起协调作用，也不能为生产或保护资源以及提高收入提供刺激作用。这种可更新资源配置的结果是可更新资源开发过度，以及在资源管理、保护和提高资源生产率等方面存在不足。这也是“公地悲剧”。

另一方面，开放资源供给具有不可分性。有些开放资源因技术原因而不能分割给不同的单位和个人使用，例如，清洁的空气不能分割给个人使用；有些开放资源即使存在技术上分割的可能性，但过高的分割成本或分割后极大降低开放资源的功能会导致开放资源的分割不具备经济上的可行性，如优美的环境和风景如果分割给不同的单位和个人使用，则会降低其娱乐和观赏价值；有些开放资源不让一部分人利用具有可能性，但这样做会违反帕累托最优原则（它要求穷尽一切办法使一个人的境况变好而不使其他人的境况变糟），因而也是不应该的。

2. 可更新的开放资源的一般利用状态

从社会公平和公正的角度看，有些开放资源自身的特点决定了它们只能以开放存取的状态存在。如空气和自然环境对人类生存至关重要，任何组织和个人对其的垄断或独占都会有违公平和公正原则，损坏社会利益。同时一些开放资源的排他存在技术操作上的困难，如大气只能供全社会共同所有和使用，导致资源必然处于开放获取状态。由于以上客观条件的限制和人类认知能力的有限性，自然资源利用的制度安排不可能至善至美，必然会存在一些相互矛盾之处，权责不明确、产权主体缺位等使这些资源处于开放状态，相关经济当事人为谋求自身利益的最大化必然会对这些资源进行“尽情”开发利用。

20 世纪以来，国际社会开始认识到海洋生物资源的有限性，因而逐渐出现了一些管理和养护公海渔业资源的协定。公海是指除各个国家专属经济区、领海和内水之外的全部海域，不受任何国家主权管控（屈广清，2011）。鱼类是一种重要的可更新资源。鱼类资源的问题之所以有意义，不仅是由于鱼类是人类的一个重要食物来源，而且是因为对渔业资源的分析具有代表性，对渔业资源的分析可以大体上应用于其他生物性可更新资源。

渔业资源的一个重要特点是：资源的增长率和资源群体数量或存量有着密切的关系，资源存量随资源的自然增长率和捕捞量的变化而变化。对渔业资源的经济分析，建立在谢弗（Schaefer，1957）首先提出的渔业资源的生物学模型的基础上。谢弗模型建立了鱼类存量和鱼类存量的增长之间的平均关系。

渔业资源是发展水产业的物质基础，也是人类食物的重要来源之一。渔业资源的状况随其自身的生物学特性、栖息环境条件的变化和人类开发利用状况而变动。随着人类社会、科学技术和生产手段的日益进步，渔业资源的种类也在不断扩大。大部分渔业资源具有跨区域和大范围的流动性，因此渔业资源具有其所特有的属性和变化规律。

由于渔业资源一般具有无主、公开入渔的特点，渔业生产活动没有限制、投入完全自由，过去几年公海渔业资源的利用现状不容乐观，主要表现为：公海渔获量持续下降、遭过度开发种群比例上升、未充分开发种群比例下降等；特别那些高度洄游、跨界及全部或部分在公海捕捞的渔业资源，捕捞现状日益恶化（白洋和朱伯玉，2014）。

当前公海渔业危机日益加深，主要症结在于各捕捞国对公海渔业资源共同养护义务的规避，捕捞力度超出了资源的承载力。可见，开发利用可更新的开放资源不论采取何种保障措施、管制手段，只有牢牢将人类获取行为有效限定在资源承载力范围内，才能实现资源的永续利用。

第二节　可更新资源利用的效率和分配

一、资源配置效率

资源最本质的属性之一是有限性。在经济学上表现为稀缺，它涉及资源的供需关系和价值、价格。19 世纪 70 年代，瑞士洛桑学派经济学家利昂·瓦尔拉斯（Léon Walras）曾提出“稀缺价值体系”，认为“任何有用的东西，只要不稀缺就没有价值。而稀缺性是决定资源价值的核心”。人类的繁衍、经济和社会的发展，使人类对有效用的资源的需求不断增长，在现有的技术水平下，资源与环境相对于人类的需求已经变得越来越稀缺，成为全球性问题，也成为经济学的基本问题。

稀缺性是指在一定的社会发展阶段，一定的技术条件下，某种资源相对于人类的欲望的有限性。经济学就是研究如何对稀缺性资源进行最佳配置和利用的科学。

可更新资源是可以自我再生、其存量可以持续地补充的资源。鱼、森林以及很多其他动植物都是可更新资源。从字面上理解，可更新资源是取之不尽、用之不竭的资源。但这种理解过于简单，实际上，可更新资源如果管理不善，或不用可持续的方式来管理，也是可能枯竭的。可更新资源或生物物种的群体总数取决于两个因素：生物学因素和人类社会行为因素。除了生物学因素外，人类行为是影响物种生存、发展和灭绝的重要因素。对于人类来说，需要解决如何有效地使用可更新资源的问题。

1. 资源合理配置的基本原理

资源配置是指资源之间以及资源与其他经济要素之间的组合关系，以及在时间、空间和产业等方面所作的结构安排。如何合理配置资源是经济活动必须解决的根本问题。根据经济、技术等条件，把资源的要素合理组合，从时间上进行合理分配，从空间上进行合理布局，在产业之间进行合理调整，以充分利用资源，使资源产出的总体收益最大，满足日益增长的各种社会需要，就是资源合理配置的基本目标。只有按照一定的资源合理配置的目标和准则，通过一定的机制，才能实现自然资源的最优化和可持续利用的总目标。

1906 年，帕累托（Pareto）在《政治经济学教程》一书中提出了检验一个社会经济资源是否得到最优配置的“帕累托效率标准”。所谓帕累托效率标准是指社会资源配置达到一种理想状态，即在不减少任何人福利的条件下，增加其他人的福利（王明荣和王明喜，2012）。例如，在资源的时间分配问题上，对于特定的资源利用方式，在不减少其他时期福利的条件下，不可能再增加任何时期的福利，这时就达到了帕累托效率标准。也就是说，当资源在各时期的转移不能再增加资源利用的总收益时，资源利用方式才是最佳的。

帕累托效率标准存在一定的问题，因为在现实生活中，有人境况变好的同时还有人境况受损，往往也能促进社会福利的提高，例如，对富人征收较高的个人所得税，用于穷人生活条件改善。因此这限制了帕累托效率标准的实际应用。帕累托也意识到了这一缺陷，进一步提出了资源配置的帕累托最优，即如果社会经济达到这样一种状态，以至一个人的境况不可能变得更好，除非其他人的境况变得更坏，社会福利就不再有改善的可能，这一社会经济处于最优状态。

1939 年，卡尔多（Kaldor）和希克斯（Hicks）将帕累托的限制条件放宽，提出了潜在帕累托最优标准（高建伟和李海伟，2009），并指出不管是否存在受损者，只要受益者的得益能够补偿受损者的损失而有余即可。该标准意味着，如果资源配置所带来的净收益大于零，则该配置就是对社会福利的改善，就值得进行。

2. 典型性资源配置效率分析

可更新的共有资源的动态优化配置就是实现可更新的共有资源的可持续利用，实质上就是通过控制资源使用率或收获率实现最有效可持续收获量。下面以海洋渔场为例（王军，2009）来进行说明。

鱼群增长率和鱼群数量的关系如图 8－3 所示。当鱼群数量很少时（S_1 点），鱼群生长繁殖速度和死亡速度相同，增长率为零。随着鱼群数量增加，鱼群迅速生长繁殖，鱼群增长率迅速提高，当鱼群数量达到 S^* 时，鱼群增长率达到最大值 G^*。随着鱼群数量继续增加，其生存空间变得相对狭小，种群内的死亡率上升，鱼群增长率下降，到 S_2 时，鱼群数量达到最大，而鱼群增长率降低为零。这样，鱼群增长率有两个区间：S_1 与 S^* 区间、S^* 与 S_2 区间。在 S_1 与 S^* 区间，鱼群增长率逐渐提高，鱼群数量迅速增多；在 S^* 与 S_2 区间，鱼群增长率逐渐降低，鱼群数量增速减缓。S_1 被称为最小可持续数量，种群数量低于这一点，鱼群增长率将为负数，鱼群数量将会减少直到灭绝。S_2 被称为自然均衡点，是鱼群最大的承载量，在这一点上，由死亡和迁出造成的鱼群数量减少将由于出生和迁入而得到补偿。

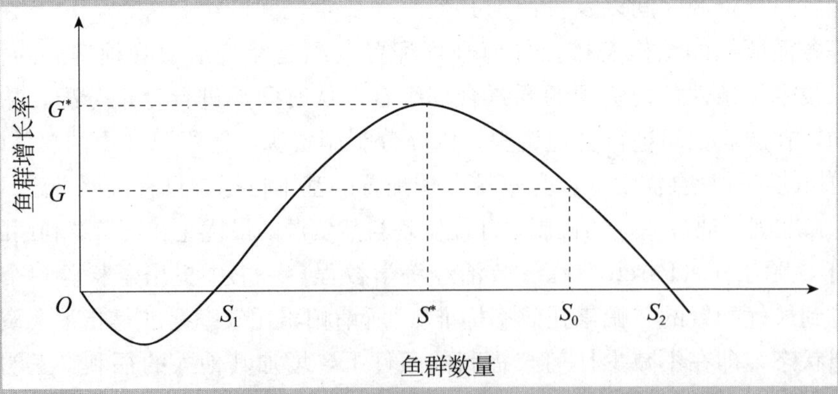

图 8－3　鱼群增长率和鱼群数量关系模型

在任何条件下，如果捕获量（产量）等于增长量，就可称该捕获量是可持续的。此时鱼群增长的部分都被人类捕获，鱼群数量维持不变，对应的鱼群增长率也不变，这种捕获量可以永远保持。例如，S_0 对应 G。如果不考虑捕捞活动的成本，很显然最大可持续经济捕获量为 S^*，此时鱼群增长率最大。

（1）渔业资源的静态优化配置。

静态可持续经济捕获量是指不考虑贴现因素时，能够产生可持续的最大年净收益的收获量。为了分析方便，这里假设鱼价不变、边际捕鱼成本不变、单位捕捞工作量的捕获量与鱼群数量成正比。

收益和成本是捕捞工作量的函数，在鱼价不变的情况下，收益曲线决定于产量。增加捕捞工作量会引起鱼群数量减少（见图 8-4）。不考虑捕捞活动成本的情况下，捕捞工作量增加到 E_m 点时，如果继续增加工作量，收益就会降低，E_m 是获得最大可持续产量的捕捞活动水平。可以看出，在考虑捕捞活动成本时，增加捕捞活动虽然可以带来收益，但也会带来成本的增加，有效率的捕捞工作量水平应该对应边际收益等于边际成本，即可持续经济捕捞工作量 E_e，该点上的收益与成本之差最大。高于 E_e 的捕捞工作量水平是低效率的，因为成本增加超过了收益增加。

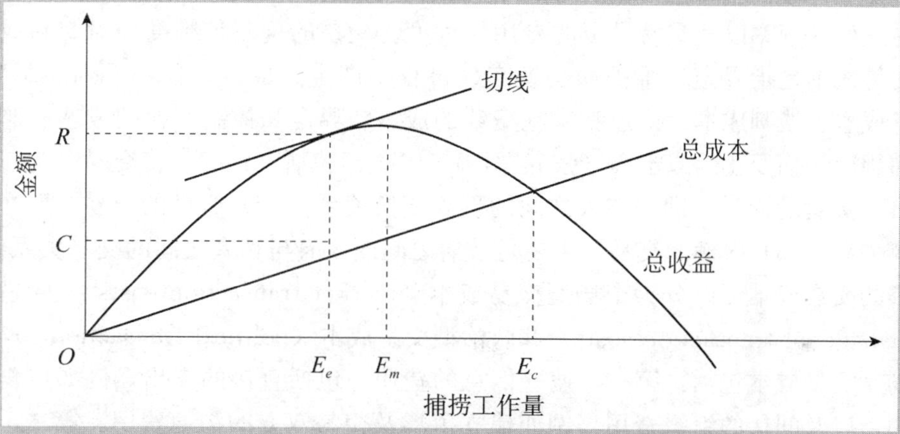

图 8-4　鱼群的静态可持续经济捕获量

（2）渔业资源的动态优化配置。

动态可持续经济捕获量是指考虑贴现时，能够产生最大年净收益且能连续保持的捕获水平。贴现率越高，资源所有者保存现有资源的成本就越高，所以经济合理的捕获量会超过静态可持续经济产量。

超过静态可持续经济产量所需年度捕捞工作量水平的增加，开始会由于捕获量的增加使得净收益增加。然而，当捕获量超过鱼群可持续产量时，鱼群数量就会减少，并使得将来的鱼群数量和捕获量减少。最后，当捕捞工作量水平保持不变时，就会得到一个新的较低的均衡水平，这时捕获量又等于鱼群数量的增加量。用数学方法可以表明，当贴现率增加时，动态有效捕捞工作量水平就会增加，如果贴现率无穷大，它等于 E_c，在这一点上净收益为零。可见，一旦采用贴现率，动态有效可持续经济产量所对应的鱼群数量就会小于静态有效可持续经济产量所对应的鱼群数量；可持续捕获量也将较小。只要鱼群增长率超过贴现率，鱼群灭绝就不会发生。

二、资源利用的过程效率

在资源配置或使用过程中，会产生信息搜寻、协商组织、监督的成本，下文将通过交易成本对资源利用的过程效率进行刻画。

1. 资源利用的交易成本

资源产权交易是指资源产权主体之间发生的资源产权的各项权能及其组合的转让行为，包括资源要素的实体的有偿转让和附着在资源要素之上的各种权利关系的有偿转让。这种转让包括物质交换和与生产有关的信息交换，是某种物品或服务从一种技术界面向另一种技术界面的转让，此时，一个行为阶段结束，另一个行为阶段宣告开始（奥利弗·E. 威廉姆森，2002）。在 Commons（1934）看来，交易是个人之间分割和获取对有形物品未来的所有权，这是关于财产权的授权转让。产权交易的目的是使市场交易所产生的边际成本小于产权转让与调整带来的边际收益增加。

根据 Williamson（1979），资源产权交易可以由以下三种关键特征来刻画：不确定性、交易发生的频率以及交易投资的专用性程度。交易的这三种维度会对交易成本产生影响。交易成本是指界定、维护和交换产权过程中产生的成本，是一系列的制度成本，包括信息成本、谈判成本、拟定和实施契约的成本、界定和控制产权的成本、监督管理的成本和制度结构变化的成本等（张五常，1999）。康芒斯（1962）将交易分为三种基本类型：(1) 买卖的交易，即人与人之间的平等交换关系；(2) 管理的交易，即在层级制下的交换关系；(3) 限额的交易，主要是政府之间或政府与私人之间的交易关系。因此，资源产权的交易成本可以分为市场型交易成本（market transaction costs）、管理型交易成本（managerial transaction costs）和政治型交易成本（political transaction costs）。

市场型交易成本包括：第一，搜寻信息的费用，包括直接的支出，例如广告和市场调查费用，以及间接的组织费用，例如建立市场及交易双方的沟通费用。第二，谈判和决策的费用，即双方就合约条款进行协商所必须支付的费用。在信息不对称的情形下会出现谈判无效率的现象，增加了合约的复杂性，而竞争也会加剧这种复杂性。第三，监督和执行成本，是指因交货时间需要监督、产品质量和数量需要价值属性的度量，保护权利和执行合约条款所发生的费用。

管理型交易成本包括：第一，建立、维持或改变一个组织涉及的费用，包括信息技术的投入、公共管理活动费用、人力资源管理费用等。第二，组织运行的费用，包括制定决策、监管命令的执行、度量绩效的有关费用以及技术界面转移的费用（例如，仓储的费用和运输成本）。管理型交易成本还包括对原料流动的命令执行和确认的后勤成本，保证现存的原料流动和能源供应的存量成本，成本采购、间接工程和质量控制的质量成本以及对基础性生产信息体制进行调整的变更成本。

政治型交易成本包括：建立、维持和改变体制中正式和非正式政治组织的费用以及政体运行的费用，包括法律框架、行政管理架构的决策、执行和监督以及公共教育等费用。

由于交易成本为零的世界不可能存在，因此，应使用制度分析法探寻最优制度安排，将交易成本看作经济制度内的决定性变量，通过内生的组织重组改善并减少交易成本(Demsetz，1967)。合法权利的调整只能通过市场进行，当考虑到市场交易成本时，这种调整后的产值增长只有大于它所产生的成本时，权利的调整才有必要。

2. 典型性资源利用过程效率分析

假设在水利等基础设施已经完备的情况下，最初水资源是通过行政命令来实现分配的。而如果试图引入水市场，需要确定水权，并分配水权，以尽量减少寻租和交易成本，并最大限度地提高用水效率。此时，产权制度与水市场虽然有交易成本，但预期会比最初的行政命令方式节省制度执行过程中的成本。

这里的水市场的交易是指在水市场进行水权的交易。水市场是水权交易各种关系的总和，主要包括交易主体、交易客体和交易方式与规则等内容。其中，水权的概念则是产权的概念的延伸，是水资源的所有权、使用权、用益权、决策权和让渡权等所组成的一组权利。在水市场的交易中，水权交易需要综合考虑开发成本与交易成本，前者包括蓄水成本、传输成本、水用途转换的处理成本等，后者包括寻找交易伙伴的成本、识别水权的法律和水文特征的成本、讨价还价的成本等。

Colby (1990) 认为，水权交易是否发生、发生频率的高低和交易的净收益大小，取决于其交易成本。法律和正式制度决定了水权交易的交易成本。交易成本受水权的法律和水文特征、交易中的价格协商、法律及交易批准程序等因素的影响。下面将借助智利的水市场交易 (Bauer，1997)，进一步明确影响水市场交易的因素，并通过水市场中的市场型、管理型和政治型交易成本改进，实现资源利用的过程效率。

在智利，公共资助的灌溉项目需要潜在用水者的参与和承诺。灌溉系统的设计、相关基础设施和当地政府的管理结构均会影响到供水市场面临的交易成本。不同主体在利用水资源的过程中，会因为水的物理属性引致不同主体之间的相互依存关系而产生利益冲突。

根据前述资源利用过程效率的影响因素，影响智利建立水市场的交易成本的因素可以具体分为三部分：物理属性、水资源制度以及更为基础的制度环境。

物理属性，包括物质基础设施、利用技术、水资源天然供给的不确定性、实际水资源使用是否保留在当地等因素，其中水权交易对社会的影响、转让的期限、合同的准确性以及水的数量、质量、时间和地点等都会影响交易成本。水资源制度，即针对水资源利用和水市场的制度安排，不论是正式还是非正式的，均会影响新的水资源分配制度创新的成本。更为基础的制度环境，包括法律制度以及已建立的基础性的市场机制，这些都会对水市场的建立产生重要影响。此外，社会的价值规范、社会资本等非正式制度也将影响市场的交易成本和市场的运转。

(1) 市场型交易成本分析。

在智利的水市场中，市场型交易成本主要涉及搜寻信息、谈判、决策以及监督和执行的成本。例如，在水交易合同中要明确水资源的数量、质量以及供水地点和时间等信息，尽量地减少不确定性，使购买方能更好地规划未来的投资。

除此之外，过往的水权交易合同主要关注水资源的地点和数量，很少囊括有关质量的条款。但随着对水资源质量的重视，水权交易合同慢慢加入了对水质的检测，从而导致交易成本增加。而且，由于水资源稀缺性的凸显以及对水资源的量化趋势，智利的水资源信息的呈现从过去的流量份额形式转变为更加具体的数字。这些变化必然会影响水权制度及其监督与执行。因此，明确水资源的空间分布、水资源质量等信息，将有助于明确产权，减少信息、谈判与监督的成本。

（2）管理型交易成本分析。

在智利的水市场中，管理型交易成本主要是组织维持运转的成本。水市场交易的变化会影响利益相关者，尤其是行政机构的组织运转，其中包括现行的行政架构、用水者协会、非正规水权交易的机构、水权登记处等。智利试图通过建立用水者协会、简化相应程序以及引入有效和可行的解决冲突机制，降低交易成本。虽然政府对水权转让的限制增加了交易成本，但第三方管理者的引入，有利于在决策过程中内化间接的经济成本与社会影响。

（3）政治型交易成本分析。

在智利的水市场中，政治型交易成本主要涉及与水权制度相关的政治组织和政体的运行，以及相关的法律法规建设。例如，水权是否以严格的公有制或其他确权方式为基础；与水资源相关的法律体系是否有助于降低完善水权交易机制的成本。

三、资源利用的分配过程

资源利用应当采取合理的分配方式，使得相对弱势的主体获得合理的回报。

1. 资源公平分配的基本原理

资源在不同的时间有不同的使用价值。这主要有五个方面的原因：（1）不同的时间可更新资源开发利用的技术条件不一样，从而可更新资源开发利用的效率也不一样；（2）可更新资源的赋存状态及占有、使用的成本变化，也将导致可更新资源在不同时期的价值和效益出现差异；（3）在不同的社会经济发展阶段，可更新资源的需求水平不一样，也会带来可更新资源配置效益的差异；（4）由于可更新资源的不确定性，可更新资源开发利用的人类行为在不同的时期不尽相同，从而导致效益的差异；（5）由于可更新资源自身的基本特征，如稀缺性等，有必要对其开发利用作出一个合理的时间安排。

代内公平（intra-generational equity）是指保持不变的自然资本存量有助于在全球范围内保证一代人的公平。这对于落后的发展中国家特别重要，这些国家的居民依赖于从自然资源开发中获取能源、原材料、出口等收入；越是强调保护环境就越意味着会使穷人的开支增加，这是因为穷人必须通过砍柴获取能源取暖、煮饭，捕杀野生动物以获取蛋白质。发展中国家经常会出现经济发展与环境退化之间的贫困陷阱，发展中国家的人们也因此意识到保护环境的重要性。

发达国家保护环境在实现代内公平方面表现得并不明显。富人对优美的环境有更高的需求收入弹性。富人很可能会强迫穷人为高于穷人实际所需的环境改良支付费用（因为富人一般有更多的政治权利）。在保存环境资本存量时，穷人对环境的需求低于富人，但却承担着与富人一样甚至更高的供给成本。

代际公平（inter-generational equity）是指当发展能够保证当代人的福利增加时，也不会使后代人的福利减少。该定义与帕累托关于社会整体改善的观点一致。采用任何重新改变资源配置的方法都已经不可能在不损害任何一些人的境况的前提下使另一些人的境况较之前变好，这就意味着一个社会在既定的生产技术和既定的消费者偏好函数条件下，生产资源的配置已达到最优状态。从可持续发展的角度，强调必须对加在后代人身上的费用进行补偿，实现帕累托可持续性（Pareto sustainability）（Maler，2003），通过帕累托效率标准来判定社会是否有福利可得。

2. 资源分配典型性案例分析

诺贝尔经济学奖获得者埃莉诺·奥斯特罗姆着眼于小规模公共池塘资源问题，发展了自主组织和治理的集体行动理论。她曾经在她的研究中给出了一个具体的资源分配案例，即土耳其阿兰亚人自行设计的解决小规模公共池塘资源分配并取得成功的案例（埃莉诺·奥斯特罗姆，2000）。

在这个案例中，渔场的经济生存能力受到两种威胁：（1）渔场的无限制使用已经导致渔民之间仇视，有时甚至发生暴力冲突；（2）渔民之间为占用较好的捕捞点而展开的竞争不仅增加了生存费用，而且提高了任何一条渔船的潜在捕获量的不确定性。

20 世纪 70 年代初期，当地生产合作社的成员为公平合理分配捕捞点开始试验一种良好设计的制度。经过 10 多年反复试验所做的改进后，渔民们实行了下列规则：

（1）每年 9 月，准备合格渔民登记表，包括阿兰亚所有持照的渔民，不管他们是否为生产合作社成员。

（2）在通常由阿兰亚渔民捕捞的海域，对所有捕捞点命名并列表。这些捕捞点之间都有相当的间隔，这样在一个捕捞点下的网不会堵住临近捕捞点的鱼。

（3）这些经命名的捕捞点的划分和相应安排，在每年 9 月到次年 5 月有效。

（4）每年 9 月，合格的渔民经过抽签，被分配到各个已命名的捕捞点。

（5）每年 9 月到次年 1 月，每个渔民每天向东迁移一个捕捞点；次年 1 月之后，渔民们每天向西迁移一个捕捞点，这给了渔民们平等利用渔场资源的机会。

这一制度成功地把渔民在渔场上加以分隔，从而使他们各自都有足够大的活动空间，优化了每个捕捞点的捕鱼能力。另外，所有的渔船都有在最佳捕捞点捕捞的平等机会，资源不会因渔船找不到捕捞点或为争夺某一捕捞点产生冲突而招致浪费，也没有发生过度投资的现象，实现了捕捞点的公平合理分配。

以政府和市场作为划分制度安排的光谱来看，这种制度安排不属于市场，但是使用捕捞点的权利和尊重这些权利的责任却也界定得很清楚。同时，这种制度安排也不属于政府，但当地政府每年都接受已签署的协议，从而增强了生产合作社管理者行为的合法性。实践中，监督和执行的实际工作由渔民自己承担。

第三节　可更新资源的可持续管理

自 20 世纪 70 年代以来，人类通过对长期以来传统经济增长战略所引起的人口、资源、环境问题的反思提出了一种崭新的发展模式，即可持续发展，并且其正在成为全球的社会经济发展战略。发展战略的转变，意味着经济增长方式和资源配置机制的转换。

1987 年，世界环境与发展委员会发布了长篇专题报告——《我们共同的未来》。该报告将可持续发展定义为：可持续发展是指既满足当代人的需要，又不损害后代人满足需要的能力的发展，这一定义成为国际社会普遍接受的可持续发展的概念。

相对于人类发展的需求来说，自然资源总量是稀缺的，对于可更新资源来说，单位时间里允许开发利用的资源量是有限度的。自然资源的这种特性决定了我们不能无限度地任意取用，必须控制在一定限度之内，也就是对可更新资源的利用不能超过自然界的更新速度。因此，需要以公平性、可持续性、共同性三项原则进行管理，在生态环境、经济增长、社会发展方面形成一个持续、高效的协调运行机制，从而实现可更新资源利用的可持续发展目标。

一、可更新资源的产权界定

经济制度为实现经济发展提供了激励与约束机制，从而保证了经济发展战略的实现。要实现传统经济增长模式向社会可持续发展模式的转变，必须有相应的经济制度，尤其是自然资源的产权制度需作出调整。从现有文献我们可以知道，自然资源的合理利用与资源的产权状况有关，尤其是共有资源和开放资源更容易被过度利用和受到破坏，而传统的私有制也会造成特定资源开发利用的社会经济综合效益难以实现。如何改革产权制度，实现可持续发展，也是经济学，尤其是资源经济学研究的一大任务。

1. 产权界定概述

在市场机制下，优化资源配置的途径之一就是资源产权交易，而资源产权交易的前提是产权界定，或称明晰产权。

（1）资源产权界定的概念。

产权界定是指政府用法律来规定资源的归属，赋予资源产权主体有限制活动的权利。产权界定的目的是减少交易成本，提高资源配置效率。资源产权界定是指按照一定的法律法规或契约来确认资源财产的主体和客体，以及主体对客体应拥有的权利。资源产权界定的关键是产权主体的权能、利益以及其行为的界定。所谓权能就是指产权主体对财产的权力职能或作用。所谓利益则是指产权能给产权主体带来的效用或好处。权能和利益两者互相依存，不可分割，存在着内在统一关系。

资源产权界定会产生成本，该成本是指为界定产权提高共有产权的排他性所需要付出的成本。该成本可分为排他性成本与内部管理成本。排他性成本包括界定成本和维护成本，这里的界定是指在物理与价值形态上给出产权的边界，并使之能够被有关交易者乃至社会识别和承认。内部管理成本是指不具有排他性、共同拥有产权的所有者作出决策、采取行动时所耗费的成本。

（2）资源产权界定的原则。

第一，提高资源配置效率原则。对资源产权进行分割和界定，使产权主体在市场机制下，通过资源产权的市场交易让各方产生更多的收益，这是界定资源产权的首要原则。从理论上说，明晰产权并通过市场交易形成价格调节机制是实现资源优化配置的最好手段，但明晰产权是有成本的，因此，最合适的产权结构应该是在明晰产权的边际成本MC等于边际收益MR的这一点上，即明晰产权的最佳程度由MR=MC确定。

第二，公平客观原则。达到帕累托最优的产权界定既涉及多种要素的投入和产出的相互替代关系，也关注多方利益关系和社会利益格局的调整。公平客观地划分和确认产权归属，照顾好各方利益，不偏向国家、集体和个人任何一方，才能使产权界定的成本最低化。

第三，以国家体制和法律制度为依据原则。国家体制和法律制度是构建产权制度的基础。政治体制、经济发展水平和法律传统、公民的法律意识都是产权制度选择应考虑的因素。产权经济学理论的一项很重要的创新，就是将产权制度本身纳入稀缺物品的范围之内，即有效的产权结构的供给本身也是一种稀缺资源，同样需要优化配置。只有在市场上进行产权交易，才能发现稀缺产权结构的需求，从而为这种稀缺的产权结构提供有效供给。

第四，坚持谁投资谁受益的原则。资源产权界定要使投资人的合法权益得到保护，保持投资的激励功效，保持资源产业的良性发展。该原则出自先来者先服务的优先占有原则，即先来者开发利用开放资源而获得的权利应比后来者更多。

第五，界定产权边界适度原则。因为外部性本质上是各个财产属性之间的物理联系，所以被分割的权利越多，它们之间存在的边界越多，产生新外部性的可能性就越大，因此，应根据分割的成本与产权分割后的收益之比确定资源产权界定的程度。通常，排他性明显、产权容易分割的自然资源宜采用私有产权。例如，耕地，由于其以发挥经济效益为主，生态效益为次，并且对生态环境的损害较小，所以私有产权配置是高效率的。反之，排他性不明显、产权不容易分割的一些自然资源，例如水资源，对其进行单纯的私有产权配置，并非总能实现资源配置的最优化，而实行共有产权会更有效率。

（3）资源产权界定的必要性。

资源环境经济问题的核心是产权问题，明晰资源的产权具有重要意义。

第一，资源产权的初始界定是资源产权交易的基本前提。新制度经济学的一个重要贡献是把新古典经济学注重对物与物交换的研究推进到对产权交易的研究。学者们研究成果的共识是：产权的界定是产权交易的前提。例如，Coase（1960）指出，产权的初始界定是交易的前提，没有这种权利的初始界定，就不存在权利转让和重新组合的市场交易。Demsetz（1967）认为产权是用来界定人们在经济活动中如何受益、如何受损以及他们之间如何进行补偿的规则，重要性在于与其他人进行交易时能合理预期收益和损失。

第二，能够使市场价格准确真实反映资源价值。产权经济学认为（杨庆芳等，2015），市场交易的实质不是物品和服务的交换，而是一组权利的交易，所交易的物品的价值也就取决于交易中所转手的产权多寡或产权的强度，资源的市场价格是资源的产权价格。在资源产权边界不清晰时，资源的市场价格与价值就会发生偏离，导致资源被无偿使用。在产权清晰且完整的条件下，资源价格能够准确真实地反映其供求状况，交易各方会把资源配置到效率更高的方面，最终实现帕累托效率。

第三，有效而相对稳定的产权结构能促进各种利益主体的和谐共生。经济主体进行理性决策是为了改进自身的福利状况，这种改进既是利益博弈和反复交易的缔约过程，也是决策主体根据公共利益代表（政府）所提供的制度不断调整和选择的过程。均衡的产权结构应止于产权的边际收益等于边际成本。而资源约束和环境恶化的本质是经济关系恶化，经济关系的矛盾主要在于高交易成本，高交易成本主要源于产权结构的不合理（权责和损益不一致），所以降低交易成本，需要产权结构上的变革，尤其是制度结构的调整。

第四，有利于发挥产权制度安排在资源配置上的基础性功能。有效的产权结构与制度安排是市场机制有效发挥对资源的基础性配置功能的前提。由于资源环境和生态领域产品特征、属性的复杂性，不同产权制度和产权结构会对资源配置产生重大影响。明晰资源产权的归属，可以实现公平交易，否则会出现市场失灵。私人资源根据需求被有效地标价，资源得到有效利用，有利于健全市场机制；开放资源的外部性明显，资源的产权收益不能得到正确体现，引发资源配置低效率，不利于健全市场机制。有效产权制度的绩效表现在：一是通过分配或转让有价值资产的所有权和指定从资源利用中获得收益并承担成本，产生对经济行为的激励；二是通过配置产权而决定经济行为的主体，从而决定谁拥有产权，该主体为此而展开的一切经济活动都是为了获取产权的收益。

2. 解决私有产权缺失的主要手段

产权不清晰导致了经济活动的低效率，这一产权问题的产生有两种原因：一是旧体制下共有产权过于宽泛，形成了对产权界定的巨大制度障碍。Coase（1960）认为外部性的产生并不是市场制度的必然结果，而是由于没有清晰界定产权，有效的产权可以降低甚至消除外部性。二是重新界定产权面临高昂的交易成本。

解决产权问题主要有以下三种途径：

（1）自愿谈判。

当参与的各方数量较少时，实现资源有效配置的途径是谈判协调。作为一种制度，产权的存在源于对交易预期收益的追求。在交易的过程中自愿谈判的双方产生了对产权界定的制度需求，公平的产权安排结果是帕累托最优状态。但是，如同其他交易活动一样，谈判是需要付出成本的，若想获得双方都满意的结果，就必须搜寻足够的信息，进行内容详尽的谈判，达成双方满意的结果。通过谈判界定产权面临一些制约因素，如谈判双方的数量和可识别性。只有当利益主体数目很小，主体利益边界明确，具有严格的排他性时，谈判才可能是有效率的。至于自然资源的产权配置，制约谈判方式运用的因素就更多了，比如：公共产品问题、谈判方的数量、代际利益主体缺位等。自愿谈判的目的是明晰并获得产权，产生外部性的主体需要支付一定的费用或者收取一定的补偿，从而确立私有产权关系和实现资源配置的最优。

（2）缔约。

缔约是通过一种文本式的合约来约束交易各方的行为，划清交易各方在交易活动中的权利和责任。这种合约会受到法律保护，并得到强制执行。因此，缔约形成的产权具有可实施性。例如，在瑞士，几个世纪以来，在阿尔卑斯山的牧场上放牧一直被当作共有权利，但对过度放牧的限制则体现了权利主体应该承担相应的责任和义务。

缔约的过程首先是产权调整的过程。在创造和调整产权的讨价还价中，不同产权协商主体（包括私人、官僚和政客）的立场，取决于他们各自的预期收益以及其他参与者的行为影响。其次，缔约的过程还是利益相关方博弈的过程。在产权的重新界定中，要考虑到那些有影响力的参与者对制度变迁的推动因素和阻碍因素。也就是说，对谈判各方个别偏好和对产权制度背后交易细节的考察，对于资源产权创新是必要的。要想减少合约事后的实施成本，就需要充分考虑产权变更后利益受损者的阻力。

（3）合并。

合并是指将原来分属不同利益主体的资源合并，达到产权主体的一致。在组织结构上，合并通常表现为不同组织的一体化。合并后，组织内的资源配置不再像市场交易那样由价格机制决定，而是由组织内的规则和组织管理者进行命令性的配置。例如，上游的钢铁厂和下游的渔场合并，钢铁厂确定生产规模时不仅要考虑使钢铁生产的边际净收益最大，同时还要考虑钢铁厂生产活动的边际外部性对渔场边际收益的影响。

二、可更新资源的政府管制

1. 政府管制概述

在政府的行政配置中，资源配置的决策权力高度集中，物品和劳务的供求信息自上而下然后再自下而上地纵向流动，行动的激励主要来源于对经济当事人行为的限制或非物质的鼓励。在市场形成早期，基于国家安全、社会稳定、总量平衡，政府在资源配置方面发挥了重要作用，是一种较优的选择，但也导致资源市场不存在或不足，造成资源配置低效和浪费等一系列弊病。为此，政府需要从完善市场功能的角度出发，制定资源与环境有关法律法规体系，为资源的使用界定明晰的产权，构建产权交易市场，从而推动像环境这类公共产品进入市场，提高资源配置效益。同时，需要借助环境经济政策解决外部性，通过政府的适度参与，完善市场机制，市场机制和政府调控在某种程度上的有机结合是当今世界各国配置资源的共同趋势。

从理论上说，政府可以超越个人理性，站在全社会的立场上按集体理性行动，因此政府管制在解决诸如外部性、垄断、短视等方面的市场失灵上应该可以发挥很多作用。但是，政府管制也有其弊端，这些弊端被称为政府失灵。政府失灵的原因包括两个方面，一是获取信息不充分，政府要进行管制必须建立在信息充分的基础上，而收集信息是有成本的，因此信息不充分、不对称是常态，从而造成管制失灵；二是政府干预有时滞，例如，本来是天旱缺水，但由于市场失灵，水价格不能调整人们对水的需求，政府经过研究决定进行价格干预，但从决策到执行需要一段时间。

政府管制手段的优点包括：（1）管制方式具有强制性，具有很高的权威，容易形成社会共识，对资源利用的影响力也很大；（2）管制内容具有稳定性，能使资源利用形成稳定的预期；（3）管制结果具有确定性，这对于生态环境的保护非常重要；（4）管制措施规范性强，透明度高，可以避免随意行为；（5）政府机构对这类管制方式比较熟悉，便于操作。政府管制手段的缺点是：缺乏灵活性，资源利用处于被动状态，政府的监督成本很高，会造成经济效率的损失。

2. 政府管制手段

在可更新资源管理中常用的政府管制手段主要有直接控制、收取排污税费和实行可转让的许可证制度。直接控制就是政府对共有资源利用中的外部效果进行直接干预和控制，确定共有资源利用的强度及数量，采取诸如限额、标准和规定等办法对共有资源进行管理。现实生活中如对渔业资源捕捞的季节、时间、使用的设施等进行限制和规定，对排放的废弃物种类、排放数量进行限定等都是直接控制的形式。

收取排污税费就是通过对共有资源使用者根据其资源使用情况收取一定数量的税金或费用，其标准等于资源使用者所增加的社会成本，从而让使用者感到，当其对共有资源的使用超过一定水平时就不再有利可图。通过税费的作用，使外部性内部化，从而把私人成本调节到社会成本的水平上。

政府管制常用的另一个手段是实行可转让的许可证制度。首先由政府的资源管理机构确定特定共有资源的最佳使用水平，印制与社会有效水平相一致的资源使用许可证，其次将许可证向资源使用者拍卖或无偿分配给资源使用者，每个资源使用者只能使用与其购买的许可证相一致的资源数量，否则将受到严厉的惩罚。

三、可更新资源的市场机制

1. 市场配置机制概述

市场通过市场机制对资源配置发挥决定性作用。通常所说的市场机制是指通过市场价格和供求关系变化，以及经济主体之间的竞争，协调生产与需求之间的联系和生产要素的流动与分配，从而实现资源配置的机制。市场机制的核心是价格与竞争机制。市场通过价格信号为处于竞争中的主体指示方向；通过竞争，推动和迫使市场主体对价格信号作出反应。要素和资源不断地被配置到那些在市场中降低成本、提高效率的竞争者手中，市场经济由此而发挥配置资源的功能。

当市场机制能正常发挥作用时，只要产权得到充分明晰的界定、交易费用较低且交易有利可图，经济当事人就能通过产权的交换，实现资源的有效配置。

市场对资源配置发挥作用，需要满足以下条件：所有资源的产权一般来说是清晰的；所有稀缺资源都必须进入市场，由供求来决定其价格；公共产品数量不多，市场是完全竞争的，没有外部效应，没有短期行为，没有不确定性和不可逆决策。如果这些条件不满足，市场就不能起到有效配置资源的作用，即出现了市场配置失灵的情况。

就资源使用和管理而言，最严重的市场失灵主要有：

（1）资源产权不存在或不安全。如果资源产权不具备明确定义的、专一的、安全的、可转移的以及可实行的基本条件，市场对资源的有效配置就会失灵。

（2）无市场和市场竞争不足。如果一些资源的市场还没有发育起来或根本不存在，这些资源的价格为零，那么这些资源会被过度利用而日益稀缺；如果一些资源的市场虽然存在，但资源的市场价格偏低，没有反映生产中资源耗费的机会成本，也会造成资源浪费；如果一些资源的市场上买者和卖者的数量很少，或者竞争者太少，这种市场也是一种失灵的市场。

（3）存在外部效应。从事某种活动的企业或个人的行为会对该活动以外的企业或个人产生作用和影响，在这种情况下环境成本被排除在市场供求之外，导致资源价格被低估，同样会造成资源的破坏与浪费。

（4）存在公共产品。由于其消费具有非排他性，公共产品的存在也是造成市场失灵的一个重要原因。

（5）交易费用过高。所谓交易费用，是指市场交易中获取信息、相互合作、讨价还价以及执行合同等所发生的费用。通常情况下，交易费用的大小与市场交易所得的好处相比是微不足道的，但如果交易费用额超过了市场交易的收益额，或者买者和卖者数量太少，市场就难以形成。

（6）未来具有不确定性。自然资源保护涉及未来，而对未来的预期存在明显的不确定性和风险。未来不确定性的产生有两种情况：其一是由决策者不能控制的因素如天气变化引起的不确定性，其二是由市场价格信息虚假即市场扭曲引起的不确定性。一般来说，不确定性的存在虽然会使市场失灵，但它可使人们对自然资源的开发利用更加保守，这有利于环境资源的保护。

市场失灵会导致资源价格不能正确反映其效用和生产成本，从而影响资源的有效配置。市场失灵也会影响到资源拥有者对保持资源与未来收益的预期，从而影响资源的稀缺性度量。事实上，大多数环境恶化和资源利用的低效率都是由于市场机制不健全或市场根本不存在。

市场手段主要是明晰产权并建立产权交易市场，进行产权的自由交易。需要说明的是，使可更新资源持续利用不一定必须明晰其所有权，在明晰其所有权的成本很高的情况下，可以通过明晰使用权、占用权等他项权利来达到这一目的。明晰产权是通过市场交易实现资源最优配置的一个必要条件，而不是充分条件。因此，对于可更新资源来说，通过明晰产权只能解决一部分问题，并不能完全解决如公海渔业资源等非私人资源的使用问题。

2. 市场配置手段

一是排污权交易（marketable pollution permits），又称排污许可证交易，指管制当局制定总排污量上限，按此上限发放排污许可证，而且排污许可证可以在市场上买卖。排污权交易提供了激励机制来降低污染控制的成本。排污权交易手段的主要特点是建立合法产权，即通常以排污许可证形式表现的污染物排放权，并允许这种产权像商品或服务那样可以自由买卖，以此来进行污染物的排放控制。排污权交易是一种基于市场的经济手段。同排污收费相比，排污权交易更能发挥市场机制配置资源的作用。

二是环境协议，也可以称为政府与行业之间的协议，借此行业部门或私人企业集团同意在规定的时间框架内达到某种环境目标。作为交换，企业可能会得到一些补贴或者其他好处，例如，正面的企业形象和与环保部门的良好关系，还可能是其他环保监管机构更少的监管。如果企业或私人经济主体不履行承诺或不付诸行动，政府将强制执行规则或采取其他强制措施。近年来，“自愿协议”（voluntary agreement）或者“自愿途径”（voluntary approach）已经被提升为政策制定的一个新工具。环境协议的最大优点表现在其弹性（谈判和契约的规模）、透明性（谈判各方必须相互披露和交换相关信息）以及对企业提供的激励等方面。环境协议可以降低企业对未来的不确定性，使企业确切知道要做的是什么以及为什么这么做、什么时候做。另外，环境协议降低了政府对企业进行管控的风险。这就是为什么要确保立法、规制和其他政策工具的适当配合。环境协议的不足就在于其可能缺乏公众信任，公众可能会认为环境协议是政府和企业间的合谋。

关键词

可更新资源　产权界定　资源利用的效率　资源分配　可持续管理

思考题

1. 如何理解可更新资源的概念与基本特征？
2. 如何理解可更新资源的四种产权安排形式？
3. 如何理解可更新资源利用的配置效率和过程效率？
4. 如何理解可更新资源分配过程中的代内公平和代际公平？
5. 如何认识产权界定、政府管制和市场机制在可更新资源可持续管理中的手段和作用？

参考文献

拓展阅读

第九章

海洋资源经济与海洋环境治理

第一节　海洋资源

一、海洋是 21 世纪发展的第二空间

海洋和陆地都是人类生存必备的基本空间和条件，海洋资源和陆地资源共同构成了人类生存的最基本物质基础；同时海洋也孕育了人类社会文明，为人类的生存和发展提供了第二空间和丰富的资源，是人类未来土地增长的重要空间，而且海洋不仅具有居住功能，也是旅游、休憩的圣地；海洋是连接世界的大通道，海水是一种最廉价的交通介质，海上航道极大地推动了全球贸易和经济的一体化发展，对外贸易的货物中，有近 90%是通过海上运输完成的（朱坚真，2016）。此外，海洋也为人类社会生存和发展提供了丰富的能源以及各种便利的生产条件。对于 21 世纪人类的生存和发展，如果从地缘经济的角度来认识，摆在人类面前的是陆地经济发展和海洋经济发展的问题。今天，海洋空间已经成为人类经济构成中蕴藏着巨大发展潜力的实体，并且越来越显示出海洋对人类经济和文明可持续发展的重大战略意义（李庆，1997）。

放眼全球，世界上最发达的国家都是海洋大国，经济最活跃的地区都在沿海地区（马汉，2000）。海洋既是经济发展的重要支点，也是人民生活的重要依托。在当今国际社会，开发海洋、拓展生存和发展空间已经成为世界沿海国家的发展方向和潮流。当今世界，人口激增，耕地锐减，陆地资源几乎枯竭，环境状况渐趋恶化，世界把目光再次投向海洋。一些国家相继制定了 21 世纪的海洋发展战略（王诗成，2003；冯士筰等，1999）。各海洋大国的海上经济活动日益频繁多样。2022 年 10 月，习近平总书记在中国共产党第二十次全国代表大会上的报告中明确提出，“发展海洋经济，保护海洋生态环

境，加快建设海洋强国”。联合国及有关国际组织也更加关注海洋事务。2001 年 5 月联合国缔约国文件指出：21 世纪是海洋的世纪。2010 年 9 月在北京召开的第 33 届世界海洋和平大会指出：海洋发展成为 21 世纪人类社会发展的主要问题。全世界面临的人口、资源、环境三大问题，几乎都可以从海洋中寻找出路。未来的科技可以使人类社会从海洋中获取在陆域所获得的绝大多数资源，海洋是人类可持续发展的重要财富和保障，是对陆域自然资源的有序限度的替代，开发和利用海洋资源已经是解决世界人口、环境、资源问题的重要出路之一，这也是最现实的选择。为了摆脱困境，人类不得不回到这曾孕育了人类生命的摇篮——海洋，去探索这片蓝色疆域为人类可持续发展所提供的丰富资源。

二、海洋资源的概念与分类

1. 海洋资源的概念

海洋是由作为主体的海水水体、生活在其中的海洋生物、临近海面上空的大气和围绕海洋的周缘的海岸及海底等组成的统一体，通常的海洋仅指作为海洋主体、分布于地表的巨大盆地中的连续咸水体。而我们平常所说的海洋，其实是海与洋的一种总称，海与洋并不完全相同。海与洋的区别见表 9－1（朱坚真，2016）。

表 9－1　海与洋的区别

	海	洋
概念	世界海洋以大洋为主体，由各大洋与围绕它们的附属的大海、海湾和海峡共同组成	
	大陆边缘的水域被称为海，海在洋的边缘，是大陆的附属部分	人们一般把占地球很大面积的连续咸水水域称为洋，洋是海洋的中心部分，是海洋的主体
水深	海的面积约占海洋的 11%，海的水深比较浅，平均深度从几米到两三千米不等	大洋的水深一般在三千米以上，最深处可达一万多米
潮汐与海流	海没有自己独立的潮汐与海流	每个大洋几乎都有自己独特的洋流和潮汐系统
受陆地影响	海临近大陆，受大陆河流、气候和季节的影响。海水的温度、盐度、颜色和透明度都受陆地影响，有明显的变化	大洋离陆地遥远，不受陆地的影响，其水文和盐度的变化不大
透明度	由于受陆地影响，河流夹杂着泥沙入海，近岸海水浑浊不清，海水的透明度差	大洋的水色蔚蓝，透明度很大，水中的杂质很少

所谓资源，指的是一切可被人类开发和利用的物质、能量和信息的总称，它广泛地存在于自然界和人类社会中，是一种自然存在物或能够给人类带来财富的财富，如土地资源、矿产资源、森林资源、海洋资源、石油资源、人力资源和信息资源等（朱坚真，2016）。

海洋资源是相对于陆地资源而言的，其概念也包括狭义和广义两个方面。从狭义上来看，海洋资源指的是海洋所固有的或在海洋内外力的作用下形成并分布于海洋海域内的，包括能在海水中生存的生物、溶解于海水中的化学元素和海水中所蕴藏的能量以及海底的矿产资源，是人类经过努力可以开发和利用的自然资源。从广义上来看，海洋资源的概念不仅包括了海洋的有形物质，而且也包括由海洋产生的无形的类存物和价值（陈学雷，2000）。广义的海洋资源，除了包括海洋水体本身所具有的物质、能量外，还包括海洋景观、海洋文化、港湾和四通八达的海洋航线、海上和海底海洋空间、海洋生态环境（朱晓东等，2005）。

综合上述定义，笔者认为海洋资源是指海洋所固有的，或在海洋内外力作用下形成并分布在海洋地理区域内的，可供人类开发利用的所有自然资源。海洋资源涵盖海底矿产资源、海洋航运和港口资源、海洋能源、海水和海水化学资源以及海洋生物资源等。

2. 海洋资源的特征

海洋资源是地球自然资源的有机构成部分，与陆地资源相比，其分布广，数量大。和其他资源相比，海洋资源有其本身固有的基本特征和属性（朱坚真，2016）。

（1）流动性。

海洋中的海水是流动的介质，不是静止不动的，会发生水平或者垂直方向的位移。海洋资源中，除了海底矿产、岛礁等少数资源不移动外，其余的均随着海水的移动在海洋中产生大范围的位移和扩散，包括海洋中的海洋生物、溶解于海水中的物质。

（2）公共性。

世界海洋是一个连通的整体，海洋水体是在不断流动的，这造成任何一个地区或国家均不易独占海洋资源。中国国家主席、中央军委主席习近平于 2019 年 4 月在青岛集体会见应邀出席中国人民解放军海军成立 70 周年多国海军活动的外方代表团团长时提出“海洋命运共同体”重要理念，在全球治理特别是全球海洋治理领域贡献了又一“中国智慧”“中国方案”。

（3）有限性和脆弱性。

有限性是自然资源的一种本质特征，尽管海洋资源在数量上储藏量巨大，但任何资源在数量上都是有限的；对于可再生资源而言，受自身遗传因素和外界客观条件的限制，不仅其再生能力是有限的，而且若过度利用，其稳定的结构受到破坏后就会丧失再生能力，成为非再生资源。

（4）生物多样性。

海洋生物多样性其实远比陆地生物多样性更为丰富和珍贵。海洋环境能够容纳的动物总量是陆地环境动物总量的 2 倍，海洋生物物种数量也是陆地生物物种数量的 2 倍。

（5）海洋空间的立体性。

海洋是一个三维立体的庞大的水系统结构，由一个巨大的连续水体及其上覆大气圈空间和下伏海底空间三大部分组成，与陆地资源相比具有很明显的三维特性。

3. 海洋资源的分类

（1）海洋资源的分类原则。

海洋已成为各国未来发展的一种极其重要的战略资源，利用海洋就必须对海洋进行综合管理和开发利用，因此要对海洋资源进行系统分类。通常来讲，对海洋资源的分类一般遵循以下几项原则（朱坚真，2016）：

第一，海洋资源分类的依据应具有统一性。

海洋资源分布广泛、数量和品种繁多，如果不依据统一的或固定的分类标准，就会使海洋资源的分类显得庞杂和凌乱，整个分类就会缺乏系统性。

第二，海洋资源分类的类目应具有清晰性。

海洋资源有其自身固有的特定属性，但不同的分类目的和标准会使得海洋资源在基本类目的划分上出现混淆、交叉或重叠，从而会使得类目的延续性和扩展性不强，隶属关系不清。

第三，海洋资源分类的层级应具有延递性。

对海洋资源进行层级分类是一种最基本的分类方法，通过对海洋资源的大类目进行不同程度或层级的细分，更能清楚和深入地了解该类目的情况，跳出认知的混沌状态，同时也便于对海洋资源进行深度的开发和利用。

第四，海洋资源分类的术语应具有规范性。

如果海洋资源分类对象的名称不规范，同一内涵出现名目繁多的名称或术语，则既不能很好地反映海洋资源本身的属性，也会使得对海洋资源的研究缺乏应有的专业性。

（2）海洋资源的基本分类。

对于海洋资源，根据不同的角度、标准有着不同的分类方法。海洋资源分类的目的是更好地理解和把握不同资源间的相互关系及同类海洋资源的共同特征，以便更好地、更合理地利用资源。目前存在的一些基本分类大致有9种。海洋资源的基本分类见表9-2。

表9-2 海洋资源的基本分类

分类依据	内容
按海洋资源的根本特质划分	海洋自然资源
	海洋社会资源
按利用程度和限度划分	可耗竭资源
	非可耗竭资源
按照海洋资源的实物形态划分	海洋物质资源
	海洋非物质资源
按海洋资源的性质、特点、存在形态划分	海洋生物资源
	海底矿产资源
	海水资源
	海洋空间资源
	海洋新能源
	海洋旅游资源
按资源所处的地理位置划分	海岸带资源
	大陆架资源
	海岛资源
	深海与大洋资源
	极地资源

续表

分类依据	内容
按海洋资源本身的特有属性和对其的开发利用程度划分	海洋生物资源
	海洋矿产资源
	海洋化学资源
	海洋能源资源
按海洋资源的空间层次划分	海洋大气空间资源
	海面资源
	海洋水体资源
	海底资源
按海洋资源所获取的能源来源划分	太阳能型海洋资源
	地球能型海洋资源
	其他天体能型海洋资源
按海洋资源的自然属性划分	海洋物质资源
	海洋空间资源
	海洋能源资源

（3）海洋资源的常用分类。

海洋资源是一类特殊的自然资源，根据海洋资源本身的属性和用途对海洋资源进行分类，便于强调和突出海洋资源的属性和用途，更有利于对海洋资源的研究、开发利用和保护（蔡敬伟和屠佳樱，2018）。因此，按海洋资源的自然属性，可以将海洋资源分为海洋物质资源、海洋空间资源和海洋能源资源三大类，而后再按一级类目进一步细分。按海洋资源的自然属性进行分类及其利用举例见表 9-3（朱晓东，1998）。

表 9-3 海洋资源分类及其利用举例

分类				利用举例
海洋物质资源	海洋非生物物质资源	海水资源	海水本身的资源	海水直接利用（冷却用水、盐土农业灌溉）；海水养殖；海水淡化利用，解决陆地水资源严重缺乏问题
			海水溶解物质的资源	除传统的煮晒盐类外，现代技术在卤族元素、金属元素（钾、镁等）和核原料铀等方面已取得了很大进展
		矿物资源	海洋石油天然气	是当前海洋最重要的矿产资源，其产量已是世界油气总产量的近 1/3，而储量则是陆地储量的 40%
			滨海矿砂	金属和非金属矿砂，用于冶金、建材、化工、工艺等
			海底煤矿	弥补陆地煤矿的日益不足
		大洋多金属结合和海底热液矿床		可开发利用其中的锰、镍、铜、钴、锌、钒、金等多种陆地上稀缺的金属资源

续表

分类			利用举例
海洋物质资源	海洋生物物质资源	海洋海藻资源	种类繁多，常见的有海带、紫菜、裙带菜、鹿角菜等；用途广泛，如用作食物、药物、化工原料、饲料、肥料等
		海洋无脊椎动物资源	种类繁多，包括贝类、甲壳类、头足类及海珍、海蜇等，可用作食物等
		海洋脊椎动物资源	种类繁多，主要是鱼类、海龟、海鸟、海兽等，鱼类是最主要的海洋食物
海洋空间资源	海岸和海岛空间资源		包括港口、海滩、潮滩、湿地等，可用于运输、工业、农业、城镇、旅游、科教、海洋公园等许多方面
	海面和洋面空间资源		是国际、国内海运通道；可建设海上人工岛、海上机场、工厂和城市；提供广阔的军事试验演习场所；可用于提供海上旅游和体育运动等
	海洋水层空间资源		潜艇和其他民用水下交通工具运行空间；可用于提供水层观光旅游和体育运动；可建设人工渔场等
	海洋海底空间资源		海底隧道、海底居住和观光；海底通信电缆；海底运输管道；海底倾废场所；海底列车；海底城市等
海洋能源资源	海洋潮汐能		蕴藏的海洋能源可以通过技术手段为人类服务。理论估算世界海洋总的能量为 4×10^{12} 千瓦以上，可开发利用的至少有 4×10^{11} 千瓦。海洋能源是无污染的不枯竭的清洁能源
	海洋波浪能		
	海流能		
	海水温差能		
	海水盐差能		

三、海洋资源开发

海洋是富饶而未充分开发的自然资源宝库，海洋面积约占地球表面积的70.8%，水量约占地球总水量的97.2%。在当今全球粮食、资源、能源供应紧张与人口迅速增长的矛盾日益突出的情况下，开发海洋资源是历史发展的必然。我国管辖海域广阔、海洋资源丰富，多样的海洋资源开发活动形成了种类繁多的涉海产业，组成了较为完整的海洋经济体系。海洋资源的进一步发现、开发和利用，对于我国的长期可持续发展具有越来越重要的战略意义（郑苗壮等，2013）。

海洋资源开发大体上可以分为海洋物质资源开发、海洋空间资源开发、海洋能源资源开发三部分。

1. 海洋物质资源开发

（1）海水资源开发。

海水由水和溶解于水中的多种物质组成，海水资源是指海水及海水中存在的可以被人类利用的物质，海水是巨大的液体资源宝库。海水资源的分布主要有广阔性、多样性、分散性的特点。海水资源的开发利用主要包括海水淡化、海水直接利用和海水中化学资源的提取（关道明，2013）。常见的海水资源开发利用有晒盐、海水淡化等，相关产业包括矿业、化学、电力、机械等。中共中央、国务院2022年12月印发的《扩大内需战略规划纲要（2022—2035年）》明确提出，我国要在沿海缺水城市推动大型海水淡化设施建设。

（2）海洋矿物资源开发。

从狭义上讲，海洋矿物资源一般是指海底矿产资源，属于海洋化学资源。目前，我国开发的海洋矿物资源主要包括石油、天然气和沿海砂矿等。我国海洋矿物资源丰富，具有很好的开发利用价值，可以造福我国人民。海洋矿物资源开发主要通过矿产资源勘探开发技术来实现，所使用的重要设备包括石油钻井平台、海底钻探装置、开采船只以及其他各种采掘装置，主要应用有海洋石油天然气的勘探与开采、大洋锰结核的调查与开采等。海洋矿物资源开发是一项高技术密集型产业，涉及地质、海洋、气象、机械、电子、航海、采矿、运输、冶金、化工、海洋工程等许多学科和工业部门（熊传治，2001）。

（3）海洋生物资源开发。

海洋生物资源又称海洋水产资源，是指海洋中蕴藏的经济动物和植物的群体数量，是有生命、能自行增殖和不断更新的海洋资源（傅秀梅等，2006）。其特点是通过生物个体种和种下群的繁殖、发育、生长和新老替代，使资源不断更新，种群不断补充，并通过一定的自我调节能力使数量达到相对稳定，具有巨大的发展潜力。海洋生物资源的开发利用主要是指人类通过海洋捕捞和海水养殖的方法获取海洋生物资源，涉及各种船只、网具，人工鱼礁，海湾人工养殖场等，涵盖水产、造船、电机等多个行业，人类可以从海洋生物资源的开发利用中获取生存需要的食物和药物。值得注意的是，传统渔业主要是人类单方面地利用渔业资源，未考虑对渔业资源进行系统的科学管理。海洋生物资源开发利用应该改革传统的捕捞方法，开发远洋和深海的鱼类及大型无脊椎动物；开发海洋食物链级次较低的种类（如南极磷虾资源）；大力发展大陆架水域的养殖和增殖业，实现海洋水产资源生产农牧化。

2. 海洋空间资源开发

海洋空间资源是指可以利用的各种海洋空间，是与海洋开发利用有关的海岸、海上、海中和海底的地理区域的总称，是人类海洋开发活动的空间载体和资源基础。传统意义上的海洋空间资源主要指海洋港口与海洋运输，新型海洋空间资源包括海上桥梁、海底隧道、人工岛、海洋机场、海上工厂、海上城市、海洋旅游、海洋军事基地等（邵桂兰和石洁，2008）。海洋空间资源的开发技术主要有填海造陆、建造巨型海轮、建造海上人工岛、开辟海洋运输航线和铺设海底电缆等。最终形成的资源利用结果包括建设码头、港口；建设海上机场、海上城市、海洋公园；建设海洋水族馆、海中油库；发展跨海交通、越洋通信等。所涉及的产业涵盖交通、水产、通信、土地建设、旅游等。其中，海洋旅游资源开发是指和海洋有关的，能对旅游者产生吸引力的，可以为旅游业开发和利用，并可产生经济效益、社会效益和环境效益的各种自然和人文资源的综合。海洋旅游资源具有多样性、综合性、参与性、变动性、脆弱性、地域性等特点。随着数字经济飞速发展，陆地数据中心的高耗能、高耗水等问题亟待解决。2023 年 3 月，中国首个商用海底数据中心在海南陵水正式投入运营。“双碳”背景下，数据中心搬进海底“新家”，不仅为数据中心高能耗问题提供了新的解决方案，也为行业发展拓展出“海洋经济＋数字经济”的新赛道。

3. 海洋能源资源开发

海洋能源资源是海洋中所蕴藏的可再生的自然能源，主要为潮汐能、海流能（包括潮流能）、波浪能、海水温差能和海水盐差能。将其按储能形式分，又可分为机械能、热能和化学能。其中潮汐能、海流能（包括潮流能）、波浪能为机械能（位能和动能），海水温差能为热能，海水盐差能为化学能（李铁峰，1997）。海洋能源的特点主要有：蕴藏量巨大、可再生、不稳定、清洁环保、分布不均等。另外，波浪能、潮汐能和潮流能还具有可预测性。海洋能源资源的开发利用主要可以体现在发电设施上，如海水温差发电站、波浪发电站、潮汐发电站、浓度差发电装置等。相关产业包括电力、土建、电机等产业。2022 年 11 月 30 日，深圳大学深地科学与绿色能源研究院谢和平研究团队在《自然》杂志上发表论文，首次公布了海水无淡化原位直接电解制氢全新原理与技术，该技术入选国家科技部组织评选的“2022 年度中国科学十大进展”，成为海洋绿色能源利用领域的标志性成果。海洋能源作为一种具有巨大能量的可再生能源，对其合理可持续地利用将为人类发展带来无止境的福利。

第二节　海洋经济、海洋资源与环境经济学

一、海洋经济学

海洋经济是对海洋经济学研究对象的简单概括。目前关于海洋经济的定义较多，表述也不尽相同，但这些定义中对海洋经济的本质属性特征的认识是一致的，即认为海洋经济是指具有涉海性的经济活动，差异或者说分歧主要在于，不同定义对海洋经济涉海性的解释及其程度要求不同。

国家海洋局于 1999 年发布了国家标准《海洋经济统计分类与代码》，其中定义了海洋产业，认为海洋产业是涉海性的人类经济活动，并指出了涉海性的五个方面：（1）直接从海洋中获取产品的生产和服务；（2）直接从海洋中获取产品的一次加工生产和服务；（3）直接应用于海洋和海洋开发活动的产品的生产和服务；（4）利用海水或海洋空间作为生产过程的基本要素所进行的生产和服务；（5）与海洋密切相关的科学研究、教育、社会服务和管理（都晓岩和韩立民，2016）。这可以认为从产业角度定义了海洋经济，其实质是将海洋经济看作对海洋资源的开发所形成的各种产业的综合体。由于国家法律地位的支持，该定义在学术界受到越来越多的关注。基于上述分析，笔者依据《海洋经济指标体系》（HY/T 160—2013）将海洋经济定义为：海洋经济是开发、利用和保护海洋

的各类产业活动，以及与之相关联的活动的总和。

在海洋经济概念的基础上，可以将海洋经济学定义为：海洋经济学是依据经济学的一般原理和方法研究海洋经济行为及现象、总结海洋经济发展一般规律的科学。海洋经济学的研究对象是海洋经济或海洋经济的运行规律。人类的经济行为，包括海洋经济行为，主要围绕增长和效率两个经济目标展开，因此对海洋经济运行规律的研究具体是指对海洋经济增长规律和效率规律的研究，这种规律通过对海洋经济的运行过程、机制进行考察和分析得出。

需要指出的是，海洋经济学至今仍是我国特有的概念，国外很少有专门对海洋经济的论述，更没有海洋经济学这一学术命题（韩立民，2017）。国外学者历来更加注重对海洋产业经济的研究，认为海洋产业（marine industry）指的就是海洋经济（marine economy），在尺度上更加偏重海洋经济中微观层次的分析，即通过现象分析和框架引导，对海洋经济微观行为及其最优决策等构成的总量现象进行成因分析，在总体上仍停留在海洋经济研究的范畴。相比较而言，我国学者对海洋经济学科的建立付出了更多努力与智慧，走在了世界前列。

二、海洋资源经济学

海洋资源作为海洋经济活动的投入品，包括自然资源和人造资源。海洋资源经济学是海洋经济学与资源经济学的共同分支，海洋资源经济学是以传统的资源经济学理论为基础，结合应用海洋资源价值、海洋资源配置、海洋产权等理论与方法研究海洋资源的合理配置与可持续开发利用，力求实现经济效益、社会效益和环境生态效益三者之间平衡的学科（韩立民，2017；朱坚真，2010）。

海洋资源经济学研究可以概括为三大主题、四方面内容：三大主题即效率、最优和可持续性；四方面内容即生产、分配、利用、保护与管理（韩立民，2017）。目前海洋资源经济学的研究仍旧以海洋自然资源为主，但其研究对象和范围在逐渐扩展。总体来看，海洋资源经济学已成为当代具有战略意义、有待深化与研究的领域，它是海洋科学理论中不可或缺也是不可替代的一门学科，是海洋经济理论在海洋资源领域的补充和延伸。

三、海洋环境经济学

随着世界人口、资源与环境三大危机的日益突出，海洋被看作 21 世纪发展的第二空间，因此环境保护与经济增长的关系也延伸到了海洋环境保护与海洋经济发展上来。因此可以说，海洋环境经济学是传统环境经济学理论在海洋环境领域的具体运用。海洋环境经济学是以传统的环境经济学理论为基础，结合应用海洋环境科学的理论与方法，研究人类活动、经济发展和海洋环境保护与利用之间关系的学科（张开城，2011）。海洋环境经济学的概念有狭义与广义两个概念。狭义的海洋环境经济学是研究海洋环境污染防治的经济问题，是海洋污染控制经济学；而广义的海洋环境经济学则包括研究海洋资源的利用，以及在海洋经济发展中海洋生态环境的破坏与恢复所涉及的所有经济问题，讨论如何应用经济手段实现海洋环境的可持续利用与保护，以基本的海洋环境经济原理为海洋环境保护政策制定与海洋环境管理提供理论指导（朱坚真，2010）。中国式现代化是人与自然和谐共生的现代化，海洋又是高质量发展战略要地。保护好海洋生态环境，不断增强人民群众获得感、幸福感和安全感，事关美丽中国和海洋强国建设。随着海洋环境经济学的发展，海洋环境经济政策在其中的地位越来越重要。

四、三者之间的关系

海洋经济是人类开发利用及保护海洋资源而形成的各类产业及其相互作用关系的总和。海洋经济学是随着海洋经济的发展而发展起来的一门新兴学科，它既属于应用经济学范畴，也属于海洋基础理论经济学范畴。随着海洋经济的快速发展，海洋资源开发利用的强度在不断增大，广度在不断拓展，对海洋环境造成的压力也与日俱增，因此海洋经济学为海洋资源经济学、海洋环境经济学的研究提供了基础理论和分析框架，同时海洋资源经济学、海洋环境经济学也逐渐成为海洋经济学的核心支撑学科。随着海洋经济在国民经济发展中的重要性不断提升，海洋经济学正沿着立足中国、借鉴国外，挖掘历史、把握当代、关怀人类、面向未来的思路快速发展，成为中国特色哲学社会科学体系的重要组成。

海洋资源的开发利用必然影响海洋环境，海洋环境是海洋资源经济发展的重要保障与限制因素，海洋资源经济的科学发展要求海洋资源的开发利用必须与海洋环境保护相结合，海洋资源经济的发展不但要求实现海洋资源的经济效益，还要实现海洋资源的社会效益和环境效益。反过来讲，保护和修复海洋环境，需要一定的设备和技术条件，需要一定的人力、物力及财力资源，而海洋资源经济的发展可以为海洋环境保护、海洋环境监测以及海洋生态修复等提供坚实的物质基础。因此海洋资源经济学与海洋环境经济学存在俱损共荣的密切关系。

第三节　海洋资源的可持续利用

一、基本原则

依据通用的可持续发展原则，海洋资源可持续利用是指使用资源的方式与速度不会导致资源的长期衰竭，从而保持其满足当代与后代需要及期望的潜力。海洋资源的可持续利用是社会、经济可持续发展的基础。对非可耗竭资源而言，必须保持其更新、恢复、再生的能力，并尽可能在使用中使其得到改善；对可耗竭资源而言，必须防范将来把它们耗尽的风险，并且必须确保整个人类分享从这样的利用中获得的好处（武京军，2006）。为了实现上述目标，在对海洋资源的可持续开发利用过程中，应该遵循如下原则：

1. 开发与保护相结合原则

开发与保护相结合原则是指按照不同的资源类型、区域特点，制定具体的开发保护规划，促进资源保护与培育、改造相结合。对可更新资源而言，保护资源首先是保护海洋资源系统的稳定性和资源更新、恢复、再生的能力，抑制资源生产率下降，防止资源的破坏与流失，确保其永续利用。对不可更新资源而言，首先是要保护海洋资源的开发利用条件，使之不至于遭受破坏而不能更好地开发利用；其次要合理调节有限资源的耗竭速度，提高资源的综合利用率。

2. 开发与节约相结合原则

开发与节约相结合原则是由海洋资源储量的有限性与人们消费欲望的无限性二者之间的矛盾所决定的。资源节约要贯彻到资源开发利用的全过程。要改变不适当的生产与消费模式，以最高的效率利用资源，以最低的限度产生废弃物。要提倡资源的综合利用、循环利用，大力提倡发展海洋循环经济，提高资源的产出率和综合利用率。

3. 因地制宜原则

因地制宜原则是指由于各地海洋资源禀赋、开发利用条件与技术水平不同，海洋资源在开发利用过程中应该根据地区的自然条件、海洋资源禀赋特征采取不同的开发利用方式，以及采取相应的保护、改造措施；根据地区的海洋资源结构与区域经济社会特征，优化海洋产业结构；根据地区海洋资源与环境、人口关系，制定科学的发展规划。

4. 均等边际原则

均等边际原则是指当海洋资源有限时，应将资源适当地分配给各种用途，使其在每一用途上获得的边际报酬大致相等，这样才能使各种用途的总报酬实现最大化，这一原则鼓励海洋资源经营者将资源向能得到更多收益的生产领域转移。要充分发挥市场机制的作用，以实现海洋资源在各种产业之间合理配置，提高社会福利水平。

二、典型海洋资源的可持续开发利用

1. 可耗竭海洋资源的可持续开发利用

可耗竭资源开发利用的相关理论研究始于美国经济学家霍特林（Hotelling，1986）在美国《政治经济学杂志》（*Journal of Political Economy*）上发表的《可耗竭资源经济学》（The Economics of Exhaustible Resources）一文。在文中，他阐述了达到资源最佳利用状态需要具备两个条件：一是随着时间的推移，资源的稀缺性租金须与社会贴现率以相同的速度增长，此为最佳存量条件；二是资源价格等于边际生产成本与资源影子价格之和，此为资源最佳流量或最佳开采条件。根据这两个条件，可耗竭海洋资源的可持续开发利用是指在对人类社会有意义的时间与空间上，在保证海洋资源的质量和可提供服务的前提下，人类对可耗竭海洋资源的开发利用在一个无限长的时间内永远保持下去，既满足当代人对海洋资源的需求，又不对后代人的需求构成危害，从而使人类可以持续地开发利用海洋资源，永续地满足社会可持续发展的需要。通常来说，可耗竭资源的可持续开发利用应该满足霍特林准则，该准则可以用数学形式表述为（张帆和夏凡，2016）：

$$目标：\max_{\{T, y(t)\}} \int_0^T [p(y(t), x(t)) - c(x(t))] y(t) e^{-rt} dt \tag{9-1}$$

$$约束条件：\begin{cases} x(0) = x_0 \\ dc(x)/dx < 0 \\ p(y(t), x(t)) \leqslant \bar{p}, \forall t \in [0, T] \end{cases} \tag{9-2}$$

公式（9－1）和公式（9－2）中，$x(t)$、$y(t)$ 分别为 t 时刻的存量与开采量，p、c 分别为价格和单位成本，e^{-rt} 表示贴现率的计算。两个控制变量为：中止开采时间 T 和时间 0 到 T 之间的开采量 $y(t)$。

对该模型求解得出的最重要结论是：利率在决定可耗竭资源使用量上具有决定性作用。假定 k 为资源价格的增长率，由于可耗竭资源总量固定，增长率为 0，其消耗的最优路线必须满足以下准则：

$$k = r \tag{9-3}$$

公式（9－3）表明，可耗竭资源的消耗必须遵循以下路线：开采资源价格的增长率必须等于贴现率，该准则被称为简单的霍特林准则。

对于海洋矿产等可耗竭海洋资源来说，与其他可耗竭资源一样，其可持续开发利用也应该满足霍特林准则，由于该部分涉及的多期资源配置模型及资源替代问题在本书的前面章节中已经有详细的表述，在此不再赘述，具体内容可以参考第七章。

2. 可更新海洋资源的可持续开发利用

可更新资源是消耗速率低于更新速率的自然资源，即其存量可以持续补充的资源。尽管从字面上理解，可更新资源是取之不尽、用之不竭的资源，然而实际上，可更新资源如果管理不善，不用可持续的方式来开采，也是可能枯竭的（张帆和李东，2007）。以典型的海洋鱼类资源为例，其群体的生存、发展和衰落，主要取决于群体总数的规模。如果群体总数低于某一临界水平，该鱼类就将灭绝。鱼类的群体总数取决于两个因素：生物学因素和人类社会行为因素。除了生物学因素外，人类社会行为是影响其物种生存、发展和灭绝的重要因素，人类如何可持续地利用可更新资源是一个重要问题。

可更新资源的配置与非可更新资源的配置有很多相似之处，区别在于：（1）可更新资源往往由社会占有，模型的优化目标是社会利益最大化，由社会效用函数导出社会需求曲线，用社会需求曲线与供给曲线围成的面积表示社会利益。（2）贴现率变为社会贴现率。（3）资源开采无中止时间限制。（4）增加了可更新资源自然增长率变量 g。公式（9－1）和公式（9－2）可改写为（张帆和夏凡，2016）：

$$目标：\max_{y(t)} \int_0^{\infty} [\int_0^{y(t)} p(q) dq - c(x(t)) y(t)] e^{-rt} dt \tag{9-4}$$

$$约束条件：\begin{cases} dx(t)/dt = f(x(t)) - y(t) \\ x(0) = x_0 \\ dc(x)/dx \leqslant 0 \\ p(y(t)) \leqslant \bar{p} \end{cases} \tag{9-5}$$

公式（9－4）和公式（9－5）中，$x(t)$、$y(t)$ 分别为 t 时刻的存量与开采量，$f(x(t))$ 就是 t 时刻的自然增长量，r 为社会贴现率，$p(q)$ 为社会需求曲线。积分上限是无穷大，减少了控制变量 T。$\int_0^{y(t)} p(q)\mathrm{d}q$ 是需求曲线到 $y(t)$ 为止下方的面积，它与总成本 $c(x(t))y(t)$ 之差为 t 时刻的消费者剩余和生产者剩余。$f(x(t))$ 与本期开采量 $y(t)$ 之差就是资源存量的净增长速度 $g(x)$。

该模型的结论是，对于可更新资源：

$$g+k=r \tag{9-6}$$

公式（9－6）中，g 为可更新资源的生物学增长率，k 为资本价值的增长率，r 为社会贴现率。就是说，稍加修改的霍特林准则也适用于可更新资源。

与陆地上的可更新资源相似，海洋鱼类等可更新资源也面临着过度使用的问题，因此如何对其进行科学管理、如何确定其最优使用率等问题也是相通的，在此不再赘述，具体内容可以参考第八章。

3. 舒适性海洋资源的可持续开发利用

舒适性资源是能够为人类提供舒适性服务、满足人类精神需求的自然环境资源。对于海洋资源来说，滨海旅游资源是最典型的舒适性资源，滨海旅游是发生在海岸带的主要人类活动之一，并且是世界上最大的产业（群）——旅游产业中最传统的、主要的，也是增长最快的形式。

如图 9－1 所示，2001—2018 年，中国滨海旅游业增加值由 1 072 亿元增加到 16 078 亿元，其占海洋经济增加值的比重相应地由 11.3%增加到 19.3%，滨海旅游业已经成为海洋经济的第一产业，其与海洋交通运输业、海洋渔业、海洋工程建筑业、海洋船舶工业共同构成我国海洋经济的五大支柱产业，其中滨海旅游业的增长速度是最快的。

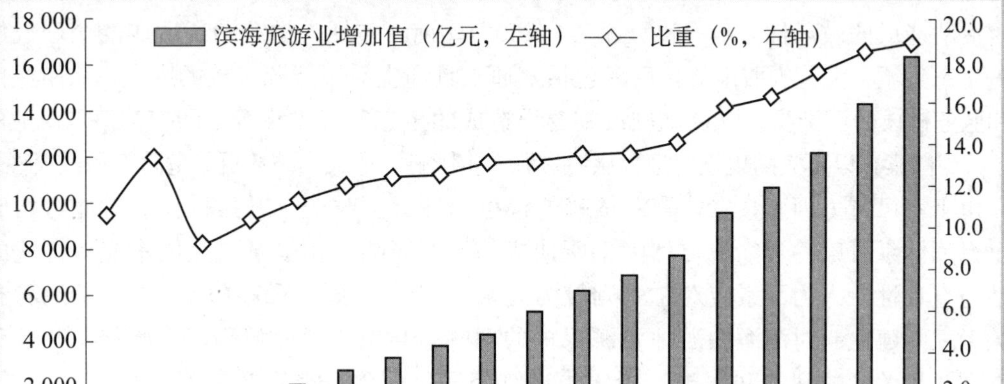

图 9－1　2001—2018 年中国滨海旅游业增加值及其占海洋经济的比重

滨海旅游资源是大自然的赠物，而不是人类生产出来的产品，具有唯一性与不可复制性，总量不可能增加，也几乎不可能再生，因此不可能通过增加供给来满足日益增长的资源需求，其稀缺程度不断提高。滨海旅游资源属于典型的公共产品或准公共产品，在生产和消费过程中容易产生外部性和市场失灵，广泛存在着竞争性利用的可能，从而会导致其过度利用，突出表现为拥挤问题和污染问题。

为了避免人类对滨海旅游资源的开采性利用活动损害自然生态系统，需要以可持续的方式开发利用滨海旅游资源。

（1）发展海洋生态旅游。

探险和旅游协会将生态旅游定义为：对环境负责任的、对一定地区自然或人文景观进行有利于促进环境保护和地区经济发展的旅游观光（陆奕兵，2009）。开展海洋生态旅游是实现滨海旅游资源保护性利用和沿海地区可持续发展的重要途径。随着海洋环境保护和可持续发展理念日益深入人心，海洋生态旅游业逐渐受到人们青睐，大量的海洋资源得以保护，不仅成为物种的信息库和珍稀濒危生物栖息地，同时也成为科研教育基地。

海洋生态旅游的健康发展需要建立一种合理有效的旅游发展和管理模式，精准测算生态旅游临界容量，科学规划旅游地的功能分区，实现旅游资源的优化利用，并控制旅游业对区域生态环境可能造成的破坏。尤其是在全球气候变暖背景下，应该大力发展低碳旅游业，加大对减排科技研发的投资力度，引入绿色科技，提高能源利用效率；实施滨海旅游资源开发碳补偿机制，通过生物碳汇和利用可再生能源，减少碳排放；制定切实有效的具有可行性的标准来约束滨海旅游资源开发中的碳排放，如建立生态标签与有机/绿色认证制度。

（2）保护滨海旅游资源。

与陆地生态系统相比，海洋生态系统更具脆弱性，需要采取严格的措施来保护滨海旅游资源。滨海旅游资源的破坏源于两方面的因素：自然因素和人为因素。自然因素包括自然力的作用，例如，地震、火山喷发、飓风等灾变。人为因素则包括非旅游活动和旅游活动造成的破坏性影响（高元衡等，2002）。前者包括人类活动所造成的全球气候变化、生态失调、大范围酸雨等；后者包括交通工具和生活用能源排放的废气、旅游区内生活和服务排放的污染物，以及基础设施建设造成的生态环境破坏等。随着滨海旅游业的发展，人为因素正以更大的规模对滨海旅游资源产生影响，造成的破坏更具危险性和毁灭性。

由于不可抗力因素频发，资源依赖的根植属性无法改变，增强科技应对能力与健全安全保障体系可以逐步削减自然因素所造成的不利影响。相较于自然因素应对方式的系统性与直观性，人为因素应对方式则较为复杂。滨海旅游资源保护需要在旅游地各利益相关者之间建立起对滨海旅游地资源保护的理解、共识和环境觉醒，平衡资源开发和管理中利益相关者的利益和兴趣，确定当地社区居民、旅游者和政府对全球变化的看法、态度、共识和责任感，促使其紧密合作从而实现最终目的。其中，国际有关旅游保护和开发组织要发挥其对可持续滨海旅游资源开发和管理的宏观指导作用；国家要出面利用媒体资源进行公众的环保教育，使旅游利益相关者自我审视、主动加入环保行列；相关行政部门要加强监督执法力度，切实保障规定的实施；通过保证当地居民在旅游过程中获取满意的收益来激励当地社区有效参与。总体而言，只有通过建立完善的制度体系、促进良性的收益闭环形成、增强技术应对灾害的能力、深耕生态文明发展理念，才能形成滨海旅游资源可持续开发利用的根本保障。

（3）实施国家海洋公园制度。

国家海洋公园通过建立以海洋区域内的生物多样性和海洋景观保护为主，兼顾海洋科考、环境教育以及休憩娱乐的发展模式，使生态环境保护和社会经济发展等目标共同得到较好满足，因而得到了人们的普遍认可，成为国际上海洋环境保护区设立和发展的主要模式（王恒和李悦铮，2012）。

首先，作为珍稀自然资源和独特景观的集中地，国家海洋公园不仅为公众提供了一个了解海洋、认识海洋、欣赏海洋的平台，其优美的自然风光、丰富的海洋生物和原生态的海洋景观还能吸引大批游客进行观赏和娱乐活动。国家海洋公园可在海洋环境保护的基础上，结合生态恢复开展各种生态旅游活动，是我国沿海各地实施生态保护与发展海洋旅游的一种现实选择（王恒和李悦铮，2012）。

其次，国家海洋公园同时为科学研究提供了平台，有利于国际合作、交流，其原始的生态系统、丰富的海洋生物、独特的地质地貌以及饱经沧桑的历史遗迹等均具有重要的研究价值。研究成果不但可以丰富国内相对薄弱的海洋科考研究，还可以在第一时间应用到公园的建设与管理之中，在生态保护与资源利用的基础之上充分发挥生态效益、社会效益及经济效益（谢欣，2008）。

再次，国家海洋公园也是向公众普及海洋知识、实现环境教育的重要载体，为青少年学生进行科学知识学习、实践提供了良好的自然环境，提供了一个科学普及、教育的平台（王恒和李悦铮，2012）。在国外，国家公园最主要的利用目的之一就是实现国民教育。国家海洋公园是天然的实验室，是海洋、生物、地理、地质及其他学科的科学普及基地，对提高全民族整体科学素质具有重要意义。通过建设国家海洋公园，可以吸纳更多的公众参与进来，使其了解海洋，认识到海洋生态环境的脆弱性和资源的不可再生性，最终树立尊重自然和爱护自然的价值观。

最后，国家海洋公园还是良好的爱国主义教育基地。海岸、海岛、海洋在历史上曾是战场，是抵御外来侵略者的堡垒，具有强大的爱国主义教育功能，理应充分利用这块基地进行爱国主义教育（王恒和李悦铮，2012）。

海南省滨海旅游资源开发利用

海南省是我国最大的经济特区和唯一的热带岛屿省份，受权管辖海域面积约为200万平方公里，拥有丰富的海洋资源。靠海而生、向海而兴一直是海南经济发展的主要抓手和有力支撑。近年来，海南岛依托得天独厚的滨海旅游资源及区位优势，因地制宜，致力于开发特色旅游产品，以满足游客多样化的需求。同时，科学规划海岸带功能分区，以实现海洋空间资源的有序开发，推动海洋资源的可持续利用和海岸带的可持续发展。

近年来，随着海洋强国战略的实施，海洋经济在海南产业经济发展中的重要地位日益凸显。充分发挥海南的区位和海洋资源优势，建设海南国际旅游岛，打造有国际竞争力的旅游胜地，是海南加快发展现代服务业，实现经济社会又好又快发展的重大举措。海南省注重提升旅游品质和效益，加强交通网络，包括机场、港口、高速公路和轻轨等旅游基础设施的建设，不断提升旅游服务水平。深入挖掘海洋文化的内涵，优化近海生态休闲旅游产品布局，支持游船、海钓、低空飞行等新业态的发展，推出了一系列富有创意的海洋旅游活动，如海底观光、海岛探险等，使游客能够亲身体验海洋的神奇魅力。海南省在三亚等地计划培育和引进高品质的滨海度假旅游项目，构建以观光旅游为基础、休闲度假为重点的海洋旅游产业体系。此外，海南岛凭借其丰富的滨海旅游资源，充分利用其作为国际旅游岛的政策优势，不断推进旅游服务设施的国际化和标准化，正逐步成为一个集自然美景、休闲娱乐、文化体验于一体的综合性国际旅游目的地，不断地向世界展示着它的独特魅力和无限潜力，吸引着来自世界各地的游客。

海洋资源是人类社会发展的重要基石，其多样性和丰富性为人类的未来提供了无限可能。通过海洋旅游资源的开发，海南岛的旅游业得到了迅速发展，成为推动当地经济繁荣的重要力量。以海洋科研和教育推动海洋资源的可持续利用和保护，完善法律法规、加强技术创新与应用、强化生态环境保护与修复以及实现利益协调与共享，是推进海南省海洋资源开发可持续发展的关键路径。然而，在开发和利用这些资源的过程中，我们也应注重保护海洋生态环境，坚持开发与保护相结合原则，推动海洋经济的可持续发展。

第四节　海洋环境治理

一、海洋环境危机

随着海洋经济的快速发展，沿海地区海洋灾害风险日益突出，海洋防灾减灾形势十分严峻。以我国为例，《中国海洋灾害公报》显示：2019 年，我国海洋灾害以风暴潮、海浪和赤潮等灾害为主，海冰、绿潮等灾害也有不同程度的发生。与近十年（2010—2019 年）的平均状况相比，2019 年海洋灾害直接经济损失为 117.03 亿元，高于平均值，死亡（含失踪）人数低于平均值。由于海水具有流动性，海洋环境危机具有公共性和国际性的特点，处理海洋环境危机是全球各国发展海洋经济的当务之急，也是全人类面临的共同课题。

1. 海洋环境危机的特征

海洋环境危机作为海洋公共危机的一个具体领域，既具有一般性危机的特点，又具有其自身的特殊性，比如突发性、不确定性、广泛性、涟漪性、发生频率高、持续时间长、影响范围广、治理难度大、人为因素增多等（胡丽，2015；Andre et al.，2010；Hardin，1968）。海洋环境危机自身的复杂性和多样性使政府成为危机处理的主导者，以下是海洋环境危机的特征：

（1）发生频率高。

由于海洋环境危机的种类繁多，涉及面广泛，其爆发的频率也相应提高。自然性海洋环境危机中，仅就赤潮而言，2019年我国近岸海域共发现赤潮38次，累计面积达到1 991平方千米。人为性海洋危机中，以海上油轮全损事故为例，1967—2018年间，全球大型油轮发生全损事故的频率约为0.17起/年，即大约不到十年就会发生一起大型油轮全损事故。

(2) 持续时间长、影响范围广。

海洋环境危机的破坏性主要体现在两个方面：一是危机持续时间长，以1991年第一次海湾战争期间发生的约1 100万桶原油泄漏为例，由于缺乏治理油污的有效手段和经验，直到2003年，仅沙特阿拉伯800千米左右的海岸就有约800万平方米的油污尚未得到有效清除。二是危机影响范围广，具体也体现在两个方面：首先是受到危机影响的生物物种种类广泛；其次是影响区域广泛，海洋环境危机往往涉及多个国家，多个海域，跨区域性特征明显。

(3) 治理难度大。

首先，有效的海洋环境危机处理需要海陆空部门通力合作和利用先进的技术装备勘测环境、获取信息。其次，海洋环境危机处理对协调性要求相对较高。从国内层面看，由于处理难度大，需要不同部门和不同社会主体的协调和配合，共同应对危机。从国际层面看，需要不同国家间的通力合作。海水具有流动性，全球海洋是相互连通的统一整体，海洋环境危机处理不是某一个国家、区域的责任，而各国基于自己国家利益的权衡以及国际漫长的交易程序和复杂的决策过程都加大了海洋环境危机处理的难度。

(4) 人为因素增多导致危机管理的复杂性。

在认识和开发海洋初期，人类对海洋环境危机的干涉力度很有限，以自然因素引发的海洋危机居多。随着科学技术和经济发展水平的不断进步，以及急剧增长的人口与陆地上有限的资源之间的矛盾不断加剧，各国纷纷将眼光投向广袤的海洋。人类活动的复杂性使海洋环境危机更加错综复杂，导致人为因素引发的海洋危机增多，涉及经济、政治等各领域。受2011年发生的大地震及海啸影响，福岛第一核电站1至3号机组堆芯熔毁。事故发生后，东京电力公司持续向1至3号机组安全壳内注水以冷却堆芯并回收污水。2021年，日本政府正式决定将上述核污水经过滤并稀释后排放入海。2023年8月24日，日本福岛第一核电站启动核污染水排海，根据计划，排海时间至少持续30年。国际社会对此次事件的环境影响保持高度关注。

2. 海洋环境危机的分类

(1) 按产生原因分类。

按照产生原因分类，可以分为自然因素主导的海洋环境危机和人为因素主导的海洋环境危机。自然因素主导的海洋环境危机是指由自然力的不稳定变化引起的危机。海洋是一个庞大的生态系统，各种因素错综复杂，交互影响。受气候等因素的影响，海洋自身会产生一些规律性和周期性较强的环境危机，比如北方海域常见的海冰，南方海域夏季多发的风暴潮、海啸等都属于自然因素主导的海洋环境危机。人为因素主导的海洋环境危机，是指由非自然力引发的海洋危机性事件，主要包括海洋污染和海洋生态破坏。人类在开发和利用海洋资源的过程中，人类活动对海洋环境造成了破坏，如将不符合排放标准的生产和生活的废水、废料、残渣等大量排入海洋造成海水污染，大量掠夺式地开发海洋资源造成海洋资源日益匮乏，破坏了海洋生态系统平衡，引起了海洋环境危机，比较常见的有赤潮、浒苔、海上溢油等。灾难性海浪、溢油事件、海岸侵蚀、海雾等海洋环境危机频发，会给海洋生态系统及人类发展带来严重危害。

（2）按所涉及人群的倾向分类。

按照所涉及人群的倾向分类，可以分为利益一致型海洋环境危机和利益冲突型海洋环境危机。利益一致型海洋环境危机指的是各国为处理危机作出努力是基于共同的利益，应对和处理危机对各国的利益而言都是积极的。比如在海啸中，通常各利益主体都会伸出援手援助受害国走出危机，因为海啸影响面广泛，后果严重，如果应对不及时、治理不完善的话，很可能导致全球范围内的海洋公共危机。利益冲突型海洋环境危机是指至少存在两个利益主体对危机的态度存在较大差异。典型的例子是海底资源开发，尤其在石油资源开采过程中容易存在利益抗衡。一般而言，政治性和军事性的海洋环境危机事件都属于利益冲突型海洋环境危机。

（3）按海洋环境危机发生的领域分类。

按照海洋环境危机发生的领域，从海洋危机静态角度进行分类，可以分为局部性海洋环境危机、区域性海洋环境危机、国家海洋环境危机和国际海洋环境危机。随着海洋环境危机的蔓延，一般无法严格区分地域性。严重的海洋污染事件往往对整个海洋系统都会产生不利影响。如 2010 年墨西哥湾漏油事件是一起典型的海洋环境污染事件，体现出了海洋环境危机的跨国性。事件发生在美国领域内，但是随着海水的流动，油污也影响到了加拿大和墨西哥等国家的海域。受害方涉及多国，事件处理的复杂性较高。

二、海洋环境经济政策

1. 海洋环境经济政策的定义

海洋环境经济政策可以定义为：运用价格、税收、财政、信贷、收费、保险等经济手段，调节、影响和规范市场主体的行为，以达到提高资源利用效率、减少海洋污染、保护海洋生态系统、实现海洋经济和海洋环境可持续发展目的的政策手段（沈满洪，2001）。

作为命令-控制型手段的一种补充，经济手段可以用更低的成本实现环境目标，保障海洋经济发展与环境保护的协调。经济手段比传统命令-控制型手段效率更高，效果更好，日益受到学术界和管理界的推崇。同时，绝大多数国家的政府必须面对的预算约束问题，也激发了它们对那些效率高且具有“内在”环境达标刺激以及具有筹资功能的经济手段的兴趣（彭本荣等，2015）。

2. 海洋环境经济政策的实施条件

实施以市场为基础的海洋环境经济政策，使其发挥防治污染、保护环境的作用和功能，需要具备以下条件（彭本荣等，2015）：

（1）比较完备的市场体系。

海洋环境经济政策是通过市场机制，间接调节管理对象的行为。环境经济政策目标能否实现，取决于市场的完备程度。如果市场机制缺失，存在障碍，或者遭遇行政干预，就会失去传递信息的中介，导致市场信号失真；管理对象可能对市场信号反应迟钝，甚至不作出反应和不在乎市场是否存在，最终导致环境经济政策的低效率甚至失败。

（2）相应的法律保障。

制定和实施环境经济政策必须建立在相应的法律基础之上，具备法律依据，才具有合法性和权威性。有的环境经济政策本身就需要立法，例如中国的《环境保护税法》。还有一些环境经济政策需要法律确定，例如，总量控制下的排污许可交易。环境经济政策还要与现行法律保持一致，否则政策执行就缺少依据。法律除了确认环境经济政策的合法性之外，还要授权主管部门制定政策的实施细节和管理规定。《中华人民共和国海洋环境保护法》颁布于 1982 年，后经多次修订，目前涉及海洋环境监督管理、海洋生态保护、陆源污染物污染防治、工程建设项目污染防治、废弃物倾倒污染防治、船舶及有关作业活动污染防治、法律责任等多项内容。

（3）实施的规章和监管机构。

在法律框架之下，海洋环境经济政策的有效执行还需要制定实施的规章制度，并且需要相应的监督管理机构来负责海洋环境经济政策的执行和监督。例如，征收海洋环境保护税，需要制定具体的实施细则和税率，确定负责征收、监管的机构。对于环境保护税的征收情况，还要定期检查，对数据真实性和纳税情况进行核查，对于违反法律规定的情形，要给予相应惩罚。

（4）信息和数据。

信息和数据是海洋环境经济政策制定与实施的重要条件，包括海洋污染源排放信息、海洋环境质量信息、海洋环境损害信息、海洋污染源申报信息等。在我国，国家海洋信息中心主要负责管理国家海洋信息资源，指导、协调各级海洋信息化建设，为自然资源管理、海洋经济、海洋安全与权益维护、海洋公益服务等提供业务保障、技术支撑与信息服务。

3. 海洋环境经济政策工具

每一种环境经济政策都是针对不同的资源和环境以及相关的资源和环境问题而设立的。从以上关于海洋资源及其与其他海洋资源、海洋生态系统的关系的分析可以发现，海洋除了为人类生产、生活提供活动空间外，还提供海洋生物和非生物资源，以及重要的生态服务，它是海洋资源和海洋生态系统的载体，是包括海洋空间资源在内的各类海洋资源以及海洋生态系统相互联系的一个整体。因此，广义海洋环境经济政策工具可以包括以下几个方面（彭本荣等，2015）。

（1）海洋空间管理经济政策工具。

海洋空间管理经济政策是主要针对人类利用海洋空间的行为进行管理的经济政策。海洋空间管理经济政策工具包括针对海域使用权一级市场的经济手段，如征收海域使用金，海域使用权出让的招标、拍卖、挂牌等，以及针对海域使用权二级市场流转管理的经济手段，如征收海域使用权出租、转让、合资入股等的增值税（费）/租金税（费），海域使用权抵押等手段。海洋空间管理经济政策的使用，适应了维护国家利益和鼓励海洋资源开发的需要，有效实现了国有海洋资源价值，对于改善海洋资源开发利用的秩序、提高海洋资源利用的整体效率、促进海洋资源合理开发与可持续利用，具有十分重要的意义。

（2）海洋资源管理经济政策工具。

海洋资源管理经济政策工具是主要针对使用和开发海洋资源如渔业、石油开发、矿产开采等行为进行管理的经济手段，包括资源租金、资源税、资源产权交易市场等手段。通过收取一定的资源租金和资源税，可以提高海洋资源使用效率，优化资源配置，更有效地推动外部成本内部化，以防止海洋稀缺资源在使用过程中的浪费和过度使用而导致资源短缺。因此对于稀缺海洋资源，可以使用资源租金、资源税等工具对其加以管理。

（3）海洋环境管理经济政策工具。

海洋环境管理经济政策针对海洋排污、海洋倾废等行为进行经济管理，主要包括征收海洋排污税（费）、海洋排污许可交易、海洋倾废收费等工具。通过海洋排污和倾废的收费制度，可以完善海洋环境资源价格形成机制，体现海洋环境资源的稀缺性和污染者负担的原则，使企业的海洋环境资源成本内部化，从而促进海洋环境资源的保护与节约；利用海洋排污许可交易，能发挥市场资源配置的激励作用，避免非对称信息存在导致的政府决策失误，把海洋环境保护的责任由政府转交给污染企业，使污染企业从被动转为主动，促进海洋环境的改善。

（4）海洋生态保护经济政策工具。

海洋生态保护经济政策工具是以保护和恢复生态功能为目的的经济政策，主要包括海洋生态损害补偿、海洋生态损害赔偿、海洋生态建设补偿、海洋生态建设融资制度等工具。作为自然资源有偿使用、调整相关利益关系的一种方式，海洋生态损害补偿成为协调海洋经济发展与海洋生态环境保护、促进可持续开发利用海洋环境资源的有力措施。通过实施海洋生态损害补偿，可以促进海洋生态保护外部性的内部化，从而达到保护海洋生态环境、维护海洋生态系统安全的目的。

（5）海洋绿色资本市场。

海洋绿色资本市场是以保护海洋生态环境和可持续发展为目标之一，在投融资活动中充分体现可持续发展的社会责任的一种资本市场，如绿色信贷、绿色保险、绿色股票、绿色债券市场等。建立绿色资本市场，能够斩断污染者的资金链条，限制污染企业过度扩张。绿色资本市场应用到海洋管理中，要求海洋行政管理部门与金融监管、证监等金融部门沟通，对商住等经营性围填海项目申请企业贷款进行绿色核查，从资金源头上遏制住填海造地的无序扩张，切断破坏海洋环境的企业的资金供应，协调平衡填海造地和海洋环境保护管理，促进海洋环境的可持续发展。海洋高风险企业进行如海洋石油运输、海洋石油勘探开采、海洋危险化学品物质运输等一旦出现事故，会面临巨额索赔，并严重威胁海洋生态系统健康。实施强制保险，一方面，在保险公司核保和防损检查阶段就可能会发现投保人的风险隐患，并督促其采取措施，海洋环境事故很可能得以避免；另一方面，强制保险的实施可以分散风险、保证受害方获得赔偿资金，同时获得修复受损海洋资源与环境的资金。

4. 海洋环境经济政策的优势

海洋环境经济政策与命令-控制型（规制）政策相比，其价值主要在于其在海洋环境管理中发挥了市场的作用，很大程度上减少了海洋生态环境保护和经济发展政策之间的冲突，具体表现在如下几个方面（彭本荣等，2015）：

（1）提高了污染防治的经济效率。

海洋环境经济政策可以用更低的成本取得与环境规制政策相同的污染控制结果。海洋环境经济政策秉持的是经济利益原则，所以在市场体系和市场机制比较完善的情况下，为提高效益，企业会寻找经济效益最佳的方式进行污染控制，进而达到以较低的成本治理海洋环境污染和以最大效率利用资源的目的。

（2）刺激了污染防治技术的革新和进步。

海洋环境经济政策赋予污染以市场价值，为污染控制技术革新提供了持续不断的动力。与环境规制政策硬性规定采用的污染控制性技术不同，海洋环境经济政策并不对污染防治技术作出硬性规定，但对将污染减少到比规定的标准更少的行为提供金钱或其他形式的经济利益，污染排放者为获取这些经济利益，就会不断地开发更有效的技术，采用新的工艺或研制更便宜的设备，这样一来，就促进了技术的不断进步。

（3）降低了管理部门的监管成本。

海洋环境经济政策诱导污染者减少污染行为来获取经济利益，大大节省了环境规制政策实施中的报告、检查和对违反行为的罚款等行政管理成本。特别是当污染来自成千上万的小规模分散污染源时，其效果更为显著。环境管理成本的降低为海洋环境保护事业节约了宝贵的资金。

（4）拓宽了环境保护的资金筹集渠道。

海洋环境经济政策通过税收、收费、产权、排污许可证拍卖等政策工具，可以筹集大量的资金。而这些资金一般都定向用于海洋环境保护事业或提供更多的公共产品或减少经济体系中的扭曲，进一步强化海洋环境经济政策的效果。

（5）经济政策不具有强制性，相比于其他手段更加具有灵活性。

无论是对于涉海企业还是政府来说，都可以通过成本收益分析方法来选择适合自己的方式，从而在控制污染的同时获得最大的经济效益。这一特点增加了政策的可接受性。

三、海洋环境治理体制

1. 海洋环境治理结构的模式转变

（1）从单中心管理模式转向多中心治理模式。

在以往的海洋环境保护治理中，往往坚持政府单中心管理的思维。这有其特定的时代背景：一是问题认识上的局限性。一般情况下认为海洋环境问题属于公共产品或具有外部效应，公共产品需要政府管理或政府供给，外部效应需要政府管理或政府纠正。随着新制度经济学等新兴学科的快速发展，传统理论认为的市场失灵领域未必只能采取政府管理手段，市场机制同样可能纠正市场失灵。二是技术水平的局限性。以往海洋环境污染到什么程度、主要污染物是哪些、谁在污染等问题是模糊不清的。随着技术的进步，这些问题逐渐清晰而且可以监控、检测、计量。因此，海洋环境保护由传统的单中心管理模式转向多中心治理模式。所谓多中心治理，就是采取以政府为主体的政府机制、以企业为主体的市场机制、以公众和非政府组织为主体的社会机制，即三个主体、三种机制，形成三足鼎立、相互协同、相互制衡的格局。

（2）从单一管理模式转向多元化治理模式。

一般而言，海洋环境就是公共产品，公共产品面临“公地悲剧”问题——每个人追求自身利益最大化的结果导致整个社会人人遭殃（Hardin，1968；Samuelson，1954）。因此要根据海洋环境的产品属性采取多元化治理理念、机制和模式。对于具有私人产品属性的海洋环境，就应该采取市场机制的模式，这是被古典经济学和新古典经济学所反复证明了的；对于具有俱乐部产品属性的海洋环境，就应该采取市场机制和社会机制相结合的模式；对于具有共有产品属性的海洋环境，就应该采取社会机制和市场机制相结合的模式，由社会主体解决资源配置的高效化问题；对于具有典型公共产品属性的海洋环境，就应该采取政府机制、市场机制和社会机制相互配合的模式。海洋环境产品属性的多样性，决定了海洋环境保护必须从单一管理模式转向多元化治理模式。

（3）从碎片化管理模式转向系统性治理模式。

碎片化管理必然导致条块分割、相互扯皮。海洋是一个巨大的生态系统，也是一个生命共同体。在海洋环境治理过程中，众多的涉海管理机构并存现象严重，其职能存在很大的交叉，造成各部门之间的利益博弈，有利则互不相让，无利则互相推诿。因而在具体执法过程中，海上各执法部门经常发生扯皮现象，造成海洋环境管理高度分散化的局面和矛盾。因此，海洋环境治理应转向系统性治理模式。应通过陆海统筹和国家部门间的协调，巩固和稳定齐抓共管的体制机制，形成政策与管理合力，保障涉海政策和管理的有效执行，提高海洋管理体系的综合能力。应建立专门的海洋资源与环境管理机构，对现有海上执法资源进行适度整合，建立统一高效的海上执法队伍，加大海洋环境管理领域的执法力度，建设一支执法权限明确、执法依据充分、保障和技术力量强大的海上综合执法队伍，提升海洋管理的整体能力（Chua，2013；熊永柱，2011）。

2. 海洋环境治理的体制创新

（1）海洋环境治理的体制问题。

海洋环境治理方面主要存在以下体制性问题：一是行政区划的体制壁垒，导致缺乏统筹协调，例如，从港口资源的充分利用和有效配置角度，应该推动邻近区域的港口资源一体化。二是陆海分离的体制障碍，导致出现排海工程、围海工程、围涂工程等“重陆地、轻海洋”的举措，严重损害了海洋生态环境安全。三是条块分割的体制壁垒，导致难以实现区域资源的高效利用以及海洋环境的综合治理。

（2）海洋环境治理的体制创新方式。

海洋环境治理的体制创新需要从多个角度切入。①要按照陆海统筹的理念推进海洋环境体制建设。坚持监管机构陆海统筹，解决行政壁垒问题；坚持环境规划陆海统筹，实现“多规合一”及入海污染物逐年递减前提下的总量控制；坚持环境监测陆海统筹，实现陆海环境监测的规模经济效果及陆海环境信息的共享共用；坚持治理手段陆海统筹，利用市场机制实现海洋环境治理成本的最小化。②以海洋功能定位及规划确定海洋环境的体制性分工。不同海洋及同一海洋不同海域的功能定位是不同的，因此，要按照各个海域的功能定位，进行海洋环境治理的体制性安排（张皓若和卞耀武，2000）。对于入海污染物的排放，采取总量控制前提下的排污权交易制度，真正让市场机制在环境资源配置中发挥决定性作用。③推动海洋环境监测体制改革，建立垂直为主的海洋环境监测体系，推进海洋环境信息公开和共享，避免出现多头投入、多头监测、信息封锁、数据不一等问题。

3. 海洋环境治理的制度保障

（1）海洋环境治理相关法律与技术规范体系建设。

通过建立完善的海洋政策和法律体系，制定综合海洋政策，对各类海洋活动、海洋自然资源的可持续利用和海洋生态环境保护进行合理的统筹规划和综合管理。一些国家（如美国、英国）还专门成立了综合性的海洋政策委员会或海洋管理机构来加强涉海政府部门间的协调，避免多头管理（闫枫，2015；韩京云，2008）。一些发达国家通过法律的手段强化国家层面对海洋环境治理的制度规范，同时通过制定综合性的海洋环境发展战略，明确各涉海部门的职责，充分发挥海洋研究机构的作用，实行综合管理和协调管理，实现海洋环境管理资源的统一调配，提高效率。一些发达国家在海洋环境保护战略和具体实践中注重涉及海洋环境的高新技术的开发与创新，尤其注重海岸与海洋工程技术、海洋资源和环境评估技术、海洋监测及海洋污染防治和生态保护技术等关键领域的系统集成，推进相应成果的应用和实践，为海洋的可持续发展提供技术支持，实现管理手段的立体化、自动化和信息化（Kim，2012；Young，2010；Kearney et al.，2007）。

（2）海洋环境治理市场管理模式的引入。

通过引入市场管理模式，如绿色认证、生态系统服务付费等方式来调动资源使用者保护生态系统的积极性，实现环境保护和经济发展的双赢。在这方面比较突出的例子是海洋管理委员会的可持续渔业认证，即通过认证的方式来降低渔业生产对海洋生态环境的影响。参与认证的渔民必须遵守一定的规则，比如限制渔获物的大小和种类、改善捕捞工具、降低捕捞强度等。一旦通过认证，所得渔获物将被标注可持续渔业认证的标签，在市场上获得更高的价钱和利润。再如实施海洋生态补偿制度、海洋环境补贴制度、环境税、环境责任保险制度、环境费等海洋环境经济政策来支持海洋生态建设和环境保护，并且制定一系列较完善的财政政策。

（3）海洋环境治理综合政策及相关措施。

围绕国家经济社会发展战略的需求，统筹海洋开发与生态环境保护之间的关系，实现海洋经济社会和环境资源的协调发展；借鉴先进理念和经验，坚持以生态系统为基础，陆海统筹、河海一体的基本原则；统筹沿海区域经济社会发展和流域经济社会发展，支持有助于改善海洋河口生态系统健康状况的可持续土地利用方式；鼓励和支持可持续的、安全的、健康的海洋开发活动，推动海洋经济发展方式的根本转变；创新管理体制机制，建立跨越各部门的利益高层决策机构，形成各地方之间、部门之间的网络状对接与合力，激励各利益相关方的共同参与（于宜法和王殿昌，2008）。

（4）海洋环境监测与评价支持平台建设。

通过发挥国家各部门和各地区监测与科研力量的优势，组织海洋环保和科研单位，充分利用常规技术和高新技术（如卫星、航空遥感，在线实时自动观测系统等）研究建立海洋环境要素和赤潮灾害监控系统，完善海上溢油及赤潮应急监测系统，实现观测记录自动遥感化、信息传输程控化、数据处理自动化，为海上溢油、赤潮事故的应急对策、善后处理提供科学依据。在国家层面建设一支统一管理的海岸带海洋环境监测队伍，并建立协调配合的海洋环境监测与调查船管理制度，负责国家海洋近岸环境调查任务的用船安排、协调各涉海环境部门用船需求、制定海岸带与近岸海洋环境管理的计划和任务（国家海洋局，1996）。

四、中国海洋环境治理

从20世纪70年代开始，中国把减少环境污染和保护自然资源作为国家政策的优先领域，到21世纪初，中国已经建立了包括水环境、海洋环境、港口航运等在内的相对完整的法律体系，成立了包括国家、省、市、县级海洋管理的专门机构，同时制定了《中华人民共和国海洋环境保护法》。但由于中国目前海洋环境保护与治理主要依靠行政力量——命令-控制型手段，即通过制定法律法规，统一规定环境质量、污染物排放标准、产品规格和技术要求等强制性标准，最终达到预期的生态环境目标，而这种直接管制手段存在实施成本高、政策滞后的特点，因而中国海洋环境治理成效甚微。

1. 完善区域国际合作保障措施，创新体制机制设计

对陆地和海洋资源的过度开发会产生海洋环境问题，鉴于海洋是个动态开放的大系统，海洋环境的整体性与海洋环境治理的跨界性矛盾，需要一个国际合作组织进行协调，以促进各个沿海国家及各个部门协同合作。目前国际上针对部分海域已经形成了基于一定准则的区域海洋合作模式。例如，保护北海-东北大西洋海域海洋环境的综合性公约《奥斯陆-巴黎公约》，以及《应对北海石油以及其他有害物质污染合作协议》等；波罗的海6个沿海国签署的《保护波罗的海海洋环境的赫尔辛基公约》，其在附件中明确了缔约国在防治各种污染源方面的义务。因此，我国可基于所处海域相关国家的发展现状，并借鉴国际上已有的区域海洋环境管理合作经验，通过建立框架公约和附加议定书相结合的模式为区域国际合作提供保障措施。政府间合作在解决跨国界的海洋环境问题，比如洄游性渔业资源管理、跨国界渔业执法以及区域性海洋生态系统保护等方面尤为重要。

2. 创新海洋环境治理模式和机制

解决海洋环境治理问题，提高海洋环境治理效能，必须创新海洋环境治理模式，完善海洋环境治理机制。目前我国海洋环境污染治理过于重视政府的主体作用，弱化了市场机制和社会机制的功能，所以应建立海洋环境治理府际协商机制、完善行政分层治理的考核体系、健全海洋环境治理的自愿性激励政策。在注重发挥政府机制在流域治理中作用的同时，强化市场和社会参与，推行多元治理模式。海洋环境合作治理的具体方式直接影响治理效果，应创新具体合作治理方式，提高治理效能。协调、协商方式是海洋环境治理合作开发的一种主要途径，利用协调、协商方式形成稳定的海洋环境治理合作的非正式协定，包括构建两国海洋环境污染治理双边协定、多国海洋环境污染治理双边协定、多国海洋环境污染治理多边协定等三种模式。地方政府可以通过协商签署海洋环境污染治理协议弥补“整体性治理”的制度设计缺陷，通过建立跨区域信息通报机制、应急机制和区域生态补偿机制，提高流域跨界合作效率。

3. 建立有效的海洋环境治理的市场体系

应引入市场机制，如绿色认证、生态系统服务付费等方式来调动资源使用者保护生态系统的积极性，实现海洋环境保护和经济发展的双赢。我国目前的海洋环境管理经济手段主要有海域使用金、海洋工程排污收费制度、海洋倾废收费制度、海洋生态补偿。其中，市场的排污权交易体系优越于单一的政府治理。我国需构建生态环境跨区域多主体立体防治体系，探索独立于直接管制、市场、社会治理模式的海洋环境污染综合治理模式，构建海洋环境污染不同区域间的协调与联动机制、市场主导的水权交易制度以及流域生态环境补偿机制，并从发挥市场化治理、创新流域规划体系、创新流域治理机构等方面提供政策保障。

4. 大力发展循环经济，控制陆源污染物入海

应坚持以人为本，全面、协调、可持续的发展观，从生产、消费、回收等环节探索和实现循环经济模式。建立绿色国民经济核算制度，并将其纳入国家统计体系和干部考核体系。海洋环境保护的一切政策措施必须符合科学发展观的要求。继续抓紧沿海地区生活污水、工业废水处理设施建设，新建污水处理厂应有脱氮、脱磷工艺，现有污水处理厂要创造条件提高脱氮、脱磷效率。严格审批沿岸入海排污口，对不符合海洋功能区划和环境保护规定要求、污染严重的排污口要限期整改。加快沿海陆域内污染企业的整顿步伐，淘汰落后的生产工艺和设备，限期关闭污染严重的企业。新建项目必须依据海洋环境保护法执行环境影响评价制度和“三同时”制度的规定，大力推行清洁生产。重视农业面源污染的治理，发展高效农业和先进的施肥方式，降低化肥、农药使用量。

5. 建立具体、可操作的公众参与的海洋环境污染治理机制

公众参与是提高海洋环境污染治理效率不可或缺的条件，必须强化公众参与意识，掌握公众参与瓶颈，建立公众参与机制或开辟参与路径。公众参与是先进的海洋环境污染综合治理经验之一，应通过接待来访者和组织各种各样宣传教育活动，让公众主动、自觉参与海洋环境保护与恢复行动，进而提高公众参与意识。公众参与海洋环境污染治理的权利支撑模糊，包括公民环境权不明晰，公民个人和社会组织尚未被赋予环境公益诉讼原告主体资格或主体资格严格受限等，同时公众参与范围模糊、渠道不畅、激励与保障措施欠缺。应制定具体、可行的公众参与环境保护的制度和机制，重点解决意识、能力、途径、对象等节点方面的问题，明确规定公众参与海洋环境管理的权利和义务，对公众参与的条件、内容、形式、方法、程序等作出详细的规定和制定行动指南，加快建立公众参与海洋环境管理的长效机制，确保公众参与的制度化发展。

6. 实行海洋环境污染治理法治化，制定海洋经济发展与环境保护政策

法治化是海洋环境污染有效治理不可或缺的条件。根据我国现行法规，海洋环境保护的管理工作由国家海洋局、生态环境部、交通运输部、农业农村部、海事等部门以及沿海地方人民政府组织实施。尽管法律明确规定了涉海各部门的职权范围，但各部门职能交叉、机构重复设置的问题依然存在。各部门共同参与海洋污染治理，互相扯皮的现象随之产生，影响了海洋环境污染的治理效果。因此，国家应进一步加强海洋环境的监测与评价，逐步建立海洋环境宏观调控机制，实施海洋生态环境分类管理制度。对各类典型珍稀的海洋生态区域实行严格保护与生态涵养相结合的环境政策，对脆弱敏感的海洋生态区域实行限制开发与生态保护相结合的环境政策，对已受损破坏的海洋生态环境实施生态建设与综合整治相结合的环境政策，对全海域的海洋生态环境实行综合管理与协调开发相结合的环境政策。

7. 加强全民海洋环境意识的培养，重视海洋环境科技人才教育

强化海洋环境意识、加强海洋环境保护教育、注重海洋文化的积累是实现海洋强国战略的基本条件。美国从初始阶段就重视海洋环境意识的培养，美国完整的海洋生态调查工作体系、领先于世界的海洋生态恢复与建设技术的开发、具体到区域的规划与治理，正是其海洋环境意识和战略的具体体现；美国的海洋学术力量和非政府机构对海洋环境保护的作用充分表明了其海洋环境意识的深入。以此为鉴，我国应该在全社会营造全民参与保护海洋、推进海洋经济可持续健康发展的氛围，最终实现海陆协调发展、全民保护海洋、开发海洋资源造福全民的理想目标。

8. 健全海洋环境监测网络

鉴于当前海洋环境存在的生态系统问题，应建设布局合理、装备先进、功能齐全、全方位、立体化、全天候的海洋环境污染与生态环境监测系统。在国家海洋委员会的协调和指导下，相关涉海部门应协力做好流域-河口-海域一体化的监测和对接，统一监测指标和技术标准，构建大气、流域、海洋海岸带一体化环境监测体系，促进数据共享，建立信息共享平台。要强化多功能立体化监测网，提高对环境污染进行实时监测、对生态演变和灾害进行中长期监测以及对突发性污染灾害进行应急监测的能力；开展海洋生态环境容量的研究，实行入海污染物总量控制；建立海洋赤潮灾害及污染事故应急体系，确保重大灾害事件发生后 24 小时内能启动应急程序。要建设先进的环境监测预警体系，做到全面反映环境质量状况和变化趋势，及时跟踪污染源变化情况，准确预警各类环境突发事件，逐步形成科学的网络运行机制和信息发布机制。

关 键 词

海洋资源　海洋资源经济　海洋环境经济　海洋资源可持续利用　海洋环境治理

思 考 题

1. 如何理解海洋是 21 世纪发展的第二空间？
2. 海洋资源如何分类？
3. 对于可更新海洋资源而言，如何实现其可持续利用？
4. 目前主要的海洋环境经济政策工具有哪些？
5. 海洋环境治理体制模式的发展方向是什么？

参考文献

拓展阅读

第十章

自然资源治理与空间规划

传统的自然资源管理采取“自上而下”、技术官僚和政府主导相结合的管理方法，现阶段各国政府开始尝试新的决策方法，并逐渐转变治理模式，应对自然资源领域的技术失灵挑战。自然资源管理向自然资源治理的转变，关注什么是好的治理原则、什么是好的治理体系两个重要问题。为了回答这两个问题，本章将聚焦于空间规划对自然资源治理的作用。本章的主要观点是：相较于加大投资来修复不断退化的生态环境，实践中更需要实现完善治理体系以适应自然资源可持续治理的需求。

不断恶化的资源环境问题对原有治理体系及其能力提出了挑战，甚至增加了治理体系失灵的风险。这些挑战包括人类缺乏对自然资源与环境更深的认知、缺乏对治理体系功能的疏解、缺乏对利益相关者之间冲突的了解、缺乏治理实施所必需的资源和制度环境支持等。这表明自然资源从管理走向治理应对的并非简单的环境退化问题。跨越空间、时间和体制机制等维度的制度能力退化是自然资源治理体系亟须重塑的重要原因。为此，本章围绕自然资源治理与空间规划两个核心概念展开。首先，在辨析从管理到治理内涵变化的基础上，讨论自然资源的治理制度；其次，介绍空间规划治理体系；最后，构建自然资源治理中的空间规划治理体系。

第一节　自然资源治理

一、自然资源：从管理到治理

1. 从自然资源管理到自然资源治理：核心概念的变迁

自然资源管理是指可持续地利用自然资源，如土地、水、空气、矿藏、森林、渔业和野生动植物。自然资源共同提供了支撑人类社会运转的生态系统服务，保障人类的生活质量。人类通过社会系统加以管理，保证人类生存和发展能遵循有序合理的自然资源利用。就人类对自然资源的依赖性来看，保证人类能够连续获取自然资源是建构人类文明的核心（Muralikrishna and Manickam，2017）。

合理、系统的自然资源管理可以追溯至19世纪的工业化早期阶段。当时的技术革新与产能发展导致人类对资源的需求增加，对原材料和自然资源的供应产生了压力。如何合理利用资源，消除代价巨大的资源浪费，以及如何更有效地处置废弃物成为当时主要的议题。

社会资源的配置优化，导致工业社会的组织模式产生重大变化，马克斯·韦伯（Max Weber）发展了源于启蒙运动时期的理性思想，提出了官僚制的组织理论，逐步将目标导向的社会理性融入现代组织管理之中，奠定了现代管理学的理论基础。因此，自然资源管理需要解决的问题主要包括管理的目的和管理中存在的困难。

首先，自然资源管理的目的取决于资源的使用用途。不同的自然资源被当作加工原材料、生产燃料、食物来源或是娱乐资源，自然资源的使用用途不同，管理目的也不同。但能否对自然资源进行开发，以及资源开发强度的大小，取决于自然资源的再生能力，即需要在不破坏自然资源更新能力的前提下进行开发利用。尤其是，自然资源管理需要消除和弥补资源耗竭行为带来的负面影响。人类过度使用自然资源和试图保护自然资源之间存在无法调和的矛盾，通过管理可以进一步缩小两种目的之间的差距，推动自然资源在有限的数量范围内被可持续地、合理地使用。

其次，自然资源管理中存在的困难，主要与资源本身的产权属性有关。不同产权属性的自然资源对应着不同的资源获取方式和使用激励。比如，面对缺少管制规则和自然边界的共有资源，管理困难尤为明显。共有资源的管理并不包括管理在特定领土边界内的资源（如海洋或空气），或是处于地方一级却能产生全球影响的资源（如森林）。不同于私人财产属性的自然资源，人类对共有资源的攫取往往缺乏制度的约束，尤其是对该种资源抱有掠夺式心理的资源使用者，往往会在其他人能够获取资源之前，尽可能多地消耗这种资源，这会带来全体资源使用者的整体损失。因此，在自然资源的管理过程中，私人管理和社会管理的问题成为核心的议题。

随着人类社会进入生态文明新时代，全球各国都迫切需要建立健全的自然资源治理体系，提升自然资源的治理能力。治理概念的提出，旨在寻找政府和市场之外的协同治理道路，建构在新的价值理念下的治理范式。全球治理委员会将治理定义为，各种公共的或私人的机构管理共同事务的诸多方式的总和。它是使相互冲突的或不同的利益得以调适，并能采取联合行动的过程（吴次芳，2019）。不同于传统的管理，自然资源治理被赋予深刻的内涵，即为什么需要自然资源治理，追求什么样的自然资源治理，以及如何进行自然资源治理。

自然资源治理，是指使用和分配自然资源的权力，以及调动权力的规则和程序。分配和行使权力是自然资源治理运作过程以及所产生结果的根本来源。可以认为，自然资源治理代表一种规范、制度或进程，并在不断地决定如何行使对自然资源的权力和责任，以及如何作出决定来保证公民能够获得、参与和管理自然资源（Barnes，2014）。对于自然资源治理而言，需要回答如下两个问题。第一，谁拥有权力和责任；第二，这种权力和责任如何被用来影响自然资源的获取和收益。

为此，笔者将自然资源治理理解为一种制度体系，包括自然资源利用、保护和协调过程中的参与者和作为“游戏规则”的制度。可以说，自然资源的治理制度是由相互关联的经济、社会和环境“治理单位”组成，这些单位在不同空间尺度与制度层次上共存并不断互动。例如，环境退化与自然资源短缺可能是由社会功能障碍或经济缺陷引发的，经济繁荣反过来也可能导致环境退化和社会分配不公等问题。自然资源的治理体系包括治理机制、治理结构和政府内部关系。治理机制主要是指中央与地方之间所明确的权力和义务的分配方式；治理结构是指政府、市场、社会等不同资源利用的组织逻辑；政府内部关系主要是从自然资源的整体属性出发，强调整体性政府的重要性。

2. 自然资源的治理机制：中央与地方关系

自然资源的治理机制是由权力的掌握者在有效的规模内，对自然资源领域涉及的各项公共事务进行管制的机制。一方面需要保证治理秩序的稳定，另一方面需要在稳定的前提下，提高治理效率和经济发展水平。就我国的自然资源治理体系来说，维持自上而下与自下而上的统一性和整体性，是国家治理体系与治理能力现代化所倡导的理念（Clement，2009）。从现实角度来看，我国的自然资源治理面临以下问题：

第一，经济发展方式与自然资源利用之间的矛盾。过去的经济发展采取粗放型的模式，资源浪费、生态破坏严重的生产作业方式影响着经济社会可持续发展。根据国家治理体系和治理能力现代化的要求，现阶段中央政府需要与地方政府协同创新，探索中国特色的自然资源治理道路，利用制度优势和地方治理体系改革的主动性来解决实践中遇到的自然资源问题。

第二，总体战略和局部实践之间的矛盾。在自然资源治理体系中需要明确的是央地双方在自然资源治理上的分工与协作关系。中央提出自然资源治理体系改革的总体战略，地方是实施战略的主体。鉴于自然资源在空间分布上的异质性和不同地方资源供需关系的差异性，自然资源治理必须充分考虑地方条件的差异性，在统一治理体系的原则上强调地方差异化的落地实施。治理体系的建立健全不仅需要适应全局的总体方案与战略，也需要地方能动地创新和推进治理方案的落实（林坚和赵晔，2019）。

为此，我国自然资源的治理机制需要明确中央与地方两个层次的关系。这种关系表现为纵向与横向的条块关系，即在上下级政府、不同区域或职能部门之间建立起相互协同的治理体系。在条块关系中，权力的分享程度和具体的安排方式是一个重要的关注点，尤其是中央和地方政府之间，以及政府和资源使用者之间如何安排权力和责任、权利和义务。自然资源的治理机制还关注治理尺度。权力的尺度是指特定权力的影响范围，比如，从地域上看，是管理者对自然资源系统能产生影响的范围。成功的自然资源治理必然需要在特定尺度内实现集体行动。

3. 自然资源的治理结构：政府、市场与社会关系

自然资源的治理结构是治理主体在治理过程中呈现出的相对稳定的责权利关系。随着外在条件的变化，治理结构中各主体的责权利分配也会相应调整，从而产生不同的治理结构。治理结构主要关注如何协调“政府与市场”和“政府与社会”两类关系来降低治理过程中的成本与风险。

我国自然资源领域的政府与市场关系中，市场化程度总体上仍然较低。自然资源领域主要的治理风险表现为较明显的产权主体尚不明晰的问题。此时政府采取不论是强制性规则还是基于市场调节的税收手段，均面临生产、使用、交易、消费过程中显著的交易成本问题（宋斌和张吉军，2006）。因此，建立健全覆盖各种类型自然资源的产权制度，是优化政府与市场关系的前提。

我国自然资源领域的政府与社会关系中，以社区为基础的社会参与治理模式正在不断萌芽发展。自然资源领域主要的治理风险表现为社会协同性的不足。目前，我国的各类基层社会组织尤其是农村集体经济组织等，缺少人力资本的支持和良好的非正式制度约束。比如，在基层社区内是否存有相互信赖的社会关系将成为决定协同治理绩效的关键条件。

4. 自然资源治理中的政府内部关系

当前在建立健全自然资源治理体系的任务中，政府仍承担主导角色，这就对政府内部不同职能部门的关系提出了要求。为了回应自然资源的整体性治理要求，塑造整体性政府必然成为降低治理成本和提升治理效率的重要手段。

自然资源是一个有机整体，包含一系列不可分割的资源要素。自然资源整体离不开各类资源要素的物质基础，资源要素虽然在概念上是相对独立的，但也离不开自然资源整体。比如，山、水、林、田、湖、草是生命共同体，不可能忽视其中任何一种资源的保护而空谈对其他某种资源的保护。因此，自然资源的治理不仅需要针对单一资源要素，也需要针对自然资源系统整体。从系统论的角度来看，自然资源所处的环境包括自然环境与社会经济环境。自然资源本体是自然环境的组成部分，又是社会经济发展的物质基础并受其制约。这种相互联系与制约加强了自然资源的整体性，各种资源相互作用与反馈，互为因果，循环往复，形成一个整体。因此，自然资源的整体性强调自然资源作为整体与外部环境、内部各组成要素之间的联系（冯维波和伍光和，1993）。

自然资源的整体性特征对传统行政管理的破碎化问题提出了改革的诉求。传统自然资源行政管理具有明显的专业化趋势，比如森林、草地、矿藏等分属于不同的职能部门管理，这逐渐造成行政管理难以适应不断变化的外部环境。而且，因管理事项的增多和管理范围的扩大，专业化分工造成政府不同职能部门的职责交叉、机构重叠、权力掣肘等问题显现，逐渐制约了政府治理效能的提升。另外，随着不同职能部门目标的增加，这种分散行政甚至会导致自然资源的过度使用，而不同部门间的行政壁垒又可能导致进一步的管理低效。因此，自然资源治理需要以整体性思维和协同治理的路径来解决职能部门割裂造成的问题（李金龙和王英伟，2017）。

整体性政府主要包括三方面内容：第一，整体思考，即通盘考虑服务对象、治理目标以及社会问题的完整性和有机关联性。第二，事前的整体策略，即管理者应当尽可能从完整需求出发，设置政府机构和服务供给模式，而不是先将管理职能分解而后去寻求协调。对跨职能部门的问题，政府应当在设计方案时以整合性政策方案来推进。第三，事后的整合行动，即通过整合不同的行动主体去解决新问题。一方面，指政府内部的整合，即整体性政府要求公共服务机构应当能够跨越职责边界来开展工作，以一种目标共享、整体化政府的方式回应不断变化的社会问题，具体包括以“逆部门化”“大部门治理”“重新政府化”“重新中心化过程”“重塑具有支撑功能的服务提供链”“集中采购和专业化”“混合经济模式”等为基础的共享服务以及治理模式等；另一方面，指多元主体的整合，自然资源的治理需要强调公共部门间的跨边界和跨层级整合，比如包括公共部门、营利机构和志愿者协会之间的联合行动（孙志建，2009）。

作为自然资源的核心治理角色，政府部门的基本导向是加大职能优化整合力度，健全部门之间的协调配合机制；在技术手段上注重数字技术的应用，构建数字协同服务平台。作为治理结构中的黏合剂，政府部门是调配公共服务供给、采取现代数字技术手段与设施的治理主体之一，需要对治理层级、功能、公私部门关系和信息系统的碎片化问题进行有机协调与整合。自然资源的治理，强调跨部门紧密合作、协同运作的治理结构。而政府的组织内部结构，需要从分散走向集中、从部分走向整体、从破碎走向整合，改变过度分权导致的多头等级结构的状况，克服政府组织内部的部门主义、各自为政的弊病，解决政策之间和执行过程中的条块分化。比如，本章后面要讨论的空间规划，从本质上来看，就是一种整体性规划，是在借助现代新兴数字技术的基础上，提高自然资源治理的整体运作效率和效能，强化对资源政策的调控能力，促进规划落地的可操作性，以及提升规划部门同其他部门在自然资源领域的执行能力、创新能力和协作能力。

二、自然资源治理中的政府、市场与社会

1. 政府、市场与社会的概念

政府，是通过政治程序建立的在特定区域内行使行政权力的实体，主要指国家行政机关。政府拥有宪法赋予的适用于全民的强制性权力，它的主要职责是为全体社会成员提供公共产品，如法律、秩序、安全等，并不直接涉及产品的生产与销售，所需经费完全依靠预算拨款。政府活动是通过垄断性的公共权力，对全社会或者某一区域范围内的单位或个人产生特定影响。因此，行为效果的普遍性和行为过程的强制性是政府的主要行为特征（朱柏铭，2007）。自然资源治理中的政府，是指为全面行使自然资源相关公共权力而设立的行政机关，如我国的自然资源部。

市场，是指协调并促成多方交易的制度，允许买卖双方在相应规则下交换商品、服务或信息。市场可以被视为一种协调机制，利用价格在经济实体（包括公司、家庭、个人）之间传递信息，规范生产与分配。市场中的生产要素在不同用途之间的分配正是由价格机制决定的。因此以价格机制这种低成本的方式传递信息是市场的本质特征（Coase，1937）。自然资源治理中的市场，既包括政府采取的针对自然资源开发与利用的市场手段，也包括能够发挥市场作用的必要规则，比如使用权和使用者支付合理的市场价值两个方面。

社会，不仅指民众个体，也指独立于政府与市场之外的社会力量，又被称为第三部门，包括非政府组织（NGO）、非营利组织（NPO）等。我国官方通常将其称为社会组织，一般具有组织性、民间性、非营利性、自治性、志愿性、非政治性和非宗教性等特征。自然资源治理中的社会力量也是参与自然资源管理与决策过程的主体，例如世界自

然基金会；此外，还包括与地方自然资源密切相关的社区自组织，例如农村的经济合作社等。

自然资源的治理伴随着社会分工的细化，以及治理主体的多元化，对形成政府、市场与社会之间的协同治理关系提出了要求。不同的治理主体所承载的价值、制度与行为要素存在一定的契合，也存在一定的差异。多元化的主体可以发挥各自的优势，保证提供优质的公共产品和公共服务，共同合作促进公共利益最大化（Berkes，2009；王臻荣，2014）。

2. 政府、市场与社会的关系

政府作为我国治理体系中的核心角色，是推动多元治理主体合作的重要驱动力。政府通过合法的强制力设计和落实治理的制度安排，协调与市场和社会的关系。市场则是社会财富的创造者。资源存在的稀缺性问题会激发市场竞争行为，这是降低交易成本的重要途径。而社会力量通常充当政府与公民沟通的平台，反馈公民合法合理的利益诉求，实现和维护群众权利。

在我国的治理体系中，政府与市场的关系是相互补充的。此外，具体关系中还包括相互替代、完全排斥和共同失灵三种类型（杜人淮，2006）。相互补充，是一种政府与市场之间的非博弈关系。在政府与市场的互补关系中，不存在政府一定要排斥市场或者市场一定要排斥政府的问题。从整个社会经济体来讲，政府与市场的互补关系，是市场经济条件下的基本关系。此外，相互替代是一种博弈关系，意味着必须放弃政府或者市场一方的作用来获得一定的产出；完全排斥是政府与市场内在缺陷产生的一种关系，即只能在各自领域内发挥作用；共同失灵是政府与市场均无法发挥作用的情况，需要通过非市场和非政府的制度安排来弥补政府和市场的缺陷，即通过第三部门对社会经济活动进行调节。

在我国的治理体系中，政府与社会的关系是政府主导，通过吸纳社会组织等多元主体参与的方式，实现对社会公共事务的有效治理。此外，政府与社会的关系还包括伙伴关系（平等合作）、社会自治和政府管控三种类型（郁建兴和任泽涛，2012）。伙伴关系，即政府与社会之间的作用相辅相成，社会力量是政府不可忽视的伙伴。社会自治，是社会力量发挥管理的能力，避免政府决策失误。政府管控，是指在社会组织发育程度和政府治理能力较低的情况下，采取强制力监管以保障社会运转的稳定和秩序。虽然在我国治理体系中的政府与社会关系也强调作用上的相辅相成，但政府与社会之间地位并非对等，也并非强调社会自我治理，而是强调权责分配下的主次关系。

3. 政府、市场与社会的比较

政府的任务是服务和增进公共利益。市场的特点是运作精巧、成本低廉、效益最佳。社会力量的目的则是完善社会福利、保障改善民生、化解社会矛盾、促进社会公平、推动社会有序和谐发展。三者各具优势。

市场的优势在于竞争，市场的正常运行有赖于供求机制、竞争机制、价格机制、风险机制和利益机制的共同作用。其中，竞争机制是促进资源有效配置的重要手段。政府的优势在于掌舵，在国家治理体系和治理能力现代化的过程中，掌舵是治理的关键。而政府失灵，正是政府对自身治理能力错估，过度介入治理而导致的低效率（陈振明，1996；胡祥，2005；沈志荣和沈荣华，2016）。社会的优势在于自愿和自组织，社会力量得以维持来源于组织的志愿精神，以及与现代社会之间的密切联系。社会力量能够有效获取地方待纾解的问题与信息，能扎根且适应地方的文化价值与管理模式，并主动提供社会帮扶（Cleaver，2000）。

但政府、市场和社会也存在明显的劣势或缺陷，即所谓政府失灵、市场失灵和社会失灵。市场失灵具体表现在如下几个方面：（1）市场不适用于纯公共产品的生产，市场不能使公共产品的生产达到最优水平；（2）市场难以解决外部性问题，市场无法限制带来负外部效应的经济活动；（3）市场无法解决收入分配不公平问题，特别是市场经济条件下的机会不均等导致的差异；（4）市场本身容易被破坏，市场是一种制度，包括运行的规则与契约关系，在缺乏法律保护的条件下容易被权威力量破坏。

政府失灵具体表现在如下几个方面（谭荣和曲福田，2005）：（1）政府的公共决策失误。公共决策本身具有复杂性，决策过程中的困难、障碍与制约因素，均可能导致政府无法制定和实施好的或者合理的公共政策。（2）政府的扩张。扩张是政府的本性，导致扩张的因素有：政府角色的自身属性、利益团体的存在、官僚机构的存在以及财政幻觉。（3）政府官僚机构的低效率。缺乏竞争对手、追求利润的动机和对政府官员的监督均可能导致低效率的出现。（4）政府的寻租。寻租活动本身是一种贿赂行为（产生腐败），会导致经济资源配置的扭曲。

社会失灵具体表现在如下几个方面（胡祥，2005）：（1）社会理性的缺失。由于缺乏公共权威，单纯依靠自然法则形成社会共识，社会自我运行无法维持良好的秩序与规则。（2）社会组织力量的合法性不足。现行法律制度并未授予社会组织相关的权利与责任，导致人们对社会权威的认可与服从程度降低。（3）社会价值失范。社会组织自身的缺陷，带来目标的扭曲、自主性的丧失以及行为失范，尤其是志愿精神的价值弱化。

4. 自然资源治理中的政府、市场与社会

（1）自然资源治理中的政府与市场。

自然资源治理中的政府与市场，是对自然资源要素进行配置的混合治理体系。从不同用途的自然资源要素纳入市场化的过程来看，需要经过计划、环境影响评价、经济评估、司法审查和公众参与等一系列复杂的行政和管理程序。在这个过程中，政府与市场相互补充。政府进行管控的同时，也会采用市场机制。而市场发挥作用则又需要明晰资源的使用权和建立市场规则（徐嵩龄，1995；王凤春，1999）。这里的使用权一般是经国家有关行政机关确权登记，被公权力认可和保护，然后通过招投标等方式出售或出租给各类使用者。市场规则主要是价格机制、市场准入机制和公平竞争机制等。实践中，合理的市场价值一般通过竞标等方式确定，也可以通过专业机构评估确定。

对于实践中如何选择政府方式与市场方式，一般需要根据自然资源的使用目的和自然资源的可使用量等来确定。自然资源的使用目的一般遵循多功能利用的原则，包括经济开发、娱乐，或者严格保护等。其中，可供私人进行经济开发利用及娱乐的，通过市场方式治理；倘若是为了保护自然资源与环境，则通过政府方式实行严格的管控。

自然资源的可使用量，是指资源赋存量减去资源的必需存在量。资源的必需存在量是根据资源存在价值的下限进行确认的存在量。当资源赋存量小于或等于资源的必需存在量时，可使用量为零。此时意味着自然资源必须由政府管控以保障资源的存续。因此，自然资源进入市场的条件是自然资源的可使用量大于零。

当然，市场机制作为一种治理手段，仍可能面临市场规则缺失或不足的情况。因此，市场规则的建设成为自然资源治理中的重要行动，此时政府的角色就非常必要，它可以提供包括创建和保障市场运行的公共服务，比如，明晰资源产权，或者建立可交易许可证和配额制度等。许多转型国家和发展中国家为了促进经济社会的健康发展，都在努力建立健全本国的市场规则，同时避免政府的不当干预，包括减少和取消资源利用中的补贴等以避免造成价格扭曲。

（2）自然资源治理中的政府与社会。

政府与社会协同是在面对自然资源治理问题复杂化时的新手段。政府主导的公众参与模式将资源环境问题的信息反馈至行政机关的决策层。多个利益相关者分享特定的、系统的自然资源治理的地方信息，将会有助于各方合作发展，提升治理能力的有效性（Armitage et al.，2009）。

因此，自然资源的社会治理，不是寻找一个问题的最佳解决方案，而是构建一个持久的学习和谈判过程，是对沟通、观点共享和制定解决方案等战略问题的高度关注。其中，保证公众参与对自然资源治理至关重要，但需要明确的是政府主导的逻辑，以及公众参与能力建设的制度安排。

政府主导的公众参与，是指政府通过新闻媒体发布参与信息，制定相关优惠政策来鼓励公众参与自然资源治理，并在宏观层面上制定参与议程，组织公众按照制定好的参与议程进行参与，充分协调利益相关者之间的利益关系，最大限度地发挥政府的宏观调控作用。典型的政府主导的公众参与模式主要有参与式资源评估、参与式资源管理决策制定。政府主导的公众参与模式的目的是让公众直接对政府制订的项目计划进行评价并提出决策意见，从而使最终决策更为有效（卢小丽等，2012）。公众参与能力建设则主要通过赋权、能力的培养和管理机制的建立，实现特定信息、乡土知识等在资源管理制度上的转化，培养地方社区成员的参与知识与技能，形成政府与公众在控制与管理上权责的重新分配。其中，建立社区内成员共同理解和接受的自然资源管理制度是关键所在，例如村规民约与监督小组等。

当然，政府主导只是治理的基础原则，不能认为在任何问题上都需要政府面面俱到。即政府主导的程度需要根据具体情况而进行差别化设计。根据自然资源要素的特征，关系到国家经济发展的大型自然资源管理，例如森林资源、土地资源等需要政府深度的介入，管理过程需要政府部门统一制定规划，明确公众参与资源管理的议程，并对整个过程进行监督。但细碎的、基层的自然资源，例如水塘、菜地等则不需要政府介入太多，更适合通过公众参与程序实现集体的自主管理。

第二节　空间规划

我国空间规划体系在很长一段时间内处于多规并存的阶段，包括土地利用规划、城乡规划、主体功能区规划等。多规并存现象是国家在空间规划治理体系上面临传统行政管理破碎化问题的一个典型例证。在国家治理能力现代化的导向下，空间规划治理体系转型就是对央地关系和政府、市场、社会关系的全面重构。空间规划受到政府、市场、社会关系及国家治理模式变化的牵引，因此，不论将空间规划视作制度的工具而从技术上对其优化，还是将空间规划视为治理理念而从理论上对其内涵进行深化，都将引领自然资源治理体系的现代化。

一、空间规划的理论发展及概念内涵

1. 空间规划的理论发展

18 世纪的资产阶级革命与工业革命推动了全球城市化进程，打破了封建时期的城市结构，逐步产生了明确的功能分区。与此同时，城市环境退化，自然资源耗竭，社会福祉走向低潮。在全球的重要城市，如“雾都”伦敦，因工业化进程引发的环境问题严重威胁居民健康，社会阶级矛盾突出，带来的“士绅化”问题延续至今（郑国，2009）。

现代空间规划的理论发展与实践探索是从 20 世纪 20 年代开始的。彼时的西方国家普遍陷入严重的经济衰退，企业倒闭，失业率攀升且人口外流，以城市为对象的空间规划已然无法满足经济社会复兴的需要，学术界与规划实践尝试寻求以跨城市的区域为对象的空间规划作为治理策略。

20 世纪中叶，空间规划主要采取编制结构性规划的方式对经济社会进行增长管理。人们普遍认识到，政府需要采取战略性的土地用途规划方法，对快速增长的人口与城市化进程造成的空间失衡进行治理（Healey，1997）。在战后福利经济体制下，凯恩斯主义的国家干预思想深刻地影响着空间规划的功能，倡导通过空间规划来纠正市场失灵问题，缩小经济增长的区域差距，为生活福祉改善提供可能。

20 世纪 80 年代后，空间规划理论逐步受到新公共管理思潮的影响。以英国为代表的西北欧国家深受分权、市场化与私有化的思维影响，开始挑战以国家为主导的空间规划，并认为原有的空间规划章程会导致本国在全球化的经济格局下缺乏竞争力。与 20 世纪中叶相比，国家在空间规划中的作用有所减弱，规划任务被分派至私营部门或准公共部门。规划预算不足的问题通过市场化和项目化的方式得到改善，并侧重于大型城市发展与基础设施建设。

这一时期，以欧盟为中心的空间规划议程在超国家层面的规划上进行重新组织与布局。1983 年欧洲区域规划部长级会议审议通过《欧洲空间规划章程》，1997 年欧盟公布《欧盟空间规划体系与政策概要》，1999 年欧盟发布《欧洲空间发展视角》（李强和张鲸，2019）。与此同时，以国家核心城市为发展中心的空间逻辑成为主流。1988 年荷兰第四次规划报告通过“核心港区”空间重构兰斯塔德（Randstad）地区的竞争力，1997 年佛兰德（Flanders）地区结构规划中提出了“Flemish Diamond”的空间重构逻辑；1992 年丹麦在国家空间规划中将哥本哈根定位为北欧增长中心，试图建立厄勒松德（Øresund）地区；1995 年德国引入“欧洲大都市区”概念。

进入 21 世纪后，空间规划的立法化进程不断推进。2000 年以来，荷兰实行新《空间规划法》以取代传统的实体规划；2004 年，英国议会通过《规划和强制购买法》，并审议政府提出的“规划政策声明”，正式引入新的空间规划方法。

2. 我国空间规划的理论发展

2013 年中央城镇化工作会议明确提出，“建立空间规划体系，推进规划体制改革”。我国空间规划从思想启蒙，到汲取苏联经验，再到建设中国特色社会主义的空间规划，理论不断发展变化（李浩，2015）。

阶段一：空间规划的思想启蒙

我国空间规划的思想启蒙可以追溯到游牧社会向农业社会的转型时期，聚落与耕田被固定在土地之上，如何有效分配与处理空间资源成为古代空间规划的重要问题。我国历史上的第一部辞书《尔雅》记录，“邑外谓之郊，郊外谓之牧，牧外谓之野，野外谓之林”，传递出古代朴素的空间区位理念。古籍《禹贡》将黄河、长江流域划为九大区域，并就各区域水土、名产等进行论述，反映出自然资源是农耕社会空间规划的核心基础。

西周时期推行井田制，阡陌纵横，沟渠相连，将土地划分为方块，以“井”字的空间格局从事农业生产，是空间规划中对土地首次进行资源配置与制度规范的做法，标志着以农业为中心的空间规划逐步走向稳定。

阶段二：中华人民共和国空间规划的苏联经验（20 世纪 50 年代）

中华人民共和国成立初期，出于配合大规模工业化建设的实际需要，我国借鉴苏联经验而建立起空间规划制度。

第一，建立国民经济计划，又被称为“五年计划”。其指导思想源于共产主义理论对社会进行有计划调控的构想，对空间内各类资源进行统一调配和安排，着眼于现代化建设、国防军事发展、工农业发展与社会事业发展。

第二，建立城市规划体系。在中华人民共和国成立前的《中华民国都市计划法》（1939 年）的基础上，逐步借鉴苏联模式，以党的七届二中全会（1949 年 3 月）关于从乡村向城市战略转变和变消费城市为生产城市等的重大决策为依据，统筹安排城市内的各类公共福利设施，进行城市内的重点建筑艺术设计与园林景观设计。

阶段三：空间规划的理论实践与转折（20 世纪 60 年代至 90 年代中期）

20 世纪 60—70 年代，我国国民经济计划曾经历了三年停顿（1963—1965 年），以及“三五”计划时期（1966—1970 年）与“四五”计划时期（1971—1975 年）以战备为指导思想的“三线建设”。该时期我国的空间规划发展虽陷入停滞阶段，但仍在进行新的实践与探索。20 世纪 60—70 年代，以大庆工矿区建设模式和西部山地城市规划为代表的空间规划探索开始，重点针对矿藏资源和山地地形，逐步建设以矿业资源为主的资源型城市，开发以山地资源为主的小城市。

1978 年，改革开放为空间规划带来了重大的转折与发展契机，极大地推动了法制化建设。1989 年，我国出台《中华人民共和国城市规划法》和各类标准、管理条例与规划编制文件。在制度建设与机构设置上，1979 年 3 月国家成立直属于国务院领导的城市建设总局；1982 年 5 月组建城乡建设环境保护部，形成规划、国土和环境保护“三位一体”的统一管理体制；1984 年 7 月，经国务院同意，城乡建设环境保护部城市规划局改由与国家计委双重领导。此外，我国启动了国土规划的试点工作。至 20 世纪 90 年代初，全国多数省市编制了省市级的国土规划，但国土规划的法定地位在该时期仍未能得到确立。

阶段四：中国特色社会主义的空间规划新发展（20世纪90年代至今）

在快速城镇化的进程中，土地有偿使用与分税制改革的重要制度安排推动我国的空间规划迈向新阶段，并逐步呈现出中国特色。

第一，控制性详细规划的编制经验被逐步推广。在多元分化的规划类型与规划活动参与者背景下，相应的法规措施相继出台，2002年8月住房和城乡建设部印发《城市规划强制性内容暂行规定》；2002—2005年先后颁布《城市绿线管理办法》、《城市紫线管理办法》、《城市黄线管理办法》和《城市蓝线管理办法》，并于2005年10月对《城市规划编制办法》进行了修订。

第二，制度建设与机构设置不断完善。1986年，国家土地管理局成立；1998年3月，国务院机构改革成立国土资源部；2008年，环境保护部正式成立；2018年，国务院机构改革成立自然资源部和生态环境部。相关法律建设不断完善，1986年6月通过《中华人民共和国土地管理法》（1987年1月实施）；1989年12月《中华人民共和国环境保护法》正式施行。

第三，以党的十八届三中全会为标志，我国正式提出建立空间规划体系。《中共中央关于全面深化改革若干重大问题的决定》首次提出要“建立空间规划体系，划定生产、生活、生态空间开发管制界限，落实用途管制”。2015年10月29日中共中央通过了《关于制定国民经济和社会发展第十三个五年规划的建议》，进一步提出“建立由空间规划、用途管制、领导干部自然资源资产离任审计、差异化绩效考核等构成的空间治理体系”。2018年2月28日国家发布《深化党和国家机构改革方案》，将“建立空间规划体系并监督实施”作为其主要职责之一，顺应“一本规划、一张蓝图”趋势。

2018年，随着国家自然资源部的组建，确立了新的国家空间规划体系。国家空间规划作为指导各项开发保护行为的政策工具，成为国家和地方战略实施的重要支撑。与之相伴的是，空间规划被写入2019年新修正的《中华人民共和国土地管理法》。

3. 空间规划的基本概念与内涵

空间规划的重要性在全球各个国家的规划系统中不言而喻。空间规划这一概念主要被用于描述国家、区域、地方等多个层面的规划改革和一体化的治理进程。而空间规划的目的在于适应21世纪全球化背景下的发展目标（Friedmann，2004）。

当下空间规划的概念正跳出以往的内涵范畴，尤其表现在规划的空间范围与社会政策的管辖领域上。《欧洲空间规划章程》指出，空间规划是经济、社会、文化和生态政策在地理上的具象表达，是一门跨学科的综合性理论、管理技术和政策。《欧盟空间规划体系与政策概要》则认为，空间规划是由公共部门制定并实施，用于影响未来空间分布的方法，旨在在平衡经济发展与环境保护的基础上，更加合理地利用土地和进行功能设施布局，进一步实现社会与经济的发展。《欧洲空间发展视角》认为，空间规划旨在通过整合多中心发展、平衡竞争力、增强经济和社会凝聚力以及加强自然环境和文化资产管理等各项规划政策，促进空间的发展，以实现欧盟领土的平衡和可持续发展（CEC，1999）。此外，英国政府认为，空间规划已经超越传统的土地利用规划，是将开发和利用土地的政策与影响地方运作方式的其他政策相结合的规划；英国皇家城市规划研究所还认为，空间规划是将空间和地点的批判性思维作为行动或干预的基础（ODPM，2005）。从不同定义来看，空间规划跨越了自然环境与社会经济环境的单一规划领域，并尝试在跨地域、跨部门的尺度中进行多元的政策实践，更代表了以整体性为基本原则的规划思路。

在本书中，空间规划的概念可以定义为：一系列行为者（actor）为实现可持续发展的目标而进行的持续且持久的管理变革过程，是以领土为基础的战略，在空间维度上实现跨部门政策的协调与整合。因而，空间规划被赋予关联复杂性（relational complexity）的思想内涵，呈现出流动性、开放性和跨时空关系的特征（Healey，2006）。空间规划比土地使用规划内容更为广泛，包括社会、经济、环境以及土地使用问题；在横向上，空间规划综合不同部门的规划；在纵向上，空间规划则是一种跨政府规划，在不同的空间层次上进行重新整合。可以说，空间规划是国家决策与政府执行整合的关键计划，标志着对土地利用规划这一传统理念的全面超越。空间规划的方法为管理变革提供了正向的可能性，包括决策、政策整合、社区参与、利益相关者和发展管理。

二、空间规划体系与类型

1. 空间规划体系概述

空间规划体系是指各类空间规划按照一定秩序与内部联系组合而成并有效运转的载体，是不同空间规划组合而成的结构化整体。空间规划体系包括法律法规体系、行政体系、政策体系、原则体系、编制审批体系等部分，是包含组织化的秩序链，通过增强控制与行为规范来划定行动边界与治理框架，力求上下层级间规划信息的一致性与连贯实施。

从制度的视角看，空间规划体系可以划分为价值规范、制度内容和治理模式等三个方面的内容。

第一，价值规范是指空间规划需要与社会价值关联，包括价值目标、文化规范与地方传统；

第二，制度内容是指空间规划作为基本制度，其对社会、环境和历史等因素统筹协调；

第三，治理模式是指空间规划的制定与实施的具体组织方式和执行程序。

空间规划的结构是通过自上而下的秩序进行组织。规划垂直的一致性被认为是工具性的需要，通过积极有效的层级制，实现自上而下的指令体系与运作，维持更低层级上的连贯一致能使规划目标与规划政策得到更好的延续。在该结构中，国家政策引领低层级国土范围的发展，形成各层级中的具体政策工具。国家级空间规划工具旨在协调区域间公共部门投资与社会福利资源分配。因而，空间规划体系也遵循“公共利益”原则进行社会统一管理，规范发展道路，协调稳定发展与投资决策，成为“土地和发展”目标的设计者。

我国空间规划历经长足发展，已经形成多层级的庞大复杂体系，实现跨经济、社会、环境、自然资源等多个规划政策的综合体系表达。但当前我国的空间规划体系仍存在诸多问题与挑战，包括：

第一，规划内容日益繁杂、相互关联，影响各规划相互融合与协调；

第二，规划层级僵化、事权错配，影响空间政策的统一性与有效性；

第三，规划决策部门权威色彩浓重、领导干预过多，影响规划的科学性与权威性；

第四，区域性规划编制与修订缺乏连贯性，区域禀赋条件错估，缺乏跨区域性机构支撑；

第五，规划立法落后，规划法制建设与法规规范建设普遍落后，缺乏规划的公正性与科学性；

第六，规划呈现出强烈的工具主义倾向，以实施既定政治、社会、经济目标为导向，缺少整体性与系统性考虑，难以回应价值层面的问题，包括如何保障正义和公平，如何协调利益冲突，如何协调系统内外部的合作，如何将现实的不可能转化为想象力的解放等（Forester，2010；Monno，2010；Moulaert，2011；Watson，2011）。

2. 空间规划的类型划分

空间规划的类型划分有多种方式，类型划分本身代表着不同的规划中所采取的不同政治目的与政策工具。本章将主要从规划的权力层级、详略程度、内容与区域功能角度进行划分，明确不同类型划分方式内部的差异。

（1）按规划层级划分。

按规划层级划分主要是指根据进行空间规划所在国家的行政层级进行划分。我国空间规划的层级对应我国的行政管理体系，分为五个层级，即国家级、省级、市级、县级、乡镇级。其中，国家级规划侧重战略性，省级规划侧重协调性，市县级和乡镇级规划侧重实施性。此外，不同国家的规划层级明显不同。比如，德国的空间总体规划包括联邦、州、地区、地方层面的四级规划；英国的空间规划体系历经“一级—二级—三级—二级”的多次变动，现行规划体系是包含国家、地方、邻里三个层级的规划；日本的空间规划体系根据内容在层级划分上略有不同，主要包括“国家、广域地方”“国家、都道府县、市町村”“都道府县”等不同层级划分；美国的空间规划则包括州规划、区域规划、地方规划和社区规划四级。但从内部来看，不同国家的规划层级主要在中间层级有所区分，对国家级和社区级规划的关注并无差别，均反映出政治权力在空间中的纵向配置。

（2）按规划详略程度划分。

按规划详略程度划分是指根据内容涉及的复杂程度进行划分，分为总体规划、详细规划、相关的专项规划。总体规划强调规划的综合性，是对一定区域，如行政区全域范围涉及的国土空间保护、开发、利用、修复做全局性安排。详细规划强调实施性，一般是在市县以下组织编制，是对具体地块用途和开发强度等作出相关的安排。专项规划强调的是专门性，一般是由自然资源部门或者相关部门来组织编制，可在国家级、省级和市县级层面进行编制，特别是对特定区域或者流域进行安排，为体现特定功能而在空间开发保护利用方面作出专门性的安排。

（3）按规划内容划分。

按规划内容划分是指根据规划涉及内容与领域进行划分。德国的空间规划在专业部门与非正式规划上对内容做更详细的划分，包括环境保护、自然保护、历史古迹保护等规划；

英国的空间规划对经济发展、乡村建设、住房供应等13个方面进行区分，此外还包括地方层面的环境行动、生物多样性、废弃物管理的规划；日本的空间规划则涵盖产业发展、资源能源、环境、社会互助等多个领域；美国的空间规划则在经济发展、交通、卫生健康、环境与资源保护等领域做进一步划分。不同国家对规划内容的细分方式有着明显的区别与侧重，通常由国家的资源禀赋、经济发展阶段、社会主要矛盾以及地理位置所决定。

（4）按规划区域功能划分。

按规划区域功能划分主要是根据地域差异进行划分。我国主要包括城市地区、乡村地区与特别地区三类规划。日本的空间规划在区域功能上划分为城市、农业、森林、自然公园、自然保护等五类地域；美国则在生物多样性上对重要保护区实行全方位空间规划。从不同国家的标准来看，按规划区域功能划分的方式有着较大的差异，通常与特定的政策领域或者是国家体制存在紧密的联系。

三、空间规划的展望

1. 空间规划的作用与要点

空间规划的作用在发展过程中不断扩充。传统空间规划的主要职能是服务于公共部门的管理目的。因此，传统空间规划的作用是提供协调和稳定发展投资决策的框架，以及土地和发展的相关服务。比如，欧洲传统的空间规划主要侧重于土地使用分配、地理分布、增长管理和提高居住区质量等方面。空间规划主要涉及城市和农村地区之间的人口平衡、土地使用和发展的管理、城市和区域经济发展措施、发展运输基础设施、协调其他部门政策的空间影响等一系列政策和做法（Tewdwr-Jones，2001）。

空间规划的发展与转变主要体现在运作方式上。空间规划从传统的监管与指导作用，转向更具有战略性的发展作用。空间规划作为创新的决策活动与决策过程，能够实现国家愿景、政策行动与实施手段在一定空间范围内的有效整合。比如，1980年布伦特兰委员会（Brundtland Commission）在可持续发展议程中指出，空间规划将以限制增长为前提，强调政治政策的进一步转变，以促进经济繁荣、环境质量与社会公平的共同追求。

空间规划在涉及诸多内容与议程的同时，充分把握以下要点：

第一，空间规划是保证底线安全控制的底层规划；

第二，空间规划是注重均衡发展的稳定规划；

第三，空间规划是协调空间开发与保护矛盾的统筹规划；

第四，空间规划是覆盖城乡建设与发展布局的全域规划；

第五，空间规划是实现资源节约集约利用与高效开发的优化规划；

第六，空间规划是提升生态质量与环境品质的绿色规划。

2. 空间规划的目标与使命

空间规划是以人与自然的全系统为对象，旨在在有限空间内实现人与自然关系的调和，促进人类的生存福祉，保证未来的存续空间，供应高质量的生产生活基础与资源，追求可持续的发展。

空间规划的具体目标包括：管理过快增长与城市化；确保充足的基础设施、供水与污水处理系统；避免腐败与临时决策；改善城市和乡村地区之间的关系；减少环境破坏与降低自然灾害的威胁；确保充足的土地、渔业与森林资源以适应未来的生存需求；改善和保护自然环境；应对潜在的气候变化等。

空间规划的使命建立在人与自然之间相互依存、互动与对抗的活动之上。在政治、经济、社会与自然限制面前，空间规划应当构建起应对未来的空间结构与功能目标，为人类生存的世界创造新的空间动力与意识。因此，空间规划需要关注如下重大的空间命题：

第一，促进土地的合理使用。通过系统的方法、手段与组织安排，根据土地资源的种类、特征与自然禀赋条件，选择最佳的土地资源开发利用目标与途径，最大限度发挥有限资源的优势与特点，取得综合的生态效益、经济效益与社会效益的最大化。

第二，设施的高效布局。除战略性的布局定位外，空间规划需要对各类基础设施与工程计划进行串联和整体性布局，保证各功能区之间的紧密关联，实现功能区之间效能的有序流动。

第三，空间结构的优化。在空间规划目标的约束下，按照客观规律对有限资源要素进行有效、公平的配置，实现各资源要素在一定空间范围内的合理安排，最终实现空间规划落地的有效性。

第四，空间福祉的追求。我国当前社会的主要矛盾为人民日益增长的美好生活需要和不平衡不充分的发展之间的矛盾。空间规划需要促进包括优质教育、舒适居所、优质环境、稳定工作、满意薪资、可信赖的社会福利、有保障的医疗条件等在内的物质和文化需求达到高水平的、高质量的供应条件水平，尊重空间供给的客观规律，构建倡导当前与未来共同发展的命运共同体。

3. 我国空间规划的特殊地位

当前，我国空间规划的地位已经逐渐超越规划编制与管制，并逐步成为各级政府调控一定空间范围内自然资源要素、指导城乡发展、维护社会公平和保障公共安全的重要公共政策，是综合、全面、系统、协调配置各类资源的重要抓手，是进行国家空间治理的重要工具。

对于我国现阶段的空间规划而言，需要不断巩固和强化其在国家治理体系中的现有地位，提升其在未来发展中的战略统筹地位。因此，可以通过使发展规划与各类专项规划互补，同时强化顶层设计，构建全国统一、互相衔接、分级管理的空间规划体系，进一步发挥空间规划的战略引领和刚性管控作用，坚决维护规划的严肃性和权威性，空间规划经法定程序批准后要坚持落实，不得随意突破和更改（罗彦等，2019）。

第三节　自然资源治理中的空间规划

一、自然资源的空间规划

1. 自然资源的空间概念

空间是自然资源和建设活动的载体，占据一定的空间是自然资源存在和开发建设活动开展的物质基础。从法理与管理意义上来看，自然资源是指具有空间边界或有载体、可明确产权、经济价值易计量的天然生成物。《中华人民共和国宪法》、《中华人民共和国物权法》和《中华人民共和国民法典》将其分类为矿藏、水流、森林、山岭、草原、荒地、滩涂、海域、土地等（林坚等，2018）。

自然资源的类型划分与空间范围大小和自然经济条件的差异程度有关。在地域广袤的资源大国，自然资源类型的划定可以在一定程度上进行细分。例如，美国在土地资源被作为其他资源类型存续的重要载体的基础上，将自然资源大致上划分为土地资源、矿产资源、自然环境、水资源、国家公园、野生动植物六大类。在国土面积狭小或地理气候条件单一的国家，自然资源相对贫瘠，对类型进行细分的可能性有限，会采取对有限资源进行全方位统筹的方式，突出本国的特色资源优势。例如，日本采取陆海资源统筹的方式，将海洋资源作为空间规划中重要的自然资源类型，明确区分陆海资源。因此，日本主要将自然资源类型分为国土资源、农林水产资源、矿产能源、环境资源和海洋资源五大类。

2. 自然资源的空间规划概念

我国各类自然资源以空间为载体，呈现出立体的空间分布形态。水体、森林、草原、土地、滩涂、海洋、矿藏等资源主要附着于土地、水域、海洋三类空间载体，呈现地表和地下立体空间分布的格局。为实现自然资源的合理开发与利用，我国的空间规划体系需要针对不同类型的自然资源要素进行管控。

自然资源要素的管控，主要是对自然资源要素的使用许可进行监管，即在资源所有权人将资源使用权交给资源使用权人之前，审核自然资源开发利用项目的空间用途、开发条件等是否符合法定规划，是国土空间用途管制的重要实施手段。

因此，国土空间用途管制的本质是对自然资源要素进行开发管制，是政府运用行政权力，对一定空间范围内有限自然资源要素的利用进行管理的行为。国土空间用途管制能够保证国土空间资源的合理利用和优化配置，促进经济、社会和生态环境的协调发展，但需要通过编制空间规划的方式来规范和指导监管行为的实施。

从空间规划的目的来看，政府部门编制空间规划，可以对各类农业生产空间、自然生态空间和城镇、村庄等的管制边界，直至具体土地、海域的国土空间用途和使用条件进行全面的规定，以此作为各类自然资源开发和建设活动的行政许可、监督管理依据，要求并监督各类所有者、使用者严格按照空间规划所确定的用途和使用条件来进行利用国土空间的活动。从空间规划的意义上来看，我国建立并不断完善自然资源的空间规划体系，能够为原有的国土空间用途管制提供基本依据，还能对完善自然资源的监管体制起决定性作用。

3. 自然资源的空间规划分类

我国自然资源的空间规划根据战略目的与资源利用保护目的，可以划分为三大类规划类型，即战略类规划、国土资源类规划与生态环境类规划，同时在依据（原）主导部门的基础上还可以划分为 17 个子类别。

第一，战略类规划，主要由发展改革（含海洋）部门与自然资源部门制定，包括主体功能区规划（含海洋）与国土规划两类。

第二，国土资源类规划，主要由自然资源、林业、农业农村、水利与海洋部门制定，包括土地利用总体规划、土地利用专项规划（土地政治规划等）、林地保护利用规划、草原保护建设利用规划、矿产资源规划、水资源综合规划、水功能区划与海洋功能区划八类。

第三，生态环境类规划，主要由生态环境、自然资源和林业部门制定，包括环境保护规划、生态功能区划、地质灾害防治规划、矿山地质环境保护规划、水土保持规划、防沙治沙规划与湿地保护规划七类。

其中，战略类规划主要由全国与省市层面统领并引导其他规划编制与执行，国土资源类规划和生态环境类规划则侧重于资源本体和环境相关的差异（林坚等，2018）。目前，我国的空间规划已经形成分地域、多部门、多层级的复杂体系，具有法定依据的各类规划已超过 80 种（严金明等，2017）。

二、自然资源治理中空间规划的作用

1. 自然资源治理中空间规划的概念

自然资源治理在强调权力使用和分配的同时，也强调权力的调动规则与程序，尤其强调对行政权力的运用。自然资源治理制度揭示了正式规则如何影响自然资源的获取与收益，尤其是对自然资源要素的正式管控。作为治理制度的基础，国土空间用途管制在自然资源领域采取空间规划技术，能够明确谁拥有治理的权力与责任，哪些自然资源要素将受到管控，如何进行管控，管控的目的与意义是什么等重大问题。因此，对于自然资源治理而言，国土空间用途管制是治理的目的之一，而空间规划是实现治理目的的重要手段。可以说，空间规划对自然资源治理而言是一种制度工具。因此，对于自然资源治理中的空间规划，需要采取制度化的过程，重构空间规划体系，适应自然资源的治理变革。

在自然资源的治理过程中采取空间规划技术时，会涉及复杂庞大的系统工程。重构空间规划体系的制度化过程，不仅要求在技术上有机地整合既有的各类规划，还要求在治理机制上协调处理好国家、省、市、县、乡等不同层级空间规划的权责关系，在横向结构上协调处理好与外部其他部门规划的关系，避免产生新的规划冲突（邹兵，2018）。

2. 自然资源治理中空间规划的挑战

我国进入追求高质量发展的阶段后，空间规划作为国家空间发展的重要指南，必须以高质量发展为主线，科学布局生产、生活、生态空间，优化支撑社会经济发展的空间体系。这就要求对自然资源进行全要素管理，对以往割裂的自然资源治理职能、规划层级、基本目标和技术标准通过新的空间规划体系进行串联和整合，在规划内涵上与自然资源的整体性相结合，针对各部门在单要素自然资源管控中的问题重新进行制度设计。当前，我国自然资源治理中的空间规划仍面临多规并存、层级冲突、功能失衡、职能融合四方面的挑战。

第一，自然资源治理中的空间规划仍存在多规并存且相互冲突的局面，空间系统的完整性不足。我国当前的规划体系中，不同规划反映不同的主题，依据不同的法律规定，使用不同的技术标准，存在“各自为政”的状况。不同的空间规划分类，导致基础数据不统一，地理坐标系有差异，空间布局有矛盾。“多规合一”的改革试点面临过去长期的理念隔阂与技术壁垒，在短期内难以有效消除冲突，表面形式上的整合可能导致一种“貌合神离”的局面。

第二，自然资源治理中的空间规划仍存在层级冲突的管控特征。一方面，层级之间的规划冲突从国家层面开始就存在各类规划的用地目标数值的冲突，导致逐层传导的结果是：下位各级规划的目标和布局矛盾不断加剧，管理职能交叉化、权力责任不清晰等问题更加突出。另一方面，上位规划与下位规划之间的授权会带来下位规划中国土资源开发失序、利用低效及消耗过快等问题；而收权则会导致下位规划的积极性与创造性不足。

第三，自然资源治理中的空间规划仍存在功能失衡的理念偏差，围绕基础性、约束性的规划与综合性、战略性的规划进行选择。首先，功能失衡表现在过去规划中的功能侧重点上，过去的规划强调城市建设而导致忽视自然、破坏自然的行为屡屡发生。其次，功能失衡表现在当前的规划编制理念上，自然资源的自然属性导致规划编制强调立足于对资源的有效保护，担心资源开发与分配带来的影响。两个阶段的规划均缺乏前瞻性、战略性，也缺乏基本的约束性，这说明两种规划的理念取向应当在一本规划中同时被考虑。

第四，自然资源治理中的空间规划仍存在职能融合上的困境。原有的土地利用规划与城市规划拥有各自的优势与劣势，原有的土地规划拥有资源的刚性管控手段，城市规划则擅长柔性的制度设计，考虑市场化、空间价值、公共利益等复杂的长远问题。规划职能的融合应扬长避短，相互取舍，并非简单拼凑，更不能以一个规划取代另一个规划。

3. 自然资源治理中空间规划的要点

自然资源的治理制度要求明确治理机制中的中央与地方如何进行权责分配和权力运用，治理结构中政府牵头的多元治理模式如何稳定运行，核心治理角色中的政府如何贯彻整体性原则和避免行政管理破碎化问题。作为重要的制度工具，空间规划体系的建立将串联上述要求，契合自然资源治理的制度条件。因此，需要关注以下要点：

第一，自然资源治理中的空间规划需要强化一个基本共识，即人与山、水、林、田、湖、海、草是生命共同体，自然资源要素与人工要素共同建构一个完整、连续、有机的系统整体（罗小龙和陆建城，2019）。空间规划体系内部的割裂，将成为治理制度改革重大的阻隔。短期内，空间规划的整合统筹难以一步到位，但应保证在国家层面由一个全国国土空间规划统筹全局，以充分体现国家战略意志，防止再度被专项或“条块”规划所肢解。

第二，自然资源治理中的空间规划需划清中央与地方在规划管理、实施上的权责关系。遵循的原则应是上位规划必须有效制约下位规划，下位规划服从上位规划。同时，上位规划也应该给下位规划留足弹性，激发下级政府创新发展的动力；建立下位规划对上位规划的反馈机制，防止信息不对称产生的决策偏差（严金明等，2018）。区分不同层级空间规划的定位，国家和省级规划应以资源和环境保护为主，强调管控；市、县级规划在落实上级刚性管控要求的同时，仍然要以高质量发展为目标，追求资源的合理高效利用。

第三，自然资源治理中的空间规划需要统筹多种自然资源要素，平衡多元相关利益。空间规划体系的建立不仅是统筹自然资源的开发利用和保护，还会履行各类自然资源资产的所有者责任。自然资源不仅有自然属性，还有资产和价值属性，即经济和社会属性。因此，空间规划体系既要立足于资源的自然属性加以有效保护，也要考虑资源的资产属性进行合理开发和公平分配。新的空间规划不是单一地保护自然资源，而是在保护的前提下科学合理地利用资源，这就要求其具有综合性思维，平衡协调各方利益、各类要素关系，统筹城镇空间、农业空间、生态空间的良性系统治理。与此同时，还要高质量、高效率地开发利用自然资源，发掘自然资源的最大价值。这就需要有战略性思考、前瞻性谋划和科学理性的分析判断。

第四，自然资源治理中的空间规划需要充分融合原有规划职能的优势。土地利用规划对资源要素的刚性管控优势，不仅在于即时的数据更新管理，还在于统一的标准化技术处理和统一的土地调查制度、数据验收程序和信息库管理制度。此外，土地利用规划建立了与规划实施相匹配的行之有效的制度安排，包括农地转用、用地计划和土地监察执法等。城乡规划的优势在于更接近地方需求，善于战略谋划，具有创新性思维，通过合理高效配置空间资源使其产生增值效应；善于识别新的经济增长极并赋予土地新动能，实现地方财富增长。建立新的空间规划体系，不是将原有的制度特色东拼西凑，而是着眼于自然资源要素属性和治理目的，依据制度建设条件考虑技术融合的现实可能性，以及制度安排的可行性（邹兵，2018）。

三、空间规划的核心工具：“三线”和“三生”

“三线”在构建国家空间治理体系中发挥着关键性作用，是保障空间规划体系刚性传导和有效管制的核心工具。“三线”是我国基于三类空间的认知而提出的重要空间规划工具，基于“三线”工具提出的“三生”理念将生产、生活、生态融为一体，是未来自然资源治理中的空间规划所试图实现的目标。因此，本节将从三类空间的概念出发，介绍“三线”的作用与挑战，明确“三生”空间在治理中产生的导向。

1. 空间规划中的三类空间

（1）生态空间。

我国的《生态保护红线划定指南》规定，生态空间指“具有自然属性、以提供生态服务或生态产品为主体功能的国土空间，包括森林、草原、湿地、河流、湖泊、滩涂、岸线、海洋、荒地、荒漠、戈壁、冰川、高山冻原、无居民海岛等”。在《生态保护红线划定指南》中，生态空间是不包括农田的狭义生态空间，主要涉及生态功能极重要区、生态环境极敏感区、国家级和省级禁止开发区和其他各类保护地四大类空间。生态空间是主要承担生态服务和生态系统维护功能的地域，以自然生态为主。

（2）农业空间。

农业空间是指以农业生产和农村居民生活为主体功能的国土空间。可以说，农业空间是主要承担农产品生产和农村生活等功能的地域，以田园风光为主，分布着一定数量的集镇和村庄。以现状农用地、农村居民点用地为基础叠加永久基本农田、耕地后备资源、土地整理开发项目区，再扣除大型采矿区，初步划定农业空间范围。

（3）城镇空间。

城镇空间是指以城镇居民生产生活为主体功能的国土空间，包括城镇建设空间、工矿建设空间，以及与其联系紧密的区域交通用地、区域市政设施用地等空间。可以说，城镇空间是重点进行城镇建设和发展城镇经济的地域，形成了城镇建成区、产业园区和规划的城镇发展区以及相应的工业集中区等类型。

2. 空间规划中的“三线”

空间规划中的“三线”包括生态保护红线、永久基本农田保护红线、城镇开发边界线，其本质上是政策的管理线，重点体现的是底线管控思维，因此讲究其范围的明确和内容的纯净性，便于行政执法和监督检查。

从“三线”的概念来看，国家现行相关规定与法规均有提及并对其进行了解读。

（1）生态保护红线，是指在生态空间范围内具有特殊重要生态功能、必须强制性严格保护的区域，是保障和维护国家生态安全的底线和生命线，通常包括生态功能重要区域和生态环境敏感脆弱区域。

（2）永久基本农田保护红线，即永久保护的基本农田，是按照一定时期人口和社会经济发展对农产品的需求，依据土地利用总体规划确定的不得占用的耕地，永久基本农田的保护和管理适用法律中关于基本农田保护和管理的规定。

（3）城镇开发边界线，是根据地形地貌、自然生态、环境质量和基本农田等因素和城市在一定时期的发展需求划定的、允许城镇建设用地拓展的边界范围。城镇开发边界内一般包括城镇规划建设用地和有条件建设用地两部分。其目的是防止城镇规模盲目扩张和建设用地无序蔓延，推动城镇由外延扩张向内涵提升转变。

“三线”的主要作用是落实国家安全战略，包括维护生态安全格局、粮食安全格局和经济安全格局。首先，“三线”的作用需要考虑我国的新型城镇化战略。《国家新型城镇化规划（2014—2020年）》指出，城镇化是现代化的必由之路，是解决农业、农村、农民问题的重要途径。通过划定“三线”，能够重新优化布局，破除城乡二元体制，化解城乡二元结构矛盾，让城乡共享现代文明成果。其次，“三线”的作用需要考虑我国的可持续发展战略。在自然资源的治理过程中，技术革新、增长与资源稀缺是当前自然、经济和社会复合系统的基本特征。划定“三线”是实现系统的健康、持续、稳定、和谐发展的重要手段。换言之，需要重点考虑生态、生产和生活空间的协调发展（刘志超，2019）。

“三线”所面临的主要挑战在于权责的重新分配。在“三线”的划定过程中，底线管控的具体执行落实到各个市级行政主体上，但就管控对象而言，需要区分的是国家、省（区域）和市（镇）三级事权。权责的重新分配是为了避免空间规划中出现的条块分割、责权交叉和推诿扯皮的困境。因此，划定“三线”意味着，其审批将被纳入国家级行政监督和监察的范畴，应该由相对应的行政主管部门进行日常监督。

例如，生态保护红线由生态环境部监管，永久基本农田保护红线和城镇开发边界线由自然资源部监管。通常情况下，由于这三根线是彼此分离而不重叠的，在国家层面暂不会出现事权交叉的问题（高晓路等，2019）。但是，在省、市级层面往往会出现条块分割和责权不清的问题。以生态保护红线为例，国家层面可以通过设定国家级自然保护区、风景名胜区和即将建立的国家公园体系来明确管理事权。但是，省级自然保护区、风景名胜区和各类郊野公园一旦涉及跨市域行政边界，就很难区分责权利关系。表面上看，市级“三线”划定应该不会有大的问题，但是实际状况并非如此。

3. 空间规划中的“三生”

“三生”空间是一切人类活动均需要的空间载体，也表示未来自然资源治理中的空间规划需要平衡哪些利益。“三生”空间的具体概念包括：

（1）生态空间，即生态休闲活动的空间载体，指具有生态防护功能、为人们提供生态产品和生态服务的空间；

（2）生活空间，即生活活动的空间载体，指人们利用土地的空间承载、物质和精神的保障功能，开展日常居住、设施保障、消费和休闲娱乐的空间；

（3）生产空间，即生产活动的空间载体，指人们将土地作为劳作对象直接获取或者以土地作为空间载体进行社会生产的空间，在一定区域内形成具有专门化特征的功能区。

相较于主体功能区“四区”、国土空间规划“三区三线”，“三生”空间的概念更为通俗和宽泛。但“三生”空间在不同时间背景下有着不同的导向。在“城市双修”提出的同一时期，“三生”空间重在生态保护导向，积极推进生态文明建设。而在近期，随着空间规划制度改革再次提到“三生”空间，其侧重转向民生发展导向，核心是关注国土空间优化策略在民生层面的具体落实（王颖等，2018）。

在未来的空间规划体系中，“三生”空间是规划实施最直接的空间载体，能够直观反映民众生存、发展、幸福的诉求，是民众面对发展规划、国土空间规划、区域规划、专项规划等过去各类规划政策在空间应用中产生的直接反馈，而合理优化“三生”空间布局将是自然资源治理下空间规划的重要目标之一。

四、空间规划的基本原则：治理理念

自然资源治理中的空间规划通过制度安排，重新分配参与者的相关利益。空间规划需要重点考虑制度设计中存在的基本原则，即治理理念。根据人与自然和谐共处、协调发展的观念和可持续发展理论，人与自然的关系实质上是人与自然界进行物质交换的过程。自然资源、生态环境作为人类社会的基本条件和发展的要素，是当代人和后代人生存发展都必需的物质基础，是各国、各地区、各生产经营单位都能够享受和利用的权利（吴一洲，2011）。

空间规划体系的建立，依赖于人对制度的理解，尤其是什么是好的治理制度。通过解读好的治理制度中的基本原则，将有助于理解对空间规划进行制度化的必要性。

1. 空间规划战略

空间规划战略是指重大的、带有全局性或决定全局性的空间开发利用谋划。空间规划战略的主要内容包括：在广泛的空间维度中，为相应尺度的空间建立一个具有独特性、包容性和竞争力的发展定位；对空间发展所想达到的目标设定限制；对空间发展的路径作出明确的取舍；提出如何加强空间中人地关系及自然资源与各项功能活动之间的协调性匹配，包括空间中各种功能空间的结构性安排（吴次芳，2019）。

空间规划战略中包含的层次性、统筹性是实现制度化过程的根本理念。首先，空间规划战略需要更为丰富、包容的空间，以及施展治理的想象力，强调管制理念会导致刚性引导机制的失败，从而降低在多个层次中不同治理者参与现实目标分析的开发动力与探索欲望。其次，对具有整体性的自然资源和政府而言，统筹性理念意味着需要对自然资源治理过程中的集体行动进行综合考虑。尤其在复杂制度环境下，需要考虑强制性规则产生的路径依赖是否会使得内化的价值规范与习俗走向失衡，以及导致理解上的片面性，从而阻碍制度变革的空间和对“进步”的理解。

空间规划战略的制定关键在于确定行动的空间优先事项，以及用于指导管理行动和资源分配的更广泛规划过程的“手册”，以便实现明确的环境和社会经济目标，以及评估相互竞争目标之间的潜在权衡。因此，空间规划战略的作用是，优化行动和土地用途分配，以实现环境和社会经济目标一致的空间规划，包括系统的自然资源维护规划、综合景观规划，以及与管理环境价值相关的名录收集与评价工作（Adams et al.，2017）。

2. 空间规划安全底线

空间规划安全底线对于我国来说是涉及生态安全、环境安全、社会安全乃至国家安全的临界点，是一个国家或地区维护稳态与断裂点的根本能力。因此，我国的空间规划安全底线在本质上是人作为感知主体对客观现实变迁的可能作出预判的结果，是对意外或危机的直觉感知。

空间规划安全底线可以是一种指标或者具有最低限度含义的数字。比如，18亿亩耕地红线，便是指经常进行耕种的土地面积的最低保有量。空间规划安全底线也可以是一种边界。比如，我国耕地保护政策体系中的永久基本农田就是一种边界。

在永久基本农田的边界中，包含了三种底线类型。首先，体现了空间规划、产权与自然资源物质基础之间的关系，即通过严格规范管理，坚持“农地农用”的基本原则。也就是说，永久基本农田的底线要与国民经济和社会发展规划、土地利用总体规划、城乡建设规划、农业发展规划、生态环境建设规划、基本农田专项规划等规划内容与成果相结合，在多种规划相协调的基础上确定永久基本农田的范围，即最低数字的面积。其次，体现了精准的产权制度与调查结果。永久基本农田的底线需要契合精准地籍，以及高等优级的耕地在地理上的位置。最后，体现了各类自然资源要素的空间载体和土地用途相关的界面基础。永久基本农田的底线需要通过土地整理的方式，有效地对山、水、林、田、湖、村、路等重要自然资源和与其相关的设施、机构、单位进行分解和重组，明确单个要素的边界。

3. 可持续开发与利用

可持续开发与利用是基于可持续发展观与协同进化论对流动的自然资源进行空间再分配的过程，这不仅是空间规划对自然资源的技术性配置，也是对治理制度的各项安排进行相互整合的进化过程。

可持续开发与利用实际上是空间规划对自然资源所做的预先控制，正如奥斯特罗姆提到的阿兰亚渔场的15个被分配的捕捞点，空间尺度上的资源管控是一种有计划性的制度，深入考虑自然资源的“悲观主义”，衡量空间生产量，重新组织社会空间。协同进化的概念成功捕捉到了人类与自然之间的各种关系以及生产量的大小，人类作为大自然的一部分，与自然共同进化（Vatn，2005）。人类具有开发自己的生态位的特殊能力，而不仅是利用给定的生态位。当共同进化时，这个过程不会过度挑战有限的自然资源储备。同时，人类对自然资源的开发与利用也涉及社会制度的变化。如亚洲水稻的栽培，水稻农业中修建的堤坝、梯田和输水系统，正是对各类自然资源要素的空间再分配，重新分配的结果保证了水稻生产的养分。为了稳固这种经由空间再分配所获取的自然益处，人类社会也会在空间中对自然资源的产权归属、水资源管理等更为复杂的社会变革建立完善的分配规则与制度规范。

4. 全方位协同

空间规划需要重视多维度的全方位协同。当前我国的空间规划体系中，除了需要协同不同规划之间基础数据、坐标系统、规划依据、技术标准、规划期限上的不统一，还需要建立各层次政府之间、政府各部门之间、政府与市场之间以及政府与公众之间的协同机制，实行全方位的协同治理，以此推进不同治理系统之间的权责分工与相互监督、资源共享与协商合作、技术创新与多向沟通、政策规范与集体协商、公众参与和自我约束。

在协同治理过程中，空间规划能够有助于强调各个组织之间的协同关系，促进权力和资源的互动过程。其中，政府部门作为核心治理角色需要在集体行动的规则、目标制定方面起主导作用，强调各主体之间的自愿平等与协作，统筹安排战略实施、可持续开发与利用和空间规划底线控制。

对于不同的治理层级，空间规划运用全方位协同理念，通过横向的跨部门合作与纵向的上下级联动，能够充分调动总体空间规划对各类专项规划的指导与管控作用，推动自然资源在空间再分配过程中的协调性，满足人类社会的发展需求，促进生产空间集约高效、生活空间宜居适度、生态空间山清水秀，构建资源节约和环境保护、人与自然协同共生的空间格局。

五、空间规划的关键制度：治理体系

在自然资源治理体系中，中央与地方的关系、多元治理者的结构、政府主导的国家意志是维持治理稳定性与变革创新能力的关键。空间规划的制度体系不仅在于寻找什么是好的治理体系，也需要探究治理体系的规则、能力与运行形式。

1. 自然资源治理：复杂自适应系统

（1）复杂自适应系统：概念与特征。

自然资源治理的复杂系统认知起源于复杂性理论与系统理论。复杂性理论的基本假设是，现实世界的绝大部分总是不会按照线性方式变化。细小变化的发生并不一定会使系统的特定方面产生同样微小的变化。系统理论的基本假设则是，通过关键系统变量之间的线性效应和反馈循环实现单个系统的平衡。因此，复杂系统在其关键变量上没有先验的假设，而是强调系统之间和系统内部的非线性因果关系，将系统平衡视为多元的、临时的和变迁的状态。

复杂自适应系统是特殊的复杂系统，如何实现自适应的过程是该系统运行的规则约束，其特征一般包括：

第一，假定遵循某些行为模式的组织（单位）构成逻辑。例如，生态圈是地球生态化学过程的稳定结果。

第二，中央命令对地方的影响力有限。因此，对组织（单位）的指导将依据本地信息进行，并衍生出地方的自组织与其行动形式。

第三，单要素或有限的要素类型对于推动集体（共同）演进过程而言，所产生的平衡只是短暂的、不稳定的。

此外，复杂自适应系统内的各个重要节点间还存在其他效应，比如阈值效应、关联驱动效应和级联效应。从效应之间的关系来看，复杂自适应系统内的事件会触发存在突变可能性的临界点（阈值），这类事件在不断积累的同时存在着偶然的或必然的关联性与驱动反馈。因此，复杂自适应系统内的不可预测的意外性，往往会在空间中跨越规模和系统的级联产生复杂的影响，但级联的紧凑程度会决定信息反馈的时间与扰动产生的风险程度。

（2）复杂自适应系统：机制。

复杂组织类型的研究关注政策过程中存在的风险、反馈等问题（Baumgartner and Bryan，2002），逐步形成复杂系统治理的理论构造。自然资源治理正是一种复杂系统治理，对于风险存在的变化与不确定性，需要不断通过引导机制来反馈信息，并通过适应机制来加以回应（Pierre and Peters，2005）。从复杂系统的视角看，自然资源的治理机制本质上就是政府如何利用空间规划应对复杂的治理问题。

依据国家的作用机制不同，政府对自然资源治理的介入程度也存在差异。因此，治理机制被区分为两种治理导向。第一，国家主导，或政府介入的治理模型，包括国家主义模式的治理、自由民主国家的治理、以国家为中心的治理三种模型。代表这类治理机制的空间规划包含多个能够产生否决意见的层面，以及强大的国家体制。因此，空间规划会因为自上而下流通的信息扭曲而提供负面或有失偏颇的反馈。此外，在国家主导和信息缺失的治理语境下，政府的规划也意味着难以实现与社会利益组织的合作，导致自然资源治理系统适应性不足。

第二，非国家主导，或政府撤退的治理模型，包括荷兰式治理、没有政府的治理两种模型。代表这类治理机制的空间规划强调国家作用的收缩，但同样会出现信息缺失问题。虽然缺乏向社会利益组织提供有效信息的激励机制，但社会利益组织的灵活性保证了良好的系统适应性（Kooiman，2003）。

自然资源作为复杂系统，其治理机制的特征是高度的动态性与非线性。针对复杂的治理问题，治理机制的安排需要考虑社会的复杂性、多样性与动态性。因此空间规划需要重视以下层面：

第一，在不同的自然资源政策时期，具体的治理模型均具备适应政策变化的能力；

第二，整体性特征要求考虑全要素资源在跨空间尺度下的综合效应，即自然资源的规划需要考虑多个要素相互影响的结果；

第三，关注治理的外部风险与阈值的作用，即空间规划在自然资源治理的机制建设层面，需要关注紧急事件的影响。

2. 自然资源治理中的空间规划：自适应能力

多层次的治理结构将空间尺度、环境、经济政策相结合，多元治理者的权力与责任分配通过治理机制的建设实现在空间规划中的约束。对自然资源治理中的空间规划而言，治理机制的建设需要保证能够在政策变化与外部风险中触发自适应能力。

自适应能力与系统论的诸多概念有关，包括韧性、脆弱性、冗余性、制度稳定性等（Turner et al.，2003；Gunderson and Holling，2002；Anderies et al.，2004）。自适应能力是一种平衡开发活动与探索活动的能力，即平衡引导制度的作用和在试验、创新与环境中不断学习的能力。

开发是一种从集体行动的现行形式中获益的能力（March，1991；March and Olsen，2006）。为了使多元治理者能够参与自然资源的开发活动，必须解决集体行动的问题。原因在于，在高交易成本的情况下，自然资源的开发活动要么变得不可能，要么效率极低。因此，第三方权威、互信互惠、网络结构、制度规则等制度安排是为了保证治理者之间的合作，将交易成本稳定在可被接受的水平上。

探索则是一种学习与试验的能力与过程（March，1991；March and Olsen，2006）。对于自然资源治理中的空间规划而言，需要为收集、分析和积累流动信息的能力建立制度保障，以及设计自然资源政策的测试、评估、完善和重新应用的过程。

空间规划作为一种制度工具，自适应能力是其重要的技术前提。对于参与到自然资源治理当中的利益相关者而言，制度的建立意味着合作和互惠形成了一个稳定的基础，能够实现社会互动的可预测性、稳定性和低成本（North，1990）。但是系统稳定性的实现，也意味着制度刚性的出现。制度通常是路径依赖的、有黏性的，是环境的产物、构建时权力斗争的结果，这要求利益相关者追求变革行为。因此，当自然资源治理采取空间规划这一制度工具时，规划本身需要自适应能力来权衡治理制度中的稳定性与变革需求。

六、空间规划的现实管制：治理评价

空间规划作为自然资源治理中的一种工具，需要对其产生的结果即治理的效果进行评价。遵循空间规划的基本原则，本节将重点介绍我国三种重要的评价体系，明确生态、生活、生产上的要素管制。

1. 空间生态修复评价体系：生态管制

空间生态修复是复杂生态系统在功能退化或受损情况下开展的“诊疗”行动。在自然资源治理中，空间生态修复能够展开空间规划所需要涉及的基本面，获悉并回应自然资源亟待被直面的功能困境，是自然资源治理在采用规划工具前需要明确的生态管制（吴次芳等，2020）。

空间生态修复的评价体系主要涉及安全格局、基础网络、生态景观、综合要素四个底线层面的自然资源界面，以及对与其相连的生态系统的客观考察。

第一，安全格局，是国土空间多重性与人类需求多样化双向选择的结果，也是自然界复杂性与生产过程分工专门化相互作用的产物。安全格局需要考虑海陆空间、土地利用空间、景观生态空间乃至其他社会空间的综合作用，是对自然生态系统在结构、强度、用途、布局等方面的调查与评价，是国家防线的底层。

第二，基础网络，是维护生命土地安全和健康的关键性空间基础，是城乡居民获得持续的自然生态系统服务的基本保障。基础网络主要涉及构建生态圈的植被与水体要素，以廊道、绿道和遗产廊道作为呈现形式的结构关系形成类生态的人工设计。基础网络为自然资源治理的可持续性重新获取技术支持与续存资本。

第三，生态景观，是基于自然景观展开的全社会与文化复合体，是空间资源伸展的生态联系触点。在自然景观的地理格局、水文过程、气候条件、生物活力等内容的基础上，对经济生产的能源、土地等要素，以及人文景观的政治体制、历史文化、习俗规范等进行进一步整合，形成传统“天人合一”的自洽性，实现可持续发展稳定可靠的健康性。

第四，综合要素，是对空间中的山、水、林、田、湖、草、海等自然要素的进一步提取与刻画，借助相互关联的要素统一推进自然资源治理的整体性。如重点开展的矿山复垦修复、水土流失防治、退化土地修复、水环境恢复、地下水整治修复、沙漠化防治、盐碱地治理等。以此避免在特定地域与环境条件下对单一自然资源要素的过度补充与编织而形成要素之间的二次失衡。

2. 资源环境承载力评价体系：生活管制

资源环境承载力是指区域内固有自然资源支撑人类社会可持续发展的规模、限度与潜力，以及区域内自然生态环境对人类社会发展产生的负外部性的容纳能力（封志明等，2017）。狭义上讲，资源环境承载力是指在自然生态环境不受危害并维持良好的生态系统前提下，一定地域空间的资源禀赋和环境容量所能承载的人口与经济规模，是人类生活空间的承载限制（郝庆等，2019）。

区域资源禀赋和环境要素的现时状态奠定了资源环境承载力的基础，并且受人类活动的影响。一般而言，资源环境承载能力越高，越能够支撑经济社会发展；资源环境承载能力越低，对经济社会发展的承载能力越弱。

资源环境承载力评价是指在特定目标、需求与条件下，采用定性与定量相结合的思维来探索区域自然资源与环境支撑社会发展的承受能力，确定区域内资源环境条件本底、状态潜力和趋势的评价。资源环境承载力评价重在挖掘资源禀赋支撑人类社会活动的程度，定位环境要素约束人类社会活动的值，在理解资源环境承载与人类开发活动强度的矛盾的基础上，推动国土空间开发的资源环境与社会活动的统筹协调。

3. 国土空间适宜性评价体系：生产管制

在我国国土空间规划框架中，国土空间适宜性是指国土空间的城镇扩张、农业开发、生态保护等不同开发方式、功能和空间的适宜程度。就自然资源要素而言，主要是指土地要素在特定单位内实现产业发展与功能承载力的适宜性。

国土空间适宜性评价是基于空间视角判断区域内国土开发方式、功能定位和结构组织。从概念上看，国土空间适宜性评价是指在特定目标、需求与条件下，分析不同国土开发方式、功能和空间在特定资源环境背景下的适宜程度评价，是规划人类生产所必要的管制条件评价。从评价目标来看，主要是为国土空间开发格局调整与空间经济布局提供宏观评估，或者是为空间选址、城市规划和土地利用规划、农村居民点整理等提供细致的微观建设用地评价。从评价视角来看，单维度的国土空间适宜性评价主要考察工程地质条件、灾害风险、抗震条件、地形地貌等单要素能否满足建设用地标准的程度，或是在综合性视角下从自然条件维度来考察城市用地的适宜性，但复合维度的国土空间适宜性评价是从自然环境、区位条件以及人文底蕴等多维度出发构建指标体系进行综合和评价。

从土地开发方式来看，国土空间适宜性评价涉及城镇化与工业化的国土综合开发、总体建设用地与多种具体功能用地。从空间尺度与单元来看，国家、经济区、省市、区县、乡镇乃至园区均能成为尺度构建的基本单位，网格化处理对行政单元的分解能够聚焦国土空间适宜性评价的指标定位。

国土空间适宜性评价框架是土地政治视角下的空间关注，遵循基本的土地适宜性思想，综合区域资源、环境和社会经济活动的宏观尺度条件，从不同空间尺度上定位开发活动，是区域空间开发活动的基础性、前置性和引导性工作。

关键词

自然资源治理　空间规划　制度体系　复杂自适应系统　自适应能力

思考题

1. 如何理解从自然资源管理到自然资源治理的概念转变？
2. 如何理解自然资源治理的制度体系？
3. 如何认识政府在自然资源治理中的作用？
4. 如何理解我国空间规划的基本内涵与现存问题？
5. 如何认识自然资源治理中空间规划的作用？
6. 如何理解空间规划的治理体系？

参考文献

拓展阅读

第十一章
环境规制与污染控制

第一节　污染控制的环境规制手段

20世纪30—60年代，以比利时马斯河谷烟雾事件（1930年12月）、美国多诺拉镇烟雾事件（1948年10月）、伦敦烟雾事件（1952年12月）、美国洛杉矶光化学烟雾事件（1940—1960年每年5—10月）、日本水俣病事件（1952—1972年间断发生）、日本富山骨痛病事件（1931—1972年间断发生）、日本四日市哮喘病事件（1961—1970年间断发生）、日本米糠油事件（1968年3—8月）为代表的环境公害事件接踵而至。随后的几十年中，世界环境问题不断凸显，人们对清洁空气的社会需求日益迫切；对于核能、杀虫剂等的环境影响日益关注（20世纪60年代），对于面临的酸雨和臭氧层空洞问题（20世纪70年代），以及生物多样性、气候变化等议题（20世纪八九十年代到21世纪）的讨论日益频繁。这促使各国政府和人民探索各式各样的政策途径，试图遏制全球环境恶化的趋势。作为公共政策之一的环境政策，是指公共权力机关在对社会的环境公共利益和经济公共利益进行选择、综合、分配和落实的过程中，依据人与环境和谐发展的目标，经由政治过程所选择和制定的开发利用自然资源、保护改善环境的行为准则（张成福和党秀云，2007）。

环境政策的制定包括两个紧密联系、相互依存的过程：政策目标的决定和政策工具的选择。随着对环境问题成因的了解日益深入，政策制定者们开始将政策目标转向应当如何权衡经济发展与环境保护、如何实现效率与公平上。布伦特兰委员会的报告《我们共同的未来》尝试将经济、社会、环境三者相联系，并将可持续发展定义为满足现在需求且不得损害未来人们满足自己需求的能力的发展。缓解正在不断演化、日趋复杂的环境问题，控制环境污染，保障经济可持续发展，促进人与自然和谐共生是环境政策的宏观目标。环境政策工具则是人们为解决环境问题或达成一定的环境政策目标的手段。由于环境问题的复杂性和综合性，其政策工具的选择往往涉及成本分摊、风险承担、利益分配等多个方面（肖璐，2007）。

成本和收益是选择政策工具时两个最重要的衡量维度，一方面我们希望政策的实施能够达成环境治理的政策目标，另一方面我们还要考虑政策实施的成本，只有当环境收益高于成本时，环境规制政策在经济上才是可行的。但环境物品或生态服务（如干净的空气、生物多样性）通常是没有市场价格的，因而成本收益分析的前提是对环境状况的经济价值进行评价，即环境评价。此外，有效率的政策能以最低的成本实现政策目标或取得最大的收益，进行政策设计时还需考虑如何在各主体间分配成本以达到社会成本的最小化。

经济学为环境政策评价及污染控制的成本收益分析提供了一套有用的分析方法，本节将首先引入环境污染和环境规制的经济学相关概念与分析框架，其次简要介绍当前主要的几种环境规制手段。

在随后的第二、三、四节中，我们将结合经济学模型具体介绍排污标准、环境税、排污权交易这三种最主要的污染控制政策，以及它们的应用案例。

一、环境污染与环境规制的经济学模型

福利经济学是系统分析各种资源配置方式经济后果的方法论，也为从社会福利角度评价环境规制政策提供了理论基础。福利分析一般涉及两个问题，一是某种资源配置是否有效率，能够使社会福利最大化的配置即为有效率的配置方式；二是在不同资源配置方式下得益者和损失者的识别和度量。借助经济学模型，我们可以讨论某个环境规制政策是否提高了社会福利，以及分别如何影响生产者、消费者的福利。

1. 供给和需求曲线

消费者和生产者构成了经济活动的主体。如图 11－1 所示，在一个简单的经济学模型中，横轴为产品数量，纵轴为产品价格，需求曲线刻画了产品给消费者带来的边际效用，或消费者对产品的边际支付意愿，由消费者的偏好决定；供给曲线则描绘了生产者的边际生产成本。若市场处于完全竞争状态，需求曲线和供给曲线的交点即为市场均衡点，D 为市场均衡价格，C 为均衡数量。

需求曲线以下的面积代表了消费者获得的总效用，供给曲线以下的面积则代表了总的生产成本。当资源配置处于市场均衡点 B 时，社会总福利即为 AOB 部分的面积（＝总效用 $ABCO$－总成本 OBC），且此时社会总福利最大。社会总福利还可以分别分解到消费者和生产者：消费带来的总效用 $ABCO$ 减去消费者以价格 D 为数量 C 的产品所支付的 $ODBC$，也就是 ABD 部分，被叫作消费者剩余；生产者以价格 D 卖出数量 C 的产品获得 $ODBC$，减去其生产 C 所付出的成本 OBC，即 OBD 部分，被称作生产者剩余。

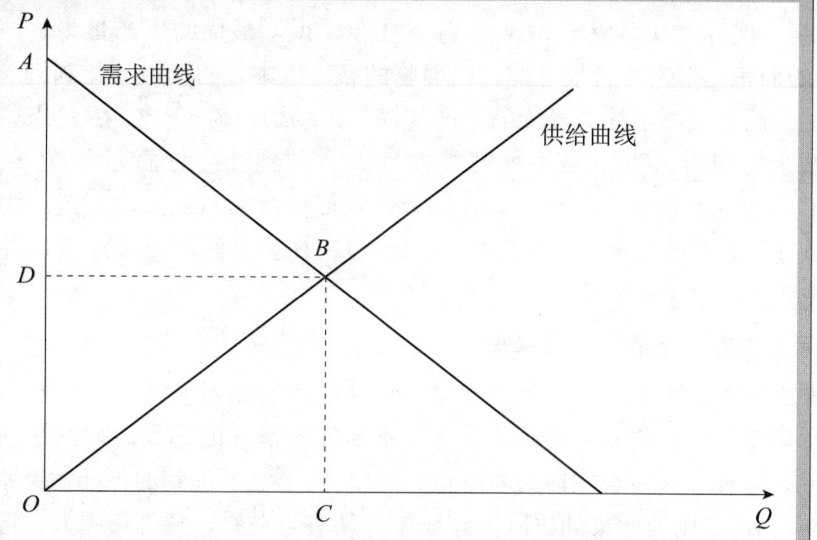

图 11-1 完全竞争市场下的均衡

2. 外部性

从图 11-1 的简单模型中可以看到，市场实现了有效的资源配置，然而在很多情况下，市场会失灵，例如存在垄断、信息不对称、外部性。外部性是指一个行为人的生产或消费行为对其他行为人产生了影响，但这种影响不是通过市场交换发生的。环境污染通常具有很强的外部性，例如 A 印染厂排放的废水影响了下游 B 湖螃蟹养殖的产量，A 工厂做生产（排污）决策时只考虑自己的成本，完全不关心污染给 B 造成的成本，因此从社会角度来看，A 工厂的生产超出了社会最优规模，因为忽略了给 B 带来的损失。图 11-2 将外部性问题一般化，在需求-供给模型的基础上直观解释外部性如何导致了市场失灵。

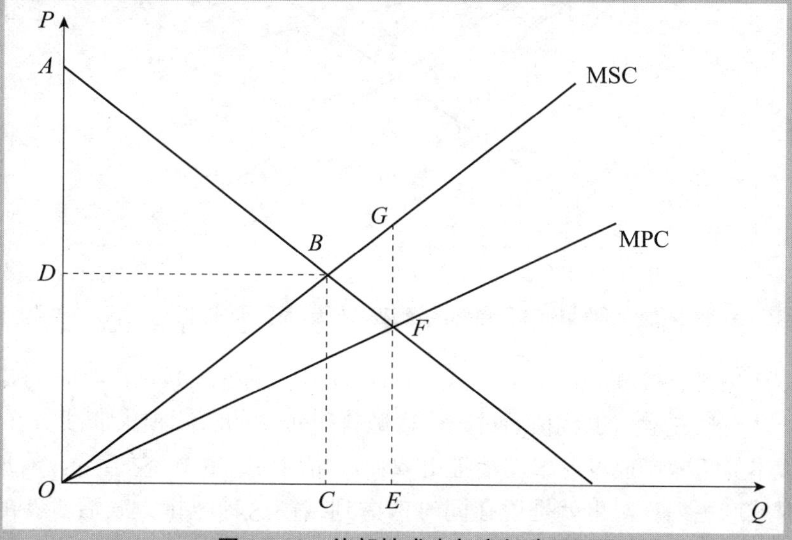

图 11-2 外部性成本与市场失灵

以生产的外部性为例，由于外部性的存在，社会成本区别于私人成本，生产的私人成本 MPC 低于实际的社会成本 MSC。对于社会来说，最优的生产量为 C，此时社会福利为 AOB 的面积。但生产者仅考虑自己面临的私人成本，为了最大化利润，实际会生产数量为 E 的产品，偏离了社会最优的生产规模，市场均衡为 F 点。在 F 点，消费者剩余和生产者剩余总和为 AOF，减去外部成本 GOF，得到社会总福利为 AOB 的面积减去 BGF 的面积，也就是说市场失灵了，并没有达到使社会福利最大的配置。为了克服外部性，可以通过政府干预、产权界定等措施重新实现社会最优的资源配置，环境规制正是解决污染外部性问题的政策手段。

3. 边际治理成本与最优污染水平

污染排放造成了外部成本，换句话说，减少或者治理污染将带来收益，然而治理污染并不是没有成本的，将污染减到零也许并不是社会最优的选择。如图 11－3 所示，这里横轴为污染量 W，从右至左即为减排量；MEC 为上文所提到的不同污染水平对应的边际外部成本；MAC 则为污染的边际治理成本，从右至左看，减排量越大，边际治理成本越高。从左往右看，MEC 曲线下方的面积即为总外部成本（$DW'F$），从右往左，MAC 曲线下方的面积为总治理成本（$EW'B$），二者相加，即为污染量为 W'时的社会总成本。从图中可以看出，当 MEC＝MAC，即污染量为 W^* 时，社会总成本最低（CDE），W^* 即为最优污染水平。

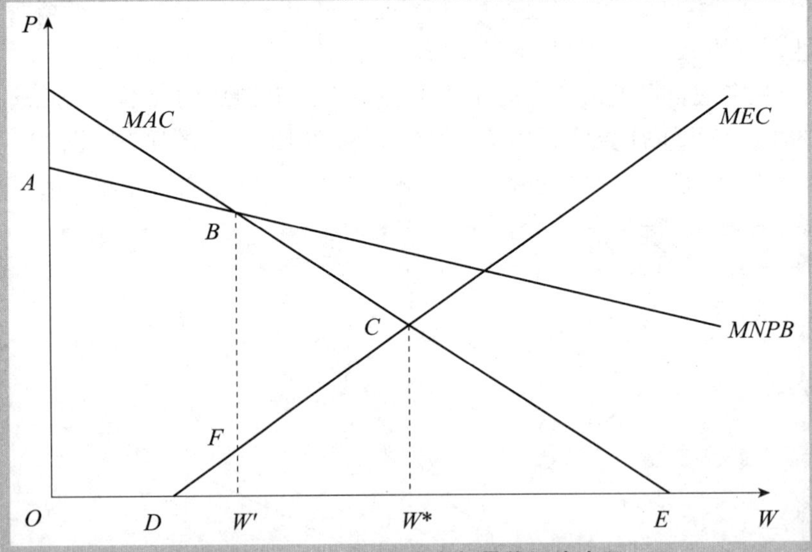

图 11－3　边际治理成本与最优污染水平

当然，减产也是直接减少污染的方式，MNPB 为污染排放量（产量）对应的边际私人净收益曲线，从右往左看，也就是通过减产来减排时带来的边际损失曲线。在污染量 W'右边时，治理成本低于减产成本，末端治理更划算，而到污染量 W'左边后，治理成本高于减产成本，此时减产更划算，也就是说在同时考虑到减产这种减排方式后，新的边际减排成本曲线变为 ABE，尽管在图 11－3 的例子中，这并没有影响到最优污染水平，其仍然是 W^*。

二、环境规制的手段

对政策工具的分类和特性分析将有助于政策工具的设计和选择，使得政策执行效果更接近政策目标。为了有效地制定政策，政策制定者必须了解自己可能采取的政策工具的范围，同时也需要了解在可供选择的不同政策工具之间存在的差异（顾建光，2006）。

随着环境治理理论和实践的不断深入，环境政策工具及其分类经历了演变和完善。最初，环境政策工具按照市场与行政的划分，分为市场化工具和命令-控制型工具（托马斯·思德纳，2005）。然而这样的两分法分类方式过于简单，无法满足新型治理机制的政策工具（如信息手段、自愿协议等）的归类。按照 Kemp（1998）的分类，环境政策手段大致可以分为直接管制手段（如市场准入、环境标准等）、经济手段（如税收）和相互沟通手段（如信息披露）三大类。王惠娜指出，在经合组织国家，环境政策工具一般分为命令-控制型工具、经济激励工具和劝说式工具三大类（毛万磊，2014）。世界银行 1997 年年度报告将环境政策工具分为利用市场、创建市场、环境管制和公众参与。也有学者提出管控型工具、市场化工具、信息工具和规劝工具的四分法。除此之外，五分法将环境政策工具划分为法律手段、行政手段、经济手段、技术手段和宣传教育手段。尽管不同学者的分类名称各异，但对于基于行政机制、市场机制和自愿机制的划分标准并没有太大分歧。因此本书采用环境政策工具三分法这一主流分类方式进行展开，即基于行政机制的命令-控制型政策工具、基于市场机制的经济激励型政策工具、基于自愿机制的自愿型政策工具。本章将更多地讨论前两种环境规制手段。

简单来说，政府希望通过干预使得污染排放控制在社会最优水平，最直接的思路便是强制要求企业在社会最优的产量水平生产，或是通过治理达到社会最优的污染排放水平。这一类行政手段被称为命令-控制型政策。另一种思路是模仿市场手段，通过外部成本内部化来纠正市场失灵，使个体面对的私人成本与社会成本一致。这类政策工具可归类为基于市场机制的经济激励型政策。

1. 命令-控制型政策

在 20 世纪 70 年代发达国家的环境政策工具中，命令-控制型政策工具占主导地位，包括发放许可证、颁布环境标准和禁令等。命令-控制型政策的基本逻辑是由政府来决定单个污染者必须遵循的技术准则、排放标准、许可和污染区域划分等。同时，命令-控制型政策往往有明确的配套文件指导、严厉的技术要求和统一的标准，其实施结果的持续性和可预见性较强，因此得到了很多政治家的青睐。

由于 20 世纪 30—60 年代发生的环境公害事件，从 20 世纪 70 年代起国际上普遍开始重视环境质量，越来越多的环境保护法律法规开始逐步建立，政策制定者也乐于运用缺乏灵活性但简单直接的命令-控制型政策工具保护环境：（1）美国在 1970 年颁布的《清洁空气法》对二氧化硫、颗粒物、氮氧化物、一氧化碳、臭氧、铅六种常见污染物分别制定了保护公众健康的严格的“首要国家空气质量标准”和保护公共福利的“次要国家空气质量标准”。各州或地区具体的实施方案或标准至少和联邦政府的标准同样严格。

美国立法者还规定，污染者必须运用最佳可行技术来严格控制污染物排放。美国所有新的发电厂都必须使用特殊的清洁技术，所有主要水污染者都必须遵守基于最佳可行技术的国家统一排放标准。(2)《德国空气质量控制技术准则》同样规定了最佳可行技术的要求，对于特殊行业，根据毒性、可持续性、生态蓄积潜力和致癌作用将污染者分为三类，并限制其废气排放。(3) 荷兰的政策制定者要求最高毒性物质排放者遵守“最佳技术手段”的规则，其他有毒物质排放者遵守“最切实可行的办法”的规则。(4) 英国则略有不同，政策制定者在考虑技术可行性的基础上，还关注遵守环境规制的成本。无须超出成本的最佳可行技术和最佳实践性环境选择理念强调了环境污染治理过程中的成本收益问题。

我国的环境保护和污染治理也是从 20 世纪 70 年代起步的，逐步建立起了污染物排放标准、环境质量标准等，1973 年引入了环境影响评价制度，1979 年出台了《中华人民共和国环境保护法（试行)》。我国的环境保护以从上至下的模式为主，命令-控制型政策也是我国污染防治的最主要方式。与发达国家不同的是，我国在过去几十年里还经历了几乎是人类历史上前所未有的经济腾飞，高耗能、高污染的粗放型发展给环境保护带来了更大的压力，经济发展与环境保护之间的矛盾更为突出。直至现在，我国的环境保护工作仍然面临着非常严峻的挑战。《2023 中国生态环境状况公报》指出，2023 年，全国 339 个地级及以上城市中，有 136 个城市环境空气质量超标，占总体的 40.1%。

工业企业是污染排放的主体，限制工业企业的污染物排放一直是环境保护的重点工作。20 世纪 80 年代至今，为了规范企业环境行为，我国出台了《中华人民共和国环境影响评价法》《中华人民共和国清洁生产促进法》以及各行业污染物排放标准等法律、法规和标准，从企业建设、生产技术、污染物排放、末端治理等各个环节对企业的环境行为作出了要求和限制。此外，政府针对企业污染排放采取了很多重大整治行动，例如 1996 年关停“十五小”，1997—1998 年淮河治理的“零点行动”，2007 年的“流域限批”等，都是典型的命令-控制型环境规制手段。

尽管命令-控制型政策工具有很强的权威性，通常表现为法规、政策与行政措施等，由于国家法律机构与行政机构无可替代的权威性与执行力，在环境管理中发挥了最为关键与不可替代的作用，但命令-控制型手段也存在很多局限和弊端。

第一，政府制定政策的信息成本极高。强制要求企业在最优水平排放污染物，前提是政府要能够清楚地知道什么是最优的污染水平。要最大化社会福利，政府不仅需要知道污染的外部成本和治理污染的收益，还需要知道每一家企业的生产成本和污染治理成本。只有这样才能制定出最优的政策，这就意味着政府的信息搜集成本会非常高。企业有动机隐瞒自己的真实成本，而且企业的成本并不是一成不变的，这使得要政府确定最优排放水平和最佳分配成为几乎不可能的事情。例如，排放标准通常都是单一的，并不能根据每个企业的情况分别调整。也就是说，相比社会成本最小化的污染控制理想情况，政府制定出的政策通常都是成本更高的污染控制方案，缺乏经济效率。

第二，命令-控制型政策的执行成本很高。即使政府尽可能制定了最佳的污染排放限制，要执行这样的政策依然需要投入大量成本。对企业而言，它们仍然有非常强的动机突破限制或是欺骗政府，因为多生产和多排放能获得更高的利润。当违法成本低于偷排污染物所带来的利润时，企业还是会选择违规排放。除了要制定足够高的惩罚，政府还要对每一个排放源实现有效的监督，提高企业违规行为被发现的概率。

第三，中央政府和地方政府间可能存在利益不一致和信息不对称。我国的环境管理体系由中央政府、地方政府和作用主体三级构成：包括全国人民代表大会、国务院、生态环境部等在内的中央政府机构更多地承担了全国性法律、政策、标准等的制定工作，是政策的制定者；省、市、县级人民政府及生态环境部门等则作为政策的执行者履行中央政府派发的任务，负责在地方层面部署并开展工作；企业作为政策最终的作用主体扮演着政策的遵守者，即按照相应的法律法规开展环境管理工作，达标排放，实现环境绩效的改善。

然而，由于委托代理问题的存在（Ross，1973），地方政府和企业可能从自身的利益角度出发利用信息优势损害政策的执行效果。中央政府基于整体社会福利的实现来制定政策，但地方政府在执行上级派发的任务时则会基于诸如地方经济发展、政绩绩效、政治前途等利益得失加以考虑，利用自身相对于中央政府的信息优势隐瞒企业的环境问题；此外，由于地方环境管理的属地特征（陈海嵩，2019），地方政府在行政区域边界的环境问题解决方面表现乏力，由此引发了政企合谋（Sjoberg and Xu，2018；郭峰和石庆玲，2017）、跨界污染（Bedner，2010）、“搭便车”（Cai et al.，2016）、不完全执法（Qi and Zhang，2014；张华，2016）等一系列问题，导致政策在执行过程当中出现了扭曲，损害了政策的有效贯彻和执行。通常在命令-控制型政策下，地方政府拥有很大的实际事权和操作空间，这种信息不对称的特征十分突出，中央对地方的有效监督更加困难。

第四，命令-控制型政策通常意味着很大的寻租空间。如上文提到的，当政府有权力决定最优污染物排放量及其分配时，例如排污许可证的发放，排污许可证本身就变成了稀缺资源，每一个排污许可证也就被附上了相应的价值，为了获得排污许可证，企业有动机甚至必须贿赂行政人员，从而容易滋生政治腐败。

2. 基于市场机制的经济激励型政策

随着高成本的命令-控制型环境政策的弊端愈发凸显，环境规制的政策工具也逐渐丰富，各国开始推出基于市场机制的经济激励型政策。市场能够通过“看不见的手”自发地、有效率地配置资源，在这类环境政策中，政府的角色就是搭建出一个市场机制，通过自发交易达成最有效、社会成本最低的减排方案；或是通过对污染物征税等手段让外部成本变成企业生产成本的一部分，纠正市场失灵，让市场均衡重新回到社会最优水平，尽可能降低政府干预的程度。

1981 年，美国环境质量委员会对 20 世纪 70 年代“环境十年”的政策进行了总结：虽然在过去的 10 年中环境问题逐渐得到重视，在严格的环境规制下，环境问题得到了一定程度的改善，但经济至上、追求高增长的西方经济文化价值观与不计成本的强制性环境规制政策工具之间产生了冲突。20 世纪 70 年代末美国的经济遭受重创，两次能源危机的冲击加重了当时的经济滞胀局面。面临严峻的经济危机，里根政府颁布了 12291 号行政命令：大幅削减环保开支和预算，所有环保提案都要进行成本收益分析，采用更为灵活放松的方式管控企业排污行为。“环境保护不应该成为经济不增长和经济萎缩的借口”成为当时极具影响力的口号。在这样的背景下，美国环境质量委员会认为经济激励要在环境政策工具中发挥更重要的作用，并据此提出了三个目标：（1）权衡环境规制的成本与收益；（2）鼓励市场激励在环境政策工具中的运用；（3）分散并减少政府在环境规制中的责任，逐渐向市场转移。

以“泡泡政策”为代表，美国的空气污染治理从20世纪70年代的命令-控制型政策工具逐渐转变为市场激励、市场调控型政策工具。“泡泡政策”的提出源于“泡泡概念”(bubble concept)，该概念1972年首次出现于有色金属冶炼行业，是将整个工厂看作一个巨大的泡泡，把这个泡泡当作一个整体来计算一个单独的固定污染源的污染物排放量。起初“泡泡概念”将排放污染物的质量作为唯一的控制标准，这很显然会带来问题：不同设施排放的污染物毒性和质量天差地别，只关注质量而忽略毒性，非但不能做到提升环境质量，反而有恶化环境的风险。例如，阿姆柯（Armco）公司的氧气高炉分别在两个排放口排出毒烟和灰尘。毒烟对环境的危害远超灰尘，但其质量却小得多。有数据表明，阿姆柯公司750万美元的污染治理预算资金可单独使毒烟排放量减少587吨，而若单独运用于灰尘减排，则可减排3 965吨（滕海键和王瑶，2020）。作为逐利性的企业，该公司极有可能通过增加毒烟排放来填补治理灰尘所省下的排污总量余额。由于当时并没有出台企业间的排污权交易，阿姆柯公司更有可能新建排污设施、扩大生产规模来用尽这些余额，以达到增加企业利润的目的。由此可见，最初的“泡泡概念”有着极大的风险和弊端，因此也受到了诸多争议和反对。

1974年，美国环境保护署增加了对“泡泡”内空气质量的测度：要求每个企业不只采用最先进的污染控制技术，还要在新建污染设备之前参加听证会等审核程序，并在设施投入使用前一年连续监测该地的空气质量。这样的做法很大程度上消除了“泡泡概念”的负面风险，与“至少将空气质量维持在现有水平”的目标一致。1979年，美国环境保护署在《联邦公报》上公布了“泡泡政策”，经数次修订，该政策于1979年12月正式实施。只要工厂这个“泡泡”向外部排出的污染物总量符合政府规定的环境质量标准，并至少保持相等，且不威胁到周围的环境质量，则允许“泡泡”内各排污源自行调剂，以一种污染物的减少来抵消另一种污染物的增加。在这样的政策背景下，工厂可以加强治理费用较低的污染物的控制，最大化地减少排放量，在此基础上将多余的规定排放量留给治理费用高的污染物，用最小的成本获得最佳的治理收益。环保部门也可以将一个区域内的所有工厂看作一个更大的泡泡，自由调节大“泡泡”内各小“泡泡”的排放量，只需让大“泡泡”的污染物排放量符合国家排放标准即可。“泡泡政策”充分调动了企业的自主性和积极性，体现了20世纪80年代环境政策愈加重视成本收益分析、更倾向于发挥市场调控力量的特点。美国“泡泡政策”效果显著，据统计，截至1985年1月10日，美国环境保护署批准了40个“泡泡”，相比传统的命令-控制型政策工具，“泡泡政策”减少了大约3亿美元的成本。各州纷纷效仿，先后设立了200多个“泡泡”，节省了成本8亿多美元。以实施“泡泡政策”的先锋美国杜邦（DuPont）公司为例，年均排污量从2 769吨降至438吨，下降了约84%（滕海键和王瑶，2020）。

欧盟的环境政策发展同样经历了从命令-控制型向市场激励型的过渡（赵伟，

2009)。1972 年 10 月的巴黎政府首脑峰会强调了欧共体环境政策的重要性，第一个环境行动计划（1973—1976 年）标志着环境保护正式纳入欧共体的政策规划，但这只是一个简单的尝试，意在凸显环境保护的重要性，并提出了一些简单的减排措施和标准。直到 1977 年欧共体理事会通过了第二个环境行动计划（1977—1981 年），涉及经济需求要与自然资源供给相匹配，认为经济增长的障碍之一是有限的自然资源，并强调了资源保护在经济发展中的重要性。20 世纪 80 年代（1983 年）欧共体第三个环境行动计划（1982—1986 年）强化了经济行为对环境的影响评估，政策的有效性和成本收益分析得到了充分的重视。这一点与 20 世纪 80 年代的美国不谋而合，同时也是当时国际环境政策的普遍趋势。

整体上，相比“一刀切”的命令-控制型环境规制政策，市场激励型政策通常更为灵活，政府行政干预程度更低，企业可以根据自身情况选择成本最低的生产和排放组合，经济上更有效率，而且更能为企业清洁生产或污染末端治理提供创新的激励。在本章第三节和第四节中我们将更为具体地讨论环境税和排污权交易的原理及实际应用案例。

三、环境规制的成本收益评估

1. 成本收益分析

成本收益分析是从经济效率角度来评价项目合理性的最普遍的方法，通过评价项目长期的全部成本和收益来核算项目的净收益。任何政策或开发项目都会对环境及自然资源配置造成影响，因此在成本收益分析中需要通过对环境影响进行价值评估，把环境价值纳入项目的可行性研究中。成本收益分析在项目评估中的首次应用源于 20 世纪上半叶美国联邦政府水利部门对水利开发项目的评估需求（Maass et al.，1962）。60 年代以后，成本收益分析逐渐扩展到其他领域和其他国家（Bromley et al.，1971）。

在静态的成本收益分析中，只考虑特定时点项目的净收益，也就是总收益减去总成本。总收益包括私人收益和外部收益，可以由社会需求曲线刻画；同样总成本也包括私人成本和外部成本，可以由社会供给曲线刻画（参考图 11－2 所阐述的福利分析框架）。在进行环境规制的成本收益评估时，也需要考虑环境规制政策产生的全部收益和成本，计算生产者剩余、消费者剩余以及社会总福利等。

而在进行跨时期的成本收益分析时，也就是衡量项目的动态经济效率时，还需要将时间对成本和收益的影响考虑进来，比较项目在产生影响的时期内的全部收益和成本，跨期加总时需将未来价值通过贴现转化为现值。

涉及环境影响的成本收益分析的主要挑战之一在于如何定量分析市场体系无法赋予价格的外部成本或外部收益。资源或环境的价值可以定义为其所提供的所有服务的价值的贴现，然而很多服务并没有被纳入市场体系，为此，经济学家发展出了一系列的非市场价值评估方法，可以分为显示偏好法（revealed preference method）和陈述偏好法（stated preference method）两大类。

2. 非市场价值评估

显示偏好法从实际的决策中推断货币价值，例如旅行成本法、内涵价值法（hedonic value method）等，而陈述偏好法是直接让个体在假想的市场设定中陈述自己的偏好或支付意愿，例如意愿调查评估法、选择实验法等。

内涵价值法利用的是房地产或其他商品市场的决策，利用价格变化或差异之中隐含的消费者对某种环境物品或服务的支付意愿来估计其价值。例如，人们的购房决策反映出人们愿意为空气质量好的地方的房子支付更高的价格，因而房价对空气质量的响应也就反映了人们对干净空气的支付意愿，可以用来估计对干净空气的需求曲线。

意愿调查评估法通常采用问卷直接询问受访者在特定假想情况下对某对象的支付意愿。例如，某环保组织想评价某野生动物保护的社会价值，他们设计的调查问卷中通常会包括对保护对象的描述，拟采取的保护措施，拟采取的资金筹措方式，询问受访者愿意支付的最大价值，或者询问受访者是否愿意支付某金额（或排好序的一系列金额），同时还会询问一些受访者的社会经济特征等，进一步基于这些信息分析得到社会支付意愿的估计，用于项目评估。这类方法显然对问卷设计、样本选择等方面有很高的要求，被调查者信息不足、对支付方式存在一定偏好，甚至受初始点影响等都可能导致各种偏差。陈述偏好法的另一个主要缺陷是，由于调查都是基于假想，受访者并不需要真正地支付，很有可能倾向于高报自己实际的支付意愿。

第二节　排污标准

在各国污染控制和治理的实践中，采用的政策工具大致可以分为排污标准、排污费（税）和排污权交易这三种。在本节及接下来的第三、四节中，我们将在简单的经济学模型框架下分别阐述它们的基本原理，并介绍一些实际案例。

一、排污标准的经济学模型

排污标准是最为广泛使用的污染直接控制法，管制部门制定并依法强制实施每一污染源特定污染物排放的最高允许水平，标准的制定通常是基于污染物的健康风险，而超过排污标准的排污者将受到一定的惩罚，例如罚款、停产等，但这种惩罚并不是基于福利最优化的考虑。如图 11-4 所示，政府设定排污标准为社会最优污染水平 W^*，企业只能排放不超过 W^* 的污染物，在 W^* 右侧生产就会受到惩罚。

排污标准的局限在于，在排污标准制度下要达到最优排放水平，必须满足以下几个条件：

（1）政府需要明确知道社会最优排污量，而现实中信息缺乏会导致标准设定偏差，从而偏离社会最优的生产和污染水平。

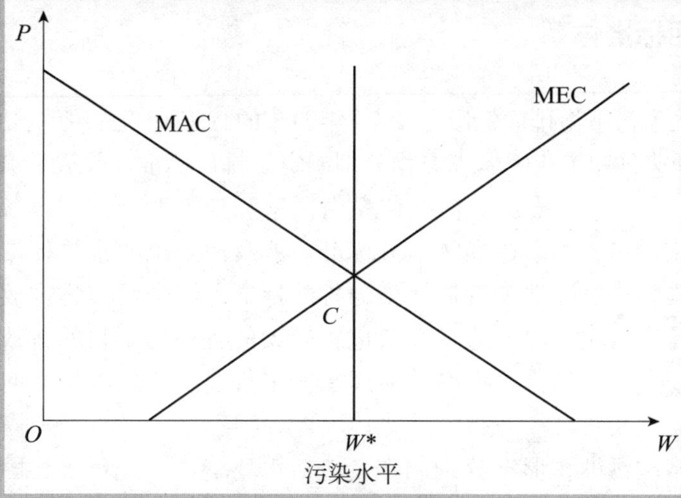

图 11-4　排污标准

（2）罚款为与最优排污量对应的罚款水平，并且违规受到惩罚的概率为 100%。企业在面对强制的排污标准时，可以选择减产、增加末端治理投入或清洁生产投入以合规排放，或者违规排放。当违规排放被惩罚的可能性较低、罚款金额较低时，超标偷排的违法成本低于合规排放所需投入的成本，企业有强烈的动机逃避监管而违规排放。当排放标准执行非常严格、违法成本较高时，为了降低合规排放的成本，企业或第三方进一步开发低成本末端治理技术或清洁生产技术的激励就会较强，能够在一定程度上推动绿色创新和技术进步。

（3）存在多个污染源时，由于各污染源的治理成本不同、减少污染产生的环境收益可能不同，最优的排污标准也因企业而异，单一的排污标准不可能实现社会最优。例如，假定企业边际治理成本相同，位于河流上游的企业排放的污水可能会造成更大的环境影响，因为会影响所有下游的生态环境及人们的用水需求，产生较大的外部成本，即图 11-4 中的 MEC 曲线上移，相应地，最优污染水平左移，因而对上游企业应该制定更加严格的排污标准。但河流上游也可能污染物扩散条件更好，环境容量相对更高，那么上游企业的排污标准就应该相对宽松。

（4）除了空间分布等导致的企业间污染治理成本和收益的异质性，时间上的动态变化让最优排污标准的确定更加复杂和困难。一方面，企业的边际减排成本和社会的边际净收益是会随时间推移发生变化的，那么最优污染水平也会变化，静态的排污标准就会偏离社会最优。另一方面，长期来看，随着企业的进入和退出，污染企业的个数也会发生动态变化，而机械的排污标准无法相应调整。

总的来说，法律法规层面的排污标准具有强制性和较强的约束力，对保护环境、规范企业污染排放和治理行为发挥了重要作用，但当监管力度不足时，无法为企业治理污染和技术创新提供足够的激励。此外，极高的信息门槛使得现实中通过这一政策工具实现社会最优是不可能的，排污标准无法灵活应对污染源的空间和时间异质性，无法达到以最低的社会成本实现污染控制的目标。

二、我国的排污标准体系

我国最早的国家污染物排放标准是1973年颁布的《工业“三废”排放试行标准》，针对工业废水、工业废气和工业固体废弃物分别制定了排放标准，代表着我国环境保护标准体系建立的起点。我国的环境保护标准体系由国家和地方两级构成，各省、自治区、直辖市政府可以制定严格于国家标准物地方标准，涉及污染源的排放标准主要包括国家和各地方的综合污染物排放标准和行业污染的排放标准。综合污染物排放标准规定的是一定范围（全国或特定区域）内普遍存在或危害较大的各种污染物的排放限制，对各行业均具有约束力。行业污染物排放标准只适用于特定行业，且可以按不同生产工序规定污染物容许排放量。

环境标准通常按污染物形态分别制定，包括水环境、大气环境、固体废物、核辐射与电磁辐射环境保护的一系列标准。[①] 除了污染物排放标准外，环境标准还包括环境质量标准以及其他相关标准。以水环境保护标准为例，20世纪80—90年代我国陆续制定和修订了污水综合排放标准以及船舶、海洋石油开发、纺织染整、钢铁等主要行业的工业水污染物排放标准，近30年来不断修订并且扩展到其他各行业。同时还颁布了一系列水环境质量标准，包括海水水质、地下水质量、渔业水质、地表水环境质量、农田灌溉水质等标准文件，此外还有相配套的各种水污染物监测、分析、水质评估的技术标准文件。

近年来，为了落实污染物排放控制，我国开始实施污染物排放许可制度，排污单位应当依法持有排污许可证，按照排污许可证的规定排放污染物。生态环境部于2018年发布了《排污许可证申请与核发技术规范总则》且于2024年正式开始施行《排污许可管理办法》，随之不断扩充了针对各行业及各工序的排污许可申请及核发技术规范。

第三节　环境税

一、庇古税

征收污染税的想法由经济学家阿瑟·庇古（Arthur Pigou）首次提出，因此被后人称为庇古税（Pigovian taxes）。庇古认为，应当根据污染所造成的外部成本对排污者征税，使排污者面对的私人成本等于社会成本，实践中的排污收费或者环境税正是遵循了这一原则。

如图11-5所示，当没有任何环境规制时，企业将在Q^0处生产（排污），但社会成本曲线实际为MPC′，社会最优的排污量为Q^*。如果每排放一单位污染物就向企业征收τ^*，使得企业的边际成本曲线向上平移至MPC′，企业的排污量就会从Q^0下降到Q^*，也就是社会最优的排污量，τ^*就等于社会成本与私人成本之间的差距，也就是最优产量

① 各类环境标准的文本均可在生态环境部网站上查询。

Q^* 处污染的边际外部成本。

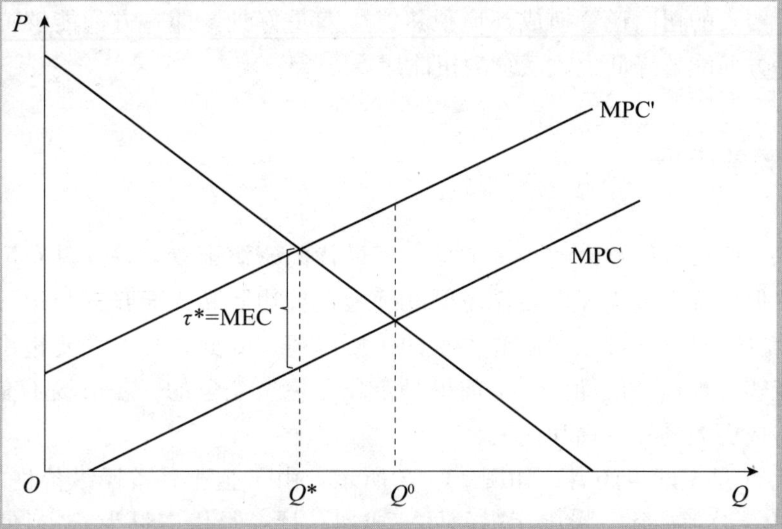

图 11-5　庇古税

庇古税的一个优点在于它的成本有效性，相比排污标准，达到同样的排污量，使用庇古税的成本更低。以图 11-6 为例，假设有三家企业，边际减排成本不同，分别为 MAC_1、MAC_2、MAC_3（横轴为减排量），同时 $DB=BE$。S_2 为三家企业面临的排污标准对应的减排量，社会总减排量为 $3S_2$，总减排成本等于三角形 OS_2A、OS_2B、OS_2C 的面积之和。若通过征收 τ^* 的庇古税来实现减排，则企业 1 的减排若低于 S_1，边际减排成本低于排污费，会进一步减排，若超过 S_1，边际减排成本高于排放费，减排不划算，因此企业 1 会减排 S_1，同理企业 2 和企业 3 分别减排 S_2 和 S_3，此时总减排量仍为 $3S_2$，但总减排成本等于三角形 OS_1D、OS_2B、OS_3E 的面积之和，低于排污标准下的减排成本。

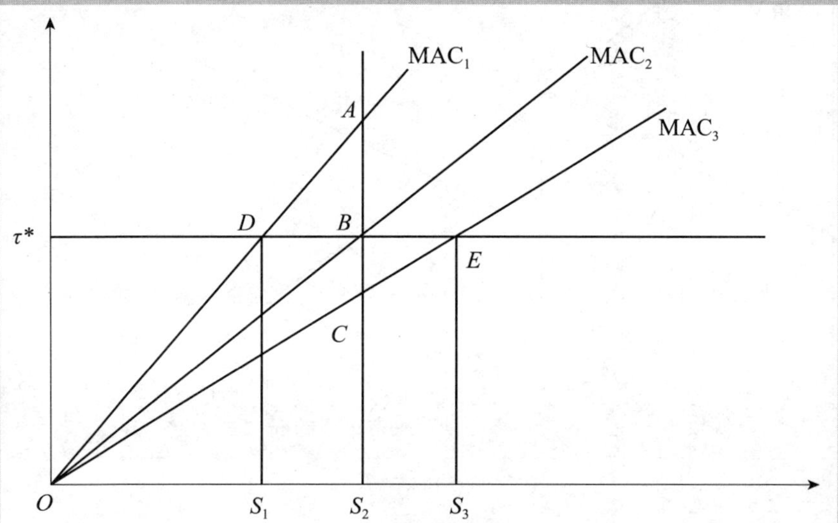

图 11-6　庇古税的成本有效性

庇古税的另一个优点在于，环境税政策如果结合一定的配套措施，对环境税收入进行合理配置，可实现双重红利。双重红利的概念由皮尔斯（Pearce）正式提出：将针对资本、劳动等要素的扭曲税置换成环境税将产生双重好处，即一方面能够抑制破坏环境的活动，另一方面能够降低税收系统的扭曲成本。

二、不完全竞争市场

尽管理论上庇古税能够借助经济工具实现最优的资源配置，并且具有可能收获双重红利的优势，但要确定最优税率同样需要准确地把握边际私人净收益与边际外部成本的信息，因而信息不对称是难以实施庇古税的主要障碍。除此之外，需要指出的是，上文所述庇古税能够实现社会最优的一个前提是市场是完全竞争的。若市场不完全竞争，庇古税则可能造成更大的社会福利损失。

比如企业 A 是垄断生产者，如图 11－7 所示，由于企业具备操纵价格的能力，MR 是企业 A 的边际收益曲线。考虑污染的外部成本，社会最优产量为 Q^*，但为最大化收益，企业 A 会选择在 MR 与 MPC 的交点处生产，产量为 Q^0，此时三角形 ABC 的面积代表无谓损失（dead weight loss），即相比社会最优的福利损失。如果对企业 A 征收每单位 $\tau^*=$MEC 的排污费（税），企业的生产成本曲线上移至 MPC$'$，则新的均衡点为 D，产量为 Q^t，而此时对应的无谓损失扩大为三角形 ADE 的面积。

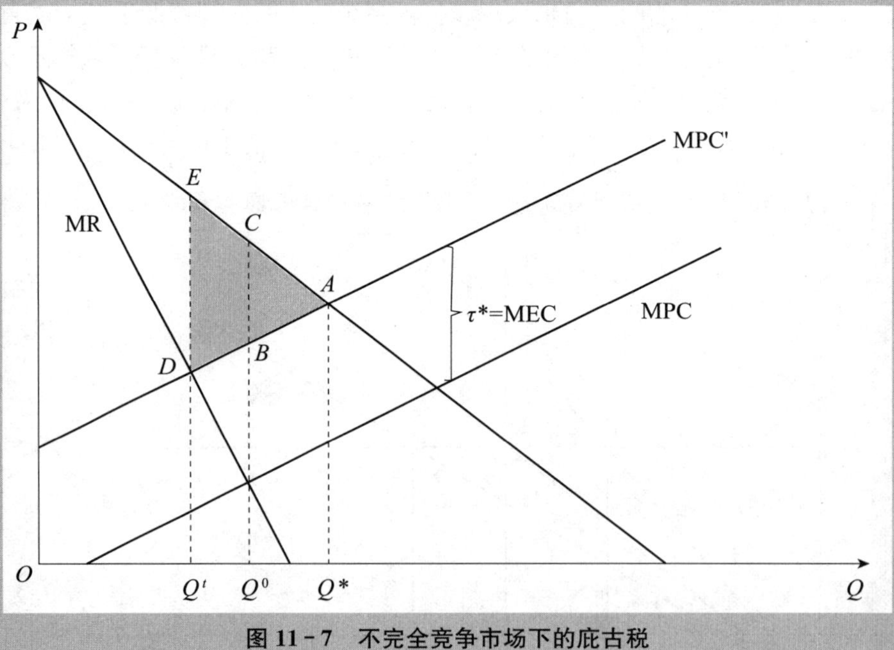

图 11－7　不完全竞争市场下的庇古税

三、从排污费到环境税

自20世纪初期以来，世界各国开始引入各类环境税收或环境收费项目，采用税收政策工具来减少能源消耗和环境污染。随着时间的推移，环境税的税种也不断丰富。环境税政策在全球各国的应用和演化可以大致划分成三个主要阶段：（1）20世纪60—70年代，理论研究向制度实践的转化期。在这一阶段，部分发达国家开始基于污染者付费原则对废气、废水等污染物排放征税，以内部化大气污染和水污染造成的社会成本。（2）20世纪80—90年代中期，快速发展演化期。在这一时期，以经合组织国家为代表的西方发达经济体积极推进环境税政策，环境税逐渐成为主要的环境经济管理手段之一，环保战略方向也开始由末端治理逐渐转向源头管控。（3）20世纪末至今，制度体系完善期。以经合组织国家为代表的西方发达经济体积极推动了绿色税制改革，这一阶段的一大特征是综合考虑了税收对经济和环境的调控作用，以“双重红利”为中心的理论研究客观上推动了各国政府对环境税制度的采纳。

我国正在积极改革和完善环境税政策，以实现对污染问题的有效控制。我国现行的环境税政策是在原有排污收费制度的基础上，按照“税负平移”的原则，经过了“费改税”的制度变革转化而来。排污收费制度是我国最早开始实行的环境管理制度之一，1979年9月颁布实施的《中华人民共和国环境保护法（试行）》从法律上确定了实施排污收费制度，征收对象为超出国家排污标准的污染排放部分。1982年7月施行的《征收排污费暂行办法》标志着全国范围内排污收费制度的正式确立，征收的排污费按规定80%用于返还企业进行污染治理投资。随后，排污收费制度不断改革和完善。2003年1月2日国务院发布的《排污费征收使用管理条例》对排污费征收对象进行了重大调整，由原来的超标排污收费改为总量排污收费，排污即收费与超标收费并行。但随后十年间，排污收费标准仍然普遍偏低，征收获得的排污费还是用于污染治理，难以对污染企业产生减排激励。直到2014年9月，中央政府决定提高排污费征收标准，各地开始按照规定调整排污费征收额度。

在实施近四十年里，排污收费制度对于环境污染的防治发挥了重要作用。但随着我国经济社会的不断发展，排污收费制度存在的诸多问题日益凸显，例如收费标准偏低、征收范围狭窄、征收刚性不足等，污染控制的效果不尽理想。为此，我国政府在新修订的《环境保护法》中建立了环境税制度，自2018年1月1日起正式开始征收环境税，不再征收排污费。

我国的环境税政策是按照谁污染谁付费的基本原则，整体思路是由费改税，在纳税人、征收对象等方面都与原有的排污收费制度相衔接。但与排污收费制度相比，环境税政策更加规范、稳定和具有强制性（李霁友，2017）。两者最本质的区别在于：排污收费属于行政收费，由行政部门执行，而征税必须有法律依据，即环境税具有法律效力，执行过程会更为严谨和规范。相比于排污费基本用于返还企业进行污染治理，环境税作为政府税收来源之一，也为地方政府环境监管提供了更高的积极性。

第四节　排污权交易

一、科斯定理与产权

外部性通常意味着市场缺失，例如清洁环境没有界定清晰的产权，从而缺乏交易基础。回到第一节中的例子，A 印染厂排放的废水影响了下游 B 湖螃蟹养殖的产量。如果产权明晰，干净水质的使用权属于 B，那么 B 就会找 A 要求赔偿污水排放造成的损失，污水排放的负外部性内化为 A 的排污成本。如果干净水质的使用权在 A，那么 B 就会跟 A 协商，通过补偿 A 让印染厂减少污水排放，治理污染的正外部性内化为 A 的减排收益。这两种情形都能够克服外部性问题，最终都在边际社会净收益等于边际社会成本处达成协议。

这就是 1960 年科斯（Coase）在《社会成本问题》（The Problem of Social Cost）一文中提出的观点，后来被命名为科斯定理：如果交易费用为零，不管初始产权如何安排，当事人之间的谈判最终都会导致最有效的资源配置，即市场机制会自动达到帕累托最优。从社会福利的角度来说，产权的分配不影响效率，都能实现市场最优，只影响福利在不同主体间的分配。

二、排污权交易的经济学模型

科斯定理也为污染控制政策提供了新的思路——明确污染排放的权利，这也是排污权交易制度的理论基础。在明确污染排放权的基础上，企业及其他市场参与者可以通过交易自动实现最有效率的污染排放分配。管制当局制定总排污量上限，以此发放排污许可，允许买卖排污权，建立起排污权交易市场。每个企业基于自身的排污收益与排污成本决定最优的污染排放量：当排污权价格高于企业减排成本时，企业进一步减排，并售出富余的排污权，成为排污权的供给者；当排污权价格低于企业减排成本时，企业购买排污权，成为排污权的需求者。

首先，排污权交易最主要的优点在于成本有效性，通过市场机制以最低的社会成本实现减排目标。图 11－8 比较了实现同样的污染排放量，排污标准和排污权交易两种政策工具下的减排成本。考虑市场中只有两个企业，它们的污染边际治理成本曲线分别为 MAC_1 和 MAC_2，二者叠加后的 MAC 即为边际社会治理成本，也是对排污权的社会需求曲线。在命令-控制型政策下，每家企业的产量（排放量）最多为 S_i，允许的社会总产量为 $2S_i$，两家企业的减排成本分别为三角形 CDE 和 ADF 的面积。若采用排污权交易，总的排污许可供给同样是 $2S_i$，形成的排污权价格为 P^*，两家企业对应的排放量分别为 Q_1 和 Q_2，此时的污染控制成本对应三角形 BQ_1E 和 GQ_2F 的面积，企业 1 增加了 $BCDQ_1$ 的治理投入，而企业 2 减少了 AGQ_2D 的治理投入，实现了最低的社会总治理成本。

其次，排污权交易还可以方便地调节和控制污染排放总量。政府、环保组织甚至个人都可以从市场上购买排污权，减少市场上流通的排污权总量，使企业污染排放相应减少。有新企业进入时，也不需要担心社会总污染排放量会增加，必要时也可以新增一些排污权发放，以降低排污权的价格。

最后，在排污权交易机制下，企业根据自身的成本收益选择最优的生产和排放，政府不需要了解每一个企业的成本信息，也就避免了强制减排政策实行中信息不对称的问题。和庇古税相比，二者在效率方面基本等价，但排污权交易不需要事先确定最优的税率，也不需要直接调整税率，而只需要确定总量，让市场发现价格，信息成本相对较低。

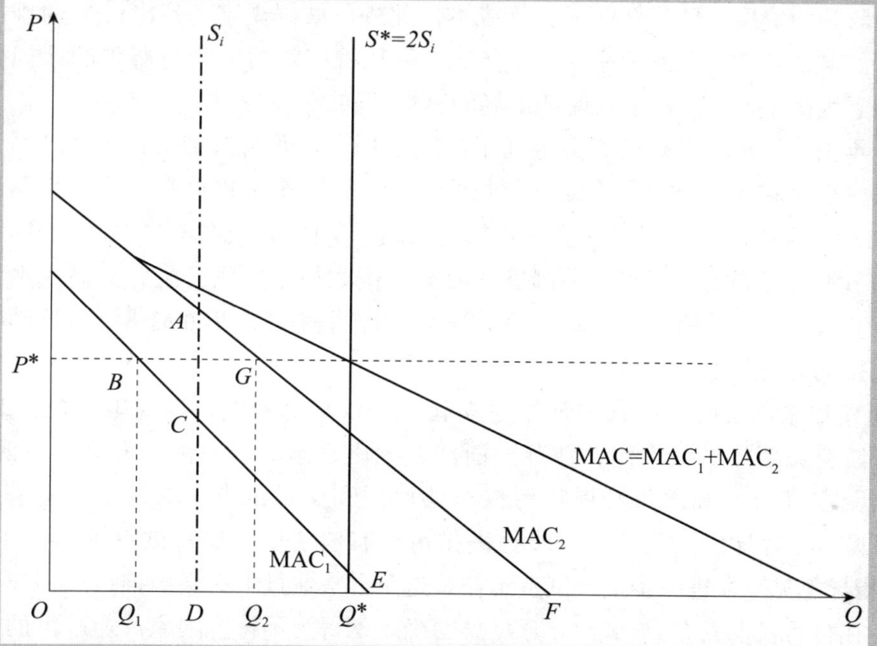

图 11-8　排污权交易

三、排污权交易市场案例

排污权交易最早起源于 20 世纪 80 年代的美国，也是美国环境管理最主要的手段之一。除了第一节中提及的“泡泡政策”，还有汽油中铅含量交易计划（Lead Trading Program），以及储蓄条款（Banking）①、补偿交易计划（Offset Trading Program）② 等制度设计都在这个时期得到实践。美国 1982 年开始实行汽油中铅含量交易计划，含铅许可的交易市场非常活跃，迅速推动了无铅汽油的使用，使得 1908—1989 年空气中的铅环境浓

① 储蓄条款：允许排污权储存用于后续交易。

② 补偿交易计划：允许新的污染源进入某一地区，即使这一地区的环境质量已经很糟糕，只要新加入的污染源能让已存在的污染源同意减少排放量，并且新污染源的排放量不超过已存在污染源的减排量即可。

度下降了 87%（Tietenberg，2006）。这一成功实践证明了总量管制和交易制度可能对环境有效且在经济上具有成本收益。在汽油中铅含量交易计划中，储蓄条款的设计发挥了重要作用，允许储蓄排污权为企业前期减排并存储剩余的排污权提供了动力，以帮助应对后期越来越稀缺的排污权。

20 世纪 90 年代，美国为了控制颇为严重的酸雨问题，制订了第一个全国性的排污权交易项目——二氧化硫排放许可证交易计划，即酸雨计划。这一计划同样取得了巨大成功，1990—2004 年电厂的二氧化硫排放下降了 36%（Schmalensee and Stavins，2017）。酸雨计划中初始配额采用免费分配的方式，大大促进了政治支持。不同于交易成本为零的理论假设，高昂的交易成本通常是影响市场建立和有效运行的障碍之一。在该项目中，二氧化硫排放许可证交易不需要事先得到批准，大大减少了企业的不确定性和政府的行政管理费用，显著降低了交易成本。此外，根据规定，超出许可的排放被处以 2 000 美元/吨的罚款，企业几乎 100%合规，可见将有效的监测与严重的违规处罚相结合，有利于提高企业履约水平，保证市场的良性运转。

数十年来，排污权交易在美国得到了广泛应用，1999 年东部 11 个州建立了氮氧化物的排放权交易制度，2009 年东北 9 个州建立了美国首个碳排放权交易市场，加利福尼亚州也在 2013 年开始了碳排放权交易市场的实践。美国排污权交易的实践表明，很多市场设计细节都可能影响排污权交易制度的效果，例如初始配额分配、交易成本、跨期储蓄、有效监管等，成熟的市场机制和市场环境是排污权交易成功实现污染控制目标、激励企业减排的必备条件。

21 世纪以来，发展中国家也开始建立起排污权交易制度。以我国为例，2007 年以来，国务院有关部门组织天津、江苏、浙江、湖南、湖北、河南、河北、山西、陕西、重庆、内蒙古等 11 个省区市开展排污权有偿使用和交易试点，取得了一定进展。2014 年，国务院办公厅印发《关于进一步推进排污权有偿使用和交易试点工作的指导意见》（简称《指导意见》），进一步推进试点工作，这是首次通过中央层面推行排污权有偿使用和交易。在排污权发放方面，《指导意见》明确，不得为不符合国家产业政策的排污单位核定排污权，重点支持战略性新兴产业、重大科技示范项目等的建设，体现了通过排污权约束淘汰落后产能、进行产业结构调整的思路。在交易制度方面，《指导意见》提出建立排污权储备制度，回购排污单位“富余排污权”，适时投放市场。《指导意见》还进一步明确了排污权使用费的收取、监督、使用，明确了试点地区政府的监管范围和职能。

除了将排污权交易的机制应用到二氧化硫等污染物排放控制上，我国也在积极推动碳排放权交易市场的建设。从 2011 年开始，北京等 8 省市开展碳排放权交易试点，为全国碳排放权交易市场建设积累经验。2021 年 7 月，全国碳排放权交易市场启动线上交易，首批覆盖电力行业发电企业 2 000 余家，初步建立起全国碳市场制度框架，未来还将推进扩大行业覆盖范围，纳入水泥、钢铁等重点行业企业。

关键词

命令-控制型政策　排污权交易　环境税　边际外部成本

思考题

1. 经济激励型的环境规制政策是如何通过市场发挥作用的?

2. 不同类型的环境规制政策工具各自有何优缺点?

3. 思考在排污标准、排污权交易、排污收费等各主要政策机制下影响污染控制效果的可能因素有哪些。

4. 从源头控制和末端治理的角度出发，思考环境规制如何能在长期更好地实现污染控制。

5. 如何看待成本有效性在环境政策选择中的重要性?

参考文献

拓展阅读

第十二章

面源污染控制与农村环境治理

第一节 面源污染的特点和类型

一、面源污染

1. 面源污染与点源污染

点源污染（point source pollution）是指有固定排污口，易辨别污染源，受自然因素影响较小，容易被监测和控制污染产生后果的污染类型。常见的点源污染多是由城市活动所产生的污染，例如工业废水和生活废水的排放，固体废物排放及渗透入河流径流，交通工具尾气与集中饲养动物粪便的排放等。

非点源污染（nonpoint source pollution）是相对于点源污染而言的，也被称为面源污染。相对于单个污染源造成的点源污染而言，面源污染往往存在多个污染源，发生位置难以识别，具有很强的随机性，很难将污染追溯至某个单一的排放源头（宋秀杰，2011）。面源污染的概念最早来自美国《清洁水法》（The Clean Water Act）。《清洁水法》修正案指出，面源污染的定义是“污染物以广域的、分散的、微量的形式进入地表和地下水中”。早期的面源污染常常特指水体污染，尤其是对农业面源污染而言。对于我国而言，绝大多数流域，如太湖、滇池流域等，农田径流、畜禽场径流以及城乡接合部污水排放和垃圾堆放是造成面源污染的主要原因（张维理等，2004）。有关统计表明，我国农业面源污染占面源污染排放总量的近60%～80%。

点源污染与面源污染并非完全对立，在某种特定条件下，二者也可以相互转换。例如，空气污染虽然来源于城市工业部门的工业废气及汽车尾气的排放等，这些污染物往往来自固定的排放对象，属于典型的点源污染，但是由于空气污染在大气中存在时间长、传播范围大，因而其在扩散过程中有可能成为无法追溯源头的面源污染。因此，判断某种污染是面源污染还是点源污染，需要结合具体情况进行分析。

2. 面源污染的类型

面源污染按照形成、规模及危害程度，可以分为七种类型：土壤侵蚀，农田化肥和农药施用、家畜粪便与垃圾，农田污水灌溉，城镇地表径流污染，矿区、建筑工地地表径流污染，林区地表径流污染，以及大气干沉降与湿沉降（贺缠生和傅伯杰，1998）。

（1）土壤侵蚀。土壤侵蚀是规模最大、危害程度最严重的一种面源污染。从表面上看，土壤侵蚀造成了土壤表层的有机质层的损失，实际上随着土壤侵蚀，有许多污染物会进入水体，形成面源污染。

（2）农田化肥和农药施用、家畜粪便与垃圾。农药、化肥、家畜粪便和垃圾堆放是另一个重要的面源污染源。有研究表明，农药和化肥使用是造成水体污染和富营养化的最主要原因。此外，农村家畜粪便和垃圾随意堆放，在降雨季节，其也会随着地表径流进入水体，形成大面积的污染。

（3）农田污水灌溉。污水灌溉是利用土壤对污染物的自然净化作用和农作物对营养元素的吸收作用，净化污水。虽然污水中的营养元素可以为农作物吸收，但如果施用量过大，或施用时间不恰当，许多污水未经过农作物和土壤的自然净化而直接进入水体，也会导致土壤和地表水及地下水污染。

（4）城镇地表径流污染。主要是指在降雨过程中，雨水及所形成的径流，流经城镇地表，如商业区、街道、停车场等，聚集起来的污染物（如原油、盐分、氮、磷、有毒物质及杂物）随之进入河流或湖泊，污染地表水或地下水体。

（5）矿区、建筑工地地表径流污染。这主要是由人类活动引起的。一方面，不合理的人为活动破坏了原来的土壤结构和植被面貌，使得土壤表层裸露，导致水土流失增加；另一方面，在降雨条件下，散落在矿区地表的泥沙、盐类、酸类物质和残留矿渣等污染物，会随着地表径流进入水体，形成面源污染。

（6）林区地表径流污染。这主要是指在降雨过程中所发生的地表侵蚀，使地表的植物残枝、落叶以及形成的腐殖物随地表径流进入水体，形成面源污染。由于林区人为活动强度相对较低，地表植被覆盖率较高，与其他面源污染相比，林区地表径流形成的面源污染负荷一般较低。但在森林采伐区，由于地表植被破坏，地表径流和土壤侵蚀增加，会增加区域的面源污染。

（7）大气干沉降与湿沉降。这主要是指大气中的有毒物质直接降落在土壤或水体表面，或随同降雨或降雪降落在土壤或水体表面。酸雨形成的污染已经成为世界上公认的环境灾害之一，不仅对建筑物和植被造成直接的破坏，还会污染土壤和水体。

3. 面源污染的特点

与点源污染比较，面源污染具有以下特点：

（1）面源污染主要受水文循环（降雨及降雨转化为径流的过程）的影响，在污染发生与排放方面具有随机性和间歇性，且变化幅度较大，难以定时定点地监管。

（2）污染物的构成和数量与径流经过地表的状况（地质地貌、植被、土壤类型等）

有关，包含污染物的水体和土壤相互作用，使得污染物渗入地表水体的位置相对随机，排放量的大小以及空间分布均具有不确定性。

（3）面源污染在时间及空间维度上的随机性和不确定性，给面源污染的监管、控制、处理带来了很大的困难及挑战。

二、农业面源污染

农业面源污染是指在农业生产环节，由于农药、化肥、农膜、饲料等农用品使用不合理，以及对禽畜粪便、秸秆、生活垃圾和污水处置不及时或不得当，而导致的发生在农村当地及其所在河流流域的环境污染问题。

虽然面源污染的来源广泛，但以农业面源污染最为突出。三峡大坝库区 1990 年的统计资料表明，90%的悬浮物来自农田径流，氮和磷大部分来源于农田径流，对面源污染的合理控制直接关系到农业及区域社会经济的可持续发展。农业生产带来的面源污染并非中国特有的问题。美国环境保护署的数据显示，美国面源污染占污染排放总量的 2/3，其中农业面源污染约占面源污染排放总量的 75%。

1. 农业面源污染的特点

与点源污染相比，农业面源污染较为分散，较容易受到自然因素影响，发生的位置和地理边界难以识别和确定。具体而言，农业面源污染具有分散性和隐蔽性、随机性和不确定性、广泛性和难监测性、潜伏性和滞后性等特点。

（1）分散性和隐蔽性。

与点源污染的集中排放不同，农业面源污染没有固定排放口，污染分散，污染物随地形特征、自然气候的变化而变化，使得农业面源污染物排放往往会随着自然环境的改变而散失在整个流域之中。污染的分散性也会导致面源污染的地理边界不易识别，空间位置不易确定，具有较强的隐蔽性。

（2）随机性和不确定性。

从农业面源污染的产生原因和过程来看，农业面源污染与当地降水存在较大的关联，降雨的频率和强度对农业面源污染有较大影响。此外，农业面源污染的形成与地质地貌、土壤结构、温度、湿度等自然条件密切相关。由于地形或气候因素本身具有外生性及不确定性，面源污染也具有随机性。农业面源污染还可能受到土壤条件、农业生产活动、土地利用方式等多种因素影响，污染源不明确、排污点不固定、污染物排放随着自然因素的变化具有间歇性，导致对农业面源污染的监管也变得更加困难。

（3）广泛性和难监测性。

我国农业人口基数庞大，有 2 亿多农户。每个农户在农业生产过程中都可能导致农业面源污染，污染主体具有广泛性。此外，特定区域内污染物的排放是相互交叉的，地理、水文、气象等自然条件使聚积在地表的污染物会随着地表径流或渗漏进入水体，由于径流的时空变化大，农业面源污染具有广泛性和较大的时空差异性。这些性质也使得对单个污染者污染排放量的监测及水体污染贡献率的测度存在极大的困难。

（4）潜伏性和滞后性。

降雨和地表径流是农业面源污染产生的主要原因。降雨发生之前施用于农田的农药及化肥有可能在地表长期累积，并不会立即产生面源污染的后果。当降雨流经地表并产生汇流过程时，潜伏累积的污染物才会在降雨的驱动下随径流流失导致污染发生，因此实际发生的污染物相较于污染的排放时间具有相对滞后性。潜伏期长短与污染危害程度有直接的关系，以施肥为例，研究表明，施肥和降雨的间隔期越短，污染后果越严重（陶春，2010）。

2. 农业面源污染的来源

（1）规模化畜禽养殖场污染。我国畜禽养殖飞速发展，但规模化畜禽养殖比例还不高。以生猪养殖为例，规模化出栏不到生猪出栏总量的一半。畜禽养殖场的粪便无害化处理率低，大都未经处理堆放在地面或直接还田，导致了农村地区的畜禽养殖污染问题。

（2）农用化学品污染。我国化肥施用总量大，化肥施用水平较高，化肥有效利用率低，过量施用的化肥导致氮、磷等营养物质大量渗入自然环境，形成大面积的面源污染。

（3）农村生活垃圾污染。农村生活垃圾包括固体废物（生活垃圾）和农村生活污水。大量未经处理的固体废物和生活污水未经处理或处理不当直接外排，极易在雨季伴随降雨进入径流水体，进而分布于湖泊或者河流，导致水体环境严重恶化。

（4）生态环境恶化。由于乱砍滥伐、土地抛荒、种植结构不合理，荒山、荒沟、荒丘、荒滩在农村广泛存在。农户环保意识较低导致水土大量流失，污染物随之流入河流、湖泊等水域并造成污染。

三、种植业面源污染

1. 种植业面源污染发生的社会经济机理

种植业面源污染是由于农户不合理施用化肥、农药等化学品，污染物在土壤中不断积聚，污染物随着降雨、径流、侵蚀等自然因素的作用发生迁移，从土壤圈向其他环境（尤其是水体环境）扩散而形成的一种农业面源污染。

种植业面源污染发生的社会经济机理主要表现为：

（1）农户为追求个人收益最大化过度使用农业资源，导致负外部性的产生。由于土地分散，小农户普遍追求单位土地面积产出的增长，以提高自身的收益，因而常常过度依赖化肥、农药等农用化学品，以追求土地的高产出。

（2）农业比较收益较低，导致人地矛盾突出和农业生产经营模式不当。由于农业比较收益低下，农户更倾向于参加非农劳动，对农业用地的资金与劳动投入也会随之降低，农地养护和生态环境保护常常容易被忽略。

（3）经济及政策导向、农户生态意识及专业技术缺乏。农村市场发育程度低，信息不对称，农业生产存在滞后性，导致农业资源被不合理地利用及浪费。

2. 种植业面源污染的来源

（1）化肥污染。

农业生产过程中不合理施用化肥是种植业面源污染形成的主要原因之一。主要表现为氮、磷、钾肥等化肥使用比例不科学、化肥施用量不均衡以及化肥利用率较低。

首先，化肥施用总量巨大。我国是世界上最大的化肥生产国、使用国和进口国，尽管近年来化肥施用量有所下降，但是2022年全国农用化肥施用量仍达到5 079.2万吨，1980年为1 269.4万吨。

其次，化肥单位施用量大。2021年，我国农作物每公顷化肥施用量达506.11千克，为英国的2.05倍、美国的3.69倍、澳大利亚的9.45倍。化肥施用不合理与我国粮食增产压力大、耕地基础地力低、耕地利用强度高、农户生产规模小等相关，也与化肥生产经营脱离农业需求、肥料品种结构不合理、施肥技术落后、肥料管理制度不健全等相关。

最后，化肥利用率低。发达国家平均化肥利用率可达60%～70%，而我国平均化肥利用率只有30%～35%。按30%的平均利用率计算，2005年化肥流失达3 000万吨。流失的化肥及其营养成分会通过地表径流、灌溉、渗透等方式对当地生态环境造成污染。

（2）农药污染。

农药的过量及不当使用也是种植业面源污染的主要原因之一。首先，农药使用量庞大。1990年以来，我国农药生产量成为世界第二，仅次于美国；使用量居世界第一。我国农药施用结构存在不合理的情况：化学农药占农药总量的93.3%，生物农药占比为6.7%，其中剧毒、高残留农药超过农药总量的30%，高度高残留农药的过量使用问题仍十分突出。

其次，农药利用效率低下。有研究表明，粉质农药仅有10%附着在作物上；液体农药附着率仅为20%，40%～60%洒落地面，5%～30%悬浮于大气中，约有80%的农药进入环境中。大气和土壤中的农药随着降雨、渗透和地表径流进入水体，引起水环境恶化，且土壤中的农药会影响土壤结构和性质，引起土壤酸化，降低土地生产能力等。

（3）农膜污染。

农膜主要包括棚膜和地膜。棚膜是放置于大棚外部的，主要用来保持棚内温度和隔离病虫害。地膜是覆盖在地面植株周围以提高地面温度和保持土壤水分的。棚膜较厚、面积较大且不易破损，因此容易收集，一般都能回收利用。但地膜很薄，极其容易破损、老化、残留在土壤中，造成土壤污染，导致面源污染的产生。

地膜污染的产生，一方面是由于我国地膜生产和使用量大，另一方面是农膜生产向“薄型”发展所带来的意料之外的后果。生产者过度追求经济效益而忽视地膜品质的提高，因此地膜强度低、易破损、回收困难，导致残留农膜的大量存在。由于农膜的主要化学成分为聚乙烯（即塑料），在自然条件下很难甚至无法降解，长期残留的地膜会老化变硬，破坏耕作层的土壤结构，也会对动植物造成不可逆的损害。

四、畜禽养殖业面源污染

我国畜禽养殖业历史悠久。随着经济社会变迁，畜禽养殖业逐渐由依附于农业的副业转变为生产规模较大、组织化程度高、产业化的独立产业，畜牧业产值在农业总产值中所占比重逐年提高。然而，以畜禽粪便为主的养殖业废弃物排放，对当地及周遭水体环境都带来了极大的负面影响。

1. 畜禽养殖业面源污染的来源和类型

（1）畜禽养殖粪便及污水污染。

我国传统农业是将畜禽粪便收集起来，采用填土垫圈的方式或堆肥方式对其进行利用，这种粪便俗称农家肥。随着农业化学化越发普遍，加上粪便运输成本上升，化肥逐渐取代农家肥。畜禽粪便从曾经促进增产的资源变成了负面的污染源。部分畜牧养殖场的粪便没有经过合理处理，在长期堆放过程中，给周遭环境和居民健康带来了巨大的隐患。

除畜禽粪便外，养殖场日常清洗消毒的污水也会形成污染源。这些污水中含有大量的有机质和消毒剂的化学成分，可能还含有病原微生物和寄生虫卵等。据测定，猪场污水中总固体物为15～47g/L，化学需氧量为32.5～55g/L；牛场污水沉淀物中化学需氧量为14～32.8g/L，生化需氧量为4.2～5.2g/L，总固体悬浮物为6g/L。在1mg养殖场污水中有83万个大肠杆菌，69万个肠球菌。养殖一头猪产生的废水量是一个人产生废水量的7倍，养殖一头牛是22倍（宋秀杰，2011）。这些污染物不经处理，渗入地下或地表水中，导致水环境中硝态氮和细菌总数超标，严重威胁居民饮用水的安全。

（2）畜禽养殖业面源污染的类型。

畜禽养殖往往会产生大量粪尿，畜禽排泄物经过雨水冲刷而流入水体，容易导致当地水体的富营养化，从而影响到农村水环境质量。倘若将未经处理的污水直接灌溉到农田里，易造成土壤板结，有害污染物也会在土壤中大量沉积，影响农作物生长。畜禽排泄物含有寄生虫卵、细菌，容易滋生蚊蝇，引起疫病传播。另外，畜禽产品生产过程会直接或间接地产生甲烷等温室气体，对大气环境造成污染（张永强等，2018）。畜禽养殖业的面源污染主要可具体分为以下三类污染：

①水体污染。畜禽养殖导致的水体污染主要包括有机物、氮、磷等物质。这些污染物进入水体后导致藻类迅速生长、水中溶解氧含量持续降低，水生生物大量死亡。死亡的水生生物尸体腐烂后会导致厌氧细菌大量生长，使水体细菌指数超标，继而散发恶臭，甚至可使河流生态功能丧失。另外，渗入地下的污水会大幅增加地下水中硝态氮或亚硝态氮的浓度，降低地下水溶解氧含量，致使地下水水质严重下降。

②土壤污染。集约化、规模化养殖模式导致畜禽粪便排放量大，远超土壤承载能力，难以被土地消纳。畜禽粪便的堆积会导致土壤结构失衡及有害物质不断累积，农田土壤中粪便施用过量会使土壤中氮、磷、钾含量超标，抑制农作物生长。此外，部分饲料中含有添加剂、抗生素、重金属等物质，带有有害物质的畜禽粪便被施入农田土壤后，可导致大量有害组分被农作物吸收，进而威胁食品安全。

③大气污染。畜禽养殖产生的空气污染物以硫醇类、氨、硫化氢及粪臭素为主。在规模化养殖场中，由于养殖数量大、养殖区域集中，堆积的畜禽粪便在分解后会产生诸如硫化氢等有毒有害气体，致使畜禽对疾病的抵抗力减弱，极易感染一些传染病。若畜禽粪尿处理不当，将会对人们的生活环境和健康产生严重威胁（吴浩玮等，2020）。

2. 畜禽养殖业面源污染的特点

（1）畜禽养殖业废弃物产生量大。

畜禽粪便污染已成为农业面源污染的重要来源。中国每年产生的畜禽粪污总量近40

亿吨，畜禽养殖业废弃物排放的化学需氧量达到 1 268 万吨，占农业面源污染排放总量的 96%。据环境保护部 2010 年调查数据，畜禽废水的污染物排放量为工业废水的 2～3 倍（李桂兰等，2020）。

（2）畜禽废弃物污染环境严重。

全国每年产生的畜禽废弃物有 19～20 亿吨，全国 90%的大型养殖场没有进行环境影响评价，大多数畜禽养殖场缺乏有效的粪便处理措施（李桂兰等，2020）。大量畜禽废弃物污水未经处理直接进入水体，加剧了河流、湖泊的富营养化。目前畜禽废弃物中氮、磷的流失量大于化肥的流失量，约分别为化肥流失量的 122%和 132%（宋秀杰，2011）。

（3）畜禽废弃物污染严重威胁和影响大中城市的区域环境质量。

许多规模化畜禽养殖场为便于产品运输，大多建在大中城市近郊，但由于城市近郊没有足够的土地消纳大量畜禽废弃物，加之监管不力，造成畜禽废弃物随意丢弃、污水乱排乱放的问题，给大中城市带来了巨大的环境压力，严重影响到大中城市的区域环境质量。

3. 畜禽粪便污染的处理处置及资源化利用

我国畜禽粪便的综合利用率不足 60%，全面推进畜禽养殖业废弃物处理及资源化利用，已成为亟待解决的重要问题。统筹兼顾畜禽养殖业发展和面源污染防治两大目标，必须妥善处理畜禽粪便污染，尽可能进行资源化利用。

（1）畜禽粪便肥料化。

粪便是一种良好的有机肥料，含有大量有机物及丰富的氮、磷、钾等营养物质。随着畜禽粪便肥料化技术的发展，很多地方已建成有机肥生产厂。常见的畜禽粪便堆肥化方法包括厌氧发酵方法、快速烘干法、微波法、充氧动态发酵法，通过将畜禽粪便经过与辅料混合、发酵、干燥、造粒等工艺处理，制成无味、高效的有机肥料，实现粪便资源化和商品化。我国猪、牛、羊和家禽粪便中总氮、总磷养分含量分别为氮肥、磷肥施用量的 93.4%和 71.6%，可在相当程度上填补氮、磷肥的需求量，减少化肥过量施用的危害（吴浩玮等，2020）。

（2）畜禽粪便能源化。

畜禽粪便可以在高温（35℃～55℃）厌氧条件下利用厌氧细菌的分解作用，将有机物经过厌氧消化作用转化为沼气和二氧化碳。采用以厌氧发酵为核心的能源环保工程，是畜禽粪便能源化利用的主要途径，也是一种有效处理粪便和资源回收利用的技术。

（3）畜禽粪便饲料化。

畜禽粪便中含有许多没有被消化吸收的营养物质，如粗蛋白质、脂肪、无氮浸出物、钙、磷、维生素，尤其是消化道较短的禽类，粪便中的养分含量更高。但畜禽粪便中含有很多潜在的有害物质，如矿物质微量元素（重金属如铜、锌等）、各种药物（抗球虫药、磺胺类药物等）、抗生素和激素等以及大量的病原微生物、寄生虫及其卵，畜禽粪便中还含有氨、硫化氢、吲哚、粪臭素等有害物质。带有潜在病原菌的畜禽粪便经过高温、膨化等处理后，可去除有害物质及杀死全部的病原微生物和寄生虫。

（4）畜禽粪便资源化发展的技术方向。

解决畜禽粪便污染的根本出路是发展生态畜牧业，走可持续发展之路。国内部分养殖场已开始对畜禽粪便进行减量化处理、资源化利用，但存在着技术单一、粪便利用率低、遗留问题难解决等问题。畜禽粪便的资源化利用应遵循“资源化、减量化、无害化、生态化、产业化”的原则，将畜禽粪便由废弃物变成资源，如肥料、饲料和燃料，使畜禽粪便得到多层次的循环利用。例如，先对畜禽粪便进行固液分离，把分离出来的固体堆肥用来生产蚯蚓或用作饲料，液体用厌氧发酵法处理，在发酵后产物中，沼渣堆肥，沼气用来照明或采暖，最后把剩余的液体再用好氧法进一步处理。把几种方法有机结合起来使用，已成为畜禽粪便资源化技术发展的主要方向（宋秀杰，2011）。

五、农村生活源的污染

1. 农村生活污水的污染

（1）农村生活污水的污染组成。

农村生活污水是指农村居民生活过程中排放的污水。可分为四类：一是厨房污水。厨房污水包括一切厨房活动产生的污水，例如淘米水、洗菜涮锅水等，厨房污水中的主要污染物来源于洗洁精，调料中的氯、钠、碘等微量元素，以及动物脂肪。二是生活洗涤污水。生活洗涤污水包括洗澡、洗脸、家庭清洁用水等，其污染源主要是洗涤用品中的化学成分，其中以磷元素为主要代表。三是厕所污水。厕所污水即人畜粪便污水，其污染源包括人畜粪便中的氮、磷、生化需氧量等。四是其他混合污水。该污水类型包括农村家庭畜禽养殖、农产品加工等行为产生的无法进行分类的污水（沈兴刚等，2018）。

（2）农村生活污水的水质特点。

农村生活污水分布分散，随机性强，浓度低，变化大，成分复杂，难以评估其污染负荷。生活污水中悬浮物浓度较高，有机物浓度较低，水质呈弱碱性。大部分农村生活污水的性质相差不大，基本没有重金属和有毒有害物质。生活污水的排放量丰水期比枯水期大，早晚比白天大，不同时段的水质不同。大部分没有污水排放管网，污水较难收集。厕所排放的污水水质较差，但可进入化粪池作肥料。

（3）农村生活污水的排放特征。

农村生活污水一般呈粗放型排放。大多数农村没有完善的污水排放系统，污水沿道路边沟或路面排放于就近的水体中。农村生活污水中有机物含量高，氮、磷含量多。生活污水的随意排放，加上雨水冲刷，使得生活污水中的有机质和氮、磷等物质流入溪流、湖泊等水体中，如果不加以处理，常常会引起水体富营养化。

（4）农村生活污水造成的污染。

我国农村生活污水排放污染物以化学需氧量和氨氮为主，污水处理率尚处于较低水平，仅有部分地区的农村生活污水治理实现了全覆盖（于婷和于法稳，2019）。生活污水未经处理肆意排放，成为江河湖泊水体、地下水和饮用水源地水质下降的主要原因。以太湖流域为例，农村生活污水是太湖水体富营养化的主要污染源。其中，氮的污染贡献率占35.35%，磷占59.65%。农村生活污水无控制地直接排入周边环境，是造成农村水环境污染的重要原因之一（晏萍和曾慧剑，2014）。

（5）农村生活污水治理对策。

一是制定科学规划，核算资金需求状况。根据农村人居环境整治规划，充分考虑农村生活污水处理所需的硬件设施、运营条件等各种要素，依据规划中划分的区域类型分布情况，对全国范围内农村生活污水处理技术与实施所需要的资金规模进行科学核算。

二是推动技术创新和应用，加强专业性指导。随着农村生活污水水质的变化，处理技术需要进行相应的创新，以适应农村生活污水治理的需要。为了与农村生活污水治理后的应用目的相适应，需要开展相应技术的研发，确保农村生活污水治理后水质达到相应的标准。

三是加大资金投入，完善生活污水处理基础设施。在国家层面切实加大财政资金投入力度，设立相关的专项资金，明确政府的投资主体。积极鼓励社会团体、企业和个人以捐款或其他方式积极参与到农村生活污水治理之中，体现其社会责任感，充分发挥社会各个层面的作用。根据不同区域经济发展水平，建立和完善适应各地经济水平的地方政府补助机制，作为国家专项资金、社会资金投入的有效补充，将农村生活污水处理的资金投入纳入国家财政体系中，逐年增加对污水处理设施的建设和维护费用。

四是完善各项机制，推动污水治理持续开展。在生活污水设施运营机制方面，治理之初，政府负责相应设施的运营与维护，之后逐步过渡到由政府和用户以外的第三方负责；在评估与监督机制方面，建立符合实际的评估指标体系，采取自评估与第三方评估相结合的方法，在国家层面、省级层面以及基层政府层面建立农村生活污水处理的监督机制。

五是增强主体责任意识，提高农村居民参与度。通过各种新媒体平台，开展形式多样、农村居民喜闻乐见的宣传活动，提高他们对农村生活污水治理工作的认知水平，更好地了解并支持农村生活污水治理工作。让农村居民亲眼看到农村人居环境整治带来的村容村貌的改变，以及给农村居民带来的实惠，增强农村居民的环保责任意识，建立并强化农村居民对农村人居环境整治的信心，逐渐规范其生活污水治理行为（于婷和于法稳，2019）。

2. 农村生活垃圾的污染

（1）农村生活垃圾的污染组成。

农村生活垃圾包括农村居民日常生活中产生的炉灰、渣土、粪便、厨余、废旧电器、园艺废物、商品包装、弃用的生活用品等。厨余类、灰土类、橡塑类、纸类等四大类垃圾组分占比超过80%，其中，厨余类占比43.58%、灰土类占比23.48%、橡塑类占比8.78%、纸类占比7.77%（胡斌等，2019）。我国农村生活垃圾的产生量和构成随经济发展阶段和地域差异呈现出不同特点，垃圾处理进展区域差异大，但与过去相比都有不同程度的改善。

据黄开兴等（2011）的研究，我国农村生活固体垃圾人均日排放量约为0.95公斤，增速快于城镇，与农民年均纯收入存在显著的倒U形曲线关系。目前，我国大部分农村地区生活垃圾产生量还处于倒U形曲线的上升阶段。随着经济发展，农村生活垃圾产生量可能会迎来迅猛增长的阶段，垃圾治理也将面临严峻的形势（操建华，2019）。

（2）农村生活垃圾处置方法。

一是填埋法。填埋法是农村生活垃圾的最终处置方法。经过焚烧或其他方法处理后的残余物被送到填埋场进行填埋。其原理是将垃圾埋入地下，通过微生物长期的分解作用，使之分解为无害的化合物。农村一般有很多天然的或废弃的低洼地、水坑、干涸的河流等，很多农民将生活垃圾直接倾倒其中，造成水、土壤和大气的污染。农村地域广阔，选择垃圾填埋场应避开易渗透以及靠近河流、湖泊、洪灾区和储水补给区的地理位置，要在填埋场底部加防渗层。及时清运农户生活垃圾，将垃圾填入选好的填埋场盖上黄土压实，使其发生生物、物理、化学变化，分解有机物，达到减量化和无害化的目的。

二是焚烧法。农村生活垃圾中，废塑料等可燃成分较多，具有很高的热值，采用科学合理的焚烧方法是完全可行的。焚烧处理是一种深度氧化的化学过程，在高温火焰的作用下，生活垃圾经过烘干、引燃、焚烧被转化为残渣和二氧化碳、二氧化硫等气体，可以经济有效地实现垃圾减量化和无害化。焚烧后的残渣可以作为农家肥使用，同时可以将产生的热量用于发电和供暖。在焚烧过程中会产生大量有毒有害气体，易造成环境污染，因此选址时需远离居所及农作物。

三是堆肥法。农村生活垃圾中厨余、瓜果皮、植物残体等有机组分含量高，可采用堆肥法进行处理。堆肥过程就是有机废物在微生物的作用下转化为稳定的腐殖质的过程。堆肥法有好氧堆肥和厌氧堆肥两种。在好氧堆肥过程中，微生物在有氧条件下通过代谢活动，其中的一部分有机物氧化成简单的无机物，为生物生命提供所需的能量，另一部分有机物转化为生物体所需的营养物质，使微生物不断增殖。厌氧堆肥是在不供氧条件下，将生活垃圾中的有机组分堆积起来进行厌氧发酵，通过微生物的代谢活动将碳水化合物、蛋白质以及脂类化合物稳定化，制成有机肥料，并使固体废物达到无害化。厌氧发酵堆温低，腐熟及无害化所需时间长，大规模处理有一定的困难，但其操作简单、投资少、能耗少，比较适合在广大农村使用（宋秀杰，2011）。

（3）农村生活垃圾的资源化利用。

垃圾处理处置不仅要考虑环境效益，还要兼顾经济效益。我国成熟的垃圾处理处置技术并能产业化的方法主要有以下几种。

一是堆肥。垃圾堆肥化主要采用好氧堆肥的方法，使垃圾在微生物的作用下分解，向较为稳定的腐殖质转化，与此同时微生物自身得到繁殖，这个过程的最终产品是腐熟的堆肥。

二是制造复合肥料。将堆肥与化肥相结合，制造有机无机复合肥料，是堆肥产业化的方向。

三是废弃物分类回收后再利用。废弃物分类回收后再利用的方法视回收的废品种类不同而不同，包括废纸再生造纸，废塑料生产液态和气态燃料，废玻璃经过清洗、破碎、加工可生产硅系列化原料等。

第二节　经合组织国家的农业环境政策

一、经合组织国家农业环境政策的基本思路

经合组织国家的农业环境政策有其特殊的历史背景和时代特征。第二次世界大战结

束后，欧洲国家为了促进农业生产，增加农产品供给，发起了共同农业政策（common agricultural policy）。欧洲共同农业政策的基本做法是：对内实行农产品价格支持政策，按保护价收购农产品，激励农户增加投入，扩大生产；对外实行贸易保护政策，对进口农产品征收可变关税，使其在域内市场的销售价格不低于域内生产的农产品价格。在农产品价格支持政策的激励下，欧共体国家的农产品产量快速增长，甚至出现了部分农产品过剩的现象。与此同时，农产品价格支持政策带来了化肥、农药过度使用等副作用，导致农业面源污染加剧，地表水和地下水的水环境趋于恶化。随着环境问题不断加剧，欧洲社会对环境保护的重视程度越来越高，农业面源污染控制也引起了越来越多的关注。20 世纪 80 年代中期，欧共体国家出台了农业面源污染控制的相关政策，希冀减少化肥、农药的使用量，从源头上控制污染物来源。1997 年，欧盟制定了名为《2000 年议程》（Agenda 2000）的转型计划，决定对共同农业政策进行改革，放弃原先的农产品价格支持政策，农产品价格形成回归市场机制，对由农产品价格下降带来的农户收入减少部分通过直接支付进行补偿。放弃农产品价格支持政策，也意味着农业生产的经济激励减弱，由此可以带来化肥、农药使用量的减少，从而达到减轻环境负荷的目的。

学术界将这种政策工具称为脱钩（decoupling）政策。该政策使得收入补偿和环境负荷实现脱钩，改变了原先的农产品价格支持政策下收入补偿和环境负荷挂钩的状况。

脱钩政策的经济学机制可以用图 12－1 来解释。在市场机制下，农产品的市场均衡价格应该是 P_0，由于农产品价格支持政策，农产品价格被人为地提高到 P_1。农产品价格支持使得农产品产量增加，但农业生产投入也随之增加，其中化肥、农药的过度使用造

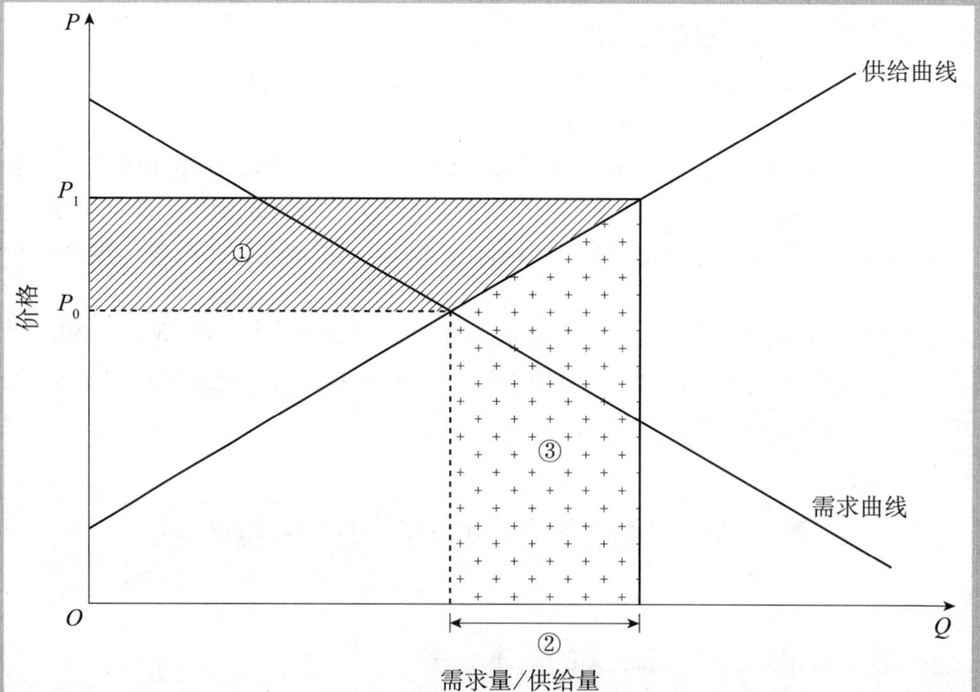

图 12－1 经合组织国家农业环境政策——脱钩政策的经济学机制

成了环境污染。放弃农产品价格支持政策后，农产品价格回归市场均衡价格 P_0，此时农产品产量就会下降，下降量就是图中的②；与此联动的是农户收入（生产者剩余）也会减少，减少量就是图中的③；农业生产投入也相应减少，减少量就是图中的②对应的农业生产投入，这意味着化肥、农药使用量相应减少。如果采用直接支付，对减少的农户收入①进行补偿，那么就可以在农户收入不减少的情况下实现化肥、农药使用量的减少，减轻环境负荷，有利于环境治理。

在脱钩政策框架下，欧洲国家为了鼓励农业粗放化经营，减少化肥、农药的使用量，对实行粗放化经营的农户通过直接支付进行收入补偿。需要指出的是，欧洲脱钩政策的目的不仅是减少化肥、农药的使用量，减轻环境负荷，同时也是为了应对农产品过剩，粗放化经营会导致农产品产量减少，从而有利于将农产品价格维持在一定水平上。

美国在克林顿政府颁布的新农业法中也引入了脱钩政策，鼓励农业粗放化经营，对实行粗放化经营的农户通过直接支付进行收入补偿。可以说，脱钩政策是经合组织国家农业环境政策的基本思路。

二、美国的农业环境政策

美国的环境保护立法可以追溯到19世纪甚至更早，但真正重要的联邦环境立法直到20世纪60年代才首次通过。第二次世界大战后，美国经济进入了快速发展的阶段，随之而来的是环境压力不断增大。加利福尼亚州率先在20世纪60年代初尝试采取干预措施，建立了机动车的排放标准。加利福尼亚州的政策紧随国家立法，要求生产厂商在新车上安装特定减排设备，并对每公里特定的污染物排放做了更严格的限制。

美国地方政府和联邦政府在环境治理体系中有着不同的管理职能。以农业土地使用为例，存在土壤流失和径流污染问题的农业用地由联邦农业部管控。由湿地向干地转变的土地由联邦、州和地方政府联合监管。但对大多数地区来说，地方土地利用仍主要由地方政府管控。

在美国的农业环境治理体系中，有毒废物（也称危险废物）专指特别有害的污染物，这些污染物即使是小剂量也会对环境造成极大的威胁。有毒废物以三种不同的方式在联邦层面得到管制。工厂车间产生的有毒废物受到职业安全和健康管理部门的管制。有毒废物的产生、运送和处理由环境保护署负责。《资源保护和恢复法》（Resource Conservation and Recovery Act）要求在废弃物整个转移、处理过程中，要能够对其进行追踪并负责。该法也对处理有毒废物的技术标准做了具体规定。但该法在涉及有毒废物生产和处理方面有一个疏漏，没有规定发生事故或发现旧的有毒废物存放点时应采取何种措施。另一项法律《综合环境反应、补偿和责任法》（Comprehensive Environmental Response, Compensation and Liability Act）对这些问题作出了明确规定。该法指定了在有毒废物泄漏到环境中时的责任归属制度。该法也建立了一个大型专项基金，用来对有毒废物存放点进行快速清理。

农药作为一种有毒废物，主要由环境保护署下属的农药项目办公室进行农药登记管理。尽管美国有针对农药的专项法律，但大多数农药都由环境保护署以一种非常简单和直接的方式进行管理。环境保护署在农药出售之前，会在容器上贴上标签和使用说明。标签非常具体，例如，标签会说明每英亩草莓植物适用的杀虫剂剂量不得超过 X 毫升，同时要用 Y 升水进行稀释。标签也要求有职业资格证书的专业人员来进行操作。环境保护署的大部分监管工作涉及计算在终端残留的杀虫剂含量、标签的要求是否被遵守、一个成年人将摄取多少有害物质以及这是否会对健康造成威胁等。

三、法国的农业环境政策

法国一贯重视环境保护工作。1960 年法国颁布了《国家公园法》；1964 年颁布了《水法》，该法具有超前意识，政策工具建立在污染者付费的基础上。法国是世界范围内最早成立部级环境保护机构的国家，自然环境保护部成立于 1971 年 1 月。1981 年法国建立了环保试验区，区内一切农业活动都要以保护环境和自然资源为宗旨。1988 年法国成立了全国农业环境保护委员会，并于 1991 年创设了 26 个地区环境局。世纪之交，环境保护在政府政策中的重要性得到明显提升，环保部门的地位得到加强，环境立法工作也取得了很大的进展。如法国于 1999 年颁布了《可持续发展法》；2000 年通过了《环境法》；2003 年成立了可持续发展部间委员会，由总理任主席；2005 年通过了《环境宪章》，特别强调可持续发展和环境权利。相比之下，1972 年欧共体才第一次提出共同环境政策。1987 年发布的《单一欧洲法令》建立了环境保护政策的法律基础，要求将环境纳入欧共体所有政策领域。1992 年的《欧洲联盟条约》把关于环境领域的政策列为共同政策之一。

法国是共同农业政策的最大受益国，欧盟的资金是其农业财政支持的重要来源，2003 年，法国农业公共财政支持总额为 288.3 亿欧元，其中来自欧盟的有 102.9 亿欧元，占比接近 36%。为了获得这些补贴和强化农业的国际竞争力，法国在本国与欧盟的环境政策推动下，结合本国实际，在农业环境保护方面制定了很多的具体政策。

第一，在化肥、农药使用上，法国政府制定了《硝酸盐指令》等相关法律法规。《硝酸盐指令》规定：在硝酸盐敏感区内，所有农民都必须保留他们氮肥使用的记录，这些记录应包含作物类型、播种日期、使用氮肥的日期及使用量、收获产量等信息；必须遵守 170kgN/ha 的最大使用标准；农民只能在允许的时期施肥，具体的施肥时期由各个硝酸盐敏感区的地方当局决定；在硝酸盐敏感区内的一些地点将不允许施肥，如在动物饮水地的一定距离内；农民必须保持足够的储存肥料的空间，储存设备必须足够大以便能够保存肥料来度过整个冬天和限制施肥期，国家将给予农民购买这些设备以一定的补贴；在那些问题严重的硝酸盐敏感区内，农民必须种植一种冬季作物；从 2006 年起，农民必须遵从施肥时的氮平衡标准。在农药的使用上，法国政府在 1991 年下令禁止使用污染严重、残留多的除草剂和杀虫剂，如三氮杂苯等，并对经营化学制品的厂商收取高额税款。

第二，在农业用水管理上，法国政府制定了《地表水指令》《污水处理指令》《灌溉标准》等法律法规。《地表水指令》规定，从 2005 年 1 月 1 日起，将对农民在过去罚款记录的基础上加以管理，如果农民使用指令中所列出的某种物质而导致地表水污染，同时该责任被证明无误，该农民将被处以罚款，罚款的水平将考虑他们以前在农业生产过程中违反相关法规的情况。《污水处理指令》规定，农民和污水排放者签订排放合同，合同中要包括污水流经具体地点的详细列表，以及农民对污水合乎法律规定的使用的正式保证。《灌溉标准》规定，农民的任何抽水行为都要得到批准，抽水过程中必须使用水表，农民必须遵守包括批准的使用水量在内的相关法律要求。

第三，在水土保持上，法国政府制定了《最小土壤覆盖物标准》《作物轮作标准》《禁止焚烧作物秸秆》等法律法规。《最小土壤覆盖物标准》规定，农场的耕作区域必须留出3%的面积来播种环境覆盖物，在这块土地上禁止使用化肥和农药；如果一个水道流经或位于一个农场内，那么该覆盖物必须紧邻这一水道，覆盖物采取植草的形式，宽度在5～10米。《作物轮作标准》规定，一个农场在同一年内必须最少种植三种不同的作物；如果不能达到这一要求，耕作区在冬季必须种植环境覆盖物；农民特别是种植玉米的农民也必须管理好作物秸秆，要将它们埋入土壤中；如果种植单一作物的农民不能达到这些要求，他们可以在冬季种植环境覆盖物或者从事作物废弃物的管理工作。为保持水土、恢复地力以及维持市场平衡，政府也从20世纪80年代末开始实行农田休耕制度。

第四，在动植物与草场保护上，法国政府制定了《动植物栖息地和野生鸟指令》等法规。《动植物栖息地和野生鸟指令》划定了约300个地点作为动植物栖息地加以保护；在这些区域内从事农业生产的农民将被告知不得破坏自然环境，详图绘制完成后，农民们将接到更为具体的有关不能破坏的自然环境的信息。在草场保护上，在那些草场退化速度非常快的地区，地方政府可以采取强制性措施，要求农民恢复草场或将耕地变为草场，同时规定了草场的最大载畜量，农民不得超越这一标准。例如，政府规定每公顷草牧场的最大饲养量不得超过1.4头牛。

除上述农业环境保护政策之外，法国还严格执行了欧盟的动物福利、有机农业、保护性耕作、基因的保护与转基因作物的管理等方面的法规与标准。在政策执行过程中，法国政府主要采用经济刺激手段，投入大量资金来进行农业环境保护工作。1992年，法国的农业环境补贴只有800万欧元，1993年达1.5亿欧元，2001年高达3.7亿欧元。这些资金主要用于对遵守相关规定的农民进行补贴和奖励。例如，从1999年底开始，农场主和政府签订农场土地合同，合同规定了农场应达到的环境目标和政府提供的补贴。到2002年第一季度，累计有28 000个农场与政府签订了合同。2001年，法国和欧盟支付农场土地合同的补贴为1.14亿欧元。对农民休耕的补贴，1991年为每年每公顷800法郎，1997年超过1 000法郎/公顷。这些措施的实施，改善了法国的环境状况，同时提高了农民的收入。例如，在地中海沿岸的吕贝隆自然保护区，政府与牧民签订的环保合同，使该地区的生态环境得到了极大的改善，牧民也通过履行环保合同等获得了大量的额外收入。法国森林面积在20世纪90年代后平均每年以1.1%的速度递增；平均每公顷耕地的化肥施用量从1983年的320.7公斤降至20世纪90年代的300公斤左右；在1990—2003年间，法国全国农林业排放的温室气体减少了10.5%。

四、德国的农业环境政策

法国和德国都是欧洲共同农业政策的成员国，环境政策非常接近，但德国由于地势低洼区域农业面源污染导致的地下水污染问题突出，国民达成的共识程度较高，是欧洲最早实行农业环境政策的两个国家之一（另一个是荷兰）。

德国农业发展在历史上经历了从提高产量到现代农业的转变。为了提高农作物产量，农药、化肥和兽药等的使用曾经占据重要的地位。但这些化学物质的使用给环境造成了严重破坏，带来了沉重的环境压力。为了改变这种状况，欧共体开始进行农业政策改革，将农业环境治理和保护以及相应的环保标准等联系起来，提高人们对农业环境保护的重视。在欧共体共同农业政策的影响下，德国出台了关于农业环境治理和保护的专门法律和政策，采用了一系列措施保护农业环境，取得了良好的效果。

随着人们的生活水平和环保意识的提高，人们开始追求健康的纯天然有机食品。在欧盟的政策和消费者的引导下，德国开始发展生态农业。在农产品生产过程中，不施用农药、化肥及除草剂等化学物质，也不使用转基因种子，在动物饲料中不添加化学药品或者添加剂。对农作物生产环境进行严格管理，对农产品进行严格检测，只有符合标准的农产品才能进入市场。德国政府积极推广生态农业，制定了发展目标和详细计划，对发展生态农业的个人和企业提供技术服务和财政补贴以及进行严格的监督管理。

第一，在技术服务方面。德国政府的农业部门为了促进生态农业发展，提供免费的咨询以及技术服务。对申请从事生态农业的企业和个人，政府会将数据存档并且发放国家补贴。对于有机农产品由社会的检测机构按照相关标准进行认证。按照欧盟的规定，对有机农产品每年都要进行严格的检查，德国市场上的检测机构都要得到政府的确认。对经过检测合格的农产品发放相应的证书，政府农业部门还会定期对从事有机农业的企业进行检查，对违反相关规定的企业进行严厉的处罚。企业从事生态农业的生产要严格按照生态农业的标准进行，包括种植业和畜牧业，对于合格的农产品要贴专门的有机商品标签。为了改善农业生态环境，将不适合发展种植业的土地变更为畜牧业的草场，并对每公顷草场的载畜量作出规定，以此来减少对农药和肥料的使用，并且这些草场不能转换为耕地。对于多年生作物不施加除草剂，如葡萄和各种果树等。

第二，在财政补贴方面。由于有机农产品的生产成本比传统农产品高，为了补偿从事生态农业的企业和农民的经济损失，德国政府加大了补贴力度。例如，从 2005 年开始，从事生态农业生产的企业只要满足一定的环境保护条款，就可以按照耕种面积领取常规补贴（直接支付）。在常规补贴的基础上，德国政府还规定了相应的特殊补贴政策，如自然放养、建造符合环保要求的牛棚等，可以申请特殊补贴，政府会进行抽查。由于从事生态农业的个人和企业的收入与传统农业相比偏低，德国政府对从事生态农业的企业作出了严格的规定：生态农业转型必须是农业全面转型，不能是局部从事生态农业经营的情况，而且转型期必须持续一定的时间，转型期后农产品才能作为有机产品进行销售。为了鼓励个人发展生态农业，德国政府专门制定了对不同农作物的补贴政策。如对于多年生作物（如一些果树等），转型期每公顷可以得到 950 欧元的补贴；对于蔬菜，每公顷可以得到 480 欧元的补贴；对于一般农作物（如小麦等）的补贴相对较少，为每公顷 210 欧元。对于不适合发展农业生产的土地，实施退耕还林的政策并进行补贴。有研究发现，德国政府每年对农民的补贴超过了人均 1 万欧元，农民收入的一大半来自政府补贴。

第三，在经营方式方面。德国农业经历了从分散经营到集中经营的方式转变。第二次世界大战结束后，德国政府把集中经营作为发展农业的一项重要举措。德国政府坚持利用经济、法律等手段来优化和调整农业生产结构，逐渐形成了具有德国特色的农业发展模式。德国政府出台了相应的农业法律，使一些规模比较小的农场逐渐转变为规模更大、调节能力更强的农场，使规模比较小的土地连成片。通过提高农业生产的规模化水平，提高了农业劳动生产率，粮食总产量和单位面积粮食产量都居于欧洲前列。

五、日本的农业环境政策

日本的农业环境政策主要包括三种措施：命令-控制型管控措施、市场型措施、公众参与型措施（魏欣，2014）。

第一，命令-控制型管控措施。制定大量详细具体、可操作性强、责任严格的法律法规，是日本控制农业面源污染的一大特色。日本有六大污染控制法律，包括公害控制、自然环境保全、生活环境整治、污染控制、被害救济、全球环境保护等，每个法律都包含很多内容详尽的单行法。如公害控制法律包括《大气污染防治法》《煤气事业法》《水质污染防治法》《噪声控制法》《土壤污染对策法》《防止农用地土壤污染法》《农药控制法》《防止海洋污染及海上灾害法》等。农业环境保护方面的立法有《可持续农业法》《农业污染防治法》等。《可持续农业法》的立法目的是促进环保型农业的发展。该法规定，农业生产必须大量减少化肥、农药的使用，加强堆肥及其他有机肥的使用。提出了3大项12类促进农业可持续发展的生产技术的相关生产标准对农业生产进行安全控制，维护农业生态环境。与《可持续农业法》相配套的单项法规有《肥料取缔法》《堆肥品质法》。日本农药管理方面的法律有《农药管理法》《农药取缔法》《农药取缔法实施细则》等，建立了农药生产、进口、注册、管理等方面的制度。凡是提请注册的农药，必须向农林水产省提供该药品的毒性试验、环境影响试验、残留试验等数据资料供农林水产省审核。食品安全委员会对药品毒性作出评价，并确定人体每天允许摄入的有毒物质含量，以此为基准确定农药残留标准。农林水产省以此为依据对农药进行检测，符合标准才予以登记。此外，农林水产省长期发布农药的正确使用方法、使用时间、安全用药标准等，指导农户安全用药，对违规使用农药结合经济处罚和刑罚进行严厉惩处。

第二，市场型措施。日本的农业面源污染控制除运用立法等命令-控制型管控措施外，还通过发展环保农业、有机农业等市场型措施，引导农业生产者合理使用化肥和农药，减少农用化学品对土壤和水体的污染。20世纪70年代，日本开始提倡环保型农业，目的是减少农业面源污染和土地盐碱化，确保农产品质量安全。环保型农业不同于有机农业，不是不使用任何化肥、农药及化学添加物，而是把农用化学品的使用量控制在一定限度内。具体措施有：确定环境容量；制定环境标准；掌握环保型的农业技术；减少化肥和农药的使用；构建病虫害监测防治体系；实施土壤结构诊断技术；充分利用有机资源；研发绿色农产品生产技术和质量评价技术等。日本政府通过税收、贷款、政策优惠等手段支持环保型农业，提高环保型农业生产者的社会地位和经济收益。譬如，耕种0.3公顷以上的土地、年收入50万日元以上的农户提出申请，并提供环保农业的实施方案，经农林水产省批准后，就可以确定为环保型农户。银行可以为环保型农户提供最长为 12 年的无息贷款。政府或农协会对设施农业提供 50%的资金扶持，减免 7%～30%的税收。政府还会选择经济效益好、技术水平高和规模较大的环保型农户作为有机食品示范基地、农民技术培训基地、生态农业观光基地等，提高其社会服务功能。

第三，公众参与型措施。日本公众比较重视环境保护，有些学者主张的“环境权为集体性利益”和“环境共有原则”，集中体现了日本公众的环保理念。公众参与环境治理已经成为日本公认的环境法准则。日本公众参与环境治理的意识和程度很高，具体表现为：第一，日本公众关心环境立法，政府、专家、企业和公众共同推进环境立法和环境法修订。第二，日本公众主张资源环境属于公共财产，积极参与环境保护。第三，政府广泛深入学校、社区开展多种形式和层面的环保教育。第四，政府把关系人体健康的污染物的检测结果及时向社会公布，接受公众监督。

第三节　农村环境治理与面源污染控制措施

一、农药使用的环境治理及污染控制措施

农药使用的环境危害包括土壤污染、大气污染、水污染和产品污染等。为了规范农药使用，控制农药的环境污染和对农产品安全的危害，中国政府颁布了一系列农药管理法律、法规和标准。《农药限制使用管理规定》《农药合理使用准则》等明确规定了农药最高残留限量标准、农药使用的频率和时间间隔。由于缺乏技术指导和有效监督，农药使用标准难以落实，违规或超标使用农药的现象屡禁不止，仍然相当普遍。

针对农药使用的环境治理及污染控制措施，主要集中在农药的风险评估、农药残留限量标准、农药经营规制等方面。依据《农药管理条例》，国务院农业主管部门负责全国农药的监督管理工作，县级以上人民政府农业主管部门负责本行政区域内的农药监督管理工作。农业农村部直属事业单位农药检定所承担全国农药登记和管理具体工作，负责农药登记管理、质量检测、生物测定、残留监测、市场监督等工作。林业、粮食、卫生等部门负责林业、储粮、卫生用农药安全使用的技术指导。生态环境部负责制定与农药污染相关的排放标准和技术规范，并对农药污染防治进行技术指导。国家卫生健康委员会、农业农村部、国家市场监督管理总局共同制定食品中农药最大残留限量国家标准。

农药的风险评估机制主要依据为《农药管理条例》。农药登记前的风险评估环节中，农药登记申请人提交的数据资料应当满足风险评估需要，使得产品安全性和有效性得到保证，并随同申请书附上农药风险评估报告，风险评估报告主要由膳食风险评估、健康风险评估和环境风险评估三部分构成。

关于农药残留限量标准，原农业部制定了《食品中农药残留风险评估指南》《食品中农药最大残留限量制定指南》等指南规范，为农药残留限量标准的制定程序和技术要求提供参考指导。国家卫生健康委员会、农业农村部和国家市场监督管理总局共同制定的最新的《食品安全国家标准 食品中农药最大残留限量》（GB 2763—2021）规定了 564 种

农药在376种（类）食品中的10 092项残留限量，较2019年的残留标准增加了2 985项残留限量标准，增加了81个农药品种。

在农药经营规制方面，除经营卫生用农药外，中国实行农药经营许可制度。一个企业核发一个农药经营许可证，许可证的有效期限为5年，期满需申请延续。对于限制使用农药必须采取定点销售，不得利用互联网经营。

在禁用、限制使用农药规制方面，联合国环境规划署与联合国粮农组织于1998年9月订立了全球性农药公约《关于在国际贸易中对某些危险化学品和农药采用事先知情同意程序的鹿特丹公约》，其中包括31种农药，3种极为危险的农药制剂，15种工业化学品等。这一公约也适用于中国。根据《禁限用农药名录（2024）》，中国禁用农药达56种。

二、化肥及农膜使用的环境治理与污染控制措施

1. 化肥使用的环境治理与污染控制措施

目前，我国化肥使用的环境治理和污染控制存在以下问题：一是农业化肥污染防治体系不完善，缺乏健全的法律制度，没有关于农业化肥污染防治和控制的系统性政策框架，尚未制定农业化肥污染防治的法律法规及实施办法。二是监测方法不统一、欠规范，在农业化肥防治中难以发挥效力。三是农业化肥污染防治技术不足，缺乏针对性的技术模式，难以适应不同地区的防治要求。四是农业化肥污染防治的意识薄弱，大多数农民对化肥安全使用标准、合理使用准则、特性等缺乏足够的了解，超量使用化肥现象比较普遍。

化肥使用的污染控制措施主要有：

（1）加大宣传力度，加强土壤肥料的监测管理。完善农村环保农技科普机制，提高群众的环保意识，使人们充分认识到化肥污染的严重性，调动广大农民参与防治化肥污染的积极性。对化肥中污染物质进行严格的监测检查，防止化肥带入过量的有害物质到土壤中。

（2）推广配方施肥技术。推广测土配方施肥技术，可以确定施肥量、施肥种类、施肥时期，有利于土壤养分的平衡供应，减少化肥的浪费，避免对土壤环境造成污染。

（3）鼓励施用有机肥。施用有机肥能够增加土壤有机质和土壤微生物，改善土壤结构，提高土壤的吸收容量，增加土壤胶体对重金属等有毒物质的吸附能力。各地可根据实际情况推广豆科绿肥，比如实行引草入田、草田轮作、粮草经济作物带状间作和根茬肥田等形式的种植。推行秸秆还田也是增加土壤有机质的有效措施。绿肥、油菜、大豆等作物秸秆还田前景较好，推广价值较大。

（4）施用长效肥料，提高农业效益。当前推广应用的长效碳氨、涂层尿素等有较好的提高化肥利用率的效果，包衣缓释肥方面的研究也有重大突破。应推广普及长效肥料，提倡施用长效肥料，以减少化肥的淋失和浪费，减少农业化肥污染。

（5）建立健全农业化肥污染控制体系和法律政策框架。根据我国国情，有针对性地制定和完善相关法律法规，制定农业化肥施用标准，促进农业施肥向科学方向发展，保

证化肥污染控制工作有章可循、有法可依。

（6）建立完备的农业化肥监测网络和控制体系。全面开展监测工作，建立配套的监测网络和控制体系，尽量在最短时间内了解农业化肥污染的状况，建立相应的农业化肥污染数据库，不断完善各种基础数据的建设，为制定化肥污染控制政策提供科学依据。

2. 农膜使用的环境治理与污染控制措施

随着农膜的广泛使用，农膜污染日益加剧，已经严重影响到农业环境保护。据统计，我国农膜使用残膜率在42%左右，有近50%的农膜残留在土壤中，每年残膜量在40万吨左右，农膜污染形势十分严峻，加强农膜污染控制势在必行。

农膜污染控制的主要措施可归纳如下：

（1）通过合理的农艺措施，相对减少农膜使用量。加强各种配套农艺措施的研究，通过合理的农艺措施，提高农膜的重复使用率，相对减少农膜的使用量，减轻农膜污染。如“一膜两用”、“一膜多用”、早揭膜、旧膜的重复利用、农业生产组合等。一些成熟的技术已经在农业生产中得到广泛应用，取得了一定的经济效益和环境效益。

（2）加强宣传引导。广泛宣传废旧农膜污染的危害，提高农民对农膜污染危害的长远性、严重性的认识，增强农民群众的环境意识，提高农民自觉清理回收残膜的主动性和积极性。

（3）加强农膜的回收管理。对于破废农膜污染，目前还没有切实可行的防治技术，只能通过经济手段和加强管理，促进对破废农膜的回收。一方面，应尽快确定综合治理农膜污染的方案，制定相应的政策和法规，加强对农膜质量及回收工作的管理。另一方面，运用经济手段，鼓励和促进废旧农膜资源化，通过建立回收系统、以旧换新制度等，促进农民自觉主动地回收利用农膜。

（4）加强农膜的质量监控。制定相应的政策法规，规定农膜生产标准和农膜残留标准，如农用地膜生产规格标准、农膜收购验收细则、农膜回收利用管理办法等，对农膜的生产使用和农膜残留量进行明确、统一的规定，使残膜污染防治工作走上法治化轨道。

（5）推进农膜清除的机械化。在农膜残膜的清除过程中，由于人工清除残膜难度大、劳动强度大、效率低，无法进行大面积清除，而且地表下的残膜也难以清除。在成本较高的降解地膜没有被广泛使用的前提下，必须推进农膜清除的机械化处理，提高残膜回收效率。

（6）研发可降解性农膜。目前我国使用的农用地膜基本上是聚乙烯农膜，化学性质稳定，不易分解，易造成土壤物理污染。要加强研究开发无污染、少污染的农膜新材料，改进光降解聚乙烯农膜、生物降解聚乙烯农膜、植物纤维农膜、几丁质农膜以及其他生物农膜的产品性能，以替代聚乙烯农膜使用。

三、畜禽养殖业的环境治理与污染控制措施

1. 国外畜禽养殖业的环境治理与污染控制措施

发达国家自20世纪50年代起开始进行大规模的畜禽集约化养殖，在城镇郊区建立集约化畜禽养殖场。畜禽集约化养殖模式的出现，提高了畜禽养殖生产的效率，但这些

集约化畜禽养殖场排放的畜禽粪便和污水难以被处理和利用，导致了严重的环境污染。为解决这一环境问题，许多发达国家制定了相关政策和法律。

(1) 荷兰：基于欧盟标准，制定了《动物粪便法案》。粪污处理的核心是粪污养分管理，重点是粪污的还田利用。荷兰的大中型养殖场产生的畜禽粪便基本由农场进行消化。

(2) 丹麦：对猪场产生的粪污进行固液分离，固体部分经发酵处理作为生物质能源，液体部分储存于粪浆池中，实行粪浆还田，规定 1 公顷土地能消化 27 吨固液分离前的粪浆或 35 吨固液分离后的粪浆。施入裸露土地上的粪肥必须在施用后 12 小时内犁入土壤中，在冻土或被雪覆盖的土地上不得施用粪肥，每个农场的储粪能力要达到可消纳 9 个月的粪污量。

(3) 德国：养殖业以家庭农场为主，养殖总量根据土地承载力进行控制，实施以养分平衡为基础的生态利用模式。奶牛、生猪养殖主要采用深贮存池模式，将粪尿集中存放在畜舍下的贮存池内，通过 6～9 个月的时间腐熟以后直接还田。除粪便经贮存还田处理模式外，“粪便—沼气—还田”也是主要处理模式之一。

(4) 日本：主要实施以堆肥为核心的废弃物资源利用模式。制定《促进畜牧生产安全管理和使用法》，规定粪便应储存在具有水泥地板及屋顶的仓库中，使其干燥后运到田地里使用。

(5) 加拿大：对畜禽粪便实行土地消纳政策，所有畜禽养殖粪便作为肥料施用于农田，不得直接排放，对施肥季节和用量进行明确限定。多数省份对畜禽养殖规模实行配给制，要求养殖场必须拥有充足的土地以与饲养规模匹配，使畜禽粪尿能在本养殖场的面积范围内消化，如要扩大生产规模，必须购置相应面积的土地。

(6) 美国：规模化养殖场采用以粪便养分综合管理计划为基础的种养结合、全量利用模式。将养殖粪便和污水混合贮存后作为液体肥料进行农田利用。当畜禽粪便的养分供应量超过农作物的养分需求或土地承载力时，选用其他的粪污处理利用方法，如堆肥处理、厌氧发酵处理等。

2. 我国畜禽养殖业的环境治理与污染控制措施

近年来，我国畜禽养殖业发展迅速，畜禽养殖规模不断扩大，由此带来的畜禽粪便污染问题也愈发严重。畜禽养殖业污染治理的关键在于源头控制以及实现排放废物的资源化利用。

(1) 加大统筹管理力度，进行合理布局。对畜禽养殖进行合理规划与布局，划定适养区、限养区、禁养区。如养殖场点应尽量远离城区和居民集中生活区，水源保护区范围内禁止建规模化养殖场，规模化养殖场与居民区要设定卫生防护距离，根据养殖场周边农田对畜禽粪便的消纳量确定养殖规模。禁止畜禽养殖密度超出环境承载能力，在确保养殖量的条件下有效防止污染蔓延。对于限养区及禁养区，应鼓励农民发展效益好的替代产业，实现农村经济和生态环境保护的双赢。

(2) 转变畜禽养殖方式、养殖规模及污染治理方式。推动养殖专业户向规模化养殖场转变，养殖企业由传统养殖方式向清洁养殖方式转变，由单纯的一元化结构向专业化、产业化、规模化的复合结构转变，向养殖和种植结合、养殖与产品加工结合、养殖与市场结合、养殖与其他行业结合的多元化结构转变。最大限度地实现种养平衡，鼓励养殖业废弃物综合利用，提高废弃物的综合利用水平，因地制宜选择适合地区特点的养殖规模和污染治理模式。

（3）推广畜禽清洁养殖。推广标准化、生态化的畜禽规模化养殖模式，发展清洁养殖和生态农业。重视圈舍结构、粪污清理、饲料配比等环节的环境保护要求；注重清洁生产，在养殖的过程中降低资源耗损和污染负荷，从源头上消减污染物的排放量；提高末端治理效率，降低污染治理成本，实现稳定达标排放和“近零排放”。

（4）加强畜禽粪便污染治理的技术研究。加强畜禽污染治理以及畜禽废物的回收利用技术研究，鼓励开发高效、低成本的畜禽养殖废水脱氮除磷处理技术，畜禽养殖废水回用处理技术与成套装备，以及符合生物安全要求的畜禽养殖技术及微生物菌剂等。

四、土壤污染与控制措施

1. 土壤污染的特点

土壤污染是指具有生理毒性的物质或过量的植物营养元素进入土壤，导致土壤性质恶化和植物生理功能失调的现象。土壤污染是通过以土壤为起点的“土壤—植物动物—人体”的食物链，某些微量或超微量元素的有害污染物会在农产品中富集，对动植物和人类健康产生危害。因此，也有人认为，人为活动产生的污染物进入土壤并积累到一定程度，引起土壤质量恶化，进而造成农作物某些指标超过国家标准的现象，被称为土壤污染（王洪等，2008）。土壤污染的含义包含以下两个条件：一是危险物质超过某一水平（背景水平或法律法规规定的浓度）；二是对受体（人体健康或环境）产生或可能产生短期或长期危害。

土壤污染的产生原因主要有：一是工业土壤污染，工业固体废弃物堆放和倾倒于土壤表面，有害废水不断向土壤渗透，大气中有害气体及飘尘随雨水沉降在土壤中；二是农业土壤污染，农业生产过程中化肥的过度施用以及农膜的不合理使用等导致土壤污染。

土壤污染具有隐蔽性、滞后性、累积性、不可逆转性、难治理等特点。

（1）土壤污染具有隐蔽性和滞后性。与大气、水和废弃物污染不同，土壤污染往往要通过对土壤样品进行分析化验和对农作物进行残留检测，甚至通过研究对人畜健康状况的影响才能确定。土壤污染从产生污染到出现问题通常会滞后较长时间，因此土壤污染问题一般都不太容易受到重视。如日本的“痛痛病”经过10～20年后才被人们所认识。

（2）土壤污染具有累积性。污染物质在土壤中不像在大气和水体中那样容易扩散和稀释，使得污染物质容易在土壤中不断积累而超标，并使得土壤污染具有很强的地域性。

（3）土壤污染具有不可逆转性。重金属对土壤的污染基本上是一个不可逆的过程，许多有机化学物质的污染也需要较长的时间才能降解。

（4）土壤污染治理难度大。累积在污染土壤中的难降解污染物很难依靠稀释作用和净化作用来消除。土壤污染一旦发生，仅仅依靠切断污染源的方式往往难以恢复，有时需要依靠换土、淋洗土壤等方法才能解决问题。因此，治理污染土壤通常成本较高，治理周期较长。

2005年以来，我国开展了首次全国土壤污染状况调查。调查结果显示，全国土壤总的超标率为16.1%，其中轻微、轻度、中度和重度污染点位比例分别为11.2%、2.3%、1.5%和1.1%。污染类型以无机型为主，有机型次之，复合型污染比重较小，无机污染物超标点位数占全部超标点位的82.8%。从污染分布情况看，南方土壤污染重于北方；长江三角洲、珠江三角洲、东北老工业基地等部分区域土壤污染问题较为突出，西南、中南地区土壤重金属超标范围较大；镉、汞、砷、铅4种无机污染物含量分布呈现从西北到东南、从东北到西南方向逐渐升高的态势。

就农业土壤污染情况而言，我国有13万～16万平方千米耕地受到农药污染，污水灌溉污染耕地2.17万平方千米，固体废弃物堆存占地和毁田0.13万平方千米。工业废水和固体废弃物中含有大量的重金属污染物如镉、铅、汞、铬等，每年因重金属污染的粮食达1 200万吨，每年造成的直接经济损失超过200亿元。此外，我国受大气污染的农田面积为5.33万平方千米，大气中的放射性元素和二氧化硫、一氧化氮等物质会形成酸雨腐蚀土壤，造成不可估量的损失。

2. 土壤污染修复技术

(1) 工程措施。工程措施是在物理、化学原理的支持下运用物理手段修复土壤污染，主要包括翻土法、换土法、隔离法、清洗法、热处理法等。翻土法指的是将表层污染物翻入土壤深层以稀释污染物，该法适用于土层深厚的土壤污染。换土法指的是用清洁土壤替换污染土壤，该法适用于小面积污染严重且有放射性污染物的土壤。隔离法指的是用水泥、塑料板等具有防渗功能的材料将污染土壤与清洁土壤隔离开，以防止污染扩散，该法适用于大规模事故性农药污染的土壤。清洗法指的是用清水或稀盐酸、乙二胺四乙酸（EDTA）等将污染物冲到根外，再用特定化学物质和重金属反应形成稳定络合物或沉淀，该法适用于重金属污染的轻质土壤，但容易造成地下水污染。热处理法指的是通过加热分解污染物，对分解产物进行回收处理，该法适用于可热分解的有机污染。总的来看，在大多数土壤条件下均可使用工程措施，但由于使用该措施投资大、工程量多，仅适用于小面积重污染区。

(2) 生物修复。生物修复就是在生物原理支持下运用动植物和微生物吸收或降解污染物，从而实现对土壤污染的修复，是一种无害化的修复技术。按照生物类型进行划分，可将生物修复技术分为三种：一是动物修复，蚯蚓及某些鼠类能够降解、吸收部分土壤污染物，可在轻微污染土壤中投放这些动物。二是植物修复，某些野生植物能够吸收土壤中累积的大量重金属，如羊齿类铁角蕨属植物吸收镉的能力强，香蒲植物吸收铅、锌的能力强，茵草科九节本属植物吸收镍的能力强，可通过人工栽培这些野生植物用于净化重金属污染严重的土壤，尤其是工业废水污染土壤、矿区土壤。三是微生物修复，某些微生物能够通过新陈代谢降低土壤污染物的毒性，改善土壤环境，可通过投放外源微生物或提高土著微生物活性的方法增强污染物降解效率。植物能够提升微生物的活性，通常情况下，可联用植物修复与微生物修复技术。

(3) 农业修复。农业修复就是运用农业手段改善土壤特性从而降低土壤污染物含量，主要用于因农业生产而受污染的土壤。比如，增施有机肥，提高土壤有机质含量，加强土壤对重金属、农药的吸收能力，同时促进重金属向络合物或沉淀转化，降低重金属毒性，并提升土壤微生物及酶的活性，加速污染物降解。再如，控制土壤水分，有研究表明，在水稻抽穗到成熟期，控制土壤水分可明显减少土壤的重金属含量。又如，选种抗污染农作物，叶菜、块根类蔬菜会吸收土壤中的金属，在重金属污染土壤上，种少吸收或不吸收土壤金属的瓜果类蔬菜或果树，可减少农产品重金属含量。

（4）改良剂修复。改良剂能够通过调节土壤污染物溶性及扩散性净化土壤，一般为化学物质。根据改良剂的作用过程，可将改良剂修复技术分为三种：一是沉淀修复，也就是将污染物转化为沉淀，比如对于重金属污染土壤，可加入石灰性物质将重金属转化为氢氧化物沉淀。二是钝化修复，指的是将污染物转化为不易溶解、迁移能力更小的物质，当前国内外在钝化修复中常使用膨润土、秸秆炭、磷酸盐、硫酸亚铁、腐殖酸、有机堆肥等作为钝化剂。然而在实际农田土壤污染修复中，要尽可能避免以工业废弃物作为钝化剂，避免造成二次污染。三是拮抗修复，指的是利用离子间拮抗作用降低污染物的毒性，有实验证明，Ca^{2+}能够缓解重金属毒性，可在重金属污染土壤中施加硫酸钙、碳酸钙减轻重金属污染。

3. 土壤污染防治对策

（1）坚持预防为主的原则，科学种田，控制污染来源。控制肥料污染，要实施测土配方施肥，合理安排肥料的配比和用量，减少化学肥料的盲目投入量，加大有机肥料的利用；科学评估农药等农业投入品的土壤污染风险，控制高毒高风险农业投入品的使用；减少污水灌溉，对粪便、垃圾和生活污水进行无害化处理。

（2）建立休耕制度，合理地进行土壤恢复。建立相关的休耕制度，降低污染土壤对农业和生产品造成的危害，增加土壤的活力，减轻土壤污染程度。合理配置土壤使用，适时休耕，可以更好地发挥土壤自身的清洁作用。

（3）强化监管，实行政策引导。充分发挥行政部门的监督和引导职能，制定保护土壤的农业生产政策，并采用合理、科学的耕作方法积极引导农业生产者保护土地。如制定有利于土壤污染防治的税收、信贷、补贴、土壤污染损害责任保险等经济政策；鼓励有机肥生产和使用、废旧农膜回收加工利用等。

（4）加强科学技术研发，强化土壤污染修复技术。在科学技术不断推动的背景下，要不断加强土壤污染修复技术的研发工作，将土壤污染防治与科技力量进程相结合，根据我国国情和土壤污染防治现状，推行技术操作简单、精确度高、省时省工、投入成本低且行之有效的土壤污染检测手段和修复技术。

（5）加强土壤保护意识，宣传土壤保护制度。提高广大农田耕作者的土壤保护意识，充分认识土壤污染所带来的危害，让保护耕地成为广大农民的自觉、自发行动，从根本上改良我国农业土壤污染状况。

关键词

农业面源污染　农业环境政策　污染控制

思考题

1. 请回顾面源污染与点源污染的区别，阐述什么情况下两者能够相互转化，分别举出三个具体的点源污染与面源污染的例子。

2. 经合组织国家的农业环境政策的基本思路是什么？其经济学机制是什么？这些农业环境政策对中国农业环境政策的制定有何借鉴之处？

3. 除政府直接的行政干预手段外，经济激励也被证实是控制面源污染的有效途径，采取哪些经济激励手段可以缓解农村面源污染问题？

4. 农村环境治理除直接对农业生产进行规制外，还可以通过培养生产者和消费者的环保意识来实现，有哪些方式能够增强生产者的绿色生产意识，以及消费者的绿色消费意识？

5. 已有研究对环境规制可能带来的经济后果褒贬不一，请思考农业环境规制对农村社会及农业经济发展（如农业生产、非农就业等）可能带来的正面与负面影响，并尝试给出能够使这种影响成立的渠道。

参考文献

拓展阅读

第十三章

循环经济与资源综合利用

第一节　循环经济思想

自18世纪工业革命以来，人类在改造自然和发展经济方面取得了辉煌成就。随着科学技术的进步、社会生产力的提高，人类对自然资源的开发能力达到空前水平；与此同时，全球经济增长的惊人速度也勾勒出人类对资源环境的极大挑战。人类社会对物质和精神的无限需求，主要通过以“大量生产、大量消费、大量抛弃”为表征的传统经济规模的持续扩大来满足（吴大华，2008）。这种经济是一种由“自然资源—产品和用品—废物排放”流程组成的开放式线性经济（即所谓的从摇篮到坟墓的经济），具有高消耗、低效率、高排放的特征。在这样的背景下，有限的自然资源由于过度开采而面临枯竭，不断恶化的生态环境损害并降低了生态系统的服务功能，各种负面反馈作用开始显现，干扰了人类社会活动的正常运转（薛冰，2013）。

基于资源枯竭和环境恶化的残酷现实，20世纪60年代美国经济学家博尔丁（Boulding，1992）发表了《即将到来的宇宙飞船地球经济学》（The Economy of the Coming Spaceship Earth），这可以作为循环经济的早期代表，其为循环经济理念的产生奠定了基础。博尔丁认为，地球就像在天空中飞行的宇宙飞船，要靠不断消耗自身有限的资源而生存，如果不合理开发资源、破坏环境，地球就会像宇宙飞船那样走向毁灭。自20世纪70年代起，国际社会开始有组织地开展环境整治运动，当时世界各国关心的问题是污染物产生之后如何治理以减少其危害，即所谓的环境的末端治理方式，循环经济的思想更多的还是先行者的一种超前理念，人们并没有积极沿着这条线索发展下去。20世纪80年代，人们注意到要采用资源化的方式处理废弃物，清洁生产和全过程控制管理模式受到了普遍重视和关注，思想上和政策上都有所升华。但对于污染物的产生是否合理这个根本性问题，是否应该从生产和消费源头上防止污染产生，大多数国家仍然缺少思想上的洞见和政策上的举措。在整个 20 世纪 80 年代，环境保护运动的关注点依然是经济活动造成的生态后果，而经济运行机制本身始终落在研究者的研究视野之外，但以德国和日本为代表的发达国家开始了循环经济模式的探索。进入 20 世纪 90 年代，随着可持续发展思想成为引领世界潮流的理念，人类社会逐渐系统地认识到了与线性经济相伴随的末端治理的局限性，源头预防和全过程治理替代末端治理开始成为国家环境和发展政策的真正主流，以往零敲碎打的做法此时才有可能整合成为一套系统的循环经济战略（诸大建，2007；孙国强，2005）。德国 1994 年通过并于 1996 年实施《循环经济与废弃物处理法》（1998 年修订）。日本 2000 年通过《促进循环型社会基本法》以及配套的一系列专门法。2015 年欧盟推出了有全新意义的 2030 年循环经济一揽子计划（European Commission，2015），并于 2020 年完成《循环经济行动计划》的修订，并公布其正式生效（European Commission，2020）。

长期以来，中国主要沿用以高投入、高消耗、高污染、低产出为特征的传统发展模式，这种发展模式已经对自然生态系统造成了严重破坏，并逐渐成为制约社会经济可持续发展的重要因素。随着中国环境问题的日益突出，经济增长与环境保护的矛盾不断加深，我国开始探讨解决这一矛盾的出路。1998 年，循环经济的理念被引入中国，我国学者在总结发达国家处理经济增长与环境保护之间矛盾的经验基础上，结合英国学者提出的循环经济概念和德国、日本等国的实践，开始了在中国发展循环经济理论与实践的探讨，极大地拓展了循环经济的内涵（诸大建，1998，2004）。2005 年，国务院出台了《关于加快发展循环经济的若干意见》（国发〔2005〕22 号），2006 年将循环经济纳入中国“十一五”规划，标志着中国正式把发展循环经济纳入国家战略中。2008 年我国通过国家级的《中华人民共和国循环经济促进法》并于 2009 年施行。从“十二五”时期开始，国家发展改革委制定循环经济发展规划，2021 年 7 月 1 日印发了《“十四五”循环经济发展规划》（发改环资〔2021〕969 号），将发展循环经济、推进资源节约和循环利用、构建循环型产业体系，作为推动实现“双碳”目标、促进绿色发展的重要战略举措。国务院《2030 年前碳达峰行动方案》和党的二十大报告相继提出“循环经济助力降碳行动”“加快构建废弃物循环利用体系”，并确立到 2035 年“广泛形成绿色生产生活方式”的发展目标。21 世纪初以来，中国政府把传统的 3R 原则应用到更广泛的生产消费领域，政策视野超出了简单的废弃物再循环，成为国际循环经济运动的最大亮点，可以说中国的循环经济运动影响了欧美国家对循环经济的兴趣与深化，影响了循环经济在全球的新一波展开（诸大建，2017）。随着国家对生态文明的重视，循环经济已经成为未来一个时期内国家的发展战略，构建属于中国的绿色发展战略，需要对循环经济理论进行深化研究，同时对循环经济实践进行总结推广。

第二节　循环经济的概念与原则

一、循环经济的基本概念

循环经济一词是由英国经济学家皮尔斯和特纳（Pearce and Turner，1989）在其

《自然资源与环境经济学》一书中首先提出的，书中将循环经济解释为“（循环经济系统）不是一个开放的线性系统，相反，它是闭合和循环的”，这种闭合和循环主要通过对废弃物的资源化来实现（韩庆华，2009）。这个概念阐述与博尔丁在《即将到来的宇宙飞船地球经济学》中关于循环生态系统（cyclical ecological system）的内涵描述是相似的。1994 年，德国环境问题专家委员会再次提出并诠释了循环经济（circular economy）的概念，认为：为了确保环境安全的未来，人类经济活动必须是循环的，以使生产过程从一开始就被综合到自然循环中，一个与生态不兼容的经济系统与其内在逻辑是相悖的，因为它破坏了人类得以生存的一些条件。

20 世纪 90 年代，循环经济概念被引入中国后，由于博尔丁、皮尔斯和特纳等人并没有给循环经济作出一个明确的定义，中国学者纷纷结合个人的研究，从经济形态、技术范式等不同的视角对循环经济作出了不同的定义。总体上说，从国内学者 1998 年提出初步概念到 2005 年纳入国家战略，尽管这个概念的许多方面还处于发展之中，但它作为对传统线性经济模式有替代性的一种新经济发展方式而不是一种简单的环境管理模式的战略意义，已被国内外所认识。

通过比较分析国内循环经济的各种定义，本书最终采用目前我国社会上普遍使用的国家发展和改革委员会对循环经济的定义，即循环经济是一种以资源的高效利用和循环利用为核心，以“减量化、再利用、资源化”为原则，以“低消耗、低排放、高效率”为基本特征，符合可持续发展理念的经济增长模式，是对“大量生产、大量消费、大量排放”的传统增长模式的根本变革（吴大华，2008；马凯，2004）。

二、循环经济的基本原则

循环经济的建立依赖于一组以“减量化、再利用（包括再消费与再制造）、资源化”为内容的行为原则（即 3R 原则）（马歆等，2018；诸大建，2007），具体内容如下：

1. 减量化原则

该原则要求减少进入生产和消费流程的物质量，在经济活动的源头做到节约资源和减少污染。在生产中，减量化原则常常表现为要求产品小型化和轻型化（诸大建，1998），生产者可以通过改进制造工艺等手段减少产品的物质使用量，实现用较少的物质投入满足既定的生产或消费需求的目的。在生活中，消费者减少对物品的过度需求，比如主动选择包装物较少或可循环的物品，购买耐用的高质量物品，从而达到减少废弃物排放的目的。

2. 再利用原则

该原则要求产品和包装能够以原始的形式尽可能多次及以多种方式被使用，提高产品和服务的利用效率。该原则要求抵制当今世界一次性用品的泛滥。在生产中，要求生产者使用标准尺寸进行设计，将产品及其包装当作一种日常生活器具来设计，使其像餐具和背包一样可以被再三使用，尽量延长产品的使用期，而不是非常快地更新换代而淘汰原产品（诸大建，1998）；同时鼓励发展再制造产业。在生活中，要求消费者购买能够重复使用的物品，防止物品过早成为垃圾。

3. 资源化原则

该原则要求生产出来的产品在完成其使用功能后能重新变成可以利用的资源而不是无用的垃圾，尽可能多地再生利用或资源化（武春友，2006；诸大建，2000）。资源化通常有两种方式：一是工艺性的资源化，包括（1）原级资源化，即将消费者遗弃的废弃物资源化后制成与原来相同的新产品，例如，用废纸生产出再生纸等；（2）次级资源化，即废弃物变成与原来类型不同的新产品。二是生态性的资源化，指经济过程中所利用的物质养分应该被设计成能够返回自然生态循环之中，可以被土壤中的微生物或者其他动物吸收，比如清洁剂能够被设计成为有新陈代谢功能的生物养分。该原则要求生产者和消费者购买循环物质比例大的产品，以使循环经济的整个过程实现闭合。

在上述三个原则中，减量化原则属于输入端方法，旨在减少进入生产和消费流程的物质量；再利用原则属于过程性方法，目的是延长物品在生产和消费中的时间强度，提高产品和服务的利用效率；资源化原则属于输出端方法，通过把废弃物再次变成资源以减少末端处理负荷。

3R 原则在循环经济中并不是同等重要的，循环经济要求在物质流动过程中系统地、有等级地运用 3R 原则，这三个原则的优先级是减量化原则、再利用原则、资源化原则，充分体现了预防为主的理念（诸大建，2008）。以固体废弃物为例，这种理念在循环经济中有一个分层次的目标：（1）通过预防减少废弃物的产生；（2）尽可能多次使用各种物品；（3）尽可能使废弃物资源化；（4）对于无法减少、再使用、资源化的废弃物则焚烧或处理；（5）在前面四个目标满足之后剩下的废弃物在先进的填埋场予以填埋。后两个环节属于通常的环境管理环节。

格林美（武汉）城市矿产循环产业园

格林美（武汉）城市矿产循环产业园开发有限公司（以下简称格林美循环产业园）是一家致力于推动城市矿产资源循环利用的企业，其循环模式旨在实现资源的最大化利用和环境的可持续发展。在城市中，格林美循环产业园与当地政府和企业合作，共同推动了城市废弃塑料的循环利用项目。

首先，格林美循环产业园与市政府合作，在城市各处建立了方便的废塑料回收站。这些回收站设施齐备，市民可以方便地将家庭中产生的废塑料投放其中。格林美循环产业园负责定期收集、分类和运输这些废塑料。

其次，格林美循环产业园引进了先进的塑料循环利用技术。通过将回收的废塑料进行分类、清洁和再加工，可以将其转化为高质量的再生塑料颗粒。这些再生塑料颗粒可以用于生产新的塑料制品，如管道、容器等。

再次，格林美循环产业园与当地塑料制品生产企业合作，将生产出的再生塑料颗粒供应给它们。这些企业可以利用这些再生塑料颗粒，生产出符合质量标准的塑料制品，同时降低了原料采购成本。

最后，这些再生塑料制品被销售到市场上，以满足城市建设、家居装修、农业等领域的需求。这不仅促进了塑料制品的循环利用，还为城市经济的可持续发展作出了贡献。

通过这个案例，可以看出格林美循环产业园的循环模式是一个完整的、闭环的生态系统。它通过与政府、企业和社区的合作，实现了城市废塑料资源的有效回收和再利用，推动了塑料循环利用产业链的发展，为城市经济和环境可持续发展提供了有力支持。

循环经济3R原则的排序，反映了20世纪下半叶以来人们在关于环境与发展问题的思想进步方面走过的三个历程：首先，以环境破坏为代价追求经济增长的理念终于被抛弃，人们的思想从排放废物发展到了要求净化废物（通过末端治理方式）；其次，由于环境污染的实质是资源浪费，因此要求进一步从净化废物升华到利用废物（通过资源化）；最后，人们认识到利用废物仍然只是一种辅助性手段，环境与发展协调的最高目标应该是实现从利用废物到减少废物的质的飞跃（通过减量化与再利用）。在人类经济活动中，不同的思想认识可以导致不同的资源利用方式：一是线性经济与末端治理相结合的“用完就扔”方式；二是仅仅让资源化原则起作用的资源恢复方式；三是包含整个3R原则且强调避免废物优先的低排放甚至零排放方式。循环经济的3R原则不是仅仅减少待处理的废弃物的体积与重量，而是要从根本上减少自然资源的耗竭，减少由线性经济引起的环境退化（杨永华等，2006）。

第三节　循环经济研究方法

本节介绍可以用于循环经济研究的三种方法——物质流分析、生态效率与情景分析。

一、物质流分析

物质流分析（material flow analysis，MFA）是一种以物质守恒为基本原理，定量评估具有时空边界的经济-环境系统中物质的存量和流量，从而追踪物质在该系统中流动的源、路径和汇的研究方法（Brunner and Rechberger，2003）。MFA方法体系包括元素流分析和经济系统物质流分析，前者主要针对元素、化合物等特定物质，后者则关注混合物和大宗物资（余亚东，2015）。物质流分析可以针对不同层次的经济系统、产业部门、工业园区或企业个体（黄和平等，2007）。

物质流分析的核心是对社会经济活动中物质流动进行定量分析，了解和掌握整个社会经济体系中物质的流向与流量。建立在物质流分析基础上的物质流管理通过对物质流动方向和流量的调控来提高资源利用效率，达到设定的目标。在这一点上，物质流分析与循环经济的宗旨是高度一致的，因此，物质流分析是循环经济的重要技术支撑，物质流分析与管理是循环经济的核心调控手段。物质流分析可以在减少物质投入总量、提高资源利用效率、增加物质循环量和制定循环经济指标与标准方面对循环经济实践提供方法学指导。

采用物质流分析进行循环经济研究最关键的环节是构建核算框架和指标体系。就核算框架来说，图 13-1 为经济系统物质流分析方法的基本框架（黄和平等，2007）。该框架以质量守恒定律为基本依据，将通过经济系统、产业部门和企业的物质分为输入、贮存与输出三大部分，研究三者之间的关系，并跟踪、定位物质利用及迁移、转化路径。

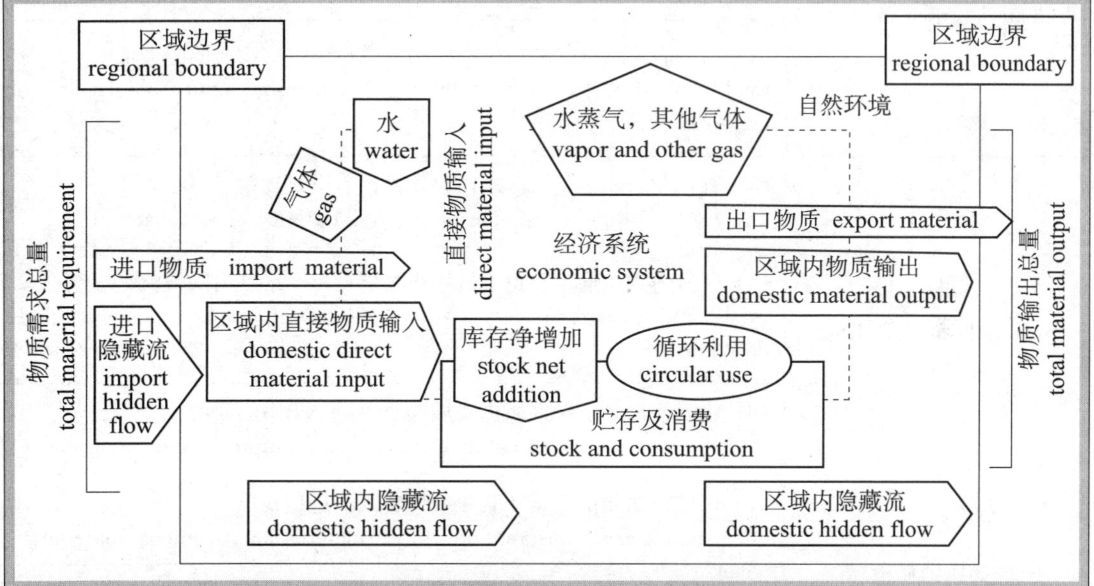

图 13-1　经济系统物质流分析研究框架

在物质输入端，进入经济系统的自然物质分为直接物质输入和隐藏流两个部分。直接物质输入是指直接进入经济系统的自然物质，包括生物物质、固体非生物物质（包括化石燃料、工业矿物、建筑材料等）、水、空气四大类。隐藏流也被称为生态包袱，是指人类为获取直接物质输入而必须动用的数量巨大的环境物质，主要包括：(1) 开采化石能源、工业原材料时移动的表土量和引起的水土流失量；(2) 生物收获的非使用部分，如木材砍伐的损失、农业收割的损失等；(3) 建筑遗弃土方及疏浚的河流；(4) 自然环境水土流失量。这些物质流没有商品价值，因此未进入社会生产和消费经济活动的边界之内。但是这些物质流对自然环境生态产生了不利的影响，这些物质往往侵占了大片的土地，破坏了周围的景观，尘土飞扬，影响大气质量，随雨水冲刷污染水体（刘滨等，2005）。通常用隐藏流系数来衡量不同直接物质输入的隐藏流。直接物质输入和隐藏流又分为区域内部开采和进口两部分。

在物质输出端，物质输出总量由区域内物质输出、区域内隐藏流、出口物质三部分组成。其中，区域内物质输出由经济系统排出的固体废弃物、废水、废气组成。

就指标体系来说，在对经济系统物质流分析的基础上，可以得到物质输入指标、物质输出指标、物质消耗指标、平衡指标、强度和效率指标、综合指数六大类共 16 个物质流分析指标（见表 13 - 1）（黄和平等，2007），这些指标同时为区域可持续发展战略提供了可以量化的依据。

表 13 - 1　物质流分析指标分类及其计算公式

指标	计算公式
1. 物质输入指标 material input indices	（1）直接物质输入＝区域内物质提取＋进口物质 direct material input＝domestic material extraction＋import material
	（2）区域内物质输入总量＝直接物质输入＋区域内隐藏流 total domestic material input＝direct material input＋domestic hidden flow
	（3）物质需求总量＝区域内物质输入总量＋进口物质的隐藏流 total material requirement＝total domestic material input＋hidden flow of import material
2. 物质输出指标 material output indices	（4）直接物质输出量＝区域内物质输出＋出口物质 direct material output＝domestic material output＋export material
	（5）区域内物质输出总量＝区域内物质输出＋区域内隐藏流 total domestic material output＝domestic material output＋domestic hidden flow
	（6）物质输出总量＝区域内物质输出总量＋出口物质 total material output＝total domestic material output＋export material
3. 物质消耗指标 material consumption indices	（7）区域内物质消耗量＝直接物质输入－进口物质 domestic material consumption＝direct material input－import material
	（8）物质消耗总量＝物质需求总量－出口物质及其隐藏流 total material consumption＝total material requirement－export material and its hidden flow
4. 平衡指标 balance indices	（9）物质库存净增量＝贮存物质净增加量 net addition of material stock＝net addition of stockpile material
	（10）物质贸易平衡＝进口物质－出口物质 material trade balance＝import material－export material
5. 强度和效率指标 intensity and efficiency indices	（11）物质消耗强度＝物质消耗总量÷人口基数，或物质消耗强度＝物质消耗总量÷GDP material consumption intensity＝total material consumption÷total population or，material consumption intensity＝total material consumption÷GDP
	（13）物质生产力＝GDP÷国内物质消耗量 material productivity＝GDP÷domestic material consumption
	（14）废弃物产生率＝废弃物产生量÷GDP castoff produce rate＝castoff produce÷GDP

续表

指标	计算公式
6. 综合指数 comprehensive indices	（15）分离指数＝经济增长速度－物质消耗增长速度 decoupling factor＝increase speed of economy－increase speed of material consumption
	（16）弹性系数＝物质消耗增长速度÷经济增长速度 elastic coefficient＝increase speed of material consumption÷increase speed of economy

应该指出的是，物质流分析的一个难点是隐藏流的计算，与直接流相比，计算隐藏流不仅过程复杂，而且所需数据量更加庞大。基于过程的生命周期法（process-based life cycle analysis）、环境拓展的投入产出法（environmentally extended input-output analysis）或二者的结合模型是目前解决这个问题的最有效手段（余亚东等，2015）。

二、生态效率

Schaltegger 和 Sturm（1990）首次提出了生态效率的概念，即增加的价值与增加的环境影响的比值。随后相关研究机构纷纷对生态效率的概念进行了深入的研究，提出了一系列定义（见表 13－2）（胡熠娜等，2018），并将其应用到产品、企业、产业、区域等多个层面（Laso et al.，2018；Koskela，2015；Dahlstrom and Ekins，2005；Hellweg et al.，2005）。其中，1992 年世界可持续发展工商理事会（World Business Council for Sustainable Development）在巴西里约热内卢召开的地球高峰会议上提交的报告《改变航向：一个关于发展与环境的全球商业观点》中对生态效率的定义最为典型，即通过提供具有价格优势的商品和服务，在满足人类高质量生活需求的同时，把整个生命周期中对环境的影响降到至少与地球的估计承载力一致的水平上，简单来说，就是影响最小化，价值最大化。这一认知揭示了生态效率兼顾社会经济发展和资源保护两方面，自此生态效率这一概念被广泛认识和接受。生态效率的核心思想是强调较少资源投入和较低污染排放，该思想与循环经济理念高度契合，因此生态效率是循环经济的有效测度方法。

表 13－2　生态效率概念的内涵对比

组织名称	概念内涵
世界可持续发展工商理事会	通过提供具有价格优势的商品和服务，在满足人类高质量生活需求的同时，把整个生命周期中对环境的影响降到至少与地球的估计承载力一致的水平上
经济合作与发展组织	生态资源满足人类需求的效率
欧洲环境署	以最少的自然界投入创造更多的福利

续表

组织名称	概念内涵
联合国亚洲及太平洋经济社会委员会	提升基础的社会生产力和降低资源消耗，以更好地提升绿色发展水平
国际金融公司环境投资部	通过更有效率的生产方式提高资源的可持续性
联合国贸易和发展会议	增加（至少不减少）股东价值的同时，减少对环境的破坏

循环经济与生态效率具有内在的联系。生态效率本质上是一个衡量经济活动过程对自然资源利用状况或污染排放状况的指标，要求在社会服务量最大化的情况下减少资源消耗和降低环境影响，即以少产多。而循环经济是一种减量化、效率、效益型经济，即强调生态效率、效益的最大化（傅泽强等，2000）。循环经济以“3R”为操作手段，在经济活动过程中尽可能减少自然资源输入，最大限度地减少废弃物排放，提高废弃物资源的循环利用。也就是说，发展循环经济，就是通过不断提高自然资源利用效率，创造良性的物质财富，为人类社会提供服务。从这个意义上讲，生态效率最大化是循环经济的目标，而循环经济则是提高生态效率的重要手段。

目前生态效率的计算方法主要有三种，即传统的单一比值模型、指标体系综合评价模型与数据包络分析。

（1）单一比值模型基于世界可持续发展工商理事会对生态效率的定义，从投入产出视角，采用经济产出和环境负荷的比值来衡量，其公式为：

$$\text{生态效率}=\frac{\text{经济价值}}{\text{环境影响}} \tag{13-1}$$

在公式（13－1）中，经济价值的计算可以采用生命周期成本法、成本收益分析和直接采用GDP三种方法来确定。生命周期成本法计算了产品的整个生命周期内市场相关成本和收益，是当前产业生态化的主要研究工具，但它比较适合于过程系统工程项目和产业实践，在区域尺度上的可操作性较差；成本收益分析则除了计算市场相关成本和收益外，还计算环境外部性成本，其缺点是环境外部性成本的量化方法仍未成熟；GDP虽然是当前广为人知且统计资料最为齐全的经济产出指标，但因为在表征自然资源消耗、生态服务价值、环境污染等方面存在固有缺陷而饱受争议。环境影响的表征指标则较为统一，一般认为环境影响指的是资源与能源等的使用、废弃物的排放。但是各种类型的环境影响无法直接相加，在集成之前需要赋予相应的权重，从而产生主观性问题，就当前国内外研究实践来看，可以采用生态足迹、能值分析与物质流分析模型来解决这个问题。

（2）指标体系综合评价模型也是目前常用的生态效率评价模型，该模型通常通过选择经济、社会、环境、生态、资源、能源等方面的指标，构建评价指标体系，系统表征评价对象各方面的特性及其相互联系；然后采用加权平均方法来进行生态效率评价；最后分析生态效率的时空分异规律及机理。虽然此方法适用于分析较为复杂的对象，但该方法存在着指标选取任意和指标权重确定主观、评价结果稳健性不足等饱受诟病的缺陷。

（3）数据包络分析是著名运筹学家查恩斯、库珀和罗兹（Charnes，Cooper and Rhodes，1979）等在“相对效率评价”概念基础上发展起来的一种评价具有相同投入和产出的若干决策单元（decision making units）的相对效率的一种有效办法。采用数据包络分析方法计算生态效率时，通常针对同行业的一组企业或同一区域内的一组等级别行政区，将生产投入指标作为数据包络分析模型的输入，将经济与环境产出指标作为数据包络分析模型的输出，本着输入最小化和输出最大化的原则，使用数学规划模型来求解、评价企业在该行业中或行政区在该区域内的相对生态效率。数据包络分析模型具有三个明显的优点：一是它省去了设定函数形式的麻烦，避免了函数设定偏误；二是由于它摒弃了传统主观的赋权方法，采用统计学方法自动赋权，因此可以有效地减少环境指标赋权的主观性影响；三是它对输入、输出指标的量纲没有要求。这三个优点使其成为生态效率评价的有效工具。但传统数据包络分析模型对非期望产出的处理能力不足限制了其在生态效率评价中的推广。托恩（Tone，2003）给出了强可处置性下的包含非期望产出的 SBM 模型，该模型把松弛变量直接加入所要求的目标函数中，这样既解决了投入产出的松弛性问题，也避免了径向向量和角度选择的差异设定带来的偏差和影响，更能体现生态效率评价的本质。SBM 模型等的出现，使数据包络分析模型在生态效率评价中得到了越来越广泛的应用。以数据包络分析模型与物质流分析相结合评价生态效率为例，输入指标可以选择总物质投入或物质需求总量，期望输出指标可以采用 GDP 或绿色 GDP，非期望输出指标可以采用废水、废气、固废与二氧化碳排放量等。

三、情景分析

情景分析（scenario analysis）是在对经济、产业或技术的重大演变提出各种关键假设的基础上，通过对未来详细的、严谨的推理和描述来构想未来各种可能的方案。情景分析中的“情景”一词最早出现在 1967 年赫尔曼和维纳（Herman and Wiener，1967）所著的《2000 年》一书中，是指为达到未来可能出现的结果而构建的一个情景。基于“情景”的“情景分析法”既是一种定性预测方法，也是一种定量的预测手段，通常用来研究预测目标的未来发展趋势或引起的后果，具有多元化分析结果。情景分析的最大优势是使管理者能够发现未来变化的某些趋势和避免两个最常见的错误：过高或过低估计未来的变化及其影响。运用情景分析法的前提是要对内部环境有充分的了解，在对内部环境进行详细分析后，对未来的可能性进行合理的预测及判断（曾忠禄和张冬梅，2005）。情景设置越精细，预测结果就会越准确。情景分析需要综合考虑多方面因素，合理设置情景（Gao，2010）。

情景分析不是预测，只有对系统有了足够的认识，即了解系统的影响因素并能以一定的精度预测其影响因素后，才可能建立一个成功的预测模型。但包括产业、消费、资源、环境在内的经济-环境系统由于人类选择的不确定性而变得更加复杂，这意味着我们实际上不仅不知道，而且无法知道产业发展、材料使用、文化和社会演变究竟会选择何种途径。因此，需要预测和认识未来经济-环境系统的循环经济研究不得不寻找在精确性和严密性程度方面稍逊数学模型的分析方法，其中重要方法之一就是情景分析（娄伟，2012；刘永等，2005；张学才和郭瑞雪，2005）。

情景分析法有其本质特点：（1）承认未来的发展是多样化的，有多种可能发展的趋势，其预测结果也将是多维的；（2）承认人在未来发展中的能动作用，把分析未来发展中决策者的群体意图和愿望作为情景分析中的一个重要方面，并在情景分析过程中与决策人之间保持畅通的信息交流；（3）在情景分析中，特别注意对组织发展起重要作用的关键因素和协调一致性关系的分析；（4）情景分析中的定量分析与传统趋势外推型的定量分析的区别在于：其在定量分析中嵌入了大量的定性分析，以指导定量分析的进行，所以是一种融定性与定量分析于一体的新预测方法；（5）情景分析是一种对未来研究的思维方法，其所使用的技术方法手段大都来源于其他相关学科，重点在于如何有效获取和处理专家的经验知识，这使得其具有心理学、未来学和统计学等学科的特征（王知津等，2013）。

学者们提出了多种情景分析的步骤，比较常用的是斯坦福研究院（Stanford Research Institute）拟定的六项步骤（诸大建，2004）：

（1）明确决策焦点。

确定所要决策的内容型项目，以凝聚情景发展的焦点。所谓决策焦点是指为达成企业使命在经营领域所必须做的决策。焦点应当具备两个特点：重要性和不确定性。管理者的注意力必须集中在有限的几个最重要的问题上，而且既然情景分析是一门预测未来动荡环境的重要技术，焦点问题必须难以预测，带有一定的不确定性，它们会产生不同的结果。如果问题十分重要但结果是确定的，就不能作为焦点。

（2）识别关键因素。

确认所有影响决策成功的关键因素，即直接影响决策的外在环境因素，如市场需求、企业生产能力和政府管制力量等。

（3）分析外在驱动力。

确认重要的外在驱动力量，包括政治、经济、社会、技术各层面，决定关键决策因素的未来状态。某种驱动因素如人口、文化价值不能改变，但至少应将它们识别出来。

（4）选择不确定轴面。

将驱动力量以冲击水平程度与不确定程度按高、中、低加以归类。在属于高冲击水平、高不确定的驱动力量群组中选出2～3个相关构面，我们称之为不确定轴面，以作为情景内容的主体构架，进而发展出情景逻辑。

（5）发展情景逻辑。

选定2～3个情景，这些情景包括所有的焦点。针对各个情景进行各细节的描绘，并对情景本身赋予血肉，把故事梗概完善为剧本。情景的数量不宜过多，实践证明管理者所能应对的情景最大数目是3。

（6）分析情景的内容。

可以通过角色饰演的方法来检验情景的一致性，这些角色包括本企业、竞争对手、政府等。通过这一步骤，管理者可以根据自己的观点进行辩论并达成一致意见。更重要的是，管理者可以看到未来环境里各角色可能作出的反应。最后，认定各情景在管理决策上的意义。

情景分析方法是循环经济研究中被普遍运用的重要方法，但在实际运用中，往往存在着“偷工减料”的问题。利益相关者分析是该方法识别关键不确定因素的重要手段，需要大量不同行业部门（政府、企业、公众）的人员参加，相关组织过程是非常复杂的，而不是仅仅召开一次或几次专家会议就可以解决的。另外，情景分析不是预测，并不意味着不需要预测，该方法在运用中应与系统动力学模型、时间序列分析模型、数理统计模型等有机地结合起来，提高情景分析的科学性。

第四节　区域循环经济发展规划

规划是政府履行宏观调控、经济调节、公共服务职能的重要手段。区域循环经济发展规划既是将循环经济理论与区域实践相结合的纽带，更是完善和重组区域人类社会经济活动过程的基本依据和工作蓝图（薛冰，2013）。

一、规划特征

1. 规划对象的产业性

区域循环经济发展规划侧重于区域产业体系的仿生态构建，这种仿生态构建不仅仅是相似产业的内部纵向闭合，更是不同产业之间的横向耦合和区域整合。在规划中，产业体系仿生态构建主要基于物质流分析方法，通过产业共生和产业集群来实现。

2. 规划空间的地域性

区域循环经济建设是基于不同地区的实际情况展开的，而各区域在自然条件、经济发展水平、社会发展状况等方面存在差异，因此，循环经济系统也就具有明显的区域特性。这种性质使得不同地区要因地制宜地推进循环经济建设，不能照搬照抄其他地区的发展模式。

3. 规划过程的社会性

循环经济的行为主体主要包括政府、企业与公众；循环经济发展的主要驱动力有政策的支持促进（政府）、经济来源的驱动（企业），以及公众意识提升（公众），这种社会性使得区域循环经济发展规划在编制过程中，必须建立在全社会的沟通认知和支持基础上。

二、规划性质

目前我国的规划体系由“三级四类”组成，“三级”即国家、省、市县；“四类”即总体规划、专项规划、区域规划及空间规划（黄征学，2019）。就区域循环经济发展规划特征来看，应将其作为特殊的专项规划予以对待。区域循环经济发展规划既要以总体规划和区域规划为依据，也要以它们为目的。同时也要在空间规划约束下，统筹协调好与区域产业发展规划、区域社会发展规划、区域环境保护规划、区域工业园区建设规划、区域城镇体系规划等专项规划的反馈关系。

三、规划过程

1. 问题分析

区域循环经济发展规划研究中的问题分析主要是指从宏观层面找出一个地区或产业在发展过程中资源和环境方面存在的各种问题，这些问题主要包括四个方面：一是总量问题；二是效率问题；三是结构问题；四是循环问题。问题分析的基础方法应该是定性与定量相结合，最常见的是比较法，包括横向的国际比较和国内比较，纵向的过去趋势分析和未来的趋势预测。其中总量与循环问题可以采用物质流分析方法，效率问题采用生态效率方法，结构问题采用结构分析法。

2. 目标分析

区域循环经济发展规划的目标是指在合理分析现状和科学预测未来的基础上，对规划期末区域循环经济发展水平的期望（崔铁宁，2005）。规划目标可以分为生态系统目标、经济系统目标和社会系统目标。由于循环经济研究的是经济-环境系统，人力选择的不确定性使该系统变得异常复杂，很难有合适模型来精准预测循环经济未来的发展趋势和目标，因此目标分析比较切实可行的是借助情景分析法，同时结合一些模型如 IPAT 公式、SD 模型、时间序列分析等。

3. 领域分析

区域循环经济发展规划领域分析的内容包括优先领域选择、各领域目标分解、各领域建设方案等。优先领域选择和各领域目标分解要根据当地的资源、环境压力状况，当地经济社会的优势和劣势，发展循环经济的难易程度等进行综合平衡。各领域建设方案可以借鉴循环经济领先国家或地区的成功经验，然后结合当地实际情况进行大体设计。在领域分析方面进行定量分析研究难度较大，可以采用聚类分析模型来选择经济总量大、资源环境负荷重的重点领域。

4. 政策分析

区域循环经济发展规划的政策分析包含的内容非常复杂，为使一个规划包含系统全面的政策工具，世界银行总结的政策矩阵（见表 13－3）值得借鉴与参考。但由于各地情况不同，在选择政策时要根据自身实际情况，选择与自身合适的政策，然后再从中识别出一些优先政策（世界银行，1998）。

表 13－3　政策矩阵——可持续发展的政策手段

主题	政策手段			
	利用市场	创建市场	实施环境法规	鼓励公众参与
资源管理与污染控制	减少补贴	产权/分散权利	标准	公众参与
	环境税	可交易的许可证/权利	禁令	信息公开
	使用费	国际补偿制度	许可证和配额	
	押金-返还制度			
	专项补贴			

四、规划内容

在全面梳理循环经济发展脉络和本质认识的基础上，薛冰（2013）总结了现有区域循环经济发展规划的成功经验与不足，为区域循环经济发展规划构建了如下内容框架体系（见表 13-4）。

表 13-4 区域循环经济发展规划内容体系

第一层级	第二层级	主要内容与设计方向概述
1. 区情识别	1.1 发展基础	区位、资源、产业的现状分析与诊断
	1.2 规划意义	阐述编制规划的必要性及其意义所在
	1.3 制约因素	基于自我识别和区际比较，探寻危机
2. 战略要求	2.1 指导思想	突出区域特色，围绕区域优势，以优化资源利用效率和效益为核心，坚持市场引导和政策推动相结合，政府、企业、公众责任与义务公平分担
	2.2 基本原则	减量化、再利用、资源化；科学布局、集聚发展、园区承载、项目支撑；全面部署、突出特色、重点推进、分步实施；政府推动、市场引导、企业落实、公众参与
	2.3 战略目标	近期目标、中期目标、远期展望
3. 空间布局	3.1 功能分区	梯级结构，组团模式等
	3.2 产业布局	产业的实体整合和虚拟集聚，工业园区布局等；产业关联性分析与体系构建等
4. 重点产业	4.1 冶金产业	产业链纵向延伸和横向拓展，废弃物综合利用，能量的梯级利用等
	4.2 石化产业	
	4.3 现代农业	农业有机废弃物的利用，可再生能源开发等
	4.4 旅游产业	发展体系创新和产业关联，景区的清洁生产等
	4.5 静脉产业	生活垃圾等分类回收利用等
	4. x……	……
5. 支撑体系	5.1 城镇设施	电力电信，园林绿化，给排水等
	5.2 道路交通	对外交通网络构建，内部交通网络完善
	5.3 物流服务	仓储设施，物流枢纽，配送节点等
	5.4 生态环境	生态多样性保护，水源区保护等
	5.5 能源供应	能源生产，能源结构优化等
	5.6 信息平台	物质流管理平台，技术征询与交易平台等
	5.7 关键技术	区域发展循环经济的关键性技术需求与研发
6. 备选项目	6.1 项目汇总	重点产业和支撑体系中的备选项目汇总
	6.2 效益分析	经济效益、生态效益、社会效益分析与风险讨论

续表

第一层级	第二层级	主要内容与设计方向概述
7. 保障措施	7.1 组织领导	规划的行政体系、运作体系等
	7.2 政策体系	国土资源政策、财税政策、产业政策等
	7.3 公众参与	循环经济理念的社会普及与认知推广
	7.4 市场机制	市场作用的完善等
8. 附件	区域地理区位图，产业布局图等	

在该内容框架体系中，“区情识别”是规划的基石，它不但是“战略要求”的基础，也是“空间布局”“重点产业”“支撑体系”“备选项目”的工作基础和主要依据；脱离了区域现实的产业布局或者支撑体系构建，就不可能实现循环经济发展的既定目标；同理，“保障措施”的设计必须体现“战略要求”的目标设定以及“支撑体系”的建构，否则，规划中的“保障措施”将失去依据性和保障性。与以前区域循环经济发展规划内容相比，该框架体系新增了“空间布局”的内容，更契合当代空间规划的思想理念。

第五节　再生资源与废弃物综合利用

一、再生资源

1. 再生资源的概念

再生资源是指在社会的生产、流通、消费过程中产生的失去原有价值而被弃置，但可以经过回收加工改制使其恢复原有物质性能和使用价值的废弃物（刘明华和林春香，2013；陈德敏和张孝烈，1998）。通过科技创新和绿色技术的应用，可以将废弃物转化为有价值的再生资源，从而达到延长资源的利用周期、提升资源的利用率效率以及降低能耗的效果（傅为忠和李佳一，2023）。再生资源覆盖了商品和资源在生产和生活环节流通的全过程，包括从开采和生产过程的尾矿、伴生矿、工业废渣等，到流通环节的包装、运输等产生的废弃物，再到终端消费环节产生的各种废弃物。狭义的再生资源是指社会回收的可再生利用的废弃物资源（见表 13－5）；广义的再生资源是指全部可利用的废弃物资源。遵循可持续发展理念与 3R 原则，循环经济实现以“低消耗、低排放、高效率”为基本特征的资源有效利用与循环利用，循环经济系统彻底改变了传统持续增加资源消耗的“大量生产、大量消耗、大量废弃”方式，实现了再生资源化的闭合循环系统（周宏春等，2021）。再生资源的回收、加工利用活动是再生资源行业的两个核心组成部分，回收活动包括废弃物的收集、运输、分配以及其他处理活动，加工利用活动是各种再生资源进行深加工以创造新的使用价值再生产品的活动（王丽平和栾慧明，2017）。

表 13-5　狭义再生资源的分类与定义

序号	名称	定义
1	废钢铁	失去原有用途并可以回收使用的钢铁碎料及钢铁制品。包括各种机械设备、交通工具、农用机械、机具、建筑物耗材、军事用品、生活用品等经过一定使用年限后的报废品；在生产这些产品过程中产生的废品、边角余料及含铁废弃物；因技术进步及经济指标落后而更新替代下来的淘汰品
2	废有色金属	生产生活过程中产生的废有色金属。包括铜、铝、铅、紫铜板、黄铜型材、锌白铜管、镍铜丝材、锡磷青铜带材、铝合金板、铅合金材、铝铜复合板带、铜铝合金锭及铸件、钛及钛合金管棒、钼带、箔材、高纯稀土金属、单一稀土氧化物、共沉淀稀土氧化物、彩电荧光粉、灯用三基色荧光粉、计算机用终端显示粉、钐钴粉、钐钴磁钢、铈锆复合氧化物、铜粉、铝粉等
3	废物料	被废弃的各种塑料制品及塑料材料。包括在塑料及塑料制品生产加工过程中产生的脚料、边角料和残次品，具体包括工业边角料、废弃塑料瓶、包装物及其他塑料制品、农膜等
4	废纸	在生产生活中产生的可循环利用的纸。包括废纸箱（使用过的各种瓦楞纸箱、纸盒以及纸箱厂的边角料等）、废报纸（使用过的不带涂层的报纸，过期未发售的报纸）、废铜版纸（使用过的双涂面的挂历、画报、画册以及印刷厂的铜版纸切边等）、废页子纸（没有装订的呈书页状的废纸）、废牛皮纸（使用过的各类牛皮纸包装箱）、废卡纸（使用过的介于页子纸和纸板之间的一类坚挺耐磨的厚纸）、废书刊等
5	废旧轮胎	不能继续使用或用于翻新的轮胎。包括可翻新旧轮胎（经使用但胎面尚未达到磨耗极限，可对其外表面胶层进行全翻新或部分翻新的轮胎）
6	废弃电器电子产品	失去使用价值或淘汰丢弃的电器电子产品。包括电视机、电冰箱、空调、洗衣机、吸尘器、计算机、打印机、传真机、复印机、电话机等
7	报废机动车船	达到国家机动车船强制报废标准的汽车和轮船，或者未达到国家报废标准，但发动机或底盘严重损坏，经检验不符合国家机动车船运行安全技术条件或国家机动车船污染物排放标准的机动车船。包括摩托车、农用运输车、老旧运输船舶等
8	废旧纺织品	在生产过程中产生的下脚短纤维、废纱、回丝、边角料等，以及废旧的纺织服装及其制品。包括旧衣服、床上用品、毛巾、地毯、羊绒制品、聚氨酯制品等
9	废玻璃	在社会生产和生活过程中产生的，已经失去原有全部或部分使用价值，经过回收、加工处理，能够作为原料被循环利用的玻璃及其制品。包括废平板玻璃（废弃的板状玻璃制品）、废日用玻璃（废弃的玻璃包装、玻璃容器、玻璃工艺品等的统称）、废玻璃净料（经过加工处理后的废玻璃）、废玻璃毛料（未经过加工处理且含有杂质的废玻璃）
10	废电池	失去使用价值的电池及其废元（器）件、零（部）件和废原材料。包括工业生产中产生的报废电池、报废的半成品废元（器）件、零（部）件和废原材料，以及工业用途、日常生活或者流通领域中产生的失去使用价值的电池

2. 再生资源的特点

再生资源是一类特殊的物质资源，具有如下特点（刘明华和林春香，2013）：

（1）再生资源是一种有污染或潜在污染的特殊资源。

再生资源是失去了已有效用的废弃物，这些废弃物在被回收利用之前直接占用着土地和空间，往往容易通过水、空气和土壤等介质造成对环境的污染。由于环境对废弃物的自净能力很弱，所以这种污染一经形成，其影响就相当持久。

（2）再生资源是一种品种繁多的资源。

与自然资源相比，再生资源由于各工业部门加工生产和生活消费物质的不同，种类繁多，物理形态、化学性质千差万别，基本上包括了所有物质种类，如废塑料、废纸、废钢铁、废旧纤维、废旧橡胶、废旧家用电器、废旧玻璃、废旧有色金属等。

（3）再生资源具有某种性质的使用价值。

再生资源虽然就其实质而言是一种废弃物，但这里的废弃物并不“废”，只不过是失去了原有的使用价值但从其他角度仍然可以开发利用的物质资源，这种开发利用既可以对自然资源形成替代，也可以防止污染、维持生态平衡。

（4）再生资源具有量大且集中的特点。

这种量大包含两个方面的含义：一方面是指某种废弃物产生量和堆存量大；另一方面是指其使用应该具有规模化程度，可以得到大量应用。如果某种废弃物数量很少或极度分散，回收加工的费用反而大于其自身的价值，这种废弃物就不能形成“资源”形态为人类所利用，就不是再生资源。

二、再生资源产业

1. 再生资源产业的概念

再生资源产业是指对可利用废弃物进行收集、运输和再加工为产品，使其重新进入流通销售的生产经营活动及其组织形式（陈德敏，2019）。再生资源产业也有狭义与广义之分：源于生产和生活的各类再生资源在回收价值属性上迥异，出于经济来源考量，对于具有较高再利用价值的生活废弃物和工业加工废料，企业通常愿意主动回收并予以加工再利用，这就是狭义的再生资源产业。而对于再利用价值偏低的生活垃圾和工业“三废”等，往往需要通过填埋堆肥或焚烧等方式加以处置，回收处理环节多由政府承担或政府买单，企业被动承担，相应的生产活动被称为环保产业。由于后者能够产生社会经济生产所需要的能源供给，也属于再生资源产业范畴。广义的再生资源产业内涵应是由狭义的再生资源产业和环保产业共同组成。

在国际上，形象地将再生资源产业称为静脉产业，因其变废为宝，循环利用，如同将含有较多二氧化碳的血液送回心脏的静脉。与之相对，开发利用自然资源的传统产业就被称为动脉产业，它们共同组成了资源环境和社会经济发展的良性循环（邓兴彦，2006）。

再生资源产业是一个复杂的系统产业，包括垃圾分类收集产业、废旧资源回收产业、废旧资源再生利用产业、废旧资源加工再造产业、废弃物末端处理产业等（曹曼和叶文虎，2006；薛莉等，2022）。再生资源产业是一个工业系统，由从事再生资源的回收、加工、利用三个核心活动以及与再生资源生产相关的一些辅助活动组成，与再制造行业、废旧资源处理行业、环保行业密切相关（刘光富和田婷婷，2017）

2. 再生资源产业的特点

资源再生活动主要利用废旧产品的原材料价值，是破坏废旧产品的物理形态的一种资源再利用方式，如对废旧汽车中钢铁、塑料、玻璃等材料的回收，这意味着废旧产品的其他价值，包括制造过程中消耗的能源、人力资源和设备工具的损耗，都无法得到再使用。再生资源产业从事以废旧产品利用为内容的生产活动，一般指各种废碎料的回收和利用活动，不包含专门的再制造活动，其具有明显的特点，如具有准公共产品属性、属于劳动密集型和技术密集型产业、产业规模相对有限等（刘明华和林春香，2013）。

（1）准公共产品属性。

生态环境作为人类的栖息地，在享用上具有不可分割性和非竞争性以及受益的非排他性，具有明显的公共产品属性。随着环境状况的恶化，良好的生态环境变成一种相对稀缺的资源，出现了拥挤现象，其竞争性逐渐增强，呈现出准公共产品的特征。理论上，再生资源产业通过资源再生活动，力图重新恢复被人类的生产、消费活动破坏了的生态平衡。所以，再生资源产业具有典型的准公共产品特性。正是因为再生资源产业的准公共产品特性，其竞争性使得通过市场机制，企业可以获得一部分像私人物品一样的收益，从而使市场介入成为必然。同时再生资源的回收利用活动给产业外的行为主体带来了环境效益和社会收益，产生了正外部效应，使市场失灵。所以，再生资源产业要以市场为基础，但产业的非排他性、外部性、公益性特征又决定了再生资源产业的发展必须有政府的调控与干预。现实中，我国目前只是把进入垃圾清运渠道的垃圾处置产业作为自然垄断性的公共产品，由过去的大包大揽逐步转向采取政府调控与市场化运作相结合的方式，而对再生资源回收利用活动的准公共产品的性质认识不清，把废旧物资的回收利用当作私人物品的交易，回收废旧物资不仅不收费，反而还要向废物的拥有者付费，完全按照市场化运作，政府未加以干预和管理，导致产业在运行过程中产生了很多问题（冯慧娟和鲁明中，2008）。

（2）劳动、技术密集型。

再生资源来源分散、成分复杂、种类繁多。我国对再生资源的回收主要通过大量的“拾荒者”完成。运输、分类、拆解和部分简单加工等，以手工操作为主，是典型的劳动密集型产业。再生资源产业的“原材料”是传统经济系统的垃圾，是经济系统在现有技术经济条件下一般难以高效利用的物资，再生资源产业在处理处置过程中必须有先进的技术才能保证这些资源的有效回收利用。因此，对多数物资的加工再利用，其技术的要求和经济成本都相当高。

（3）产业规模的相对有限性。

在废弃物中除少部分如废旧轮胎、大城市废旧汽车及电子废弃物外，大部分种类的集中度相对有限而且分散，呈现出回收分散性、加工就地性等特点，这也是区域再生资源产业发展规模受限的原因。从循环经济视角分析，再生资源产业在社会经济系统中扮演着“分解者”的角色，促进社会经济系统的正常运转，是国民经济发展的一个基础性产业。其产业的特殊性客观上要求我们必须采取有别于一般产业的管理对策。

三、废弃物综合利用

1. 综合利用废弃物生产的产品类型

国际有关专家预测未来 30 年的“十大新兴技术”中，垃圾处理新技术位居第二，再生资源产业将是 21 世纪最具发展前途的产业。

垃圾蕴藏着丰富的资源，科学实验证实，如果利用得当，每吨垃圾可获得 300～400 千瓦的电，每利用 1 吨废纸可生产纸浆 800 千克。据统计，目前世界每年生产的钢铁、铝、锌、纸张总产量中，由垃圾中提取再生资源加工而成的产品分别占到 45%、22%、30%和 35%。每年法国金铜产品的原料有 80%来自废铜。每年美国新闻纸的原料有 1/3 来自废纸。再生资源的利用可以减少对原生资源的需求，缓解经济发展引起的资源危机，有效解决经济发展与环境保护的矛盾（耿飞燕，2004）。

综合利用废弃物生产的产品类型分为利用“三废”生产的产品、综合利用农林水产废弃物及其他废弃资源生产的产品、综合利用再生资源生产的产品这三大类，如表 13-6 所示。

表 13-6　综合利用废弃物生产的产品类型

<table>
<tr><td rowspan="7">利用“三废”生产的产品</td><td rowspan="7">综合利用固体废物生产的产品</td><td>利用煤矸石、铝钒石、石煤、粉煤灰（渣）、硼尾矿粉、锅炉炉渣、冶炼废渣、化工废渣及其他固体废弃物、生活垃圾、建筑垃圾以及江河（渠）道淤泥、淤沙生产的建材产品、电瓷产品、肥料、土壤改良剂、净水剂、作物栽培剂，以及利用粉煤灰生产的漂珠、微珠、氧化铝</td></tr>
<tr><td>利用煤矸石、石煤、煤泥、共伴生油母页岩、高硫石油焦、煤层气、生活垃圾、工业炉渣、造气炉渣、糠醛废渣生产的电力、热力及肥料，利用煤泥生产的水煤浆，以及利用共伴生油母页岩生产的页岩油</td></tr>
<tr><td>利用冶炼废渣回收的废钢铁、铁合金料、精矿粉、稀土、废电极、废有色金属以及利用冶炼废渣生产的烧结料、炼铁料、铁合金冶炼溶剂、建材产品</td></tr>
<tr><td>利用化工废渣生产的建材产品、肥料、纯碱、烧碱、硫酸、磷酸、硫黄、复合硫酸铁、铬铁</td></tr>
<tr><td>利用制糖废渣、滤泥、废糖蜜生产的电力、造纸原料、建材产品、酒精、饲料、肥料、赖氨酸、柠檬酸、核苷酸、木糖，以及利用造纸污泥生产的肥料及建材产品</td></tr>
<tr><td>利用食品、粮油、酿酒、酒精、淀粉废渣生产的饲料、碳化硅、饲料酵母、糠醛、石膏、木糖醇、油酸、脂肪酸、菲丁、肌醇、烷基化糖苷</td></tr>
<tr><td>利用炼油、合成氨、合成润滑油、有机合成及其他化工生产过程的废渣、废催化剂回收的贵重金属、絮凝剂及各类载体生产的再生制品及其他加工产品</td></tr>
</table>

续表

利用“三废”生产的产品	综合利用废水（液）生产的产品	利用化工、纺织、造纸工业废水（液）生产的银、盐、锌、纤维、碱、羊毛脂、PVA（聚乙烯醇）、硫化钠、亚硫酸钠、硫氰酸钠、硝酸、铁盐、铬盐、木素磺酸盐、乙酸、乙二酸、乙酸钠、盐酸、黏合剂、酒精、香兰素、饲料酵母、肥料、甘油、乙氰
		利用制盐液（苦卤）及硼酸废液生产的氯化钾、溴素、氯化镁、无水硝、石膏、硫酸镁、硫酸钾、制冷剂、阻燃剂、燃料、肥料
		利用酿酒、酒精、制糖、制药、味精、柠檬酸、酵母废液生产的饲料、食用醋、酶制剂、肥料、沼气，以及利用糠醛废液生产的醋酸钠
		利用石油加工、化工生产中产生的废硫酸、废碱液、废氨水以及蒸馏或精馏釜残液生产的硫黄、硫酸、硫铵、氟化铵、氯化钙、芒硝、硫化钠、环烷酸、杂酚、肥料，以及酸、碱、盐等无机化工产品和烃、醇、酚有机酸等有机化工产品
		从含有色金属的线路板蚀刻废液、废电镀液、废感光乳剂、废定影液、废矿物油、含砷含锑废渣中提取的各种金属和盐，以及达到工业纯度的有机溶剂
		利用工业酸洗废液生产的硫酸、硫酸业铁、聚合硫酸铁、铁红、铁黄、磁性材料、再生盐酸、三氯化铁、三氯化二铁、铁盐、有色金属等
		利用工矿废水、城市污水及处理产生的污泥和畜禽养殖污水生产的肥料、建材产品、沼气、电力、热力及燃料
		利用工矿废水、城市污水处理达到国家有关规定标准，用于工业、农业、市政杂用、景观环境和水源补充的再生水
综合利用农林水产废弃物及其他废弃资源生产的产品	利用林区三剩物、次小薪材、竹类剩余物、农作物秸秆及壳皮（包括粮食作物秸秆、农业经济作物秸秆、粮食壳皮、玉米芯）生产的木材纤维板（包括中高密度纤维板）、活性炭、刨花板、胶合板、细木工板、环保餐具、饲料、酵母、肥料、木糖、木糖醇、糠醛、糠醇、呋喃、四氢呋喃、呋喃树脂、聚四氢呋喃、建材产品	
	利用地热、农林废弃物生产的电力、热力	
	用海洋与水产产品加工废弃物生产的饲料、甲壳质、甲壳素、甲壳胺、保健品、海藻精、海藻酸钠、农药、肥料及其副产品	
	利用刨花、锯末、农作物剩余物、制糖废渣、粉煤灰、冶炼废矿渣、盐化工废液（氯化镁）等原料生产的建材产品	
	利用海水、苦咸水制备的生产和生活用水	
	利用废动、植物油生产的生物柴油及特种油料	
	利用沼气提供的电	

续表

综合利用再生资源生产的产品	回收生产和消费过程中产生的各种废旧金属、废旧轮胎、废旧塑料、废纸、废玻璃、废油、废旧家用电器、废旧电脑及其他废电子产品和办公设备
	利用废家用电器、废电脑及其他废电子产品、废旧电子元器件提取的金属（包括稀贵金属）、非金属和生产的产品
	利用废电池提取的有色（稀贵）金属和生产的产品
	利用废旧有色金属、废马口铁、废感光材料、废灯泡（管）加工或提炼的有色（稀贵）金属和生产的产品
	利用废棉、废棉布、废棉纱、废毛、废丝、废麻、废化纤、废旧聚酯瓶和纺织厂、服装厂边角料生产的造纸原料、纤维纱及织物、无纺布、毡、黏合剂、再生聚酯产品 利用废轮胎等废橡胶生产的胶粉、再生胶、改性沥青、轮胎、炭黑、钢丝、防水材料、橡胶密封圈以及代木产品
	利用废塑料生产的塑料制品、建材产品、装饰材料、保温隔热材料
	利用废玻璃纤维生产的玻璃和玻璃制品以及复合材料
	利用废纸、废包装物、废木制品生产的各种纸及纸制品、包装箱、建材产品
	利用杂骨、皮边角料、毛发、人尿等生产的骨粉、骨油、骨胶、明胶、胶囊、磷酸钙及蛋白饲料、氨基酸、再生革、生物化学制品
	旧轮胎翻新和综合利用产品

2. 我国再生资源利用简述

自 2017 年以来，国家也高度重视废旧物资行业的发展，改革红利继续释放，继《国务院办公厅关于转发国家发展改革委住房城乡建设部生活垃圾分类制度实施方案的通知》（国办发〔2017〕26 号）、《关于印发〈循环发展引领行动〉的通知》（发改环资〔2017〕751 号）之后，2017 年 7 月，国务院办公厅印发《禁止洋垃圾入境推进固体废物进口管理制度改革实施方案》（国办发〔2017〕70 号），提出全面禁止洋垃圾入境，完善进口固体废物管理制度，要求在 2019 年底前，逐步停止进口国内资源可以替代的固体废物。随着这一政策的逐步实施，主要废旧物资品种进口量进一步下降，以进口固体废物作为主要原料的废旧物资利用企业为适应政策调整需要，加大国内废旧物资的采购量，从而极大推动国内废旧物资回收业务的增长。具体数据见表 13－7、表 13－8（中国物资再生协会，2017）。2024 年 1 月，商务部等 9 部门印发《关于健全废旧家电家具等再生资源回收体系的通知》（商流通发〔2024〕18 号），为落实通知要求，商务部等 9 部门办公厅（室）制定了《健全废旧家电家具等再生资源回收体系典型建设工作指南》；2024 年 2 月，国务院办公厅印发《关于加快构建废弃物循环利用体系的意见》（国办发〔2024〕7 号），行业内部的技术和设备将得到更新和升级，推动产业链的延伸和优化。规范化管理也将成为行业发展的主旋律，促进行业健康有序发展。

表 13－7　2016—2017 年我国主要再生资源类别回收利用情况

序号	名称	单位	2016 年	2017 年	同比增长（%）
1	废钢铁	万吨	15 130.0	17 391.0	14.9
	大型钢铁企业	万吨	9 010.0	14 791.0	64.2
	其他行业	万吨	6 120.0	2 600.0	−57.5
2	废有色金属	万吨	937.0	1 065.0	13.7
3	废塑料	万吨	1 878.0	1 693.0	−9.9
4	废纸	万吨	4 963.0	5 285.0	6.5
5	废轮胎	万吨	504.8	507.0	0.4
	翻新	万吨	28.8	27.0	−6.3
	再利用	万吨	476.0	480.0	0.8
6	废弃电器电子产品	—	—	—	—
	数量	万台	16 055.0	16 370.0	2.0
	重量	万吨	366.0	373.5	2.1
7	报废机动车	—	—	—	—
	数量	万辆	179.8	174.1	−3.2
	重量	万吨	491.6	453.6	−7.7
8	废旧纺织品	万吨	270.0	350.0	29.6
9	废玻璃	万吨	860.0	1 070.0	24.4
10	废电池（铅酸除外）	万吨	12.0	17.6	46.7
11	合计（重量）	万吨	25 412.4	28 205.7	11.0

资料来源：商务部.

表 13－8　2016—2017 年我国主要再生资源类别回收价值表

序号	名称	单位	2016 年	2017 年	同比增长（%）
1	废钢铁	亿元	2 042.6	3 043.4	49.0
2	废有色金属	亿元	1 829.0	2 079.0	13.7
3	废塑料	亿元	957.8	1 081.3	12.9
4	废纸	亿元	744.5	977.7	31.3
5	废轮胎	亿元	70.5	73.5	4.3
6	废弃电器电子产品	亿元	94.4	125.1	32.5
7	废旧纺织品	亿元	8.6	14.0	62.8
8	报废机动车	亿元	73.4	87.3	18.9
9	废玻璃	亿元	22.4	32.1	43.3
10	废电池（铅酸除外）	亿元	24.8	37.3	50.4
11	合计（价值）	亿元	5 868.0	7 550.7	28.7

资料来源：商务部.

为了促进我国再生资源产业的健康发展，需要进行如下几方面的变革：(1) 改革管理体制。实行生态环境部门监督、环卫部门管理、专业公司提供社会化服务的管理模式。(2) 建立并完善收费制度。根据“谁污染谁付费”的原则建立全面的收费制度，包括垃圾收费、填埋处理收费与包装产品生产者收费等制度。(3) 给予相应的政策扶持。进一步完善相关的财政支持与税收优惠制度，比如对符合条件的企业给予优先贷款、给予较高的税收优惠甚至免税等。(4) 完善法律体系。我国要尽快建立起促进再生资源产业发展的法律体系，进一步明确再生资源处理的主体、责任和规范等。(5) 提高公众意识。再生资源的综合利用需要每个公民的自觉行动，要加大宣传教育力度，切实提高公众意识。(6) 充分利用新技术。利用“互联网＋”，形成“互联网＋再生资源”这种新型模式，有利于改造这个传统产业，打造新型回收交易平台，整合线上线下资源，发展新型电商模式，构建新型融资平台，形成新型商业模式。

关键词

循环经济　物质流分析　区域循环经济发展规划　再生资源　废弃物综合利用

思考题

1. 如何理解循环经济的基本原则？
2. 循环经济主要的研究方法有哪些？
3. 如何编制区域循环经济发展规划？
4. 如何理解再生资源产业的特点？
5. 如何理解发展循环经济对生态文明建设的重要意义？

参考文献

拓展阅读

第十四章

环境伦理与环境公正

环境污染不但危害人类健康，而且会产生一系列社会负外部性，治理环境必然伴随着治理成本，而环境治理好了，人们将受益于此。若将全社会看作一个整体，将环境污染的外部性全部内部化，那么环境政策通常是利大于弊。但在现实中，环境污染对不同国家或不同人群的危害程度并不一样，治理环境的成本也没有平均分配到每个国家或每一个人。例如，发达国家对全球气候变化负有更大的责任，但目前全球气候问题带来的有害后果和相应的成本却主要由发展中国家承担。长期以来，在环境恶化背后获利的往往是少数精英群体，他们享受着主要的环境资源，而将超额比例的环境危害抛给绝大部分中下层人群。

我们把这一系列的关注控制环境所带来的风险、收益和成本分布是否符合社会规则的思想称为环境公正，把权衡环境公正的行为称为环境伦理。与环境公正和环境伦理关系密切的现实问题就是与环境相关的贸易、就业和收入分配问题。

本章将从环境伦理和环境公正的角度出发来阐述环境与贸易、环境治理与就业及环境治理与收入公平问题。

第一节　环境与贸易

环境公正问题首先表现在环境与国际贸易的关系上。贸易与环境始终是相互影响、相互制约的关系，使得贸易与环境的关系变得难以确定。本节我们将讨论贸易对于环境而言究竟是有害还是有益，环境规制又是如何影响国际贸易的发生，能否通过政策工具协调环境与贸易的冲突。

一、贸易对环境的影响

学术界关于贸易自由化的环境效应争执已久，至今仍未达成共识。一方面，国际贸易打通了国际市场的供需，使得污染企业扩大了生产规模，也增加了对自然资源的消耗，从而加剧了对生态环境的破坏；另一方面，国际贸易也促进了生产技术的交流，先进的清洁生产技术得到推广有助于降低生产活动对环境的损害。

最早对贸易自由化的环境效应进行研究的是格罗斯曼和克鲁格两位经济学家。随着《北美自由贸易协定》的生效，许多环境保护主义者开始担心，随着自由贸易不断发展，墨西哥的环境质量是否会受到前所未有的挑战。但当时学术界还没有关于贸易对环境影响的一般性结论。在此背景下，Grossman 和 Krueger（1991）率先提出了贸易对环境影响的三效应模型，即规模效应、结构效应和技术效应。规模效应是指贸易扩张导致的经济活动增加进而引起污染排放增加的现象；结构效应是指国际贸易导致的一国经济结构变化进而引致的污染排放水平的变化；技术效应是指环保产品和环保设备的引进，导致一国技术水平向更加清洁的方向发展，从而使得污染排放减少的现象。贸易对环境质量的最终影响取决于三种效应综合作用的结果。从理论上讲，贸易对环境的综合影响对不同国家和地区，甚至在同一国家的不同发展阶段，都是不确定的。即便如此，Grossman 和 Krueger（1991）最早明确提出了贸易影响环境的三个传导机制，为后续针对具体国家和地区的研究和分析指明了渠道。

贸易对环境污染影响的实证类研究大致可归为三大类：第一类认为国际贸易对改善环境是有利的，可以称为贸易有益论；第二类认为国际贸易对环境是不利的，即贸易有害论；第三类持模棱两可的观点，认为贸易与环境的关系是复杂的、不确定的，称为复杂关系论。

1. 贸易有益论

一部分学者的实证研究表明贸易促进了环境水平的提升。支持该观点的经典研究是安特魏勒（Antweiler）等人于 2001 年发表于《美国经济评论》上的文章，安特魏勒等人首先将 Grossman 和 Krueger（1991）提出的三效应模型理论化，而后分别估计了三种效应的影响方向和影响大小。Antweiler 等（2001）选用了 43 个国家 108 个城市 1971—1996 年的二氧化硫数据，发现贸易引致的结构效应相对较小，而规模效应和技术效应则比较大。因而综合三个效应来看，贸易整体上对环境是有益的，能够提升环境水平。Baghdadi（2013）在 Antweiler 等（2001）的基础上，以 182 个国家之间的双向贸易为研究对象，用二氧化碳排放量作为污染排放强度的测度，并进一步改进了 Antweiler 等（2001）的实证分析方法，研究结果进一步证实国际贸易的确降低了各国的碳排放量，也改善了地区环境质量，且这种环境改善效应对签署国际环保条款的国家更加显著。

2. 贸易有害论

另一部分学者则持截然相反的观点，他们的实证研究表明贸易使得环境状况进一步恶化了。例如，Cole（2006）认为，能源消耗是引起污染排放的直接原因，由于能源消耗量越大污染排放自然也就越高，因此直接检验贸易与能源消耗的关系也可以作为贸易对环境质量产生影响的间接证据。Cole（2006）使用了全球 32 个国家 1975—1995 年的数据进行实证分析发现，贸易开放度越高，人均能源消耗就越大，从而污染排放量也就越高。Cole（2006）的这项研究成果随后成为贸易使得环境状态恶化，即贸易有害论的代表性证据之一。

Bannon 等（2014）关于虚拟水贸易的研究也得出了相似的结论。所谓虚拟水是指在产品生产和服务中所需要的水资源数量，即凝结在产品和服务中的虚拟用水量。基于虚拟水贸易的思想，Bannon 等（2014）研究了农产品贸易对世界环境质量的影响。该研究使用灰水来代表农产品生产过程中的污染排放程度，进口灰水意味着该国将农产品生产过程中产生的污染转移至国外，出口灰水则表示该国将污染依然保留在国内。尽管各国的社会发展状况不同，灰水贸易的分布也并不相同，但研究结论依旧表明，虚拟水贸易的增加会导致全球灰水贸易总量的增加，这也在一定程度上支持了贸易对环境有总体负面影响的观点。同时，Bannon 等（2014）也是污染转移和环境不公正的实证依据之一。

3. 复杂关系论

大多数学者则认为国际贸易对环境污染的影响是不确定的。代表性研究证据如 Tsigas 等（2002）指出贸易自由化与环境之间的关联是复杂的，而贸易自由化对环境的净效应也因不同国家和地区而有所不同。Tsigas 等（2002）基于西半球国家的研究指出，自由贸易确实提高了经济效率，但是贸易并不能保证环境质量的提升或是下降，其具体的环境效应并不明确，取决于不同国家的发展阶段和产业结构。

Creason（2005）利用美国环境保护机构的贸易与环境评估模型，借助数值模拟来验证贸易自由化对环境的影响。该研究主要分析了 2002 年美国国际贸易委员会发布的关于撤销对美国制造业、农业和服务业的进口限制对环境质量的影响。实证结果表明，尽管贸易自由化对美国整体环境质量的提升是有利的，但并非每个州的环境质量都得到改善。美国南部许多州随着贸易的开放污染排放有所下降，而北部和中部各州的结果则完全相反。Creason（2005）的研究表明，即便是在同一国家内部的不同地区之间，贸易对环境的影响也并非一致。

二、环境规制对贸易的影响

学术界关于环境规制对贸易的影响的研究大致可分为两类：污染避难所假说和逐底竞争理论。

1. 污染避难所假说

污染避难所假说认为，环境规制会提高产品成本，降低企业利润，进而削弱企业竞争力，在开放经济体系下，发达国家的高污染企业会向发展中国家转移，以寻求“污染避难”。从国际贸易视角尝试对污染避难所假说进行验证的实证分析有很多，但研究结论存在分歧。

支持污染避难所假说的学者认为，污染密集型产业会通过自由贸易以及外商直接投资的方式向环境规制宽松国家转移。特别是短期内，国际贸易是污染避难所效应形成的必经途径。Levinson 和 Taylor（2008）利用美国 1977—1986 年期间从墨西哥和加拿大 132 个生产部门进口的贸易数据估计污染削减成本对贸易流向的作用。结果显示，污染削减成本每增加 1%，美国从墨西哥的净进口将增加 0.2%，从加拿大的净进口将增加

0.4%。如果考虑污染削减成本的内生性，运用识别策略之后，这一效果更为明显，这证实了污染避难所假说的存在。

反对者则得出了截然不同的结论。Mongelli（2006）以参加了《京都议定书》和欧盟排放交易体系的意大利为研究对象，构造了污染产业转移指数（污染密集型产品的净出口除以国内该产品的消费），对污染避难所假说进行验证。若该指数呈上升趋势，则证明污染避难所假说不成立。如果该指数呈下降趋势，则污染避难所假说就可能成立。Mongelli（2006）的实证结果表明，虽然意大利某些污染产业的转移指数在增大，但总体来说污染产业转移指数呈下降趋势，实证结果不能支持污染避难所假说。

2. 逐底竞争理论

逐底竞争理论的主要观点是：每个国家都担心他国采取比本国更低的环境标准而获得国际竞争的优势，致使本国产业处于竞争劣势，因而为避免遭受竞争损害，国家之间会竞相采取比他国更低的环境标准。当各国均采取次优的环境政策时，最终的均衡结果便是每个国家都会采取比没有国际经济竞争时更低的环境标准，并最终加剧全球环境的恶化。

逐底竞争理论同样存在争议。支持者如 Wheeler（2001）选取了美国及发展中国家中的三个外国投资接受国的空气质量变动趋势为研究对象进行验证分析，结果清楚地表明：在全球化的浪潮下，上述四国的主要大城市中的空气质量均呈现出下降趋势。空气质量既在发达国家，也在发展中国家呈现出下降的趋势，这在一定程度上佐证了逐底竞争理论。

反对者如 Fredriksson（1998）以农业部门的出口贸易为研究对象，研究了各国贸易开放程度对环境规制强度的影响。实证结果表明，农业部门贸易开放程度增加并未导致环境规制强度的降低，逐底竞争理论至少在国际农产品贸易中并不成立。

三、环境政策与贸易政策的协调

随着与环境有关的贸易争端越来越多，了解环境与贸易政策领域有哪些冲突，冲突因何而产生，如何协调冲突是解决争端的关键。目前解决贸易与环境冲突的主要方式有：贸易政策工具、单边环境政策以及国际环境条约。

1. 贸易政策工具

贸易政策是指一国政府为了某种目的而制定的、对外贸活动进行管理的方针和原则。现有贸易政策工具包括关税、出口补贴和进口配额等。其中，关税是最简单的贸易政策工具，指的是对某种进口商品所征收的税款，可分为从量关税和从价关税，前者指对每单位进口商品征收固定的税额，后者则指按进口商品的价值收取一定比例的关税，但无论是哪种情形，最终的结果都是提高了进口商品的成本。

2. 单边环境政策

单边环境政策是指一个国家为了保护环境而采取的带有贸易限制性质的环境法律法规。其核心思想是限制不符合本国环境标准，可能危害当地环境产品的进口。值得注意的是，由于这一措施往往会触及出口国的根本利益，因而它也是造成国际贸易争端的原因之一。

3. 国际环境条约

在过去的15年里，随着全球对环境问题关注度的提高，越来越多的国家意识到，环境问题的解决需要国际合作，需要依赖各国的共同努力。国际环境条约是解决国际环境问题的重要途径。迄今为止已经成立的国际环境条约超过170项，通过对这些条约进行分析，可以发现高效的国际环境条约具备六个特征：（1）当一个国际政治机构存在并具备建立、执行和加强集体协议的权威性和能力时，政策的国际调和才比较容易实现；（2）受影响的国家越少，在文化上越相似，政策的国际协调越容易；（3）采取对策的控制费用越低，政策的国际协调就越容易；（4）采取对策的效益越高，政策的国际协调就越容易；（5）采取对策的费用和效益的不确定性越小，政策的国际协调就越容易；（6）将采取对策的费用合理地进行国际分配，相对越容易达成共识，政策的国际协调就越容易。

四、中国的环境贸易政策现状

进入21世纪以后，中国陆续出台了一系列促进节能减排的绿色贸易政策。在国际合作方面，中国在入世承诺减让表中将环境服务纳入，予以市场准入，成为世界贸易组织（WTO）中少数对环境服务进行开放的发展中成员。

2012年，中国与美国等其他成员一起积极推动了亚太经济合作组织（APEC）环境产品清单的制定。在国内行业发展方面，中国大幅降低“两高一低”产品的出口退税率，用贸易手段倒逼污染产品和行业的结构调整，减轻污染压力。同时，为顺应WTO规则，中国进一步完善了稀土等多种原材料产品生产过程的环境标准。

2013年，商务部、环境保护部联合发布《对外投资合作环境保护指南》，为绿色海外投资保驾护航。

2017年，环境保护部联合相关部委共同发布《关于推进绿色“一带一路”建设的指导意见》，对如何实现环境政策与国际贸易政策融合提出了意见和方案。

第二节　环境治理与就业

通常企业是决定环境规制目标能否实现的关键制约因素，也是环境治理的主要政策作用对象。而环境政策的实施会影响到企业的生产经营活动，导致企业生产成本、规模和竞争优势的变动，进而影响其雇佣劳动力的份额，对居民正常就业带来深远的影响。

然而，环境规制必然会对就业产生负面影响吗？其与劳动力的关系究竟如何？是否可以达成改善环境且同时增加就业的双赢局面？本节的主要目标是详细探讨环境治理可能对居民就业带来的影响，以及该影响产生的原因和途径。

一、环境治理对劳动力就业规模的影响

1. 环境治理对就业规模影响的主流观点

虽然早期研究认为环境规制会对就业带来负面影响，但是之后也出现了越来越多不同的观点，主要有三种类型：

（1）严格环境规制对就业有负面影响。

这种观点认为，环境规制的增强会导致企业的生产活动边际成本提高，使得企业削减其生产计划，减少雇员的数量。以美国为例，1990 年美国联合商业协会发表的一项研究表明，《清洁空气法修正案》（Clean Air Act Amendments）导致了 100 万～200 万个工作岗位的损失；在同年的民意调查中，近 1/3 的被调查者也都反映他们的工作受到了环境规制的威胁。值得一提的是，不同行业的就业规模对环境规制的敏感程度存在差异（Golombek and Raknerud，1997）。例如，对于钢铁、造纸、塑料和石油等污染排放较高的行业而言，环境规制对就业规模会造成更大的影响（Morgenstern et al.，2002）。

（2）严格环境规制对就业有积极影响。

这种观点的支持者认为，较严格的环境规制会促使企业增加污染减排的成本，若企业要保持原有的产出及收益水平，则必须增加包括劳动力在内的要素投入，因此企业的雇员数量会增长。此外，较严格的环境规制还会促使劳动力向低污染部门转移，促使后者产生更多的就业机会。例如，陈媛媛（2011）和李梦洁（2016）依据污染密集度对行业进行划分，发现环境规制能够增加重污染行业的就业人数；Hafstead（2018）的研究认为环境规制会促进劳动力向低污染行业转移，使得该行业就业水平得到显著的提高。

（3）环境规制对就业的影响难以确定。

严格的环境规制会促使企业在资本、劳动力投入方面发生重组，从而产生要素转移效应，使得就业水平在很大程度上取决于规制发生后企业所使用的相关技术（Hille and Möbius，2019）。李梦洁（2016）指出，环境规制对就业的影响并不是绝对的，而是会随着环境政策的推行而动态变化，具有一定的时效性。

2. 环境治理影响就业规模的具体机制

环境治理对就业规模的影响主要有两种途径：生产效应和需求效应。

（1）生产效应。

生产效应，即生产技术引致的行业就业规模的变动。基于生产效应的分析路径，环境规制对就业的影响可分为两种情况：

一是技术水平保持不变。在这种情况下，治污投入的增多使得企业运行成本上升，企业运行成本上升增加了单位产出所需要的劳动数量。

二是技术水平发生改变，对应前文提到的要素转移效应。一方面，对于先生产后治污的生产技术，普遍需要额外的治污人员来进行后期的治理工作，这在一定程度上增加了企业的劳动力需求，促使更多就业机会产生；另一方面，对于边生产边治理的生产技术，无法明确定义环境规制对就业的影响，需要根据企业采用的治污措施具体分析。可见在这种情况下，环境规制引起的就业需求变化取决于生产技术的类型及其变动情况。

（2）需求效应。

需求效应即消费者需求引致的行业就业规模变动。基于需求效应的分析路径，环境规制对就业的影响可以解释为：企业作为生产者会将额外的环境治理成本转嫁给消费者，使得后者因为额外增加的价格降低其对产品的需求，企业将进一步调整并削减其生产计划，减少雇员数量就是最主要的调整方式。在这种情况下，对环境政策承受能力较弱的企业退出竞争行业，使得行业规模减小，劳动力需求降低。在需求效应的情况下，产品的需求价格弹性直接决定了就业规模缩小的程度，需求价格弹性越小，就业规模缩小的程度越小。

3. 对我国的政策启示

（1）应进一步规范环境规制水平，加大环境治理投资力度并鼓励企业积极进行技术创新，以实现环境规制与就业增长双赢的局面。应加强环保立法，并落实将环境绩效考核纳入政府政绩考核体系的政策。各城市应增加环境治理投资额度，并强化区域间环境污染协同治理能力以增强劳动力流动性，创造更多的就业岗位。同时，地方应明确污染排放标准，设立严格的项目引进环境门槛，及时淘汰高能耗高污染企业，并重点支持能耗低、绩效高的企业发展。加强政策引导，鼓励企业通过技术创新实现清洁生产，在降低污染排放的同时获得创新效应，带动劳动力就业。

（2）避免通过压缩生产规模的方式降低生产成本而造成失业问题。面对不断提升的环境标准，企业应增加研发人才和资金投入，购入和使用环保类生产设备以提高能源利用效率。同时，应该加强行业间技术交流和合作，充分利用政府创新服务平台改进生产技术和产品质量，满足市场需求的同时创造更多就业岗位。

（3）需加强产业结构调整，充分发挥第三产业对就业的吸纳能力。并且应着力提升城市教育水平，尤其是收入水平较低的地区应积极引进国内外创新型人才并加强就业培训，充分学习和利用先进的资源能源开发技术和绿色生产技术，推动产业转型升级与就业增长。此外，劳动力个体需注重提高自身就业技能，顺应节能环保趋势并积极参加相关工作。

二、环境治理对劳动力就业结构的影响

环境治理对劳动力就业结构的影响主要存在两种效应：直接效应和间接效应。

1. 直接效应

直接效应是指环境规制对本地就业结构产生的直接影响，主要是通过成本效应、创新补偿效应和要素替代效应这三种途径影响劳动力就业结构。

（1）成本效应。

依据成本假说可知，环境规制的实施会促使企业购买大量治污设备或者雇用大量的技术人员来治理污染，从而增加企业的生产运营成本，使得单位产品生产的边际成本上升，企业为追求利润最大化会选择缩减生产规模，减少生产要素的投入与使用，减少低技能的生产型劳动力雇佣，进而促使就业结构向高技能化方向发展。因此，环境规制的

成本效应对优化就业结构具有正向的促进作用。

（2）创新补偿效应。

环境规制是政府进行污染治理的一种强制性手段，而企业则是政府施行环境规制的主要对象。短期内企业会由于环境规制导致的生产成本上升而采取缩减规模、减少低技能劳动力雇佣等措施来应对，但是从长期来看，环境规制能够倒逼企业进行技术创新，即采用清洁技术进行生产，从源头进行污染治理，减少各项污染物的排放量，这种创新补偿效应会使得企业加大对清洁技术的研发和投入，雇用更多的高技能人员参与到技术研发、技术实施和技术维修等环节，进而提升本地区高技能劳动力占比，促进地区的就业结构优化升级。

（3）要素替代效应。

根据要素替代效应可知，随着环境规制的实施，企业开始对污染进行大规模治理，并逐步使用清洁技术进行生产，这会使得企业使用技术型劳动力来替代其他诸如燃料、物质资料等污染要素的投入，从而会对地区就业结构优化升级起到一定的促进作用。

结合上述有关环境规制对就业结构的直接效应的分析，可以发现不论环境规制通过哪种途径作用于就业结构，最终结果都是促进就业结构向需要高技能人才方向转变。

2. 间接效应

环境规制的间接效应是指由于地方政府之间存在竞争性行为，一个地区的环境规制可能会对其他地区环境规制的制定产生影响，进而影响其他地区的就业结构，也称空间溢出效应。这种间接效应对就业结构的影响主要包括逐顶竞争策略、逐底竞争策略和差异化竞争策略。

（1）逐顶竞争策略。

逐顶竞争，即本地政府和其他地方政府的环境规制强度同向变动，这会使得相邻地区的就业结构产生趋同效应。当地方政府间采取逐顶竞争策略时，由于地区间的环境规制强度均呈现向上提升的态势，此时会倒逼地方企业进行技术创新，提高企业对高技能劳动力的需求程度，促进当地就业结构向需求高技能人才方向转变。

（2）逐底竞争策略（同时参见第一节）。

当地方政府间采取逐底竞争的策略性互动行为时，各个地区的环境规制强度处于下降趋势。在这种情况下，各个地区对于污染密集型企业的较低准入门槛会加剧地区内部的市场竞争，促进低技能劳动力的就业。但是，在各国普遍加强环境规制的背景下，这种地区竞争策略并不多见。

（3）差异化竞争策略。

差异化竞争策略，即当本地政府选择提高环境规制强度，而其他地方政府选择降低环境规制强度的时候，本地区的低技能劳动力大量流出，使得当地就业结构向高级化方向转变。而其他地区由于环境规制强度的降低，吸引了大量污染密集型企业的投资和中低技能劳动力的流入，地区的就业结构有低技能化的趋势。因此，当地方政府之间采取差异化竞争策略来制定环境规制强度的时候，本地区环境规制的空间溢出效应会使得邻近地区的就业结构与本地区呈反向变化。

综上，环境规制对就业结构的直接效应显著为正，即本地的环境规制可以通过成本效应、创新补偿效应和要素替代效应这三种途径来有效促进本地就业结构的优化升级。同时当地方政府之间存在一致性的策略性互动行为时，环境规制具有较强的正向的空间溢出效应，这使得邻近地区环境规制强度的提升会对本地的就业结构优化产生显著的正向的促进作用，即邻近地区环境规制强度的提升可以带动本地区就业结构向高级化发展。

3. 政策启示

（1）地方政府应当综合环境保护、经济发展和就业结构等多方面因素，对环境规制的强度加以考量，制定出符合本地实际情况的制度规范，加强对环境规制的实施和相关政策落实方面的监督和管理，以确保环境规制实施的有效性，进而有效推动地区就业结构向高技能化方向转变，有利于社会实现环境保护和就业结构优化的双重红利。

（2）政府应当大力鼓励企业进行清洁技术创新，实现源头治污，促使企业提高技术研发投入并加强企业间的技术合作开发，利用技术领先策略来获取市场竞争优势，通过环境规制的创新补偿效应在满足政府环境规制要求的同时实现企业利润最大化。

（3）地方政府应当加大对中低技能劳动者的技能培训，提高劳动者的技能水平和职业素养，培育符合当前社会发展所需的高技能人才和清洁技术人才，以满足当今时代和消费者对产品或服务的质量和环保的需求。随着社会的进步和发展，企业对劳动力的需求也随着时代的变化而发生改变，技术水平的提高和创新能力的提升使得企业对高技能人才的需求在逐渐上升，挤压了对中低技能劳动力的需求空间，如何优化配置中低技能劳动力是当前我国发展所面临的一个难点。因此，提高劳动者的综合素质和技能水平，对中低技能劳动者进行职业培训和技能升级，扩大提供符合当前企业劳动力需求的供给数量，可以有效缓解当前劳动力市场中存在的就业难问题，促使经济实现高质量的绿色发展。

（4）加强地方政府之间的协作与交流，共同为治理环境污染而加强监督环境规制政策的制定和落地。由于环境规制对就业结构具有一定的空间溢出效应，且部分污染比如水污染存在跨区域流动的特性，各地方政府应当协作起来共同治污，提高污染治理效率，促使本地区就业结构优化升级，进一步使得各地区在环境和就业结构方面实现双重红利。

（5）地方政府应当秉承中央环境规制政策的约束目标，贯彻落实环境规制政策，明确治污的责任归属权，并将环境效率纳入官员绩效考核范围，这将有助于各地区的环境规制政策趋于一致，从而避免“搭便车”“踢皮球”等行为的产生。

第三节　环境治理与收入公平

由于环境规制强度与企业生产规模及经营绩效密切相关，因此环境规制也极有可能对居民收入造成额外的影响，对收入分配的公平性带来新的挑战。

譬如，在我国产业结构转型升级的约束下，特别是随着“限煤”政策的出台，以煤炭生产为主要经济支柱的山西等中部省份经济增速急剧下滑。以山西省为例，山西省人均GDP占全国GDP的比重由2010年的85.1%下降至2016年的65.8%，人均消费水平占全国消费水平的比重也由2010年的77.4%下降到2016年的70.9%。可见，环境政策会对收入分配格局产生影响。

一、环境治理措施对收入公平的影响

环境规制是环境治理的重要手段之一，尽管环境规制在环境改善方面效果显著，但是其亦会对劳动力的收入分配产生影响，引起收入分配不平等的社会问题。因此，在利用环境规制的同时，亦需兼顾其对收入分配格局造成的不利影响。

1. 环境规制对收入分配的异质性影响

（1）个体收入分配不平等。

环境规制会对不同类型劳动力产生不同的影响，环境规制政策的实施会减少低技能劳动力的收入，增加高技能劳动力的收入，拉大不同劳动力群体间的收入差距。当企业受到环境规制的政策冲击时，将倾向于使用科技含量更高的清洁技术，使用技术和资本来替代廉价的低技能劳动力。因此，在实施环境规制政策的同时，应该兼顾这部分低技能劳动力群体的利益，采取诸如再就业引导和技能培训等措施，缓解收入分配失衡问题。

（2）地区收入分配不平等。

环境规制具有空间溢出效应，影响区域收入分配格局。近年来，中国城镇化发展呈现城市群组团发展的空间格局特征，其核心要义在于实现区域协调发展。因此，从区域协调发展的角度来看，在重视各地区发展阶段差异的基础上，应当关注环境规制的空间溢出效应，通过建立区域性的环境补偿机制，在避免环境污染治理短板的同时实现区域协调发展。

2. 政策启示

（1）完善与命令-控制型环境规制相关的配套政策。命令-控制型环境规制的目标明确、强制性高、约束力强，也是环境规制政策工具中的重要一环。但在发挥命令-控制型环境规制工具的生态效应的同时，也要考虑其是否过度冲击产业、扩大收入差距，因而引入一些配套政策是必要的（如提供过渡期的经济救助、设立配套资金以协助污染企业转型、加强企业员工的职业再培训等）。

（2）优化政策工具使用。鼓励政策制定者运用市场手段进行环境规制，增加被规制企业在产量、技术路径和污染治理等方面决策的自主选择空间，实现环境治理和企业良性发展双赢的局面，推动地区协调、均衡发展。

（3）因地制宜，增加政策弹性。环境规制对不同地区城镇居民收入不平等的影响存在较大的异质性。环境规制会显著加剧东部和中部地区城镇居民收入不平等，政府在重点区域的环境规制方式、力度和配套政策的制定上需要充分考虑收入分配因素，减少环境规制可能产生的社会风险。

二、不同环境治理措施对收入公平的影响

1. 环境治理措施的主要政策类型

环境治理的政策工具主要包括命令-控制型和市场激励型两类。

（1）命令-控制型政策工具。

命令-控制型政策工具是指政府通过法律、法规、部门规章和制度等政策来确定环境规制的目标和标准，然后通过行政强制性命令的方式对被规制者的行为进行直接管理。

（2）市场激励型政策工具。

市场激励型政策工具主要通过收费或补贴等显性的市场手段影响企业排污决策。

2. 不同环境治理政策工具的差异

这两类工具对被规制对象的作用机制和强制性都存在显著差别，因而产生的政策效力也不尽相同。命令-控制型和市场激励型环境规制工具在多方面存在明显的差异，主要体现在以下三个方面：

（1）执行规则存在差异。

在中国，常见的命令-控制型环境规制工具主要有“三同时”制度（即项目中的污染防治措施，必须与主体工程同时设计、同时施工、同时投产使用）、环境影响评价制度、限期治理制度、总量控制制度等；市场激励型环境规制工具主要包括排污费、排污权交易制度和环境保护税等。

（2）惩罚力度存在明显的差异。

通常而言，命令-控制型环境规制工具具有更高的强制性，违反规定的处罚力度也更大。比如，常见的污染排放标准严格约束企业的污染排放水平。一旦企业未达到设定标准，可能受到罚款、停产整改甚至勒令退出等带有惩罚性质的处理，成本远高于遵守环境规制下产生的各项支出。市场激励型环境规制则不存在惩罚性质的处罚，企业不必担心来自环境规制部门过于严厉的处罚。

（3）企业自主性存在明显的差异。

市场激励型环境规制工具允许企业基于利润最大化原则自主通过市场化手段决定产量和污染排放水平。但在命令-控制型环境规制下，企业无法通过市场手段降低污染排放，减少了企业的自主选择空间。

由于两类环境规制工具在执行规则、惩罚力度和强制性等方面存在明显差异，对企业成本、技术创新和企业规模非均衡分布的影响也大不相同，因此，命令-控制型和市场激励型环境规制工具对城镇居民收入分配公平性的影响存在异质性。

此外，不同政策的执行效果也是不同的，命令-控制型环境规制显著加剧了城镇居民收入分配不平等，而市场激励型环境规制并未显著影响城镇居民收入分配的平等性。分区域来看，命令-控制型环境规制对东部地区城镇居民收入分配的平等性的影响程度最大，中部次之，西部最小。而在不同区域，市场激励型环境规制都未显著影响城镇居民收入分配的平等性。

3. 环境治理影响收入公平的渠道

环境治理通过就业影响收入。已有研究表明，环境规制会增加企业的生产成本，造成就业损失，但同时也会催生新的行业从而带来更多的就业机会。因此，环境规制的就业净效应取决于两者之间的平衡结果。然而，无论是就业损失还是就业创造都会伴随劳动力市场的调整，从而影响地区工资增长。更为关键的是，环境规制带来的就业冲击可能会使劳动力市场中部分群体受到负面影响，从而对其就业和收入产生不利影响。

由于政策冲击对不同群体的影响具有异质性而并非分配中性，部分学者开始关注环境规制的收入分配效应。环境规制的收入分配效应理论上可以分为如下三点：

（1）技能溢价。

波特假说认为，环境规制会倒逼企业进行技术创新和升级。这使得环境规制对高、低技能工人可能产生不同的影响，从而改变地区层面的技能溢价，影响不同技能工人的收入分配。

（2）企业规模。

环境规制也可能对规模不同的企业产生不对称的影响，进而产生的就业效应在大企业、小企业中将存在差异。这主要是由于企业间规模分布是非均衡的，不同规模企业在应对外生冲击时的抗风险能力具有异质性。

（3）行业性质。

环境规制的影响根据行业性质不同也存在显著差异：一是就行业所生产产品的类型而言，相较于清洁品生产行业，生产污染品的行业更容易受到政策冲击；二是就行业资本和劳动密集类型而言，环境规制对劳动密集型和资本密集型企业产生的就业影响是存在差异的，环境规制对资本密集型企业产生的就业影响较小。

学者们的研究表明：环境规制会抑制工资增长，改变地区收入分配状况，对于低技能劳动力、小规模企业和高污染行业的抑制作用尤为明显。

三、中国的环境治理与收入公平现状

1. 政府补偿机制

为应对污染治理中收入分配的失衡问题，各国政府制定了多种方案进行尝试，其中，政府补偿机制被证明是最行之有效的一种方法。

政府补偿机制是指在改善环境的同时，利用行政手段对在环境政策实施过程中利益受损的一方进行经济补偿，以弥补其为环境治理而牺牲的经济发展机会。

有效的政府补偿机制需要适当且全面的环境规制政策作为制度保障。一方面通过环境规制政策对环境污染的受益方采取征税等惩戒措施，以筹措政府补偿的资金；另一方面通过政府补偿对污染治理的受损方进行经济补偿，以在一定程度上解决收入分配失衡所产生的环境不公平问题。

政府补偿机制应当与环境规制政策同步执行，并且随着政策的逐步深入，不断提高对环境治理受损方的补偿力度。提前或滞后于环境规制政策的政府补偿政策，不仅会抑制经济增长，也将恶化收入分配失衡问题，进而增加环境治理的阻力。渐进递增式的政府补偿机制可以兼顾经济持续增长、环境质量改善及收入分配格局改善，是解决收入分配失衡问题的有效手段。

2. 中国涉及收入分配的环境规制政策

目前，我国与生态保护相关的补偿制度建设已取得阶段性进展，但依然存在补偿的范围过窄、标准偏低、保护者和受益者良性互动的体制机制尚不完善等问题。

随着中国经济发展进入新常态，经济发展、生态保护与环境不公正之间的矛盾逐渐显现，建立有效的政府补偿机制，不仅可以解决环境治理中新产生的不公平问题，也是维护国家生态保护红线的主要手段。因此，我们要不断建立并完善包括补偿资金来源、补偿标准设计、补偿渠道及对象等内容的生态保护的政府补偿机制。譬如，政府应及时建立补偿基金，将环保税收入的一定比例纳入补偿基金，不断扩大补偿基金规模。同时，政府应建立生态保护和环境治理效果的评价体系，明确区分补偿对象，拓宽补贴渠道，创新补贴体制，使得环境治理受损方的利益得到有效补偿，实现经济发展成果的多方共享。这有利于调动全社会参与生态保护的积极性，减少环境治理的社会阻力，切实解决绿色经济发展路径上的环境不公平问题。

关键词

环境规制　环境与贸易　环境治理与就业　收入公平

思考题

1. 随着全球化程度的加深，由环境问题引起的贸易纠纷日益增多，但其中也不乏完美解决该类问题的国际先例。有哪些国家，采取了何种措施，成功避免了环境贸易问题？这些措施对我国制定相关的贸易政策有何借鉴意义？

2. 结合案例，分析中国有哪些具体的环境政策可能对劳动力就业产生影响。这些环境规制措施对当地的经济发展和社会福利产生了怎样的影响？

3. 除政府补偿机制外，还有哪些措施可以有效缓解由环境问题引起的收入不公平问题？

4. 思考一个有趣的例子：A城市大面积推广并使用了新能源电动汽车等交通工具，有效降低了中心城区的污染；但新能源汽车对电力的需求，导致（火力）发电厂负荷增大，其所在的外围城区或周边卫星城市大气环境恶化。上述例子在现实中是否存在？其中包含了哪些环境公正问题？有什么有效措施可以规避这种现象的发生？

参考文献

拓展阅读

第十五章
应对气候变化与全球环境治理

第一节　应对气候变化的全球环境治理机制

一、气候变化及应对

1. 气候变化的科学事实

气候变化（climate change）是指在全球范围内，气候平均状态在统计学意义上的巨大改变或者持续较长一段时间（30 年或更长）的气候变动。依据《联合国气候变化框架公约》，气候变化的定义是指经过一段时间的观察，在自然气候变化之外由人类活动直接或间接地改变全球大气组成所导致的气候改变。这是因为，气候变化的原因既有自然因素，也有人为因素。在人为因素中，主要是工业革命以来，人类社会特别是发达国家工业化进程中的化石燃料燃烧、毁林和土地利用变化等人类活动，排放了大量二氧化碳等温室气体，导致大气中温室气体浓度增高，温室效应增强，从而引发了全球气候变暖。尽管对于气候变化及其原因的科学认知目前仍然存在分歧，但是全球科学界的主流声音是过去一百多年间，化石能源燃烧排放的二氧化碳等温室气体是导致温室效应增强、引发全球气候变暖的主要原因。

气候变化将会给全世界人类生存的基本要素——水、食物、土地造成影响，给健康及环境带来威胁。气候变化的影响主要有以下一些方面：冰川融化在湿季将增加洪水风险，干季将使得全球 1/6 的人口面临水资源减少的挑战；如果温度上升 3℃～4℃，海平面升高，将导致千万到上亿的人口每年被洪水侵袭；农作物产量将会减少，特别在非洲，可能使上亿人没有能力生产或购买充足的食物；生态系统变得脆弱，据研究，温度上升 2℃会导致 15%～40%的物种面临灭绝；气候变暖可能引起区域天气模式的突然改变，如季风或厄尔尼诺，这些变化将会对水资源和热带地区的洪水带来严重的影响，威胁到数十亿人的生计。

2. 应对气候变化：减缓与适应

应对气候变化的措施主要是减缓（mitigation）和适应（adaptation）两个方面。减缓主要是减少二氧化碳等温室气体排放，减缓气候变化的速度。由于大部分碳排放与能源燃烧相关，减缓的重点在于节能减排和能源转型。由于气候变化是一个长期的过程，减缓的经济效益可能需要较长时间才能体现出来。适应是指通过经济社会系统的调整，去适应不能改变的和已经发生的变化，降低对气候变化的脆弱性和敏感性。与减缓相比，适应可以带来本地收益，不需要很长时间即可实现。

二、气候变化及应对的全球外部性

根据全球气候模式的研究结果，二氧化碳排放在不同国家的分布差异对全球平均气温上升的影响几乎没有差异。也就是说，不管二氧化碳排放发生在哪个国家，对全球平均气温上升的影响都几乎是一样的。反过来，不同国家对温室气体减排的贡献差异对全球平均气温上升的影响也没有差异，无论哪个国家采取温室气体减排，对应对全球气候变化的贡献也都是一样的。这就是气候变化及应对问题的全球外部性。全球外部性说明，在应对气候变化问题上，全球是一体的，一国很难独善其身，更不能以邻为壑，应当加强国际社会的协调行动。但也因为全球外部性，在应对气候变化问题上国际社会的协调面临极大的困难，特别是对于减排责任分担，国际社会展开了长期的艰难谈判。

三、气候治理的国际机制

1. 气候变化框架公约与气候变化谈判

气候治理国际机制的法理依据主要是《联合国气候变化框架公约》（United Nations Framework Convention on Climate Change，简称《公约》）。《公约》是指联合国大会于1992 年 5 月 9 日通过的国际公约，目的是减少温室气体排放，减少人为活动对气候系统的危害，减缓气候变化，增强生态系统对气候变化的适应性，确保粮食生产和经济可持续发展。《公约》的核心内容主要有以下几个方面：

（1）确立应对气候变化的最终目标。《公约》第二条规定："本公约以及缔约方会议可能通过的任何法律文书的最终目标是：将大气中温室气体的浓度稳定在防止气候系统受到危险的人为干扰的水平上。这一水平应当在足以使生态系统能够自然地适应气候变化、确保粮食生产免受威胁并使经济发展能够可持续地进行的时间范围内实现。"

（2）确立国际合作应对气候变化的基本原则，主要包括共同而有区别的责任原则、公平原则、各自能力原则、可持续发展原则等。

（3）明确发达国家应承担率先减排和向发展中国家提供资金技术支持的义务。《公约》附件一列明的国家缔约方（发达国家和经济转型国家）应率先减排。附件二列明的国家（发达国家）应向发展中国家提供资金和技术，帮助发展中国家应对气候变化。

（4）承认发展中国家有消除贫困、发展经济的优先需要。《公约》承认发展中国家的人均排放仍相对较低，在全球排放中所占的份额将增加，经济和社会发展以及消除贫困是发展中国家首要和压倒一切的优先任务。

《公约》没有对个体缔约方规定具体需承担的义务，也未规定实施机制，但《公约》规定可在后续从属的议定书中设定强制排放限制。1997 年 12 月在日本京都，《联合国气候变化框架公约》缔约方第三次会议通过了《京都议定书》（Kyoto Protocol），2005 年 2 月 16 日《京都议定书》正式生效，这是人类历史上首次以法规的形式对温室气体排放进行限制减排。

在《公约》框架下，《京都议定书》基于共同而有区别的原则，规定附件一所列缔约方需承担强制减排义务，非附件一缔约方暂不承担强制减排义务。与此同时，《京都议定书》建立了旨在促进减排的 3 个灵活合作机制，这些机制允许发达国家通过碳交易等灵活方式实现减排目标，发展中国家可以从中获得相关技术和资金。

（1）碳排放交易机制（emissions trade，简称 ET）。碳排放交易机制是把二氧化碳排放权作为一种商品，对该商品的交易进行的一种制度设计。依据碳排放交易机制，难以完成碳排放削减任务的国家可以花钱从超额完成任务的国家买进超出的碳排放额度。

（2）联合履行机制（joint implementation，简称 JI）。联合履行机制是以项目为基础的一种合作机制，项目合作主要发生在经济转型国家和发达国家之间，一方所实现的减排单位可以转让给另一缔约方，但同时必须在转让方的“分配数量”配额上扣去相应的额度。

（3）清洁发展机制（clean development mechanism，简称 CDM）。清洁发展机制是指允许附件一缔约方即发达国家与非附件一缔约方即发展中国家之间进行项目级的减排量抵消额的转让与获得，激励在发展中国家实施温室气体减排项目。清洁发展机制主要实现两个目标：一是帮助非附件一缔约方可持续发展，为实现碳减排的最终目标作出应有的贡献；二是帮助附件一缔约方进行项目级的减排量抵消额的转让与获得。

《京都议定书》于 2005 年开始生效，第一承诺期是 2008—2012 年。围绕 2012 年到期后，后京都时代的全球气候治理框架和减排责任分担，国际社会进行了多年的气候谈判，先后有过巴厘岛路线图（COP13）、哥本哈根大会（COP15）、德班会议（COP17）等，至 2015 年巴黎气候变化大会（COP21）达成《巴黎协定》。

2. 共同而有区别的责任原则

为了实现应对气候变化的目标，《公约》确立了五个基本原则：一是共同而有区别的责任原则，要求发达国家应率先采取措施，应对气候变化；二是各自能力原则，考虑发展中国家的具体需要和国情；三是公平原则，各缔约方应当采取必要措施，预测、防止和减少引起气候变化的因素；四是可持续发展原则，尊重各缔约方的可持续发展权；五是加强国际合作，应对气候变化的措施不能成为国际贸易的壁垒。

共同而有区别的责任原则包括两个方面，即共同的责任和有区别的责任。这是因为，发展中国家与发达国家对全球环境所施加的压力存在着实际的差别，各国对于保护全球环境应负共同而有区别的责任。共同而有区别的责任原则不仅体现了污染者付费原则，也体现了公平原则。

基于共同而有区别的责任原则，《京都议定书》规定附件一所列缔约方需承担强制减排义务，非附件一缔约方暂不承担强制减排义务。部分发达国家对于基于共同而有区别的责任原则作出的减排义务安排十分不满。美国参议院拒不批准《京都议定书》，2001年美国总统布什宣布退出《京都议定书》。美国退出《京都议定书》的理由，一是二氧化碳等温室气体排放和全球气候变化的关系“还不清楚”；二是《京都议定书》没有要求一些发展中国家承担减排义务，发达国家单方面限制温室气体排放“没有效果”。当然实际理由是出于对石油、汽车等工业集团利益的保护。对共同而有区别的责任原则心存芥蒂的不只是美国。澳大利亚加入《京都议定书》最迟，在贯彻《京都议定书》的要求时三心二意。

围绕共同而有区别的责任原则的分歧，不仅表现在《京都议定书》的减排责任分担上，更体现在《京都议定书》第二承诺期的减排责任分担上。日本从《京都议定书》的发起国和倡导国转变为《京都议定书》第二承诺期的坚定反对派，加拿大、俄罗斯等国也是《京都议定书》第二承诺期的坚定反对派，欧盟受到美国金融危机和欧债危机的冲击后，应对气候变化的激进态度也发生了转变，明显后退了。

造成对共同而有区别的责任原则产生分歧的主要原因在于，发达国家淡化自身的历史责任，要求发展中国家也承担强制减排义务，尤其是针对中国。在后京都时代的国际气候谈判中，发达国家要求中国、印度等发展中大国承诺减排义务的呼声越来越高涨。围绕共同而有区别的责任原则的各方对峙，导致国际气候谈判停滞不前、陷入困境，直到《巴黎协定》获得所有缔约方的一致认可。《巴黎协定》坚持《公约》的基本原则，体现了共同而有区别的责任原则，同时要求各国根据各自的国情和能力自主行动，推动各缔约方以“自主贡献”的方式，参与全球应对气候变化的行动。

3.《巴黎协定》：“自下而上”的国家自主贡献

《巴黎协定》是继1992年《公约》、1997年《京都议定书》之后，人类历史上应对气候变化的第三个里程碑式的国际法律文本，形成了2020年后的全球气候治理框架。在《巴黎协定》达成的过程中，中国发挥了关键作用，成为国际气候治理的建设者。

《巴黎协定》的主要特点可以归纳如下：

第一，设定了全球应对气候变化的目标。即21世纪末全球平均气温相比工业化之前水平的升高幅度控制在2℃之内，并努力将气温升幅限制在1.5℃之内。为了实现这一目标，2030年全球碳排放量控制在400亿吨，2080年实现净零排放；在21世纪下半叶实现全球温室气体的净零排放。

第二，坚持《公约》原则并灵活表述。坚持公平原则、共同而有区别的责任原则，以及各自能力原则，但在减排、资金等重要条款上灵活表述，明确各方责任和义务。发达国家要继续带头减排，实现绝对量化减排目标；发展中国家要继续加强减缓努力，鼓励根据各自国情，逐渐实现绝对减排目标或者限排目标。

第三，采取“自下而上”模式（pledge-and-review）落实减排责任，促进全球减排。各国提出国家自主贡献目标，不再强制性分配温室气体减排量。要求各国在2020年前通报2050年低碳排放发展长期战略；要求各国每5年更新一次国家自主贡献，根据国情逐步提高国家自主贡献，尽最大可能减排。

第四，建立全球盘点机制。建立每5年的定期盘点机制，总结协定执行情况，评估减排进展。2023年将进行第一次全球盘点，此后每5年进行一次全球应对气候变化的总体盘点。要求在2018年建立一个对话机制，盘点减排进展与长期目标的差距。

第五，建立减缓成果的国际转让机制。在减缓温室气体排放的同时，支持东道国的可持续发展；避免双重核算；要求在《巴黎协定》缔约方第一次会议上通过国际转让机制的具体规则、模式和程序。

第六，明确发达国家资金支持的义务。发达国家有义务出资帮助发展中国家减缓和适应气候变化，鼓励其他国家自愿出资。发达国家应提高资金支持水平，实现2020年之前每年提供1 000亿美元资金的目标。2020年以后，要求缔约方在考虑发展中国家需要的情况下，2025年之前设定新的资金支持量化目标，每年的资金支持量不少于1 000亿美元。

第二节　气候变化经济学

气候变化经济学（economics of climate change）是指气候变化以及应对气候变化引起的经济问题或经济学问题。这些问题包括：气候变化及应对的社会经济成本，应对气候变化的全球、国家和地方的经济治理等。

一、气候变化及应对的社会经济成本

气候变化及应对的社会经济成本主要包括两大方面：一是气候变化导致的生产生活成本变化与经济损失，以及气候变化对地方与国家的经济增长带来的冲击；二是应对气候变化所采取的能源转型、碳减排和低碳技术创新等节能减排措施的经济成本和社会福利损失，以及产业转型带来的经济成本、就业变化、能源价格波动与社会福利损失。

1. 气候变化的经济影响

气候变化对经济社会的影响具有长期性、不确定性、动态性等特征。所谓长期性，是指气候变化本身是一个长周期的过程，气候变化对经济社会的影响也是以长时间尺度衡量的。所谓不确定性，是指全球气候系统是一个复杂巨系统，气候变化本身受到诸多因素的影响，人类对气候变化的性质和缓解气候变化政策的效果的理解仍然不足，气候变化的演变方向和幅度、对经济社会的影响程度均具有较大的不确定性。所谓动态性，是指气候变化的影响是动态变化的，气候变化对经济社会的影响又随时间推移而变化，面临代际公平的挑战。

气候变化主要通过两个途径对经济社会系统产生影响：

（1）全球气温升高对经济社会系统的直接影响。

海平面上升导致沿海地带和城市面临风暴潮和海水倒灌的更大威胁，沿海地带和城市不得不支付更多的成本去应对风暴潮和海水倒灌的风险。气候变化还会加剧农田土壤退化，使灾害增强、病虫害影响加重。也有学者发现，气温升高导致消费者的空调用电

量增加（Li et al.，2019）。

（2）极端天气气候事件加剧给经济社会系统带来的间接影响。

气候变化引发的极端天气气候事件加剧给经济社会系统带来的间接影响，往往比全球气温升高对经济社会系统的直接影响要大得多。极端天气气候事件加剧给经济社会系统带来的间接影响主要表现在以下几个方面：

一是降水变率增大，旱涝灾害加剧，水资源不确定性变大，低温雨雪冰冻等气象灾害频发。过去几十年里，我国长江流域强降水频率趋于增加，华北和东北地区干旱范围趋于扩大。近 10 年来，西南干旱频繁发生。总体上看，1949 年以来极端事件引起的气象灾害损失趋于增加。据统计，20 世纪 90 年代中期以来，我国每年的气象灾害损失接近或超过 2 000 万亿元，其中，1998 年长江和嫩江流域持续强降水等极端事件导致的气象灾害损失有 3 000 万亿元，2008 年我国南方地区持续的低温雨雪冰冻事件造成的损失超过了 3 000 万亿元（丑洁明等，2016）。

二是全球气温升高导致农业生产的不确定性加剧，农业部门需要支付更多的成本去应对农业生产的自然风险和市场风险。在短期内，极端高温通过对农业全要素生产率以及劳动、化肥等投入要素的负面影响，造成农业土地产出的损失；从长期看，人类的适应行为可以在一定程度上抵消气候变化对农业的短期冲击。但即便是考虑人类适应行为，气候变化仍将对中国农业造成巨大的经济损失（Chen and Gong，2021）。

三是全球生态系统的不确定性加大，健康风险增大，人们不得不支付更多的成本去应对健康风险。气候变化及极端天气气候事件对森林、草地、湿地和荒漠等类型生态系统的地理分布、物候、结构和功能、服务、野生动物以及灾害和脆弱性均产生了可明显观测到的影响（吴绍洪和赵东升，2020）。气候变化对人类健康的影响主要表现为：传染病发病率增加、传染病分布范围扩大、人群对疾病易感性增强。气候变化的直接结果是极端气温、强降雨量和与气候相关的自然灾害直接导致死亡、伤害和疾病；气候变化的间接影响包括热带的边界会扩大到亚热带，部分温带地区会变成亚热带，从而使细菌和病毒的生长繁殖时空范围扩大（李国栋等，2013）。

对极端天气气候事件加强防范和应对措施有利于减轻气候变化的经济损失。采取气候变化适应措施，增强应对旱涝灾害、水资源短缺的能力，可以使极端天气气候事件的伤亡率与直接经济损失明显下降。

2. 应对气候变化的社会经济成本

（1）减缓的经济成本。

减缓就是要减少二氧化碳等温室气体排放，减缓气候变化的速度。由于大部分碳排放与能源燃烧相关，减缓的重点在于推进节能减排和低碳发展，推动能源转型和产业转型。然而，节能减排、能源转型和产业转型不是免费的，都需要投入，还会带来经济和社会福利的损失。减缓的经济成本主要有两个方面：

一是能源转型、碳减排和低碳技术创新等节能减排措施带来的经济成本和社会福利损失。可再生能源由于成本竞争力不及火力发电，一方面需要加大研发投入，推动可再生能源技术进步，降低可再生能源发电成本，另一方面需要采取财政补贴的激励政策，平衡可再生能源和火力发电之间的成本差额。清洁煤技术的成本往往高于传统煤电技术，譬如整体煤气化联合循环发电系统（IGCC）的发电成本比常规煤电技术要高出许多。碳捕获和碳封存技术（CCS）更是需要高昂的成本。这些低碳技术可以促进碳减排，但一方面需要加大研发投入，通过低碳技术创新，降低低碳转型成本，另一方面仍然需要采取财政补贴的激励政策，平衡低碳技术与传统技术路线之间的成本差额。在推动能源转型的过程中，有可能会出现能源价格波动，能源成本整体上趋于升高，这也将给用能企业、消费者带来更多的成本支出，有可能对企业的成本竞争力产生影响，造成社会福利损失。

二是产业转型带来的经济成本、就业变化、能源价格波动和社会福利损失。不同产业部门单位产出所产生的碳排放不同，高碳产业的碳排放强度较大，低碳产业的碳排放强度较低，产业低碳转型就是从高碳产业向低碳产业转换，从而降低产业系统整体的碳排放强度。但由于特定的地区往往对某些产业部门形成了一定的依赖性，甚至形成了路径锁定，拥有高碳产业比重较大的地区在推进产业低碳转型时往往会举步维艰，强制性的产业低碳转型就会对区域经济带来各种影响，包括总产出下降、就业变化、价格波动等。

（2）适应的经济成本。

气候变化适应（adaptation to climate change）是指为降低自然系统和人类社会面对实际的或预计的气候变化影响的脆弱性而提出的倡议和采取的措施。

适应的经济成本是指规划、筹备、推动和实施适应措施的经济成本，主要包括以下三个方面的内容：

一是执行特定适应措施的直接成本。譬如，为了应对海平面上升带来的风险而采取的加固或改造海堤的措施，会造成额外的成本；为了减轻洪涝或干旱的灾害风险而进行的灌溉系统建设、排水系统建设，也会带来额外的支出。

二是增强受影响系统适应能力的一般成本。譬如，建设海绵城市，增强城市抵御极端天气事件带来的城市内涝灾害的能力，需要额外的投入。

三是适应对策诱发的与调整过程相关的过渡成本。譬如，为了增强某一城市应对洪涝或干旱等灾害风险的能力，需要对水资源系统的配置进行调整优化，进而会产生相应的成本，包括对本地和其他地区的经济影响。

判断适应的经济成本非常重要。这是因为，如果判断适应的经济成本低于气候变化影响的经济损失，那么采取适应措施就是经济合理的，反之就需要斟酌采取适应措施的必要性。然而，在现实中，判断适应的经济成本并非易事。适应成本的估算十分复杂，而且具有较大的不确定性，现有的适应成本估计结果差别很大。譬如，英国学者斯特恩（Stern）在《气候变化经济学》一书中估计发展中国家的适应成本为 40 亿～370 亿美元，联合国开发计划署（UNDP）的估计为 860 亿～1 090 亿美元。《公约》估计 2030 年全球的适应总成本为 490 亿～1 710 亿美元。国内关于气候变化适应的经济成本估算尚无系统全面的研究，少数关于适应成本的研究主要集中在海岸带保护和农业领域。

二、碳定价

1. 什么是碳定价？

碳定价（carbon pricing）是一种减少温室气体排放的工具。它可以显现温室气体排放的外部成本，譬如农作物生产受损成本，干旱和升温带来的医疗保健支出成本，洪水带来的财产损失，以及海平面上升产生的影响等，这些成本将通过碳定价的方式显现出来。碳定价有助于将温室气体排放的外部成本内部化，从而促进温室气体减排。

碳定价的目的不是决定谁应该在何处排放以及如何减少二氧化碳排放，而是向排放者提供价格信号，将气候变化的外部成本内部化，对于为清洁发展制定经济激励措施具有积极的意义。正因为如此，各国政府和企业对碳定价在低碳经济转型中的作用日益达成共识。对于政府而言，碳定价是减少碳排放的气候政策一揽子计划之一，也是政府的一种收入来源。企业可以使用内部碳定价来评估碳价格对企业运营的影响，作为识别潜在气候风险和收入机会的工具。长期投资者可以使用碳定价来分析气候变化政策对投资组合的潜在影响，重新评估投资策略，决定是否将资本重新分配给低碳技术或适应气候变化的项目。

2. 碳定价的主要类型

碳定价的主要方式是碳排放权交易和碳税，其他方式还包括碳定价抵消机制、基于结果的气候融资和组织内部设定的碳价格等。截至 2018 年初，有 42 个国家和 25 个地方管辖区（城市、州和地区），通过碳排放权交易体系或碳税进行了碳定价。其中包括：24 个碳排放权交易体系，主要是在地方管辖范围内；23 个碳税政策，主要是在国家层面实施。已有的这些碳定价措施涵盖了 80 亿吨碳排放，约占全球碳排放的 15%。

目前碳价格的幅度跨度很大。最低的为 1 美元/吨二氧化碳当量，最高的达到 139 美元/吨二氧化碳当量，平均碳价格大约为 10 美元/吨二氧化碳当量。碳价格远低于被认为符合《巴黎协定》温控目标的 2020 年每吨 40～80 美元和 2030 年每吨 50～100 美元的水平。

3. 碳税

碳税（carbon tax）是以碳含量或碳排放量为基准征收的一个税种。碳税的经济学原理与环境税相似，主要是将化石能源（如石油、煤炭、天然气）燃烧产生的碳排放所造成的外部成本内部化，通过价格信号影响企业或消费者使用化石能源的行为，从而达到减少碳排放的目的。

碳税和碳排放权交易都是基于市场机制的减碳政策，但二者具有不同的特点（石敏俊等，2013）。碳税主要是通过价格信号影响企业和消费者的行为，价格信号明确，实施起来相对比较简单，与碳排放权交易相比，征收碳税只需要额外增加较少的征管成本就可以实现；但碳税的作用由于价格信号在传递过程中会被削弱或放大而存在一定的不确定性，导致碳排放量波动且较难预测。此外，碳税的征收是在生产端还是消费端，也会产生不同的效果。

如何确定碳税税率，对于实施碳税政策是一个难题。从理论上讲，碳税税率是碳定价的体现。碳税税率应当尽量反映碳减排的成本，碳税税率过低不利于鼓励低碳技术研发，但如果税率过高，又会对高碳产业和使用化石能源的消费者群体带来较大的负面冲击。因此，碳税税率既不能过低也不能过高。此外，市场上碳价是波动的，但碳税税率需要保持相对平稳，因此需要根据碳价的变动趋势适时调整碳税税率。

4. 碳排放权交易

碳排放权交易系统（ETS）与其他环境排放权交易相似，也是基于市场机制的节能减排政策工具。碳排放权交易可以对碳排放权进行市场定价，激励企业实施内部减排措施来减少碳排放，或者与其他企业进行碳排放权配额交易。目前，越来越多的政府考虑采纳碳排放权交易作为节能减排政策工具，碳排放权交易已逐渐成为全球范围应对气候变化的关键政策工具。

碳排放权交易主要有以下两种类型：

一是总量控制与交易（cap and trade）系统。遵循“总量控制与交易”原则，政府对一个或多个行业的碳排放实施总量控制，纳入交易体系的企业可以在这个总量限额之下免费或通过拍卖获得碳排放权配额，并与其他企业进行碳排放权交易。

二是基准线与信贷（baseline and credit）系统。该系统为纳入交易体系的企业规定各自的排放基准，并向已将排放量降至基准水平以下的企业发放信用额度（或排放配额）。这些信用额度可以出售给超过排放基准的其他企业。

碳排放权交易具有以下两大特点：

一是对碳排放总量进行控制。无论是总量控制还是基准线控制，都可以达到对碳排放总量进行控制的效果。

二是激励企业减少碳排放。对于纳入交易体系的企业，当碳排放量少于配额时就可以出售碳排放权，获得经济收益，从而形成减排的激励效果。

在碳排放权交易体系中，碳排放权配额成为一种资产，而且是可以交易的资产，碳排放权配额越多，碳排放量越少，企业就可以获得越多的经济收益。因此，碳排放权配额的初始分配就变得十分重要，实质上起到了资产配置的效果。

但碳排放权交易往往面临较高的交易成本，包括企业碳排放量本底数据的盘查成本、碳排放量变化的核查成本、碳排放权交易的监管成本等。因此，纳入碳排放权交易体系的企业数量并不是越多越好，一般来说会设定适度的规模门槛。门槛过低时，纳入交易体系的企业数量过多，会导致交易成本过高；门槛过高时，纳入交易体系的企业数量过少，会导致碳排放权交易的市场活跃度不高。

2005 年，全球首个大型碳排放权交易系统——欧盟碳排放交易系统（EU ETS）投入运营。据不完全统计，已有遍布四大洲的 24 个碳排放权交易系统相继出现。中国于 2013 年启动了碳排放权交易的试点，并即将启动全国性的碳排放权交易市场。大部分碳排放权交易系统涵盖工业和能源行业，部分碳排放权交易系统也被用于减少其他行业部门的碳排放，如建筑、航空等。

5. 清洁发展机制

清洁发展机制（clean development mechanism，CDM）是《京都议定书》确立的履约机制之一。清洁发展机制是一种特殊的碳排放权交易机制，也是唯一得到国际公认的碳排放权交易机制，适用于世界各地的减排计划。其核心内容是允许附件一缔约方（即发达国家）与非附件一缔约方（即发展中国家）进行项目级的减排量抵消额的转让与获得，激励在发展中国家实施温室气体减排项目。

根据《京都议定书》第十二条的定义，清洁发展机制主要实现两个目标：一是帮助非附件一缔约方可持续发展，为实现碳减排的最终目标作出应有的贡献；二是帮助附件一缔约方进行项目级的减排量抵消额的转让与获得。清洁发展机制规定，在非附件一缔约方实施减少温室气体排放的项目而得到的减排单元，经过《公约》缔约方大会指定的经营实体认证后，可以转让给来自附件一缔约方的投资者（政府或企业）。从经过认证的项目活动中得到的部分收益将用于支付管理费用，以及支持对气候变化的负面效应特别敏感的发展中国家，以满足适应气候变化的需要。

作为《京都议定书》确立的三个灵活机制之一，清洁发展机制是国际社会应对气候变化的最重要的弹性机制。清洁发展机制通过发达国家向发展中国家输入资金和技术，与发展中国家开展项目合作，来实现双重目标：一方面帮助发达国家灵活地以成本有效的方式实现其减排承诺；另一方面帮助发展中国家实现可持续发展，并采取措施来减缓气候变化。

清洁发展机制不仅可以起到减少温室气体排放的效果，还可以为参与方带来巨大商机，因而成为各国政府与企业青睐的重点项目。中国是清洁发展机制的最积极参与者。据不完全统计，截至2011年，中国政府已批准CDM项目3 105个，已批准CDM项目的估计年减排量为5.43亿吨二氧化碳当量。已批准CDM项目的类型涉及风力发电、小水电、工业节能、垃圾填埋气发电等。其中，新能源和可再生能源类项目占比最大，占71.63%，其次是工业节能和提高能效类。截至2011年，在CDM执行委员会已注册的中国CDM项目有1 503个，已注册CDM项目的估计年减排量为3.34亿吨二氧化碳当量。已注册CDM项目的类型以新能源和可再生能源类项目为主，占80.73%，其次是节能和提高能效类。

6. 中国的碳排放权交易市场

中国的碳排放权交易市场发展，以CDM项目为起点，可以划分为三个阶段：清洁发展机制阶段（2002—2011年）、碳排放权交易市场试点阶段（2011—2021年）和全国性碳排放权交易市场阶段（2021年至今）。自2011年起，中国政府在北京市、天津市、上海市、重庆市、广东省、湖北省、深圳市、福建省先后启动了8个碳排放权交易试点。在碳排放权交易市场试点阶段，交易品种为地方配额现货和中国核证减排量现货，以地方配额为主导。截至2021年6月底，碳排放权交易试点累计配额成交量4.8亿吨二氧化碳当量，成交额约114亿元。

2017年12月18日，国家发展改革委印发了《全国碳排放权交易市场建设方案（发电行业）》，标志着全国性碳排放权交易体系建设正式启动，同时制定了国家碳排放权交易体系的路线图。2020年年底，生态环境部发布《碳排放权交易管理办法（试行）》。2021年7月16日，全国碳排放权交易市场启动线上交易。发电行业是首个纳入全国碳市场的行业，纳入重点排放单位超过2 000家，覆盖二氧化碳排放量约45亿吨，是全球覆盖温室气体排放量规模最大的碳市场。截至2023年底，全国碳排放权交易市场累计成交量达到4.4亿吨，累计成交额约为249亿元人民币。目前，全国碳市场仍存在交易主体和交易品种单一、市场活力和流动性较低等问题，全国碳市场换手率约为2%，低于试点碳市场5%的换手率。按照国家碳排放权交易体系路线图，碳排放权交易市场覆盖范围将逐步扩展到石化、化工、建材、钢铁、有色金属、造纸等行业。可以预见，全国碳市场扩容后，我国将拥有全球规模最大的碳市场，对全球碳减排将产生巨大的影响。

三、低碳技术创新

低碳技术创新对于应对气候变化具有十分重要的意义，激励低碳技术创新是应对气候变化政策的关键之一。低碳技术主要包括清洁煤技术，可再生能源技术，智能电网技术，绿色化工技术，碳捕获、利用与封存技术等。低碳技术创新需要大量的研发投入，低碳技术的商业化应用由于成本偏高往往需要一定的政策扶持措施，也会带来一定的经济成本。减缓和适应的经济分析需要考虑并平衡低碳技术创新的成本和收益，特别是考虑利益相关方之间的利益协调。这是因为低碳技术应用带来的收益往往是全社会的，甚至是全球性的，进行低碳技术创新投入的则可能是个体的企业，因而平衡从事低碳技术创新企业的成本和收益，是气候变化经济学和公共政策制定需要考虑的一个问题。

1. 清洁煤技术

清洁煤技术是指从煤炭开发到利用的全过程中，旨在减少污染排放与提高利用效率的加工、燃烧、转化和污染控制等新技术的总称。清洁煤技术主要包括两个方面：

一是煤炭直接清洁利用技术。这是在直接燃烧情况下，通过采用相应的技术措施，实现煤的洁净利用，如：（1）燃烧前的净化加工技术，主要是煤炭洗选、型煤加工和水煤浆制备技术。（2）燃烧中的清洁燃烧技术，主要是循环流化床燃烧技术和先进煤粉燃烧技术。（3）燃烧后的烟气净化处理技术，主要是消除烟尘和烟气脱硫、脱氮、脱汞等技术。

二是煤转化为洁净燃料技术。主要是煤的气化、液化技术以及煤气化联合循环发电技术。煤的气化包括固定床气化、流化床气化、气流床气化等。大规模煤气化的主流技术——气流床气化是纯氧、高温、加压气化，是包括煤制清洁燃料在内的煤化工的主流技术。煤的液化包括直接液化和间接液化。间接液化是利用煤气化产生的合成气通过费托合成生产液体燃料甚至其他化工产品。

清洁煤技术是解决燃煤环境污染问题的主导技术之一，也是高技术国际竞争的重要领域之一。中国高度重视清洁煤技术的研发和推广，在煤炭加工、煤炭高效洁净燃烧、煤炭转化、污染排放控制等四个领域进行了长期自主研发，结合引进技术，建设了一大批示范工程，促进了我国清洁煤技术的发展和应用，很多方面已领先于国际水平。循环流化床燃烧技术、煤粉低氮燃烧技术、水煤浆与干煤粉气化技术、二次再热煤粉锅炉技术、高效烟气脱硫技术、超临界循环流化床锅炉技术等性能全面优于国外同期水平，普遍实现了产业化应用，部分技术设备已经出口海外。

2. 可再生能源技术

可再生能源是指从持续不断地补充的自然过程中得到的能量来源。可再生能源包括风能、太阳能、水能、生物质能、地热能、海洋能等非化石能源，它们在自然界可以循环再生，是取之不尽、用之不竭的能源。相对于不可再生能源的化石能源，可再生能源对环境无害或危害极小，而且资源分布广泛，适宜就地开发利用。可再生能源不包含现时有限的能源，如化石燃料和核能。

风能、太阳能、水能等可再生能源大多数情况下要通过发电，转换为电能后才能为人类广泛使用，因此可再生能源往往和可再生能源发电联系在一起，譬如水力发电、风力发电、光伏发电、生物质能发电等。可再生能源由于不排放或极少排放二氧化碳，也被称为低碳能源或绿色能源。以可再生能源替代化石能源，推动能源低碳转型，是减少温室气体排放、减缓气候变化的重要途径之一。但由于可再生能源发电的成本高于传统的燃煤发电，发展可再生能源往往需要政策扶持和经济激励。经过多年的技术进步，目前风力发电、光伏发电的成本逐渐降低，越来越接近燃煤发电的成本，但当前仍需要可再生能源的扶持政策。

为了应对气候变化，各国政府都积极鼓励用可再生能源替代化石能源，推出了一系列激励扶持可再生能源发展的政策措施，推动能源低碳转型。丹麦已制定能源低碳转型的目标：2020 年有 50％的能源消费来自风电；2030 年有 50％的能源消费来自可再生能源；2050 年希望能源系统不再依赖于化石原料，100％的能源消费使用可再生能源。中国政府也向世界宣告了能源低碳转型的目标：2020 年非化石能源占一次能源消费总量的比例达到 15％（该目标已达成），2030 年这一比例达到 25％。

3. 智能电网技术

智能电网技术就是电网的智能化，也被称为“电网 2.0”，是建立在集成的、高速双向通信网络的基础上，通过先进的传感和测量技术、先进的设备技术、先进的控制方法以及先进的决策支持系统技术的应用，实现电网的可靠、安全、经济、高效、环境友好和使用安全的目标。智能电网技术发展在全球仍处于起步阶段，目前尚没有一个共同的精确定义。智能电网技术大致可分为四个领域：高级量测体系、高级配电运行、高级输电运行和高级资产管理。高级量测体系的主要作用是授权给用户，使系统同负荷建立起联系，用户能够支持电网的运行；高级配电运行的核心是在线实时决策指挥，目标是灾变防治，实现大面积连锁故障的预防；高级输电运行的主要作用是强调阻塞管理和降低大规模停运的风险；高级资产管理是在系统中安装大量可以提供系统参数和设备（资产）“健康”状况的高级传感器，并把所收集到的实时信息与资源管理、模拟与仿真等过程集成，改进电网的运行和效率。

智能电网技术的主要特征包括自愈、激励和保护用户、抵御攻击、提供满足用户需求的电能质量、容许各种不同发电形式的接入、启动电力市场以及资产的优化高效运行。

与现有电网相比，智能电网技术体现出电力流、信息流和业务流深度融合的特点，其先进性和优势主要表现在以下几个方面：

（1）具有坚强的电网基础体系和技术支撑体系，能够抵御各类外部干扰和攻击，能够适应大规模清洁能源和可再生能源的接入，电网的坚强性得到巩固和提升。

（2）信息技术、传感器技术、自动控制技术与电网基础设施有机融合，可获取电网的全景信息，及时发现、预见可能发生的故障。故障发生时，电网可以快速隔离故障，实现自我恢复，从而避免大面积停电的发生。

（3）柔性交/直流输电、网厂协调、智能调度、电力储能、配电自动化等技术的广泛应用，使电网运行控制更加灵活、经济，并能适应大量分布式电源、微电网及电动汽车充放电设施的接入。

（4）通信、信息和现代管理技术的综合运用，将大大提高电力设备使用效率，降低电能损耗，使电网运行更加经济和高效。

（5）实现实时和非实时信息的高度集成、共享与利用，为运行管理展示全面、完整和精细的电网运营状态图，同时能够提供相应的辅助决策支持、控制实施方案和应对预案。

（6）建立双向互动的服务模式，用户可以实时了解供电能力、电能质量、电价状况和停电信息，合理安排电器使用；电力企业可以获取用户的详细用电信息，为其提供更多的增值服务。

智能电网技术对于应对气候变化、促进经济社会可持续发展具有重要作用。

（1）具备强大的资源优化配置能力，可以有效提高能源输送和使用效率。智能电网将实现大水电、大煤电、大核电、大规模可再生能源的跨区域、远距离、大容量、低损耗、高效率输送，区域间电力交换能力明显提升。

（2）具备更高的安全稳定运行水平，可以增强电网运行的安全性、可靠性和灵活性，确保能源供应的安全稳定。智能电网的安全稳定性和供电可靠性将大幅提升，电网各级防线之间紧密协调，具备抵御突发性事件和严重故障的能力，能够有效避免大范围连锁故障的发生，显著提高供电可靠性，减少停电损失。

（3）适应并促进清洁能源发展，推动能源低碳转型，减少温室气体排放。智能电网将具备风电机组功率预测和动态建模、低电压穿越和有功无功控制以及常规机组快速调节等控制机制，结合大容量储能技术的推广应用，对清洁能源并网的运行控制能力将显著提升，使清洁能源成为更加经济、高效、可靠的能源供给方式。

（4）实现高度智能化的电网调度。全面建成横向集成、纵向贯通的智能电网调度技术支持系统，实现电网在线智能分析、预警和决策，以及各类新型发输电技术设备的高效调控和交直流混合电网的精益化控制。

（5）满足电动汽车等新型电力用户的服务要求。智能电网将形成完善的电动汽车充放电配套基础设施网，满足电动汽车行业的发展需要，适应用户需求，实现电动汽车与电网的高效互动。

（6）实现电网资产高效利用和全寿命周期管理。可实现电网设施全寿命周期内的统筹管理。通过智能电网调度和需求侧管理，电网资产利用小时数大幅提升，电网资产利用效率显著提高。

（7）实现电网与用户的双向互动，革新电力服务的传统模式。智能电网将形成智能用电互动平台，完善需求侧管理，为用户提供更加优质、便捷的电力服务。智能电网可综合利用分布式电源、智能电能表、分时电价政策以及电动汽车充放电机制，有效平衡电网负荷，降低负荷峰谷差，减少电网及电源建设成本。

（8）实现电网管理信息化和精益化。将形成覆盖电网各个环节的通信网络体系，实现电网数据管理、信息运行维护综合监管、电网空间信息服务以及生产和调度应用集成等功能，全面实现电网管理的信息化和精益化。

（9）发挥电网基础设施的增值服务潜力。在提供电力的同时，服务国家“三网融合”

战略，为用户提供社区广告、网络电视、语音等集成服务，为供水、热力、燃气等行业的信息化、互动化提供平台支持，拓展及提升电网基础设施增值服务的范围和能力，有力推动智能城市的发展。

（10）促进电网相关产业的快速发展。电力工业属于资金密集型和技术密集型行业，具有投资大、产业链长等特点。建设智能电网，有利于促进装备制造和通信信息等行业的技术升级，为抢占电力装备制造领域的制高点奠定基础。

4. 绿色化工技术

绿色化工技术是指在绿色化学基础上开发出来的从源头上减少环境污染和碳排放的化工技术。绿色化工技术的实质是传统化工生产的绿色化，设计环境友好的化学反应路线，生产绿色化学产品，使化学反应和化工过程从源头上减少环境污染和碳排放。绿色化工技术包括绿色催化技术、绿色膜技术、高级氧化技术、超声化学反应技术、等离子体技术等，这些新技术通过改进化学反应效率、提高催化效率、减少化学反应过程中产生的污染物和碳排放等途径，力求从源头上减少环境污染和碳排放。

化工行业是高污染、高能耗、高排放的传统制造业，绿色化工技术的根本目标就是减少环境污染、能源消耗和碳排放。我国化工技术工艺水平在国际上相对滞后，绿色化工技术对于节能减排可以发挥巨大的作用。国家发展改革委 2014—2017 年发布的《国家重点节能低碳技术目录》包含 88 项绿色技术，其中绝大部分是绿色化工技术，这些绿色化工技术的减排重点主要集中在氟化物的处理方面。

5. 碳捕获、利用与封存技术

碳捕获、利用与封存（carbon capture，utilization and storage，CCUS）技术是碳捕获与封存（carbon capture and storage，CCS）技术的新发展。CCS 技术是指将发电厂、钢铁厂、化工厂等排放源产生的二氧化碳收集起来，用各种方法储存以避免其排放到大气中的一种技术。CCS 技术的应用前景十分广阔，适用于碳排放比较集中的大型排放源。CCS 技术对减少碳排放、实现碳中和具有十分重要的意义，但由于风险和成本较高，大规模的商业化推广应用尚需时日。

CCS 技术涉及三个环节：捕获、运输、封存。一是碳捕获。二氧化碳主要是燃煤电厂排放的，碳捕获主要有以下三种方法：（1）燃烧前捕获：在燃煤燃烧前，先将其气化，得到一氧化碳和氢气，再将一氧化碳转化为二氧化碳，然后通过分离得到二氧化碳。（2）燃烧中捕获：将二氧化碳从空气中分离出来，得到高浓度的氧气，使燃煤充分燃烧，然后得到较充足的二氧化碳。（3）燃烧后捕获：将燃煤燃烧后产生的烟气分离，得到二氧化碳。

二是碳运输。二氧化碳的运输方式主要有公路运输、铁路运输、管道运输和船舶运输四种。考虑到输送量过大，管道运输和船舶运输较为合适。（1）管道运输：适合大运量的输送，运输方向受到限制，适用于陆地封存，对防腐保温要求很高。（2）船舶运输：适合大运量的输送，运输方向相对灵活，成本较低，适用于海底封存。

三是碳封存。碳封存方式主要有海洋封存和陆地封存两种。（1）海洋封存：主要有两种方法。一种是将二氧化碳输送到深海中，使其自然溶解后进入自然界，进入碳循环中；另一种是采用特种设备将其注入海平面以下 3 000 米，使其形成液态二氧化碳。(2) 陆地封存：封存地点主要是石油、天然气储层和深部不可采煤层。相对于海洋封存，陆地封存技术可以借鉴天然气开采，成本较低，具有现实的可行性。

尽管 CCS 技术可以实现化石能源的零碳排放，但大规模应用还面临一些障碍。这些障碍因素主要有以下几个方面：第一，碳捕获技术的成本较高。在化石燃料和能源生产的过程中捕捉二氧化碳所需的成本极其昂贵，作为减排工具在经济上无法与可再生能源竞争。由于成本过高，还没有环保企业有意向在 CCS 技术上进行投资。有研究表明，利用 CCS 技术处理二氧化碳的成本约为每吨 30 美元（19 欧元）。另有研究表明，利用当前的 CCS 技术进行碳捕获的成本为 40～60 美元/吨，而可以接受的成本约为 20 美元/吨。这就要求，政府提高碳税或采用其他碳定价方式抵消碳排放的成本，或者直接采用财政补贴。第二，围绕碳运输和碳封存的一系列问题还没有解决，相关影响无法估计。封存的二氧化碳不能泄漏。大量二氧化碳注入地下并封存上百年，这对封存地点的安全性提出了很高的要求，对环境的影响更是无法估计。需要修建包括油轮和管道在内的基础设施来运输二氧化碳到达封存点，之前设计的油气管道不足以满足 CCS 中碳运输的要求。如果碳封存是在陆地而不是海洋，公众可能会有反对意见。地震或者其他地质事件可能会将封存的二氧化碳重新散发到大气中。

CCUS 技术是把生产过程中排放的二氧化碳进行提纯，投入新的生产过程中，进行循环再利用，而不是简单地封存。与 CCS 相比，CCUS 可以将二氧化碳资源化，能产生经济效益，更具有现实操作性。二氧化碳的资源化利用技术主要有合成高纯一氧化碳、烟丝膨化、化肥生产、超临界二氧化碳萃取、饮料添加剂、食品保鲜和储存、焊接保护气、灭火器、粉煤输送、合成可降解塑料、改善盐碱水质、培养海藻、油田驱油等。由于 CCS 技术建立在高能耗和高成本的基础上，有人认为在中国大范围推广与应用 CCS 技术是不可取的，中国应当更加重视 CCUS 技术的研发，以代替 CCS，拓展二氧化碳的资源性利用。

第三节　减缓和适应的博弈分析

一、应对气候变化的认知变迁

国际组织、各国政府和学者关于应对气候变化的认知是在实践中不断深化的。联合国政府间气候变化专门委员会（Intergovernmental Panel on Climate Change，IPCC）在第一次评估的第Ⅲ工作组报告（FAR-WGIII，1990）中，从滨海地区管理以及资源利用与管理两方面讨论了适应措施，但即便如此，国际谈判在很长一段时间里还是主要围绕减缓气候变化和减排责任分担展开。率先采取行动的一些发达国家把重心放在碳定价、发展可再生能源、技术创新等减排努力上，并要求发展中国家也作出具体的减排目标承诺。但发展中国家认为自身发展过程中温室气体排放不多，对于气候变化的责任不大，而且减排将显著地增加发展的成本，更难缩短与发达国家之间的差距。随着各缔约方就减排责任以“自主贡献”的方式达成一致，“适应”无论是在政府层面还是在学术界都开始受到更多的关注。

与温室气体减排具有全球外部性不同，适应措施很大程度上具有本地受益的特点。每个国家的减排潜力和成本不同，但所有的地区都有适应的需求。对大的温室气体排放国家来说，它们的减排行动决定了全球共同行动的力度大小。但对不少发展中国家来说，它们就算把排放减少到零也对减缓气候变化贡献不大，反而是把有限的资源用在适应气候变化上更有经济性。而且由于过去国际气候谈判进展缓慢、减排行动不积极，越来越多的气候变化影响（如降水模式改变导致的洪涝、干旱和野火等发生频率和概率增加）陆续被观察到。而把所有缔约方目前自主贡献中承诺的减排目标加在一起，还是与把气温升高控制在 1.5℃所需要的减排量有巨大差距。也就是说，各国不仅需要对适应早期气候变化有所行动，还需要对适应未来更剧烈的气候变化有所准备。

二、适应措施分类

减缓气候变化的重点在于减缓温室气体在大气中浓度的增加，不论是通过能源效率提升、能源结构调整还是通过森林碳汇、碳捕捉技术。适应气候变化的方式也多种多样，从建立预警系统到人工育滩都是。联合国政府间气候变化专门委员会第一次评估报告中把应对海平面上升的可行适应措施大致分为三类：撤离（retreat）、调节（accommodation）和保护（protection）。撤离指的是在保护成本极高或者想要维持生态系统的情况下不做任何保护努力，直接把人和生态系统整体转移的做法；调节指的是在不做任何保护努力的前提下让人能继续在原地居住的做法，比如改种耐洪水或者耐盐的庄稼；保护则指的是通过修建防波堤、堤坝、沙丘和植被来阻止海水入侵，维持原有的土地利用功能。这样的分类概念后来延伸到了应对气候变化的其他领域（如内陆洪涝、野火、农业生产等），比如将所有适应措施都划归到撤离、共生（co-exist）和防御（defend）三个类别里（Sinay and Carter，2020）。

在各种不同的分类中，Smit 等（2000）提出的被动（reactive）适应和主动（proactive）适应二元划分法与传统的思路不同，但更适合探索适应之间及适应和减缓之间的相互联系。被动适应主要是在气候变化发生后再来处理其不利影响，而主动适应的重点在于通过事先行动来降低气候变化的最终破坏程度。被动适应是在用未来危机发生时的资源来处理现在危机带来的不利影响，而主动适应与减缓气候变化的做法有些类似，是使用当下的资源来应对未来的潜在危机（Shalizi and Lecocq，2010）。就一些已经发生过的气象灾害而言，预防措施的成本通常低于事后救灾的成本，所以从经济学的角度来说主动适应会更可取（Athukorala and Resosudarmo，2005；Burby，2006）。但在现实生活中，常常是灾难的实际发生才能促成行为的变化和政策的制定。

显然，被动适应和主动适应之间不是独立开展、互不相关的。主动适应除了能降低气候变化带来的直接损失外，还能减轻气候变化发生后对各种被动适应措施的需求。譬如，事先在滨海地区加强防波堤以防御未来频率更高、强度更大的风暴潮侵袭，就可以降低风暴潮到来后对撤离和庇护受灾群众这类代价极高的被动适应的需求。除此之外，某些主动适应行为还可以让被动适应事半功倍。比如说事前建立的早期预警系统和平日的训练有素能让救灾队伍在灾后更有效率地展开救援、撤离和庇护等被动适应行动。而且气候变化是一个漫长的过程，某些措施既是对早期气候变化的一种被动适应，也是对预期中未来更剧烈气候变化的一种主动适应。假如在最近历史罕见的洪灾中出现了救灾队伍装备不够、不同机构间责任不明等问题，那么各种有针对性的改善都算是对未来气候灾害的主动适应。

三、减缓和适应之间的平衡

从某种意义上说，应对气候变化在本质上是一个经济议题：如何在众多可行的减缓和适应措施中选择一个使应对总成本最低的最优政策组合？对于不同层级的政策制定者来说，这个最优组合一定是有所差异的。譬如从全人类福祉的角度转换到从某个具体国家利益的角度来看问题，答案肯定会有所不同。这也是国际谈判总是难以如预期一样推进的根本原因。从时间维度来看，这个最优组合也需要不断地根据最新情况作出及时调整。一方面，之前减缓行动迟缓导致的气候变化早期影响逐渐显现，已经失去了避免或减少某些损害的机会，只能不断增加被动适应；另一方面，人类对温室气体排放—气温升高程度—影响区域和影响强度之间的联系还在探索过程之中，因此政策制定必然受制于种种基于现有科学知识的不确定性，留下持续改进的空间。

虽然减缓在应对气候变化中一直占据着主导地位，但学术界和公共政策讨论中曾经出现过一些放弃减缓的呼声。有些人是对未来的技术水平高度乐观，预计适应措施的成本会比减缓措施低；有些人则是认为发展中国家还面临着很多比减缓气候变化更迫切的挑战和危机（Lomborg，2004；Schelling，2006）。但需要注意的是，适应措施并不能完全替代减缓措施。有些气候变化所带来的损害，比如冰川生态系统遭到破坏而引起的极地物种灭绝，并不能通过适应措施得到避免（Shalizi and Lecocq，2010）。虽然主动适应也是事前的行动，但它只能降低事后的处理成本，而不是阻止气候变化的发生。即使有些损害在技术上可以通过主动适应或者被动适应来避免，也应以成本的高低来决定是该完全依赖适应措施，还是减缓、适应双管齐下。当然反过来说，应对气候变化也不能单一地依靠减缓行动。毕竟气温上升已经是事实，且大气中的温室气体浓度近期不太可能下降。

单独看减缓/适应时，其最佳力度是在其他条件保持不变的前提下，通过边际成本等于边际收益（通常用避免的损失来衡量）来确定的。这里潜在的假设是，减缓和适应的政策决定是相对独立的，各类减缓行为并不会影响到对适应的需求，对适应的热忱也不会影响到对减缓的投入。但在实践中，二者整体上会呈现出此消彼长的关系，即一种应对方式力度的增大会伴随着另一种应对方式力度的减小。如前文已经提到的，对适应措施需求的高低通常与事前的减缓措施力度有关。反之，如果适应措施能很好地帮助人类和生态系统处理气候变化带来的不良影响，那么对减缓措施的需求也就会相对降低。在这种情况下，估算不同程度减缓或适应的边际收益需要将减缓和适应力度的变化同时考虑在内。因此，寻求总成本最低的政策组合实际上是同时确定最佳力度的减缓和适应。

需要强调的是，具体到措施层面上来，减缓或适应措施对彼此的效果可能出现抵消的现象，也可能具有协同作用。前者的例子包括在能源结构转型中选择使用水力发电来代替化石能源发电。虽然水力发电可以极大地减少二氧化碳的排放以减缓气候变化，但在开发和使用过程中很可能会对周遭生态系统造成破坏，迫使其以更脆弱的状态迎接气候变化。后者的例子包括利用绿地对雨水有滞蓄的作用而在城市建设中大量增加绿地面积，以此作为对气候变化可能带来的更多降水的一种主动适应。那些绿色植物会吸收空气中的二氧化碳，也就同时对减缓气候变化起到了正面的作用。

学术界和政策制定者在探索应对气候变化最优政策组合的时候常常求助于综合评估模型（integrated assessment model，IAM）的情景模拟结果。IAM 在达到总成本最低时，减缓和适应的边际收益一定是相同的，都等于因额外一单位减缓或适应投入而在未来每个时期避免的与气候变化相关的损失的贴现总和。总的来说，现阶段对适应的研究还不够深入，对各类适应措施的成本和收益还不是十分清晰。因此众多 IAM 对适应的刻画往往比较简单，要么只考虑少数如修建和维护堤坝这样有详细成本数据的适应措施，要么直接采用基于其他方法估算的、宏观的适应力度-适应成本与收益对应关系。此外，各种气候变化相关灾害在不同时期引起的损失是基于假设的不同程度灾害出现概率和对应损失计算出来的。以目前人类对大气、海洋和生物等自然系统的了解而言，这样估算出的损失也存在较大的不确定性。虽然通过贴现的方式能在一定程度上减少这种不确定性对结果的影响，但在计算中使用什么贴现率最恰当本身就是一个充满不确定性的问题。

第四节　中国应对气候变化的措施

一、中国应对气候变化的努力和成就

1. 中国应对气候变化的概况

按照《京都议定书》，中国属于非附件一缔约方，暂不承担强制减排义务。随着中国经济快速发展，中国的化石能源消费量和碳排放量急速增长，引起了国际社会的关注，部分发达国家以此为由，在国际气候谈判中不断要求中国承诺减排义务。事实上，中国尽管没有在《京都议定书》框架下承担强制减排义务，但主动推进节能减排，在应对气候变化方面作出了积极的贡献。2007 年，中国政府制定了《中国应对气候变化国家方案》。2009 年，中国政府向世界宣告了应对气候变化的行动目标：到 2020 年，单位 GDP 温室气体排放比 2005 年下降 40%～45%，非化石能源占一次能源消费的比例达到 15%；到 2030 年，单位 GDP 二氧化碳排放比 2005 年下降 60%～65%，非化石能源占一次能源消费的比例达到 20%。2020 年 9 月，中国向国际社会作出承诺：中国力争二氧化碳排放 2030 年前达到峰值，2060 年前实现碳中和。2020 年 12 月，中国宣布将提高国家自主贡献力度，到 2030 年，中国单位 GDP 二氧化碳排放将比 2005 年下降 65%以上，非化石能源占一次能源消费比重将达到 25%左右。

中国的温室气体历史排放量很低，人均累计排放量远低于世界平均水平。根据世界资源研究所统计，1950 年中国化石燃料燃烧产生的二氧化碳排放量为 7 900 万吨，仅占当时全球总排放量的 1.31%；1950—2002 年中国化石燃料燃烧产生的二氧化碳累计排放量占全球同期的 9.33%，人均累计二氧化碳排放量为 61.7 吨，居世界第 92 位。根据国际能源署统计，2002 年中国化石燃料燃烧产生的人均二氧化碳排放量为 2.7 吨，相当于世界平均水平的 71%、经合组织国家的 25%。随着经济快速增长，2002—2013 年中国人均二氧化碳排放量以年均 8.6%的增速增加，2013 年达到 6.8 吨，此后围绕这一水平波动。2018 年中国化石燃料燃烧产生的人均二氧化碳排放量为 6.8 吨，超过全球平均水平。

20 世纪 90 年代以来，中国单位 GDP 的二氧化碳排放趋于下降。根据国际能源署统计，1990 年中国单位 GDP 的化石燃料燃烧产生的二氧化碳排放为 5.47 千克二氧化碳/美元（2000 年价），2004 年下降为 2.76 千克二氧化碳/美元，下降了 49.5%，同期世界平均水平下降幅度为 12.6%，经合组织国家下降幅度为 16.1%。2018 年中国单位 GDP 的二氧化碳排放同比下降了 4.0%，比 2005 年累计下降了 45.8%，相当于减排 52.6 亿吨二氧化碳，非化石能源占能源消费总量比重达到 14.3%。

2. 中国应对气候变化的主要成果

（1）减缓气候变化。

第一，持续推进技术进步，推动重点领域节能，提高能源利用效率。

国务院新闻办 2021 年发布的《中国应对气候变化的政策与行动》白皮书显示，2020 年中国碳排放强度相较 2015 年下降 18.8%，超额完成了“十三五”约束性目标，比 2005 年下降 48.4%，超额完成了中国向国际社会承诺的到 2020 年下降 40%～45%的目标。“十三五”期间，中国以年均 2.8%的能源消费量增长支撑了年均 5.7%的经济增长，能源消费弹性系数始终维持在 1 以下。万元 GDP 能耗由 2012 年的 0.75 吨标煤下降到 2020 年的 0.59 吨标煤（2012 年可比），年均降低 2.02%，累计降低 24.6%，相当于减少 12.7 亿吨标准煤。“十四五”前三年，全国能耗强度累计降低约 7.3%，2023 年，全国万元 GDP 能耗比上年下降 0.5%。与此同时，高耗能产品的单位能耗明显下降。“十三五”期间，6 000 千瓦及以上火电机组供电煤耗由 2016 年的 312 克标煤/千瓦时降至 2020 年的 305.5 克标准煤/千瓦时，2022 年，全国 6 000 千瓦及以上火电厂供电标准煤耗进一步下降至 300.7 克/千瓦时。2020 年，规模以上工业单位增加值能耗下降 0.4%。2021—2022 年间，规模以上工业单位增加值能耗进一步累计下降 6.8%，重点耗能工业企业单位电石、合成氨、电解铝综合能耗分别累计下降 6.8%、0.8%、2.5%。

推动重点领域节能。持续组织实施锅炉（窑炉）改造、电机系统节能、余热余压利用、绿色照明等重点节能改造工程，加强节能目标责任考核和管理、完善节能标准标识、推广节能技术与产品。2020 年，全国能源消费总量为 50 亿吨标煤，“十三五”期间年均增速为 2.5%，较“十二五”期间年均增速低 1.1 个百分点。持续推进建筑、交通等重点领域节能。“十三五”期间，我国累计建设完成超低、近零能耗建筑面积近 0.1 亿平方米，完成既有居住建筑节能改造面积 5.14 亿平方米、公共建筑节能改造面积 1.85 亿平方米，城镇建筑可再生能源替代率达到 6%。截至 2022 年底，全国累计建成节能建筑面积超过303亿平方米，节能建筑占城镇民用建筑面积比例超过64%，累计建成绿色建筑面积超过100亿平方米，2022年当年城镇新建绿色建筑面积占新建建筑的比例达到90%左右，节能效益明显。预计到2025年，中国城镇新建建筑将全面执行绿色建筑标准。大力推动新能源汽车产业发展。“十三五”期间，中国充电基础设施实现跨越式发展，建成了世界上数量最多、辐射面积最大、服务车辆最全的充电基础设施体系。截至2023年11月，充电基础设施保有量达到826.4万台，同比增长67%，其中公共充电基础设施保有量和私人充电基础设施保有量分别达到262.6万台和563.8万台，同比增长51.7%和75.2%。预计到“十四五”末，电动汽车充电保障能力进一步提升，能够满足超过2 000万辆电动汽车的充电需求。

第二，发展低碳能源和可再生能源，改善能源结构。

积极开发利用非化石能源，加强水能、核能等低碳能源开发利用。2020年全口径水电装机容量达到3.7亿千瓦，占全部装机容量的16.82%；核电装机容量达到4 989万千瓦，占全部装机容量的2.27%。2022年水电发电量达到13 522亿千瓦时，同比增长1.0%；核电发电量达到4 178亿千瓦时，同比增长2.5%。

风能、太阳能、地热、生物质能等新型可再生能源迅猛发展。2020年，风电装机容量为2.8亿千瓦，发电量为4 665亿千瓦时，占全部发电量的6.1%；太阳能发电装机容量为2.5亿千瓦，光伏发电量为2 611亿千瓦时，占全部发电量的3.4%；生物质发电装机容量为2 952万千瓦，发电量为1 326亿千瓦时，占全部发电量的1.7%。2022年，风电、太阳能发电年发电量总共达到1.19万亿千瓦时，同比增长21%，占全社会用电量的13.8%；生物质发电量达到1 824亿千瓦时，同比增长11%。截至2023年底，风电装机容量增长到4.4亿千瓦，同比增长20.7%；太阳能发电装机容量达到6.1亿千瓦，同比增长55.2%。

能源结构优化，可再生能源成为保障电力供应的新势力。2020年，中国非化石能源发电装机规模占总装机规模的比重达到44.7%，其中风电和光伏装机容量较2005年分别增加了3 000多倍和200多倍；非化石能源发电量占全国发电量的比重达到32.6%，其中，可再生能源发电量达到2.2万亿千瓦时，占全社会用电量的29.5%。2022年，非化石能源发电量占比进一步提高到36.2%，其中可再生能源发电量达到2.7万亿千瓦时，占全社会用电量的31.6%。2023年底，中国非化石能源发电装机容量占比达到53.9%，超过火力发电装机容量；可再生能源装机容量同比增长超过19.5%，水电、核电、风电、太阳能发电等清洁能源发电量达到3.1万亿千瓦时，比上年增长7.8%。2023年1—10月，可再生能源发电量已达到2.33万亿千瓦时，占全国总发电量的31.8%。

第三，优化产业结构，改造提升传统产业，积极培育战略性新兴产业。

①扎实推进重点领域化解过剩产能工作，大力发展现代服务业，扶持战略性新兴产业发展，加快低碳技术研发和产品推广，逐步形成以低碳为特征的能源、工业、交通、建筑体系。对高耗能行业提高准入门槛，对固定资产投资项目进行节能评估和审查，加强传统产业的技术改造和升级，促进企业兼并重组，调整出口退税政策，对煤炭、部分有色金属、钢坯和化肥等产品征收出口关税，抑制高耗能、高排放和资源性产品出口。加快淘汰落后产能。“十三五”期间，中国累计退出“僵尸企业”的粗钢产能达6 474万

吨，提前两年完成了钢铁行业去产能 1.5 亿吨的总目标；累计压减平板玻璃产能 360 万重量箱。2019—2020 年间，水泥行业压减产能约 1 828 万吨。2020 年下半年开始，电解铝行业产能利用率已经达到了 80%以上。截至 2020 年底，全国累计退出煤矿 5 500 处左右，退出落后煤炭产能 10 亿吨/年以上，煤矿数量减少到 4 700 处以下；同时，全国建成年产 120 万吨以上的大型现代化煤矿 1 200 处以上，占据了全国 80%左右的煤炭产量。

②实施重点节能改造工程。推进淘汰关停落后煤电机组，实施煤电超低排放和节能改造。截至 2020 年，我国达到超低排放水平的煤电机组已超过 9.5 亿千瓦，建成了世界上最大的清洁煤电体系。国家发展改革委、国家能源局提出的“三改联动”目标计划在“十四五”期间进一步推进煤电行业节能改造，预计节能降碳改造规模不低于 3.5 亿千瓦、供热改造规模力争达到 5 000 万千瓦、灵活性改造完成 2 亿千瓦。当前，我国 60 万千瓦级及以上火电机组比重已提高到 46%，6 000 千瓦及以上火电厂供电煤耗下降至 305.5 克标准煤/千瓦时，较 2015 年下降了 9.9 克标准煤/千瓦时，较 2010 年下降了 27.5 克标准煤/千瓦时。计划至 2025 年，全国火电平均供电煤耗将进一步降至 300 克标准煤/千瓦时以下。

③积极培育战略性新兴产业。近年来，涉及新一代信息技术、生物产业、高端装备制造产业、新材料、节能环保产业、新能源产业、新能源汽车产业、数字创意产业八大领域及相关服务业的战略性新兴领域在产业规模、产业质量上均实现了快速增长。2021 年我国战略性新兴产业增加值达到 15.3 万亿元，占 GDP 比重为 13.4%，高技术制造业占规模以上工业增加值比重从 2012 年的 9.4%提高到 2021 年的 15.1%。新能源发电装机量、新能源汽车产销量、智能手机产量、海洋工程装备接单量等均位居全球第一。截至 2023 年 9 月，全国战略性新兴产业企业总数已突破 200 万家。以电动载人汽车、锂离子蓄电池和太阳能蓄电池为代表的中国制造“新三样”出口快速增长，2023 年合计出口首次突破万亿元，比上年增长 29.9%，高于整个出口增速 29.3 个百分点，使中国稳居全球汽车制造和太阳能装机容量第一大国的位置。新能源汽车产销表现尤为抢眼。截至 2023 年 7 月，新能源汽车生产突破 2 000 万辆，中国新能源汽车在产业化、市场化的基础上，已迈入规模化、全球化的高质量发展新阶段。

第四，推进低碳省区和低碳城市试点，积极推进地方低碳发展。

2010 年我国启动了低碳省区和低碳城市试点工作，确定广东、湖北、辽宁、陕西、云南等 5 省和天津、重庆、杭州、厦门、深圳、贵阳、南昌、保定等 8 市作为首批试点，2012 年确定北京、上海、海南和石家庄等 29 个城市和省区作为我国第二批低碳试点，2017 年又确定内蒙古自治区乌海市等 45 个城市（区、县）作为第三批低碳城市试点。至此，低碳试点省区达到 6 个，低碳试点城市达到 81 个（含 4 个直辖市）。各试点省区和城市均编制了低碳试点工作实施方案，通过低碳试点，积极转变发展方式，部署重点行动，推进建设低碳发展重点工程，大力发展低碳产业，推进绿色低碳发展。2023 年，国家低碳城市试点工作进展评估报告发布，其中北京、深圳等 40 个试点城市的评估结果为优良。同年，国家发展改革委办公厅公布了首批碳达峰试点名单，确定了张家口市等 25 个城市、长治高新技术产业开发区等 10 个园区为首批碳达峰试点城市和园区。

（2）适应气候变化。

“十三五”期间，中国不断强化适应气候变化领域的顶层设计，提升重点领域适应气候变化能力，加强适应气候变化基础能力建设，减轻气候变化对中国经济建设和社会发展的不利影响。气候变化适应措施取得了显著成效，主要集中在农业和水资源两大领域。

①农业领域。继续开展农田基本建设、土壤培肥改良、病虫害防治等工作，大力推广节水灌溉、旱作农业、抗旱保墒与保护性耕作等适应技术。加大草场改良、饲草基地以及草地畜牧业等基础设施建设，鼓励农牧区合作，推行易地育肥模式，合理调整水产养殖品种、密度，加强渔业基础设施和装备设施。实施退牧还草、京津风沙源治理和游牧民定居等重大工程。进一步落实草原经营管护制度，推进草原畜牧业生产方式转型发展。支持农业资源养护、生态保护及利益补偿。“十三五”期间，我国节水灌溉面积从4.7亿亩增长到5.7亿亩，农田灌溉水有效利用系数从0.536提高到0.565。2022年，我国农田有效灌溉面积达10.37亿亩，占全国耕地面积的54%，生产了全国总量75%以上的粮食和90%以上的经济作物。

②水资源领域。推进农业、工业和生活服务业节水，强化用水定额和计划管理。开展全国重要河湖健康评估，积极推进江河湖库水系连通，改善河湖水生态环境。开展国家水资源监控能力建设，基本建成重要取水户、重要水功能区和大江大河省界断面三大监控体系。加强江河治理骨干工程建设，完善大江大河防洪减灾体系。强化水土流失的综合治理，“十三五”期间累计完成水土流失治理面积达到30.6万平方公里。2021年全国水土流失面积为267.42万平方公里，较2011年减少27.49万平方公里，强烈及以上等级面积占比由33.8%下降至18.93%。2023年全国水土流失面积进一步下降到262.76万平方公里，水土保持率提高到72.56%，与2011年相比，全国水土流失面积减少超过十分之一。加强黄河、黑河、南水北调水量调度工作，确保重点城市供水安全和生态安全。截至2021年11月，南水北调中线一期工程累计调水超过430亿立方米，其中生态补水总量累计达69亿立方米；水安全保障进一步强化，农村饮水安全问题基本解决，截至2020年底，城市污水处理率达到了97.53%，污水处理厂集中处理率达到95.78%。

（3）参与全球气候治理。

中国在全球气候治理中发挥了积极的建设性、引领性作用。随着经济发展和工业化进程的推进，中国在成为世界制造大国的同时，温室气体排放快速增长。2010年中国成为世界第二大经济体后，在气候变化谈判中的压力、责任、地位和影响均同时上升。在巴黎大会谈判中，中国走到了气候变化谈判中央的位置，提出了“二氧化碳排放2030年左右达到峰值并争取尽早达峰”等国家自主贡献目标，对于《巴黎协定》的达成发挥了积极的推动作用。

当前，全球减缓碳排放的形势依然十分严峻。各国提交的国家自主贡献目标，还不足以保证实现全球气温升高控制在2℃以内的目标。这意味着全球要进一步加大自主贡献力度，加速经济和能源的低碳转型步伐。2020年9月，中国向世界庄严承诺，将提高国家自主贡献力度，二氧化碳排放力争于2030年前达到峰值，努力争取到2060年前实现碳中和。2020年12月，中国进一步提出了2030年低碳发展的目标。这是中国主动承担全球环境责任、深度参与和积极引领全球气候治理的行动体现，充分展现了中国负责任大国的自觉担当。

二、中国应对气候变化的挑战

中国要实现 2030 年前碳排放达峰、2060 年碳中和的目标，将面临十分艰巨的挑战。

首先，中国是世界上最大的发展中国家，处于工业化、城镇化快速发展阶段，能源需求旺盛，碳排放仍处于攀升期。欧盟有 13 个国家在 1991—2000 年已实现碳排放达峰，碳排放达峰对应的人均 GDP 水平超过 3 万美元，而且达峰后距离欧盟承诺的 2050 年碳中和约有 60 年的过渡时间。也就是说，欧盟拟定的路线图在碳排放达峰后将经历一定时长的平台期，随后开始缓慢下降，继而快速下降至碳中和。我国人均 GDP 刚刚达到 1 万美元，远低于欧盟国家和美日等国。在“未富”的条件下，碳排放尚未达峰就先行设定了碳中和的目标，碳排放达峰向碳中和过渡的区间只有 30 年。这意味着碳排放达峰必须准时甚至超前实现，并且达峰后平台期的缓冲时间较短促，需要加紧步入稳中有降阶段，才能实现温室气体的净零排放。

其次，中国是制造业大国，产业结构偏重。经济社会发展对土木钢石等能源密集型重工业的依赖难以减轻，使得中国的能源强度居高不下。除产业部门外，生活消费、城市交通、建筑等能源消费在全国用能结构中占据 31.4%的比重。如何在减缓碳排放量增长的同时，保证经济社会持续稳定发展，是中国迈向绿色低碳发展新征程要面临的艰巨挑战。

最后，中国的能源资源“富煤、贫油、少气”，能源消费对煤炭的依赖难以减轻。2019 年全国能源消费总量中，煤炭消费占比为 57.7%。未来近 40 年里，按照煤炭消费占比每年下降 1 个百分点的速度推算，2060 年煤炭消费占比仍将有 18%左右，如果按全国能源消费总量 75 亿吨标煤计算，煤炭消费量仍将达到 13.5 亿吨标煤。如果油气资源占比能达到 30%，那么 50%以上的能源消费必须依靠风电、光电和核电等非化石能源。也就是说，2060 年非化石能源消费量要达到 39 亿吨标煤以上，比 2020 年的 7.5 亿吨标煤增加 31 亿吨标煤以上。能源结构转换势必导致能源成本和经济系统结构的变化，对未来的能源安全、产业竞争力、国家经济安全将带来不可小觑的冲击和挑战。

关 键 词

减缓和适应　气候变化及应对的全球外部性　气候变化及应对的社会经济成本　碳定价　低碳技术创新

思 考 题

1. 如何理解气候变化及应对的全球外部性？
2. 如何认识气候变化及应对的社会经济成本？
3. 如何认识《巴黎协定》的意义和作用？

4. 如何认识碳定价对气候变化应对的意义和作用?
5. 如何认识低碳技术创新对气候变化应对的意义和作用?

参考文献

拓展阅读

参考文献

图书在版编目（CIP）数据

资源与环境经济学/石敏俊主编；张炳等副主编.
2 版 . -- 北京：中国人民大学出版社，2024. 12.
(新编 21 世纪经济学系列教材). -- ISBN 978-7-300
-33333-5

Ⅰ. F062. 1；X196

中国国家版本馆 CIP 数据核字第 2024B0P363 号

新编 21 世纪经济学系列教材
资源与环境经济学（第二版）
主　编　石敏俊
副主编　张　炳　邵　帅　谭　荣　孙才志　陈　帅
Ziyuan yu Huanjing Jingjixue

出版发行	中国人民大学出版社		
社　址	北京中关村大街 31 号	邮政编码	100080
电　话	010－62511242（总编室）		010－62511770（质管部）
	010－82501766（邮购部）		010－62514148（门市部）
	010－62515195（发行公司）		010－62515275（盗版举报）
网　址	http://www. crup. com. cn		
经　销	新华书店		
印　刷	北京溢漾印刷有限公司	版　次	2021 年 8 月第 1 版
开　本	787 mm×1092 mm　1/16		2024 年 12 月第 2 版
印　张	20. 75 插页 1	印　次	2024 年 12 月第 1 次印刷
字　数	471 000	定　价	55. 00 元

教学支持说明

1. 教辅资源获取方式

为秉承中国人民大学出版社对教材类产品一贯的教学支持，我们将向采纳本书作为教材的教师免费提供丰富的教辅资源。您可直接到中国人民大学出版社官网的教师服务中心注册下载——http://www.crup.com.cn/Teacher。

如遇到注册、搜索等技术问题，可咨询网页右下角在线 QQ 客服，周一到周五工作时间有专人负责处理。

注册成为我社教师会员后，您可长期根据您所属的课程类别申请纸质样书、电子样书和教辅资源，自行完成免费下载。您也可登录我社官网的“教师服务中心”，我们经常举办赠送纸质样书、赠送电子样书、线上直播、资源下载、全国各专业培训及会议信息共享等网上教材进校园活动，期待您的积极参与！

2. 高校教师可加入下述学科教师 QQ 交流群，获取更多教学服务

经济类教师交流群：809471792

财政金融教师交流群：766895628

国际贸易教师交流群：162921240

税收教师交流群：119667851

3. 购书联系方式

网上书店咨询电话：010－82501766

邮购咨询电话：010－62515351

团购咨询电话：010－62513136

中国人民大学出版社经济分社

地址：北京市海淀区中关村大街甲 59 号文化大厦 1506 室　100872

电话：010－62513572　010－62515803

传真：010－62514775

E-mail：jjfs@crup.com.cn